HORST BAUER
Gerichtsschutz als Verfassungsgarantie

Schriften zum Öffentlichen Recht

Band 214

Gerichtsschutz als Verfassungsgarantie

Zur Auslegung des Art. 19 Abs. 4 GG

Von

Dr. Horst Bauer

DUNCKER & HUMBLOT / BERLIN

Alle Rechte vorbehalten
© 1973 Duncker & Humblot, Berlin 41
Gedruckt 1973 bei Buchdruckerei Richard Schröter, Berlin 61
Printed in Germany
ISBN 3 428 02870 8

Meinen Eltern

Vorwort

Die Diskussion über Inhalt und Verfassungsbeständigkeit des Art. 19 Abs. 4 GG ist durch zwei Entscheidungen des Bundesverfassungsgerichts erneut entfacht worden, nämlich zum einen zur gerichtlichen Überprüfbarkeit von Gnadenakten[1] und zum anderen zur Verfassungsbeständigkeit der Einschränkung des Art. 19 Abs. 4 GG in Form des Satzes 3 i. V. mit Art. 10 Abs. 2 GG und den §§ 5 Abs. 4, 9 des Gesetzes zur Beschränkung des Brief-, Post- und Fernmeldegeheimnisses[2,3].

Anknüpfend an die grundsätzliche und zu Einzelaspekten geführte Diskussion zu Art. 19 Abs. 4 GG soll hier versucht werden, Art. 19 Abs. 4 GG in seinem Inhalt, seiner Bedeutung und seiner Verfassungsbeständigkeit, insbesondere aus der verfassungsrechtlichen Perspektive des Rechtsstaats, darzustellen.

Die letzten umfassenderen Arbeiten zu Art. 19 Abs. 4 GG, wie die von *Klein*[4], von *Bettermann*[5] und von *Dürig*[6], liegen bereits längere Zeit zurück, so daß es, ganz unabhängig von der Tagesaktualität, auch aus diesem Grunde gerechtfertigt ist, diese bedeutende Verfassungsnorm erneut zu durchleuchten. Die Bedenken, die gegen die Bearbeitung einer solchen umfassenden Thematik bestehen müssen, sind hier erkannt worden. Gleichwohl erschien es erforderlich, Art. 19 Abs. 4 GG als Ganzheit auf der verfassungsmäßigen Ebene, vor allem der des Rechtsstaats, zu behandeln, um dann mit dem gewonnenen Ergebnis, Grundlinien für die Lösung von Einzelfragen zu erlangen. Dabei konnte nicht auf alle im Zusammenhang mit Art. 19 Abs. 4 GG aufgetauchten Einzelprobleme erschöpfend eingegangen werden, ganz abgesehen davon, daß die Literatur dazu unüberschaubar geworden ist. Hier kam es vor allem darauf an, ein Gesamtverständnis zu Art. 19 Abs. 4 GG zu vermitteln, wozu letztlich auch die Behandlung umstrittener Einzelfragen erforderlich war.

Unberücksichtigt ist der Rechtsschutz gegen kirchliche Akte geblieben, da die dazu notwendig gewesene Behandlung des Verhältnisses zwischen

---

[1] Vgl. Beschluß vom 23. 4. 1969, BVerfGE 25, 352 ff.
[2] Vgl. Urteil vom 15. 12. 1970, NJW 71, 275 ff.
[3] Vgl. BGBl. I (1968), S. 949.
[4] In VVDStRL 8 (1950), 67 ff.
[5] In „Grundrechte", S. 779 ff.
[6] In *Maunz-Dürig-Herzog*, Grundgesetz, Art. 19 Abs. 4.

Staat und Kirche den Rahmen dieser Arbeit gesprengt hätte[7]. Außerdem konnte nur am Rande die Problematik des Verhältnisses von Rechtsstaat und Sozialstaat, das ebenfalls von Art. 19 Abs. 4 GG berührt wird, in die Untersuchungen mit einbezogen werden[8].

Der historische Zusammenhang wurde bei den Einzelfragen insoweit hergestellt, als dies zur Erfassung der grundlegenden Rechtslage erforderlich erschien.

Im ersten Hauptteil der Arbeit werden Inhalt und Umfang des Rechtsschutzes nach Art. 19 Abs. 4 GG im Zusammenhang zum grundgesetzlichen Rechtsstaat dargestellt und dabei, soweit erforderlich, auf die geltenden Prozeßordnungen, vor allem die Verwaltungsgerichtsordnung, Bezug genommen. Im zweiten Hauptteil wird dann die Verfassungsbeständigkeit des Art. 19 Abs. 4 GG untersucht.

Für wertvolle Anregungen und die Betreuung der Arbeit danke ich Herrn Professor Dr. Karl Doehring von der Universität Heidelberg.

Herrn Ministerialrat a. D. Dr. Broermann danke ich für die freundliche Aufnahme der Arbeit in sein Verlagsprogramm.

Heidelberg im November 1972

Horst Bauer

---

[7] Vgl. dazu etwa: *Hesse*, Der Rechtsschutz durch staatliche Gerichte im kirchlichen Bereich; *Rupp*, AÖR 85 (1960), 149 ff. (161 ff.); *Maunz-Dürig-Herzog*, Grundgesetz, Art. 19 Abs. 4, RN 20; *von Mangoldt-Klein*, Das Bonner Grundgesetz, Art. 19, Anm. VII, 6 c, S. 578. An neueren Entscheidungen sind zu nennen: BVerfGE 18, 385 ff.; BVerwGE 25, 226 ff.; 25, 364 ff.; 28, 345 ff.; 30, 326 ff.

[8] Vgl. dazu etwa: *Bachof*, VVDStRL 12 (1954), 37 ff.; *Forsthoff*, VVDStRL 12 (1954), 8 ff.; *Gerber*, AÖR 81 (1956), 1 ff.; *Werner*, AÖR 81 (1956), 84 ff. Vgl. neuerdings *E. W. Böckenförde*, Festschrift für Adolf Arndt, S. 53 ff., der wieder dem formellen Element des Rechtsstaats größeres Gewicht beimessen will.

Inhaltsverzeichnis

Einleitung — 15

Erster Teil

Inhalt und Bedeutung des Art. 19 Abs. 4 GG im grundgesetzlichen Rechtsstaat — 18

Erstes Kapitel: Die Auslegung des Art. 19 Abs. 4 GG 18

Zweites Kapitel: Die formale Stellung des Art. 19 Abs. 4 GG 21

Drittes Kapitel: Art. 19 Abs. 4 GG und der grundgesetzliche Rechtsstaat .. 24

§ 1 Der rechtsstaatliche Hintergrund des Art. 19 Abs. 4 GG 24

§ 2 Der grundgesetzliche Rechtsstaat und Art. 19 Abs. 4 GG im besonderen 27

    A. Der Rechtsstaat des Grundgesetzes 27

        I. Erwähnung und Sitz des Rechtsstaats im Grundgesetz 28

        II. Das rechtsstaatliche Spannungsverhältnis zwischen Individuum und Gemeinschaft 31

        III. Materielle Einzelfallgerechtigkeit und Rechtssicherheit 38

        IV. Die Gewaltenteilung 40

        V. Der angemessene Interessenausgleich 44

    B. Die Konsequenzen für Art. 19 Abs. 4 GG 45

Viertes Kapitel: Art. 19 Abs. 4 GG und das Individualinteresse 50

§ 1 Grundsätzliches 50

§ 2 Der Zusammenhang von materieller Berechtigung und Rechtsschutz 52

§ 3 Effektiver Rechtsschutz als Forderung des Rechtsstaats im einzelnen 60

    A. Der Adressat des Rechtsschutzbegehrens 60

    B. Einzelfragen zum Vorliegen von „Rechten" 65

        I. Beschränkt sich Art. 19 Abs. 4 GG auf den Grundrechtsschutz? 67

        II. Art. 19 Abs. 4 GG und der Schutz von Privatrechten 68

        III. Art. 19 Abs. 4 GG und die sogenannten Parteistreitigkeiten 70

        IV. Art. 19 Abs. 4 GG und das besondere Gewaltverhältnis 72

    C. Art. 19 Abs. 4 GG und die Verfahrenserfordernisse im einzelnen .. 78

        I. Grundsätzliches 78

        II. Der erkennbare Zugang zum Gericht 82

III. Das zulässige Kostenrisiko	86
IV. Die Klarheit des Verfahrens	87
V. Die notwendigen Verfahrensgrundsätze	89
VI. Das rechtliche Gehör	90
VII. Der zeitliche Faktor	96
VIII. Vorläufiger und vorbeugender Rechtsschutz	97
IX. Die zweite Instanz	100
X. Die Beständigkeit gerichtlicher Entscheidungen	101
XI. Die Durchsetzbarkeit von gerichtlichen Entscheidungen	102
D. Die Rechtsnatur des Art. 19 Abs. 4 GG	103

Fünftes Kapitel: Schranken des Rechtsschutzes nach Art. 19 Abs. 4 GG im besonderen ... 107

§ 1 Die Überprüfung von Gesetzen nach Art. 19 Abs. 4 GG ... 107
    A. Art. 93 Abs. 1, 100 GG als Beschränkungen ... 108
        I. Art. 93 Abs. 1 Ziff. 1, 2 GG ... 109
        II. Art. 93 Abs. 1 Ziff. 4 a GG ... 109
        III. Art. 100 GG ... 111
    B. Rechtsstaatskonforme Beschränkungen der Normenkontrolle nach Art. 19 Abs. 4 GG ... 112
    C. Rechtsschutz gegen Normen aufgrund verfassungskonformer Anwendung (Art. 19 Abs. 4 GG) von Verfahrensvorschriften ... 115
    D. Gesamtbetrachtung ... 117
    E. Umgehung des Art. 19 Abs. 4 GG durch den Gesetzgeber ... 118

§ 2 Zulässigkeit von Ermessens- und Beurteilungsspielräumen ... 118
    A. Die Überprüfbarkeit von Ermessensentscheidungen ... 118
    B. Die Überprüfbarkeit von Beurteilungsspielräumen ... 125
        I. Unbestimmter Rechtsbegriff und Beurteilungsspielraum ... 125
        II. Der Standort des Problems innerhalb des Art. 19 Abs. 4 GG ... 128
            1. Die Ansicht von Bachof ... 128
            2. Die Ansicht von Ule ... 129
            3. Die Ansicht von Jesch ... 130
            4. Die Ansicht von Kellner ... 130
            5. Die Ansicht von Fellner ... 131
            6. Die Ansicht von Hummel ... 131
            7. Die Ansicht von Czermak, Kopp, Rupp und Waltner ... 132
            8. Die Ansicht von Schmidt-Salzer ... 133
            9. Übrige Ansätze in der Literatur ... 133
            10. Die Rechtsprechung des BVerwGs ... 134
        III. Der mögliche Ansatzpunkt zur Problemlösung ... 135

    IV. Die eigene Lösung 136
§ 3 Der sogenannte „gerichtsfreie Hoheitsakt" 140
    A. Grundsätzliches 140
    B. Der sogenannte „Regierungsakt" 144
    C. Die Gnadenentscheidung 150

Zweiter Teil
Die verfassungsrechtliche Bestandskraft des Art. 19 Abs. 4 GG   155

Erstes Kapitel: Art. 19 Abs. 4 GG und Art. 79 Abs. 3 GG 155

§ 1 Die Zulässigkeit von Verfassungsänderungen im allgemeinen 155
§ 2 Art. 19 Abs. 4 GG und Art. 20 GG 162
    A. Die Rechtsstaatlichkeit als gemeinsame Grundlage 162
    B. Art. 19 Abs. 4 GG und Art. 20 Abs. 3 GG 164
    C. Art. 19 Abs. 4 GG und Art. 20 Abs. 2 GG 169
§ 3 Art. 19 Abs. 4 GG und Art. 1 GG 171
    A. Art. 19 Abs. 4 GG und Art. 1 Abs. 1 GG 171
    B. Art. 19 Abs. 4 GG und Art. 1 Abs. 3 GG 173

Zweites Kapitel: Art. 19 Abs. 4 GG und Art. 19 Abs. 2 GG 176

§ 1 Art. 19 Abs. 4 GG als mögliches „Grundrecht" i. S. des Art. 19 Abs. 2 GG 176
§ 2 Der prozessuale Schutz nach Art. 19 Abs. 4 GG als Wesensbestandteil der materiellen Grundrechte 178

Literaturverzeichnis   181

Abkürzungsverzeichnis

A.c.P.	=	Archiv für die civilistische Praxis
a. F.	=	alte Fassung
AO	=	Anordnung
AÖR	=	Archiv für öffentliches Recht
AP	=	Arbeitsrechtliche Praxis
AS	=	Amtliche Sammlung von Entscheidungen der Oberverwaltungsgerichte Rheinland-Pfalz und Saarland
BAG (E)	=	Bundesarbeitsgericht (Entscheidungen des)
BauONRW	=	Bauordnung von Nordrhein-Westfalen
Bay VBl	=	Bayrische Verwaltungsblätter
Bay. Verf.	=	Verfassung des Freistaates Bayern (v. 2. 12. 46)
Bay Verf GHG	=	Bayrisches Gesetz über den Verfassungsgerichtshof (i. d. F. v. 22. 4. 62)
Bay VfGH	=	Bayrischer Verfassungsgerichtshof
Bay VGH	=	Bayrischer Verwaltungsgerichtshof
BB	=	Der Betriebsberater
BBauBl	=	Bundesbaublatt
BBauG	=	Bundesbaugesetz (v. 23. 6. 60)
BBG	=	Bundesbeamtengesetz (i. d. F. v. 22. 10. 65)
BDO		Bundesdisziplinarordnung (i. d. F. v. 20. 7. 67)
BFern.Str.G	=	Bundesfernstraßengesetz (i. d. F. v. 6. 8. 61)
BFH (E)	=	Bundesfinanzhof (Entscheidungen des)
BGB	=	Bürgerliches Gesetzbuch
BGBl	=	Bundesgesetzblatt
BGH (St)	=	Bundesgerichtshof (Entscheidungen in Strafsachen)
BGH (Z)	=	Bundesgerichtshof (Entscheidungen in Zivilsachen)
BK	=	Bonner Kommentar
BRat	=	Bundesrat
BRRG	=	Beamtenrechtsrahmengesetz (i. d. F. v. 22. 10. 65)
BSG (E)	=	Bundessozialgericht (Entscheidungen des)
BStBl	=	Bundessteuerblatt
BVerfG (E)	=	Bundesverfassungsgericht (Entscheidungen des)
BVerwG (E)	=	Bundesverwaltungsgericht (Entscheidungen des)
BVerwGG	=	Bundesverwaltungsgerichtsgesetz (v. 23. 9. 52)
BVGG	=	Gesetz über das Bundesverfassungsgericht (v. 12. 3. 51)
DJT	=	Deutscher Juristentag
DÖV	=	Die öffentliche Verwaltung
DRiZ	=	Deutsche Richterzeitung
DRZ	=	Deutsche Rechtszeitschrift
DStR	=	Deutsches Steuerrecht
Dt	=	Deutscher
DV	=	Deutsche Verwaltung
DVBl	=	Deutsches Verwaltungsblatt
EGGVG	=	Einführungsgesetz zum Gerichtsverfassungsgesetz (v. 27. 1. 1877)
Einf.	=	Einführung
ES	=	Sammlung von Entscheidungen des Bayrischen Verwaltungsgerichtshofs mit Entscheidungen des Bayrischen

Abkürzungsverzeichnis

	Verfassungsgerichtshofs, des Bayrischen Dienststrafhofs und des Bayrischen Gerichtshofs für Kompetenzkonflikte
ESVGH	= Entscheidungen des Hessischen Verwaltungsgerichtshofs und des Verwaltungsgerichtshofs Baden-Württemberg mit Entscheidungen der Staatsgerichtshöfe beider Länder
FAZ	= Frankfurter Allgemeine Zeitung
FGO	= Finanzgerichtsordnung (v. 6. 10. 65)
FR	= Finanzrundschau
GABl	= Gemeinsames Amtsblatt des Innenministeriums, des Finanzministeriums, des Ministeriums für Ernährung, Landwirtschaft und Forsten, des Wirtschaftsministeriums und der Regierungspräsidien des Landes Baden-Württemberg
GewO	= Gewerbeordnung (v. 26. 7. 1900)
GG	= Grundgesetz
GS	= Großer Senat
GVBl	= Gesetz- und Verordnungsblatt
GVG	= Gerichtsverfassungsgesetz
GWB	= Gesetz gegen Wettbewerbsbeschränkungen (v. 3. 1. 1966)
HDStR	= Handbuch des Staatsrechts
J.Ö.R.	= Jahrbuch des öffentlichen Rechts
J.R.	= Juristische Rundschau
JuS	= Juristische Schulung
JZ	= Juristenzeitung
KG	= Kammergericht
LG	= Landgericht
LVG	= Landesverwaltungsgericht
MDR	= Monatszeitschrift des Deutschen Rechts
MRK	= Europäische Menschenrechtskonvention
MRV 165	= Verordnung Nr. 165 der Britischen Militärregierung über die Verwaltungsgerichtsbarkeit in der britischen Zone
m. w. N. (H)	= mit weiteren Nachweisen (Hinweisen)
NF	= neue Fassung
NJW	= Neue Juristische Wochenschrift
OLG	= Oberlandesgericht
OVG	= Oberverwaltungsgericht
OVGE	= Entscheidungen der Oberverwaltungsgerichte für das Land Nordrhein-Westfalen in Münster sowie für die Länder Niedersachsen und Schleswig-Holstein in Lüneburg mit Entscheidungen des Verfassungsgerichtshofs für das Land Nordrhein-Westfalen und des Niedersächsischen Dienststrafhofes in Lüneburg
RGaO	= Reichsgaragenordnung
RGBl	= Reichsgesetzblatt
RN	= Randnummer
RPflG	= Der Rechtspfleger
RPflG	= Rechtspflegergesetz (v. 5. 11. 69)
SoldatenG	= Soldatengesetz (i. d. F. v. 22. 4. 69)
SGG	= Sozialgerichtsgesetz (v. 3. 9. 53)
SJZ	= Süddeutsche Juristenzeitung
StuW	= Steuer und Wirtschaft
StVG	= Straßenverkehrsgesetz
VA	= Verwaltungsakt
VerfGH	= Verfassungsgerichtshof
Verw. Arch.	= Verwaltungsarchiv

Verw. Rspr.	=	Verwaltungsrechtsprechung in Deutschland
VG	=	Verwaltungsgericht
VGG	=	Gesetz über die Verwaltungsgerichtsbarkeit (für Bayern, Bremen, Hessen und Württemberg-Baden)
VGH	=	Verwaltungsgerichtshof
VO	=	Verordnung
VO Nr. 165	=	siehe MRV 165
VVDStRL	=	Veröffentlichungen der Vereinigung der deutschen Staatsrechtslehrer
VwGO	=	Verwaltungsgerichtsordnung
WHG	=	Wasserhaushaltsgesetz (v. 27. 7. 57)
WpflG	=	Wehrpflichtgesetz (i. d. F. v. 28. 9. 69)
WRV	=	Weimarer Reichsverfassung
ZBR	=	Zeitschrift für Beamtenrecht
Z. ges. St. W.	=	Zeitschrift für die gesamte Staatswissenschaft
ZMR	=	Zeitschrift für Miet- und Raumrecht
ZPO	=	Zivilprozeßordnung
ZRP	=	Zeitschrift für Rechtspolitik
ZZP	=	Zeitschrift für Zivilprozeß

Einleitung

Art. 19 Abs. 4 GG hat vor allem in der ersten Zeit nach Inkrafttreten des Grundgesetzes ein starkes und unterschiedliches Echo gefunden. Die Skala der Äußerungen reichte von betonter Ablehnung über zurückhaltende Skepsis bis zur übermäßig freundlichen Aufnahme[1]. Nach der Zeit des Nationalsozialismus, in der ein weitgehender Stillstand der gerichtlichen Kontrolle hoheitlicher Akte herrschte[2], konnte erwartet werden, daß eine neue deutsche Verfassungsordnung einen effektiven Rechtsschutz gegen rechtswidrige staatliche Akte miteinbeziehen würde. Art. 19 Abs. 4 GG stellte zwar einen gewissen „Schlußstein im Gewölbe des Rechtsstaats"[3] dar, die Norm ist jedoch in Inhalt und Rang ein verfassungsrechtliches Novum, wobei entsprechende Vorschriften der Verfassungen der Länder nur in der zeitlichen Parallele gesehen werden können[4].

---

[1] Beispielsweise äußerten sich negativ: *Jahrreiß*, Recht — Staat — Wirtschaft, Band 2 (1950), S. 203/213: „Rechtswegestaat"; *Draht*, VVDStRL 8 (1950), 152 ff.; W. *Weber*, Spannungen und Kräfte im westdeutschen Verfassungssystem, 1970, S. 29, 30: „... unerhörte Ausbreitung justizstaatlicher Elemente im Verfassungsgefüge...", „... Gefahr der Juridifizierung der Politik und der Politisierung der Justiz"; S. 32: „... vollendet justizstaatliches Idealsystem des Bonner Grundgesetzes. Vgl. auch in VVDStRL 14 (1956), 189 und in DÖV 51, 509 ff. (510); *Forsthoff*, Festschrift für Carl Schmitt, S. 39 und in DÖV 59, 41 (43). Skeptisch: H. *Schneider*, Gerichtsfreie Hoheitsakte, S. 31. Positiv: *Ule*, 10. Beiheft zur DRZ, 1949, S. 19: „... einer der bedeutendsten Fortschritte, die das Grundgesetz gegenüber der Weimarer Verfassung auszeichnet...", und in „Bonner GG und Verwaltungsgerichtsbarkeit", S. 35 ff. W. *Jellinek*, VVDStRL 8 (1950), 3: „Königlicher Artikel"; *Friesenhahn*, Recht — Staat — Wirtschaft, Bd. 2 (1950), S. 239 ff. (269). *Scheuner*, Recht — Staat — Wirtschaft, Bd. 3 (1951), S. 126 ff. (1953); *Thoma*, Recht — Staat — Wirtschaft, Bd. 3 (1951), S. 9: „Schlußstein im Gewölbe des Rechtsstaats"; *Ebers*, Festschrift für Wilhelm Laforet, S. 271; *Wernicke*, BK, Art. 19, Anm. II, 4.

[2] Vgl. § 7 des Preußischen Gesetzes über die Geheime Staatspolizei (Preußische Gesetzessammlung, Jg. 1936, S. 21 - 28) vom 10. 2. 1936, wonach staatspolizeiliche Verfügungen der Nachprüfung durch Verwaltungsgerichte entzogen wurden; sowie die „Verordnung des Führers und Reichskanzlers zur Vereinfachung der Verwaltung (erlassen von dem Generalbevollmächtigten für die Reichsverwaltung und die Wirtschaft) vom 6. 11. 1939 (RGBl. I, S. 2168), wodurch die verwaltungsgerichtliche Klage durch die Möglichkeit der Beschwerde ersetzt und somit die Verwaltungsgerichte förmlich aufgehoben wurden.

[3] So *Thoma*, Recht — Staat — Wirtschaft, Bd. 3 (1951), S. 9.

[4] Als vergleichbare landesrechtliche Vorschriften sind zu nennen: Art. 67 Ba-Wü; Art. 61 Ha; Art. 2 Abs. 3 He; Art. 41 Abs. 1 NS, Art. 20 Schl.-Holst; Art. 141 Br; Art. 71 Abs. 2 Berl; Art. 74 Abs. 1 NW; Art. 124 Abs. 1 Rhld-Pf; Art. 120 der bay. Verf. garantiert den Verfassungsgerichtsschutz. Zu den

Art. 19 Abs. 4 GG ist innerhalb des Rechtsstaats des Grundgesetzes jedoch nicht nur aus der Sicht der Reaktion auf die nationalsozialistische „absolute Rechtslosigkeit"[5] zu verstehen, sondern diese Vorschrift ist eben auch als notwendiges und folgerichtiges Teilgebilde eines weiterentwickelten Rechtsstaats zu begreifen.

Würde man Inhalt und Bedeutung des Art. 19 Abs. 4 GG nur unter dem Blickwinkel der Reaktion auf den vorausgegangenen Unrechtsstaat und somit als situationsgebundenes Anliegen des grundgesetzlichen Verfassungsgebers verstehen, so bestünde die Gefahr, in dieser Vorschrift einen zeitgebundenen allzu opportunistischen Inhalt hineinprojezieren zu müssen[6], ohne sich über die langfristigen Auswirkungen auf das Verhältnis zwischen Bürger und Staat Klarheit verschafft zu haben[7]. Die Redensart von einem „lückenlosen" und „effektiven Rechtsschutz" des Bürgers[8] charakterisiert den rechtsstaatlichen Überschwang, mit dem auch heute noch Art. 19 Abs. 4 GG als Ganzes gedeutet wird, um aber dann in Einzelfragen von diesem keine Einschränkungen vertragenden Postulat abzuweichen und im Wege der Reduktion der Norm eine fast pragmatisch zu nennende Handhabung derselben zu praktizieren[9].

Art. 19 Abs. 4 GG stellt sich nach heute einhelliger Ansicht, wenn auch mit Akzentunterschieden, in zwei Problemkreisen dar. Zum einen ist es das Verhältnis des Individuums zum Staat und zum anderen ist es die Bedeutung des Art. 19 Abs. 4 GG in der grundgesetzlichen Gewaltenteilung und damit in der objektiven Rechtskontrolle durch die Rechtsprechung. Schutz des Einzelnen und objektive Kontrolle durch die Gerichte, dies sind die beiden Pfeiler, um die sich weitere Problemkreise legen, die letztlich das Spannungsverhältnis zwischen Individual- und Gemeinschaftsinteresse ausmachen[10]. Dieses genannte Spannungsverhältnis innerhalb des Art. 19 Abs. 4 soll unter Berücksichtigung der Gesamt-

---

Unterschieden der Art. 6 Abs. 1, 13 der europäischen Menschenrechtskonvention (MRK) vgl. *Bettermann*, Grundrechte, S. 829.

[5] So W. *Jellinek*, Verwaltungsrecht, Nachtrag 1950, S. 1.

[6] Vgl. *Werner*, Das Problem des Richterstaats, S. 5: „... als ob die Gerichte ein Stück Widerstand aus der Zeit der Diktatur nachholen ...", „... daß weder der Richterstand als Ganzes noch die Richter einzelner Gerichtssparten der Nabel der Welt ..." sind.

[7] Vgl. *Rumpf*, VVDStRL 14 (1956), 136: „Vom Pendelschlag der Geschichte oder von der Dialektik des gesellschaftlichen Lebens ..., die im ideologischen Rückschlag gegen den totalen Machtstaat den Versuch des totalen Rechtsstaats, als Antwort auf die trügerische Verabsolutierung des Ganzen die Erhebung des Einzelnen hervorrief." Vgl. auch *Czermak*, NJW 61, 1905 und *Fellner*, DVBl. 63, 482.

[8] So u. a. BVerfGE 8, 274 ff. (326); 13, 153 ff. (161).

[9] Vgl. im einzelnen die Nachweise im folgenden.

[10] Die liberale Antithese Individuum — Staat besteht im GG nicht mehr in voller Schärfe. Vgl. etwa Präambel des GG, Art. 1, 2, 6, 9 Abs. 3 und 28 Abs. 2 GG.

verfassung, vor allem des Rechtsstaatsgedankens, einer Lösung zugeführt werden.

Das Gewicht der Rechtsprechung, insbesondere im Verhältnis zur Exekutive, ist vorrangiges Streitobjekt innerhalb des Art. 19 Abs. 4 GG gewesen und ist es heute wieder[11]. Die Problematik der gerichtsfreien Hoheitsakte, des besonderen Gewaltverhältnisses, des Verwaltungsermessens und des Beurteilungsspielraums bei unbestimmten Rechtsbegriffen bilden auch heute reichhaltigen Diskussionsstoff. In Verbindung dazu steht das allgemeine Problem des gerichtlich schutzwerten materiellen Rechts, und damit der umfassende Komplex des subjektiven öffentlichen Rechts[12].

Wo ist also die Grenze des sogenannten „lückenlosen, effektiven Rechtsschutzes" zu ziehen? Kann dieser tatsächlich durch den Grundsatz der Gewaltenteilung, soweit er in das Grundgesetz Eingang gefunden hat, sowie durch die sonstigen Bestandteile des Rechtsstaats, wie die Rechtssicherheit oder gar das sogenannte „öffentliche Interesse" beschränkt werden? Bedeutet es, Art. 19 Abs. 4 GG rechtsstaatlich extensiv zu interpretieren, wirklich, diesen nur extensiv in Richtung des Individualinteresses auszulegen, oder aber gibt es auch rechtsstaatlich immanente Schranken des Art. 19 Abs. 4 GG[13]?

Auf diese Fragen soll im folgenden eine Antwort gefunden werden, wobei nochmals betont wird, daß das Hauptanliegen dieser Arbeit in der Einordnung des Art. 19 Abs. 4 GG in den größeren verfassungsrechtlichen Zusammenhang besteht und erst in zweiter Linie die Gewinnung von Einzelerfordernissen für das gegenwärtige Verwaltungsprozeßrecht angestrebt wird.

---

[11] Vgl. etwa neuerdings *Ossenbühl*, DÖV 68, 618 ff. (626 f.), der der Verwaltung in gewissen Bereichen ein Letztentscheidungsrecht gegenüber den Gerichten zuspricht. Vgl. auch *Forsthoff*, VVDStRL 24 (1965), 187 f.
[12] Damit hat sich neuerdings v. a. *Henke* („Das subjektive öffentliche Recht") beschäftigt.
[13] Wenn *Becker*, VVDStRL 14 (1956), 96 ff. (100), davon spricht, daß „den Gerichten die Garantie des Rechtsstaats anvertraut ist", so fängt hierbei das Problem erst an.

ERSTER TEIL

Inhalt und Bedeutung des Art. 19 Abs. 4 GG im grundgesetzlichen Rechtsstaat

Erstes Kapitel

Die Auslegung des Art. 19 Abs. 4 GG

Auch heute noch, nach umfangreichem Bemühen durch Rechtssprechung und Rechtswissenschaft sind Inhalt und Grenzen der Rechtsschutzgarantie des Art. 19 Abs. 4 GG umstritten, und es besteht Uneinigkeit über die Auslegung der einzelnen Tatbestandsmerkmale „jemand", „durch die öffentliche Gewalt", „in seinen Rechten verletzt", „steht der Rechtsweg offen"[1]. Der Wortlaut des Art. 19 Abs. 4 GG eröffnet eine breite Interpretationsskala, in deren Extremen die im Einzelfall gewonnenen Ergebnisse sich stark unterscheiden. Wie so oft bei Verfassungsnormen sind auch bei Art. 19 Abs. 4 GG die grammatikalische und philologische Auslegungsmethode nicht besonders ergiebig[2].

Nahezu unergiebig ist hier auch die historische Methode[3]. Art. 19 Abs. 4 GG stellt im Vergleich zu den früheren Bundesverfassungen ein Novum dar[4] und findet nur in den nach Kriegsende geschaffenen Länderverfassungen verschiedene Parallelen[5], die jedoch hinsichtlich ihrer Auslegung

---

[1] Vgl. dazu insgesamt: *Wernicke*, BK, Art. 19, Anm II, 4; *Bettermann*, Grundrechte, S. 779 ff.; *Maunz-Dürig-Herzog*, Grundgesetz, Art. 19 Abs. 4; *v. Mangoldt-Klein*, Das Bonner Grundgesetz, Art. 19, S. 568 ff.; *Brinkmann*, Grundrechtskommentar, Art. 19, Anm. I, 7a ff.; *Schmidt-Bleibtreu-Klein*, Grundgesetz, Art. 19, RN 16 ff.; *Hamann-Lenz*, Grundgesetz, Art. 19, Anm. B 12 - 18, S. 328 ff.

[2] Vgl. *Maunz-Dürig-Herzog*, Grundgesetz, Art. 19 Abs. 4, RN 9; *P. Schneider*, VVDStRL 20 (1962), 1 ff. (12 f.); *H. Peters*, Entwicklung und Grundfragen, S. 42 ff. („da es auf die dahinterstehenden politischen Zusammenhänge ankommt"); BVerfGE 1, 299 ff. (312); 8, 274 (307); 11, 126 (130); BGHZ 10, 297.

[3] Vgl. *H. Peters*, Entwicklung und Grundfragen, S. 44 f.; BVerfGE 11, 126 (130).

[4] Vgl. zur Geschichte der Generalklausel: *Klein*, VVDStRL 8, 67 - 78; *Sellmann*, Der Weg zur neuzeitlichen Verwaltungsgerichtsbarkeit, S. 25 - 86; *Menger*, DÖV 63, 726 ff.

[5] Vgl. Einleitung FN 2.

vor den gleichen Schwierigkeiten stehen wie Art. 19 Abs. 4 GG. Ohne Erfolg für die Auslegung des Art. 19 Abs. 4 GG ist auch das Zurückgreifen auf die Protokolle des Verfassungskonvents von Herrenchiemsee[6] und des Parlamentarischen Rats, da das dort Niedergelegte nahezu keinen Aufschluß über den Inhalt der Norm gibt[7]. Entsprechend der herrschenden Ansicht, vor allem der der Rechtsprechung des Bundesverfassungsgerichts[8], kann allein die systematisch-teleologische Auslegungsmethode, das Abstellen auf „Leitgedanken und Grundsätze des GG" in der nachfolgenden Untersuchung weiterhelfen. Neueren Versuchen, Verfassungsnormen mit Hilfe einer topischen Methode[9], einem rational-relevanten Konsequenzabwägungsdenken, das weniger auf Werte, Systeme oder eine Gesamtschau, sondern auf pragmatische Vorausschau abstellt, mit dem Ziel einer Entscheidung für die erträglichste Lösung[10], soll hier nicht gefolgt werden. Zwar kann dieser Methode nicht abgesprochen werden, für die Frage des Zustandekommens jeglichen juristischen Erkenntnisvorgangs, vor allem des richterlichen, einen zu beachtenden Beitrag geleistet zu haben, es hieße jedoch den Normwert der Verfassung zu übergehen, wollte man diese Methode allein für die Auslegung von Verfassungsnormen heranziehen[11]. Auch das Bnudesverfassungsgericht hat in seinen Entscheidungen deren Auswirkungen auf die politische Wirklichkeit mitbedacht — als notwendiges Element der Verfassungsrechtsprechung. Es hat sich dabei aber nicht von der Verfassung selbst losgelöst, sondern hat seine Entscheidungen letztlich allein aus der Verfassungsnorm, deren Sinn und Zweck, sowie dem verfassungsrechtlichen Zusammenhang geschöpft[12, 13].

---

[6] Art. 138 des Entwurfs von Herrenchiemsee hatte folgende Fassung: Abs. 1: Wer sich durch die Anordnung oder durch die Untätigkeit einer Verwaltungsbehörde in seinen Rechten verletzt oder mit einer ihm nicht obliegenden Pflicht beschwert glaubt, kann gerichtliche Schritte in Anspruch nehmen. Abs. 2: Das Nähere bestimmen die Bundes- und Landesgesetze.
[7] Vgl. J.Ö.R. NF 1, S. 175, 183 ff.
[8] Vgl. BVerfGE 2, 380 (403); 3, 225 (232); 4, 7 (15 ff.); 4, 96 (102); 6, 33 (36); 6, 55 (72); BVerwGE 1, 159 (161); BGHZ 10, 297 (299); BFHE 55, 277. Sowie P. *Schneider*, VVDStRL 20 (1962), 1 ff., LS. 2, 7 c; H. *Peters*, Entwicklung und Grundfragen, S. 46 f.; *Maunz*, Staatsrecht, S. 50.
[9] Vgl. *Kriele*, Theorie der Rechtsgewinnung, S. 157 ff. Diese Methode übernimmt *Hummel*, Gerichtsschutz gegen Prüfungsbewertungen, S. 56 f., für die Auslegung von Art. 19 Abs. 4 GG.
[10] So *Hummel*, S. 56.
[11] Vgl. die Bedenken bei *Larenz*, Methodenlehre, S. 141 ff. (147); vgl. auch F. *Müller*, Normstruktur und Normativität, S. 56; sowie die Gegenposition von *Forsthoff*, Festschrift für Carl Schmitt, S. 35 ff. und in „Rechtsstaat im Wandel", S. 213 ff., der sich gegen die „geisteswissenschaftliche Methode" wendet.
[12] Vgl. die Entscheidungen oben FN 8.
[13] Vgl. *Scheuner*, Recht — Staat — Wirtschaft, Bd. 3, S. 138.

I. 1. Kap.: Die Auslegung des Art. 19 Abs. 4 GG

Der Weg zur Auslegung des Art. 19 Abs. 4 GG ist somit vorgezeichnet. Da der Wortlaut dieser Norm nur das Gerüst abgeben kann, in dem sich dann die weitere Auslegung zu vollziehen hat[14], kann nur eine Gesamtinterpretation im größeren Rahmen des grundgesetzlichen Rechtsstaats, soweit dieser in den Verfassungsnormen verwirklicht ist, zu richtigen Ergebnissen führen[15].

---

[14] Dort wo der Wortlaut eindeutig ist, besteht kein Auslegungsproblem. Vgl. auch *Peters*, Entwicklung und Grundfragen, S. 48 f.
[15] So auch *Bachof*, JZ 66, 58; *Thieme*, NJW 66, 1436; *Raether*, Rechtsstaat, S. 57; BVerwGE 3, 130 (133).

Zweites Kapitel

Die formale Stellung des Art. 19 Abs. 4 GG

An dieser Stelle interessiert die Frage, welche Konsequenzen sich für die Auslegung des Art. 19 Abs. 4 GG aus der formalen Stellung dieser Norm im Gesamtgefüge des Grundgesetzes ergeben können und wie die dazu vertretenen Meinungen, ohne eingehendere Beschäftigung mit dem Inhalt des Art. 19 Abs. 4 GG, zu bewerten sind. Art. 19 Abs. 4 GG steht im Gegensatz zu der in etwa vergleichbaren Vorschrift des Art. 107 WRV[1] nicht wie diese im Abschnitt für die „Rechtspflege"[2], sondern innerhalb — und dort am Ende — des Abschnitts über die Grundrechte. Daraus ließen sich auf den ersten Blick zwei Folgerungen ableiten: Erstens, daß Art. 19 Abs. 4 GG selbst ein Grundrecht, als subjektiv öffentliches Recht auf Rechtsschutz, enthält und zweitens, daß der Rechtsschutz nur für Grundrechte, möglicherweise nur der im Grundrechtskatalog (Art. 2 - 18 GG) befindlichen, gilt.

In Anlehnung an *Klein*[3] nimmt die weitaus herrschende Meinung[4] in Rechtsprechung und Rechtswissenschaft an, daß Art. 19 Abs. 4 GG als „formelles Hauptgrundrecht"[5] zu verstehen ist.

---

[1] Art. 107 WRV lautet: „Im Reiche und in den Ländern müssen nach Maßgabe der Gesetze Verwaltungsgerichte zum Schutze der einzelnen gegen Anordnungen und Verfügungen der Verwaltungsbehörden bestehen."

[2] Vgl. Art. 102 - 108 WRV.

[3] VVDStRL 8 (1950), 67 ff. (88, 123).

[4] So *Wernicke*, BK, Art. 19, Anm. II, 4; *Bachof*, Die verwaltungsgerichtliche Klage, S. 13 f., FN 6, S. 84; ders., Gedächtnisschrift für Walter Jellinek, S. 287 ff. (301); *Lerche*, Ordentlicher Rechtsweg und Verwaltungsrechtsweg, S. 28; *Bettermann*, Grundrechte, S. 783; *Maunz-Dürig-Herzog*, Grundgesetz, Art. 19 Abs. 4, RN 2; *Forsthoff*, Lehrbuch, S. 183; *Brinkmann*, Grundrechtskommentar, Art. 19, Anm. II, d; *Maunz*, Staatsrecht, S. 138; *Hamann-Lenz*, Grundgesetz, Art. 19, Anm. B 12, S. 328; *Schmid-Bleibtreu-Klein*, Grundgesetz, Art. 19, RN 16; *Goeckel*, Rechtsstaat, S. 83.
A. A.: *Eschenburg*, Staat und Gesellschaft, S. 476; *v. Mangoldt-Klein*, Das Bonner Grundgesetz, Art. 19, Anm. II, 2 c, S. 542; *Arentz*, Rechtscharakter, S. 130 ff. (175); *Giese-Schunck*, Grundgesetz, Art. 19, Anm. II, 1, S. 67; BVerfGE 1, 264 (280). Mißverständlich *Klein*, VVDStRL 8 (1950), 67 ff. (96, FN 68).

[5] Bereits *Thoma* benutzte den Begriff des „formellen Hauptgrundrechts" für Art. 107 WRV in „Grundrechte und Grundpflichten", S. 16. Vgl. auch die Stellungnahme des Abgeordneten Dr. Süsterhenn bei den Beratungen des Parlamentarischen Rats in J.Ö.R. NF 1, S. 185, der bereits von einem „Verfahrensgrundrecht" sprach.

Sie stützt diese Ansicht insbesondere mit dem aus Art. 19 Abs. 4 GG entnommenen Inhalt, weniger mit der formalen Erwägung, daß Art. 19 Abs. 4 GG sich an die materiellen Grundrechte der Art. 2 bis 18 GG anschließt und Art. 1 Abs. 3 GG von den „nachfolgenden Grundrechten" spricht[6]. Gerade der Unterschied zwischen Art. 19 Abs. 4 GG und Art. 107 WRV regte dazu an, die Position des einzelnen Bürgers wirksam durch die Zuerkennung eines eigenen subjektiv öffentlichen Rechts auf Rechtsschutz zu stärken[7]. Darauf wird noch im einzelnen bei der Würdigung des Art. 19 Abs. 4 GG zurückzukommen sein.

Festzuhalten bleibt hier aber, daß in der Rechtswissenschaft die Rechtsnatur des Art. 19 Abs. 4 auch formal über Art. 1 Abs. 3 GG bestimmt wurde, wenn auch dahinter vor allem das Bedürfnis stand, Art. 19 Abs. 4 GG über Art. 1 Abs. 3 GG der Ewigkeitsgarantie des Art. 79 Abs. 3 GG zu unterwerfen. Einer solchen Begründung für die Rechtsnatur des Art. 19 Abs. 4 GG — allein aus Art. 1 Abs. 3 GG — kann nicht zugestimmt werden, da sich dahinter der Zirkelschluß verbirgt, Art. 19 Abs. 4 GG sei bereits inhaltlich als Grundrecht zu qualifizieren. Der Wortlaut des Art. 1 Abs. 3 GG jedenfalls setzt die Rechtsnatur der nachfolgenden Vorschriften voraus, ohne sie selbst zu begründen. Wie noch später zu zeigen sein wird, umfaßt Art. 1 Abs. 3 GG gerade nur die materiellen Grundrechte, nicht aber Art. 19 Abs. 4 GG. Art. 19 GG steht außerhalb des eigentlichen Grundrechtskatalogs, da er in seiner Gesamtheit (Absatz 1 bis 4) nur Normen enthält, die die materiellen Grundrechte insgesamt umgreifen, indem sie Schutzdämme gegen deren Einschränkung errichten. Soweit Art. 1 Abs. 3 GG und Art. 19 Abs. 2 GG von Grundrechten sprechen, kann damit nicht auch Art. 19 Abs. 4 GG gemeint sein, da sich aus dem Aufbau des Art. 19 GG insgesamt ergibt, daß, soweit dort von Grundrechten die Rede ist, nur ein Bezug auf vorausgehende (Art. 2 bis 18 GG) — so die Abs. 1 bis 3 und der erst nachfolgende Abs. 4 — „Grundrechte" gemeint sein kann.

Die eigentliche Qualifizierung des Art. 19 Abs. 4 GG bleibt damit einer inhaltlichen Würdigung überlassen, wenn auch die formale Einordnung in das grundgesetzliche Normengefüge durchaus die Deutung zuläßt, daß Art. 19 Abs. 4 GG im Anschluß an die materiellen Grundrechte einen

---

[6] Vgl. dazu *Bettermann*, Grundrechte, S. 784 und *Maunz-Dürig-Herzog*, Grundgesetz, Art. 19 Abs. 4, RN 1 und 2.

[7] Vgl. zur näheren Charakterisierung des Rechts aus Art. 19 Abs. 4 GG bei *Arentz*, Rechtscharakter, S. 5 ff., die Übersicht („Anspruch auf umfassenden öffentlich-rechtlichen Rechtsschutz", „Klagebefugnis", „Klagemöglichkeit", „jede verfahrensrechtliche Möglichkeit, Streitsachen der Entscheidung eines unabhängigen Gerichts zu unterbreiten", „die Möglichkeit der Anrufung echter Gerichte", „ein den status positivus des Grundrechtsträgers betreffendes Grundrecht").

weiteren Schutz des einzelnen Bürgers gegen den Mißbrauch von staatlicher Macht aufrichtet.

Aus der formalen Stellung des Art. 19 Abs. 4 GG wurde in der Rechtswissenschaft auch gefolgert, daß Art. 19 Abs. 4 GG nur den Schutz von Grundrechten umfasse[8]. Eine solche restriktive Auslegung des Art. 19 Abs. 4 GG resultiert vor allem aus der formalen Erwägung, daß sich auch die Absätze 1 bis 3 des Art. 19 GG auf den Schutz und die Träger von materiellen Grundrechten beziehen. Solche Erwägungen lassen jedoch den Unterschied im Wortlaut des Absatzes 4 zu demjenigen in den Absätzen 1 bis 3 des Art. 19 GG unberücksichtigt.

Ohne also den Inhalt des Art. 19 Abs. 4 GG im Wege der hier verfolgten Auslegungsmethode vollkommen erschließen zu müssen, ergibt sich bereits aus dem klaren Wortlaut der Norm, daß im Gegensatz zu den Absätzen 1 bis 3 in Absatz 4 „Rechte" und nicht nur „Grundrechte" erfaßt werden. Diese Ausführungen und Erwägungen, die darauf abzielen, Rechtsnatur und Inhalt des Art. 19 Abs. 4 GG aus formalen Gesichtspunkten zu erschließen, sollen hier genügen. Auf die damit im Zusammenhang stehenden Ansichten in Rechtsprechung und Rechtswissenschaft wird im folgenden noch zurückzukommen sein.

---

[8] A. A. die herrschende Meinung: Vgl. *Friesenhahn*, DV 49, 478 (481); *Bettermann*, Grundrechte, S. 783; *Maunz-Dürig-Herzog*, Grundgesetz, Art. 19 Abs. 4, RN 33; *v. Mangoldt-Klein*, Das Bonner Grundgesetz, Art. 19, Anm. VII, 3, b, S. 572; *Maunz*, Staatsrecht, S. 125 f.; BFHE 55, 278.
Die Gegenposition klingt an bei *Merk*, VVDStRL 8 (1950), 156, *Jahrreiß*, Recht — Staat — Wirtschaft, Bd. 2, S. 204; *H. Peters*, Entwicklung und Grundgedanken, S. 276, 361, FN 2.
Keiner dieser Vertreter beschränkt Art. 19 Abs. 4 GG dann aber tatsächlich auf den Grundrechtsschutz. Vgl. auch BVerfGE 1, 265 (280) und die Äußerung des Abg. Süsterhenn in J.Ö.R., NF 1, S. 185.

Drittes Kapitel

Art. 19 Abs. 4 GG und der grundgesetzliche Rechtsstaat

§ 1 Der rechtsstaatliche Hintergrund des Art. 19 Abs. 4 GG

Bevor Art. 19 Abs. 4 GG und der grundgesetzliche Rechtsstaat in volle Beziehung mit allen Konsequenzen zueinander gesetzt werden, bedarf es zunächst der grundsätzlichen Klärung, inwieweit es überhaupt gerechtfertigt ist, einen solchen Zusammenhang herzustellen[1].

Art. 19 Abs. 4 GG wird allgemein in der Reihe von Vorschriften[2] genannt, die als Bestandteil des grundgesetzlichen Rechtsstaats angesehen werden. Ob dabei in einem Rechtsschutz, wie dem in Art. 19 Abs. 4 GG eröffneten, der eigentliche rechtsstaatliche Inhalt zu sehen ist, wie dies *Thoma*[3] getan hat, soll zunächst dahingestellt bleiben. Einigkeit besteht jedenfalls heute darüber, daß Art. 19 Abs. 4 GG rechtsstaatlichen Charakter hat, gleichgültig welche Folgerungen man im einzelnen an diese Erkenntnis knüpft[4].

Die Bezeichnung „Rechtsstaat" hat selbst nur einen beschränkten Eingang in das Grundgesetz gefunden, nämlich in Art. 28 Abs. 1 GG, so daß Anlaß genug dazu besteht, Inhalt, Ausmaß und verfassungsrechtliche

---

[1] Auf eine Würdigung der historischen Entwicklung des Rechtsstaats und des gerichtlichen Rechtsschutzes gegen staatliche Akte soll hier verzichtet werden. Vgl. dazu die Hinweise Einleitung FN 4.

[2] So z. B. Art. 20, Abs. 2 und Abs. 3, Art. 14, Art. 34, Art. 103, Abs. 1 und Abs. 2 GG.

[3] So in HDStR Bd. II, S. 233: „Ein Staat ist Rechtsstaat in dem Maße, in dem seine Rechtsordnung die Bahnen und Grenzen der öffentlichen Gewalt normalisiert und durch unabhängige Gerichte, deren Autorität respektiert wird, kontrolliert." Vgl. demgegenüber *Carl Schmitt*, Verfassungslehre, S. 138: „Die rechtsstaatliche Zentralnorm ist die Herrschaft des Gesetzes."

[4] Vgl. dazu etwa: *Scheuner*, Entwicklung, S. 251 ff.; *Maunz*, Staatsrecht, S. 69; ähnlich *Kollmann*, DÖV 55, 45 ff. (47), nach dem die generelle Überprüfbarkeit eine der wertvollsten Errungenschaften eines wahrhaft demokratischen Rechtsstaats ist. In dieser grundlegenden Frage stimmt auch *Dürig* mit der einhelligen Lehre in Rechtsprechung und Schrifttum überein. Allerdings relativiert *Dürig* seine Ansicht zu Art. 19 Abs. 4 GG als „Krönung des Rechtsstaats" (*Maunz-Dürig-Herzog*, Grundgesetz, Art. 20, RN 92), wenn er, unter Hinweis auf BVerfGE 8, 174 (181), den grundgesetzlichen Rechtsstaat nicht von einem lückenlosen Gerichtsschutz abhängig macht. Vgl. auch *Hummel*, S. 76, der Art. 19 Abs. 4 GG nicht als „Essential", sondern nur als „Akzidens" eines bestimmten geschichtlichen Rechtsstaatsbegriffs begreift.

§ 1 Der rechtsstaatliche Hintergrund des Art. 19 Abs. 4 GG

Bestandskraft desselben zu diskutieren[5]. Auf dem Hintergrund dieses allgemeinen Problemkreises „grundgesetzlicher Rechtsstaat" ist auch die hier speziell interessierende Problematik des Rechtsschutzes nach Art. 19 Abs. 4 GG zu betrachten.

Da der Wortlaut des Art. 19 Abs. 4 GG einen beachtlichen Auslegungsspielraum beinhaltet[6], ist eine gesicherte Handhabung der Norm nur unter vollkommener Berücksichtigung des rechtsstaatlichen Hintergrundes möglich[7].

Dabei besteht die Schwierigkeit in der Suche nach rechtsstaatlichen Komponenten, die in die Auslegung des Art. 19 Abs. 4 GG einfließen könnten. In Anbetracht, daß zahlreiche Einzelnormen des Grundgesetzes ebenfalls rechtsstaatlichen Ursprungs sind und auch bei ihnen nicht auf eine allgemeine Rechtsstaatsgrundnorm im Grundgesetz zurückgegriffen werden kann, ist es erforderlich, Kriterien für die Auslegung aller Grundgesetznormen mit rechtsstaatlichem Inhalt herauszuarbeiten, die ihre Wurzel im Grundgesetz selbst haben[8]. Es kann also nicht genügen, festzustellen, daß der Rechtsstaat im Grundgesetz verankert ist, und deshalb Normen — und nicht nur solche des Grundgesetzes — im rechtsstaatlichen Lichte verfassungskonform zu interpretieren sind, sondern es muß eine Auseinandersetzung stattfinden mit dem, was im Grundgesetz an rechtsstaatlicher Substanz tatsächlich vorhanden ist und den Konsequenzen, die sich daraus für die Auslegung einer Norm wie Art. 19 Abs. 4 GG zu ergeben haben. Erst dann können Formeln wie diejenigen vom „lückenlosen, effektiven Rechtsschutz"[9] einen — auf der Ebene des Verfassungsrechts — dogmatisch gesicherten Inhalt bekommen[10]. Soviel sei hier be-

---

[5] Als grundlegende Untersuchungen zum Rechtsstaat nach Inkrafttreten des Grundgesetzes sind zu nennen: *Bachof*, VVDStRL 12 (1954), 37 ff., *Forsthoff*, VVDStRL 12 (1954), 8 ff.; *Scheuner*, Entwicklung, S. 229 ff.; *Dürig* in *Maunz-Dürig-Herzog*, Grundgesetz, Art. 20; *Hesse*, Festgabe für Rudolf Smend, S. 71 ff.; *E. W. Böckenförde*, Festschrift für Adolf Arndt, S. 53 ff.
[6] Siehe dazu oben Kap. I.
[7] *Forsthoff* erhebt gegen „die Auflösung des positiven Gesetzes durch das Zurückgreifen auf Verfassungsgrundsätze und die damit verbundene Gefährdung der Rationalität des Rechts" Bedenken. Vgl. Rechtsstaat im Wandel, S. 176 ff. = DÖV 59, 41 ff.
[8] So vor allem *Dütz*, Rechtsstaatlicher Gerichtsschutz, S. 98, der mit Bezug auf die bisherigen Äußerungen in Rechtsprechung und Schrifttum meint, daß „eine Auseinandersetzung mit der Ausformung rechtsstaatlicher Postulate im GG" bisher fehlt.
[9] So die Rechtsprechung des Bundesverfassungsgerichts: BVerfGE 8, 274 (326); 15, 275 (282); sowie BVerwGE 17, 85; BGHZ 10, 297 (299); BFHE 55, 277. Genauso *Maunz-Dürig-Herzog*, Grundgesetz, Art. 19 Abs. 4, RN 9; *Schäfer*, Festschrift für Carl Heymanns Verlag, S. 43; *Schmidt-Bleibtreu-Klein*, Grundgesetz, Art. 19, RN 16.
[10] So insbesondere *Dütz*, Rechtsstaatlicher Gerichtsschutz, S. 98 f.: „Die Argumentation für einen uneingeschränkten Gerichtsschutz aus rechtsstaatlichen Rücksichten ist in ihrer Begründung nicht ergiebiger als die entgegengesetzte Auffassung."

reits vorweggenommen: Nur dann, wenn man zu der Erkenntnis gelangt, der Rechtsstaat durchziehe das Grundgesetz als immanenter Verfassungsgrundsatz, wird man Art. 19 Abs. 4 GG in einem umfassenden verfassungsrechtlichen Rahmen betrachten können.

In zwei Komponenten, die beide ihren besonderen historischen Bezug haben[11] und die bereits das rechtsstaatliche Spannungsfeld abzeichnen, in dem sich Art. 19 Abs. 4 GG bewegt, offenbart sich das Koordinatensystem, das mit rechtsstaatlicher Substanz zu füllen ist. Nämlich zum einen dem Schutz des einzelnen Bürgers gegen Mißbrauch von Staatsgewalt durch unabhängige Gerichte und zum anderen der staatlichen Selbstkontrolle durch Organe der rechtsprechenden Gewalt[12]. Die umfassendere Frage ist dann, inwieweit Art. 19 Abs. 4 GG konkret im Rahmen des Grundgesetzes den „Primat des Rechts"[13] erfüllen kann.

Für die Diskussion über den rechtsstaatlichen Inhalt von Normen des Grundgesetzes ist deshalb der Einwand, daß auch Staaten, die keinen so weitgehenden Rechtsschutz wie den nach Art. 19 Abs. 4 GG haben, Rechtsstaaten seien[14], unbeachtlich. Gerade ein solcher Ausgangspunkt würde von vornherein die Auslegung des Inhalts und die Frage der Bestandskräftigkeit einer Norm wie Art. 19 Abs. 4 GG auf eine außergrundgesetzliche Bahn bringen und daher der eigentlichen verfassungsrechtlichen Diskussion entziehen[15].

Ohne also bereits an dieser Stelle umfassender auf den Inhalt des grundgesetzlichen Rechtsstaats eingegangen zu sein, kann hier für die

---

[11] Vgl. dazu *Rumpf*, VVDStRL 14 (1956), 136 ff. (137); *Henke*, Das subjektive öffentliche Recht, S. 26 ff.

[12] Vgl. zu den beiden Komponenten des Art. 19, Abs. 4 GG: *Maunz-Dürig-Herzog*, Grundgesetz, Art. 19, Abs. 4, RN 7; *Schäfer*, Staatsbürger und Staatsgewalt, S. 163; *Ule*, DVBl. 64, 137 und Verwaltungsprozeßrecht, S. 3 ff., der sich gegen die Verwaltungsgerichtsbarkeit als „objektive Rechtskontrolle" wendet. *Niese*, JZ 52, 353 (355) und *Meiss*, ZZP 67 (1954), 169 stellen insbesondere auf die objektive Komponente als Unterscheidungsmerkmal zur ordentlichen Gerichtsbarkeit ab. Vgl. auch *Jahrreiß*, Recht — Staat — Wirtschaft, 2. Bd. (1950), S. 204; *Jesch*, AÖR 82 (1957), 236; *Menger*, Grundrechte, S. 730; *Bettermann*, Grundrechte, S. 738; *Bachof*, Grundgesetz und Richtermacht, S. 22; *Hesse*, Festgabe für Rudolf Smend, S. 81 ff.; *Evers*, Gutachten, S. 66.

[13] *Hesse*, Festgabe für Rudolf Smend, S. 75 und in „Grundzüge", S. 79. Vgl. auch *Hamann-Lenz*, Grundgesetz, Einf. I D, S. 20, für den die dienende Funktion des Staates in der Verwirklichung des Rechts besteht. Ebenso *Dütz*, Rechtsstaatlicher Gerichtsschutz, S. 106.

[14] So aber *Maunz-Dürig-Herzog*, Art. 20, RN 92 und *Hummel*, S. 75. Vgl. auch *Steindorff*, DVBl. 54, 110 (114); *Schwankhart*, BayVBl. 64, 133 (136); *Dütz*, Rechtsstaatlicher Gerichtsschutz, S. 98 f.

[15] So auch *Waltner*, Gerichtliche Überprüfbarkeit von Beurteilungsspielräumen, S. 246 f., der auf Art. 19 Abs. 4 GG als einer staatsrechtlichen Besonderheit hinweist. Auch für *Dütz*, rechtsstaatlicher Gerichtsschutz, S. 98 f. ist gerade eine *allgemeine* rechtsstaatliche Auslegung des Gerichtsschutzes nicht für die konkrete grundgesetzliche Ausgestaltung derselben geeignet.

weitere Untersuchung festgehalten werden, daß Art. 19 Abs. 4 GG der Verwirklichung des Rechtsstaats dient.

§ 2 Der grundgesetzliche Rechtsstaat und Art. 19 Abs. 4 GG im besonderen

An dieser Stelle interessiert die Frage, welchen Inhalt der Rechtsstaat des Grundgesetzes hat und weiter, welche grundlegenden Konsequenzen sich aus der Beantwortung dieser Frage für die Auslegung des Art. 19 Abs. 4 GG ergeben.

A. Der Rechtsstaat des Grundgesetzes

Was unter dem „Rechtsstaat" im Grundgesetz zu verstehen ist, ergibt sich nicht eindeutig aus dem Verfassungtext selbst. Aus diesem Grunde war die Versuchung in Rechtsprechung und Rechtswissenschaft groß, immer wieder gewünschte Ergebnisse unter Heranziehung des „Rechtsstaats" oder des Prädikats „rechtsstaatlich" zu begründen, so daß es nicht ausbleiben konnte, daß widersprechende Ansichten mit demselben Begründungskern vorgetragen wurden[16]. Es fehlte zumeist eine klare Vorstellung darüber, was das Grundgesetz rechtsstaatlich im einzelnen gebietet, einfach, wie der Rechtsstaat im Gesamtgefüge des Grundgesetzes dogmatisch faßbar gemacht werden kann[17]. Damit wird deutlich, was hier zu tun bleibt. Zu untersuchen ist hier also nicht, welchen Inhalt dem Rechtsstaat aus verfassungsgeschichtlicher Sicht gegeben werden muß[18], sondern die hier gestellte Aufgabe beschränkt sich allein auf die Beantwortung der Frage: Was hat sich an rechtsstaatlicher Substanz im Grundgesetz konkret niedergeschlagen[19] und was bedeutet dies für die Würdi-

---

[16] Vgl. dazu *Raether*, S. 107 ff.

[17] Vgl. dazu die Übersichten bei *Goeckel*, Rechtsstaat, S. 15 ff.; *Raether*, S. 115 ff. und S. 107 ff.; *Peters*, Entwicklung und Grundfragen, S. 195 ff. Irreführend ist insbesondere, daß einmal der „Rechtsstaat" als solcher, dann „allgemeine rechtsstaatliche Gesichtspunkte", „der Gedanke des Rechtsstaats" usw. (vgl. *Goeckel*, Rechtsstaat, S. 16 f.) zur Begründung herangezogen werden, ohne geklärt zu haben, was darunter genau zu verstehen ist. Vgl. die Übersicht zur höchtrichterlichen Rechtsprechung bezüglich deren summarischen Vorgehens bei Heranziehung des Rechtsstaats, *Raether*, S. 107 ff. Vgl. auch *Ule*, DVBl. 63, 482; *Fuß*, DÖV 64, 577.

[18] Vgl. dazu *Goeckel*, S. 3 ff.; *Raether*, S. 3 ff.; *Dütz*, Rechtsstaatlicher Gerichtsschutz, S. 103 Vgl. auch *Grewe*, DRZ 49, 392 und *Fechner*, Freiheit und Zwang, S. 5, FN 4.

[19] Dies ist der einzig gangbare Weg, wenn man nicht den Rechtsstaat allein überpositiv begreifen will. Vgl. *Maunz-Dürig-Herzog*, Grundgesetz, Art. 20, RN 1; *H. Peters*, Entwicklung und Grundfragen, S. 195 f.; *Goeckel*, S. 19.

gung einzelner Vorschriften des Grundgesetzes? Definitionen des Begriffs „Rechtsstaat" helfen dabei nicht weiter, da sie gerade die Vielgestaltigkeit rechtsstaatlicher Verwirklichungsmöglichkeiten in konkreten Verfassungsordnungen nicht aufzeigen und deshalb für die Behandlung von Einzelfragen nur vage Orientierungshilfen abgeben können[20]. Gerade weil es kein dem Grundgesetz entrücktes Rechtsstaatsbild in der geltenden Rechtsordnung geben kann, ist die Erschließung des grundgesetzlichen Rechtsstaats nur über die verschiedenen Einzelnormen des Grundgesetzes mit rechtsstaatlichem Inhalt möglich, wobei am Schluß dieses Vorgehens dann der Rechtsstaat als mosaikhaftes Ganzes erscheint, das auf die gesamte Rechtsordnung ausstrahlt. Daß auch die grundgesetzliche Rechtsstaatlichkeit inhaltlich in ihren verschiedenen Komponenten — ganz abgesehen von ihrem konkreten Umfang — ihren historischen Ausgangspunkt in der Neuzeit der letzten zwei Jahrhunderte hat, soll dabei nicht übersehen werden[21]. Gerade die Heranziehung bestimmter Normen des Grundgesetzes zur Erörterung des Rechtsstaats in der geltenden Verfassungsordnung setzt die Beurteilung voraus, welche Normen überhaupt im Zusammenhang mit rechtsstaatlichen Postulaten gesehen werden können[22].

Da der grundgesetzliche Rechtsstaat demnach nur aus der Gesamtheit der Verfassungsnormen mit rechtsstaatlichem Inhalt erschlossen werden kann, soll eine Umschreibung desselben für die konkrete Verfassung unterbleiben.

I. Erwähnung und Sitz des Rechtsstaats im Grundgesetz

Von Rechtsstaatlichkeit ist im Grundgesetz nur an einer Stelle, nämlich in Art. 28 Abs. 1 Satz 1 GG[23] innerhalb der Regelung der staatlichen Ordnung der Bundesländer die Rede. Mit der staatsrechtlichen Ordnung des Bundes wird der Rechtsstaat verschiedenartig in Beziehung gebracht. In seiner Entscheidung[24] zur Verfassungsmäßigkeit der Art. 10 Abs. 2 und Art. 19 Abs. 4 Satz 3 GG geht das Bundesverfassungsgericht in den die

---

[20] So auch *Goeckel*, S. 15; *Raether*, S. 13. Vgl. zu der Vieldeutigkeit des Begriffs „Rechtsstaat" *Klein*, Z.ges.St.W. 106 (1950), 392 ff., 397 ff., 400 ff., 403 ff.; *Menger*, Der Begriff des sozialen Rechtsstaats, S. 5; *v. Mangoldt-Klein*, Das Bonner Grundgesetz, Art. 19, Anm. VI, S. 600 f.; *Scheuner*, Entwicklung, S. 248; *H. Peters*, Entwicklung und Grundfragen. S. 195 ff.; *E. W. Böckenförde*, Festschrift für Adolf Arndt, S. 53 ff. Für einen allgemeinen materiellen Rechtsstaatsbegriff *Kägi*, Festgabe für Giacometti, S. 133 ff. (142).

[21] Vgl. dazu oben FN 18.

[22] Vgl. *H. Peters*, Entwicklung und Grundfragen, S. 195 und *Goeckel*, S. 15.

[23] Geht auf *Carlo Schmid* im Parlamentarischen Rat zurück. Vgl. *Menger*, Der Begriff des sozialen Rechtsstaats, S. 3.

[24] Vgl. Urteil vom 15. 12. 1970, NJW 71, 275 (278).

§ 2 Der Rechtsstaat des GG und Art. 19 Abs. 4 GG im besonderen

Entscheidung tragenden Gründen davon aus, daß der Rechtsstaat als solcher kein nach Art. 79 Abs. 3 GG zu schützendes Verfassungsprinzip ist, sondern daß nur die eigentlichen Inhalte der Art. 1 und 20 GG von Art. 79 Abs. 3 GG umfaßt werden[25]. Damit spricht das Bundesverfassungsgericht dem Rechtsstaat keinen das Grundgesetz tragenden Inhalt zu, ganz abgesehen davon, daß eine Erörterung der Art. 20 Abs. 2 und Abs. 3 GG im Zusammenhang mit Art. 19 Abs. 4 GG in der genannten Entscheidung unterblieben ist. Für das Bundesverfassungsgericht ist das Rechtsstaatsprinzip als durchgängiger Verfassungsgrundsatz weder in Art. 1 noch in Art. 20 GG verankert, obgleich — was auch nicht vom Bundesverfassungsgericht verkannt wurde — Art. 20 Abs. 2 und Abs. 3 einen rechtsstaatlichen Inhalt haben. Dieser Auffassung des Bundesverfassungsgerichts, die streng vom Wortlaut des Grundgesetzes ausgeht, steht das weitaus überwiegende Schrifttum[26], wenn auch mit unterschiedlicher Frontstellung, aber auch die Begründungen in früheren Entscheidungen des Bundesverfassungsgerichts[27] gegenüber.

Die Wege, den Rechtsstaat als durchgängiges Verfassungsprinzip im Grundgesetz verankert zu sehen, sind mannigfaltig[28]. So wird angenommen, daß aus Art. 28 Abs. 1 Satz 1 GG im Wege der Rückkopplung auf Bundesebene geschlossen werden muß, daß auch auf letzterer die staatliche Ordnung allgemein rechtsstaatlichen Erfordernissen entsprechen muß[29].

---

[25] Vgl. zu der Problematik des Verhältnisses des Rechtsstaats und Art. 19 Abs. 4 GG zu Art. 79, Abs. 3 GG unten Zweiter Teil, I. Kapitel, § 1, A.

[26] Vgl. *Wernicke*, BK, Art. 20, Anm. II, 3; *Herrfahrdt*, BK, Art. 79, Anm. II, 3 (wobei nicht klar ist, ob Art. 19, Abs. 4 GG über Art. 20 Abs. 3 GG geschützt werden soll); *v. Mangoldt-Klein*, Das Bonner Grundgesetz, Art. 79, Anm. VII, 3 d, dd, S. 1897; *Raether*, S. 121 f.; *Maunz*, Staatsrecht, S. 69 f.; *Hamann-Lenz*, Grundgesetz, Einf. D 1, S. 55 ff. und Art. 79, B 10, S. 540 f.

[27] Vgl. BVerfGE 2, 380 (403); 7, 194 (196) als „Leitidee"; BVerfGE 10, 354 (363) als „durchdringender und übergreifender Rechtsgrundsatz"; BVerfGE 6, 32 (41) als „elementarer Verfassungsgrundsatz" und BVerfGE 3, 225 (237) als „Grundentscheidung des GG". Ähnlich BVerwGE 1, 159 (161) als „leitendes Prinzip"; BVerwGE 10, 282 (288) als „elementare Richtschnur". Vgl. auch OVG Münster in OVGE 16, 98 (107), wonach Art. 79 Abs. 3 GG auch den Rechtsstaat garantiert. Nach VerfGH NRW in OVGE 16, 315 (318) als „ungeschriebener Grundsatz" und BAGE 1, 85 (90) als „tragendes Prinzip unseres Rechts- und Verfassunglebens".

[28] Wenn auch zumeist die Begründung fehlt. Die mangelnde Verankerung des Rechtsstaatsprinzips im Grundgesetz dürfte dabei die unsichtbare Klippe sein.

[29] So *Maunz-Dürig-Herzog*, Grundgesetz, Art. 28 RN 34; *v. Mangoldt-Klein*, Grundgesetz, Art. 28, Anm. II, 2 a, S. 697; *Hesse*, Festgabe für Rudolf Smend, S. 73; *Evers*, Gutachten, S. 54; *Hamann-Lenz*, Grundgesetz, Art. 28, A 1, S. 398 sowie Einf. I, D 1, S. 55 f. Aus Art. 28 i. V. mit Art. 20 GG leiten den Rechtsstaat noch her: *Grewe*, DRZ49, 315; *Klein*, Z.ges.St.W. 106 (1950), 398; *Scheuner*, Recht — Staat — Wirtschaft, Bd. 4 (1951), S. 95; *Menger*, Der Begriff des sozialen Rechtsstaats, S. 3; *Raether*, S. 122.

Unklar und nicht überzeugend ist die Ableitung der allgemeinen Rechtsstaatlichkeit aus Art. 20 Abs. 2 und 3 GG[30]. Allein mit dem Hinweis auf die Abs. 2 und 3 des Art. 20 GG ist noch nicht klargelegt, inwieweit eine allgemeine rechtsstaatliche Orientierung innerhalb der grundgesetzlichen Ordnung stattzufinden hat.

Ohne konkreten Bezug auf irgendeine Verfassungsnorm bleibt diejenige Ansicht, die das Rechtsstaatsprinzip als stillschweigenden durchgängigen Verfassungsgrundsatz — teilweise als dem Grundgesetz vorgegeben — betrachtet[31]. Soweit dabei von einem überpositiven Rechtsstaat ausgegangen wird, der nur in Einzelbestandteilen seinen konkreten Niederschlag im Grundgesetz gefunden hat, ist Kritik angebracht. Der Rechtsstaat könnte bei dieser Betrachtung nicht in die konkrete verfassungsrechtliche Diskussion einbezogen werden, da sich erst aus dem Grundgesetz Inhalt und Ausmaß des Rechtsstaats ergeben können[32]. Der Verzicht, das gesamte rechtsstaatliche Gefüge — soweit es in den Normen seinen Niederschlag gefunden hat — zum Ausgangspunkt zu nehmen, zwingt dazu, Normen des Grundgesetzes mit rechtsstaatlichem Inhalt aus sich heraus auszulegen, was im Ergebnis mit der oben aufgezeigten Ansicht des Bundesverfassungsgerichts[33] übereinstimmt.

Richtigerweise ist der Ausgangspunkt in der Diskussion über den grundgesetzlichen Rechtsstaat in Art. 28 Abs. 1, Satz 1 GG zu sehen. Wie die staatsrechtliche Ordnung in den Bundesländern, so muß auch diejenige auf Bundesebene rechtsstaatlichen Erfordernissen genügen. Damit ist jedoch noch nichts über den Inhalt des Rechtsstaats ausgesagt[34]. Es ist deshalb auf die Gesamtheit der Normen mit rechtsstaatlichem Inhalt zurückzugreifen[35]. Soweit einheitliche Linien aus diesen Normen heraus-

---

[30] So nur *Maunz-Dürig-Herzog*, Grundgesetz, Art. 20, RN 58, Art. 79, RN 48; *Busse*, NJW 58, 1417; *Leibholz-Rinck*, Grundgesetz, S. 246; *Schmidt-Bleibtreu-Klein*, Grundgesetz, Art. 20, RN 9; *Lenz*, Umfang der gerichtlichen Prüfungsbefugnis, S. 38 nur Art. 20 Abs. 2 GG; *Wernicke*, BK Art. 28 Anm. II d und *Ule*, DVBl. 67, 681 (682). Vgl. auch *Maunz*, Staatsrecht, S. 67.
[31] So vor allem die Rechtsprechung. Vgl. BVerfGE 2, 380 (LS. 4 und 5); BVerfGE 1, 14 (LS. 27); 6, 32 (41); VerfGH NRW, OVGE 16, 315 (318). Vgl. auch *Thieme*, Zeitschrift für Sozialreform 1959, 246 und *Raether*, S. 3 f. Eingeschränkt auch BVerwGE 15, 336 (338): „Grundsätze der Rechtsstaatlichkeit aus Sittengesetz und den natürlichen Menschenrechten". Genauso stützt *Fechner*, Freiheit und Zwang, S. 4 den Rechtsstaat auf Art. 1 GG.
[32] So auch *Federer*, JÖR, NF 3, S. 15 (24 f.). Inkonsequent ist *Raether*, S. 120, wenn er sich zwar gegen den Weg, über die Grundrechte den überpositiven Charakter des gesamten Rechtsstaats zu begründen, wendet, dann jedoch das Rechtsstaatsprinzip in „staatliches und überstaatliches Recht" aufspaltet, also die normative Verankerung der Grundrechte übergeht.
[33] Vgl. BVerfG, NJW 71, 275 ff. (tragende Meinung).
[34] Vgl. *Raether*, S. 120; *Hamann-Lenz*, Grundgesetz, Einf. I, D. 1, A1, S. 55 ff.
[35] So wohl auch BVerfGE 2, 380 (403): „... aus einer Zusammenschau der Bestimmungen des Art. 20 Abs. 3, 19 Abs. 4, 28 Abs. 1, Satz 1 GG sowie der Gesamtkonzeption des GG". Vgl. auch BSGE 14, 17 sowie BVerwGE 4, 24 (30); 2, (LS 1); nur Art. 19 Abs. 4 GG in BVerwGE 8, 98 (102).

§ 2 Der Rechtsstaat des GG und Art. 19 Abs. 4 GG im besonderen 31

gearbeitet werden können, sind diese dann der Auslegung der einzelnen Vorschriften zugrundezulegen. Es gibt damit kein eigentliches Rechtsstaatsprinzip, das auf eine einzelne Norm des Grundgesetzes zurückgeführt werden könnte, sondern es kann nur in den einzelnen Normen mit rechtsstaatlichem Inhalt erkennbare Grundelemente geben, die zur Lückenschließung und zum Ausgleich rechtlicher Unebenheiten bei der Auslegung einzelner Normen — auch des Grundgesetzes — heranzuziehen sind[36].

II. Das rechtsstaatliche Spannungsverhältnis zwischen Individuum und Gemeinschaft

Zur allgemeinen Kennzeichnung des grundgesetzlichen Rechtsstaats bedarf es der Verwendung der Begriffe des formellen und materiellen Rechtsstaats. Beide Begriffe deuten auf gewisse Rechtsstaatsinhalte innerhalb derselben Verfassung hin; sie charakterisieren aber auch insgesamt staatsrechtliche Ordnungen[37]. Materielle und formelle Rechtsstaatskomponenten bilden dabei nicht nur ein Gegensatzpaar, sondern sie ergänzen sich gegenseitig und verhelfen sich so zur eigentlichen Durchsetzung[38]. Wenn der Rechtsstaat des Grundgesetzes einhellig in Rechtsprechung und Rechtswissenschaft als „materieller" qualifiziert wird[39],

---

[36] Zutreffend *Hesse*, Festgabe für Rudolf Smend, S. 73: „Verfassungsimmanentes Prinzip". Unzutreffend dagegen *H. Peters*, Entwicklung und Grundfragen, S. 165 ff., für den der Rechtsstaat Bestandteil der Demokratie ist. Die Konsequenz dieser Ansicht wäre, daß die Rechtsstaatlichkeit des GG — die Vielzahl der rechtsstaatlichen Normen — nicht in einen eigenen objektiven Wertrahmen gestellt werden könnte, sondern in der Optik des demokratischen Willensbildungsprozesses einer Relativierung unterliegen würde. Vgl. dazu auch *Kägi*, Festgabe für Giacometti, S. 107 ff. und 132 ff., für den der Rechtsstaat einen absoluten Vorrang vor dem Prinzip der Demokratie hat.
[37] Vgl. vor allem die historische Diskussion (oben FN 18). Vgl. *Maunz-Dürig-Herzog*, Grundgesetz, Art. 20, RN 58 - 60; *Scheuner*, Entwicklung, S. 235 - 247; *P. Schneider*, VVDStRL 20 (1963), 30 f.; *H. Peters*, Entwicklung und Grundfragen, S. 196. Vgl. demgegenüber *Kriele*, S. 186, der diese Unterscheidung als irreführend bezeichnet, da die Rationalität immer wieder eine genaue Interessenberechnung bei der Einzelbewertung verlange.
[38] Diesem Bild entspricht der Rechtsstaat des GG. Vgl. *Apelt*, VVDStRL 12 (1954), 107; *Bachof*, VVDStRL 12 (1954), 39, 80 LS. 1; *Menger*, Der Begriff des sozialen Rechtsstaats, S. 17; *Leibholz*, Demokratie und Rechtsstaat, S. 29; *Maunz-Dürig-Herzog*, Grundgesetz, Art. 20 RN 60; *Scheuner*, Entwicklung, S. 231; *E. R. Huber*, Rechtsstaat, S. 23 f.; *Raether*, S. 116; *Hamann-Lenz*, Grundgesetz, Einf. D 1, A 4, S. 57; BVerfGE 11, 150 (163).
[39] Vgl. *Maunz-Dürig-Herzog*, Grundgesetz, Art. 20, RN 59; *Scheuner*, Entwicklung, S. 248; *v. Mangoldt-Klein*, Das Bonner Grundgesetz, Art. 20, Anm. VI, 1, S. 600; *Hesse*, Festgabe für Rudolf Smend, S. 77, FN 24; *Goeckel*, S. 33; *Raether*, S. 125; *Wolff*, Verwaltungsrecht I, § 11 II, b, 3, S. 50; *Hamann-Lenz*, Grundgesetz, Einf. D 1, A 1, S. 56; *H. Peters*, Entwicklung und Grundfragen, S. 197 ff.; BVerfGE 11, 150 (163); BVerwGE 18, 193 (202); 19, 1 (4). A. A. nur *Forsthoff*, der im grundgesetzlichen Rechtsstaat nur die formale Möglichkeit zur Beschränkung der Staatsgewalt gegenüber dem Freiheitsbereich des einzelnen Bürgers und damit ein unpolitisches Formprinzip i. S. von Carl Schmitt

so bedeutet dies nicht, daß das Grundgesetz keine formellen Rechtsstaatsinhalte aufzuweisen hätte[40]. Vielmehr soll die Charakterisierung als materieller Rechtsstaat nur hervorheben, daß das Grundgesetz sich nicht nur in formellen Garantien erschöpft, sondern mit besonderem Gewicht dem einzelnen Bürger in ein verbindliches Wertesystem einordnet, deren Grundpfeiler die Garantie der Menschenwürde nach Art. 1 Abs. 1 GG ist[41].

Läßt man zunächst eine genauere Untersuchung der einzelnen Elemente des grundgesetzlichen Rechtsstaats dahingestellt, so zeigt bereits eine oberflächlichere Betrachtung der Verfassungsnormen, daß das Menschenbild des Grundgesetzes kein rein individualistisches ist, sondern in der Gemeinschaftsbezogenheit seine immanente Schranke findet[42]. Bereits in den vor der Ewigkeitsgarantie des Art. 79 Abs. 3 GG umfaßten Art. 1 und 20 GG nimmt einerseits der Wert des Individuums einen hervorragenden Platz ein, ist aber auch die staatliche Ordnung mit ihren wichtigsten Bestandteilen wie Demokratie, Gewaltenteilung, Verfassungsmäßigkeit der Gesetzgebung sowie Gesetzmäßigkeit der Verwaltung und der Rechtsprechung von gleich hohem Rang[43]. Auch auf der Ebene der einfachen Verfassungsvorschriften besteht keine uneingeschränkte Freiheitsgarantie des Individuums, sondern es bestehen Schranken durch die „Rechte anderer", „das Sittengesetz"[44] oder das „Wohl der Allgemeinheit"[45], sowie generell durch die Gesetzesvorbehalte in den einzelnen Grundrechtsnormen und nicht zuletzt durch die Sanktion des Art. 18 GG. Wenn darüberhinaus in der Rechtswissenschaft „immanente Grundrechts-

---

(Verfassungslehre, S. 200 ff.) sieht, als „System rechtstechnischer Kunstgriffe" (Vgl. Festschrift für Carl Schmitt, S. 36 ff. [61]). Um Rationalität und Positivität des Rechtsstaats zu erhalten, will *Forsthoff* nur die Korrektur von technischen Fehlern, als im Einzelfall zu Ungerechtigkeiten führende Gesetze, durch die Formel „Gesetz und Recht" nach Art. 20 Abs. 3 GG zulassen („Rechtsstaat im Wandel", S. 183"). Vgl. auch in VVDStRL 12, 16 f. Zur berechtigten Kritik vgl. *Scheuner*, Entwicklung, S. 259 f., der sich gegen den „Gesetzespositivismus" von *Forsthoff* wendet, da ein solcher in einer Verfassung mit Rangerhöhung über das Gesetz und mit Grundrechten nicht möglich sei. Vgl. auch *Hesse*, Festgabe für Rudolf Smend, S. 77 FN 24 und *Hollerbach*, AÖR 85 (1960), 248.

[40] Vgl. FN 38.
[41] Vgl. vor allem *Maunz-Dürig-Herzog*, Grundgesetz, Art. 1, RN 1 und 4; *Wertenbruch*, Festschrift für Hermann Jarreiß, S. 495 ff.; *Schmidt-Bleibtreu-Klein*, Grundgesetz, Vorb. vor Art. 1, RN 2 und 8; *Hamann-Lenz*, Grundgesetz, Einf. I, C 2 S. 53 f.; BVerfGE 7, 198 (205); 12, 45 (51); 21, 362 (372); 24, 119 (144).
[42] So BVerfGE 12, 45 (51); vgl. auch BVerfGE 4, 7 (15); 7, 320 (323), 8, 274 (329); BVerwGE 14, 21 (25); vgl. dazu insgesamt auch *Raether*, S. 87 ff. und *Zeidler*, MDR 70, 713 ff.
[43] Gerade die Freiheit der Person als Grundlage jeder menschlichen Gemeinschaft (Art. 1 Abs. 1 GG) und die vom Volke ausgehende Staatsgewalt, Art. 20, Abs. 1 GG (vgl. *Raether*, S. 88) versinnbildlichen dies. Allerdings sieht *Raether* (S. 72 f., 75 ff.) die Gewaltenteilung und die Gesetzmäßigkeit der Verwaltung allein unter dem Aspekt der personalen Freiheit.
[44] Art. 2 Abs. 1 GG.
[45] Art. 14 Abs. 2 GG. Vgl. auch Art. 6 Abs. 2 GG.

§ 2 Der Rechtsstaat des GG und Art. 19 Abs. 4 GG im besonderen

schranken" angenommen werden[46], so geschieht dies nicht willkürlich, sondern in der zu billigenden Erkenntnis, daß Grundrechte generell nicht schrankenlos ausgeübt werden können, sondern einem aus dem Interesse der Gemeinschaft ableitbaren immanenten Vorbehalt unterliegen. In den Art. 9 Abs. 2, 18, 20 Abs. 4, 21 Abs. 2 und 98 Abs. 2 und 5 GG wird deutlich, daß dem Wert der „freiheitlich demokratischen Grundordnung" die Position des Individuums unterstellt wird[47]. Gerade die vom Bundesverfassungsgericht diesbezüglich vertretene „streitbare Demokratie" nimmt es nicht hin, daß der einzelne Bürger die „freiheitlich-demokratische Grundordnung" durch einen Mißbrauch der Grundrechte gefährdet. Nur die staatliche Ordnung selbst kann die Grundrechte garantieren, indem sie die Existenz der Bürger sowohl als Einzelperson als auch als Mitglied der politischen und sozialen Gesamtheit sicherstellt und damit das Gemeinwesen als solches gewährleistet[48]. Das Grundgesetz vertritt deshalb eine „mittlere Linie des Personalismus in der Stufenfolge Individualismus — Personalismus — Kollektivismus", wie sich aus Art. 1 Abs. 1 GG — die Schranke ist die Würde des Menschen — und aus der oben angedeuteten Gesamtinterpretation aus dem Grundgesetz ergibt[49]. Demzufolge hat auch der einfache Gesetzgeber dem Individualinteresse das „öffentliche Interesse", ganz gleich welche Formulierung dieses gefunden hat[50] und wie es im einzelnen zu begreifen ist, entgegengestellt.

Eine richtige Lösung im Streit der Interessen zwischen Individuum und Gemeinschaft erfordert damit den angemessenen Ausgleich[51] bei Berücksichtigung der den Eigenwert des Menschen heraushebenden Normen wie Art. 1 Abs. 1 und 19 Abs. 2 GG[52]. Wie noch zu zeigen sein wird, ist das übergeordnete Spannungsfeld zwischen Individuum und Gemeinschaft im einzelnen verschieden strukturiert, wobei das Erfordernis des

---

[46] Die Figur der „immanenten Grundrechtsschranken" ist allerdings umstritten. Vgl. einerseits befürwortend: BVerfGE 20, 162 (219); 28, 36 (LS 1); BVerwGE 1, 48 (52); 1, 92 (94); 1, 269 (274); 2, 89 (94); 2, 295 (300); BGH, NJW 58, 177 (178); *Maunz-Dürig-Herzog*, Grundgesetz, Art. 2, RN 71 ff. (Herleitung aus Art. 2 Abs. 1 GG); ;*v. Mangoldt-Klein*, Das Bonner Grundgesetz, Vorb. B, XI, 2 a, b, S. 124 ff.; ähnlich *Maunz*, Staatsrecht, S. 110. Vgl. auch *Wehrhahn*, AöR 82 (1957), 250 ff. (259 ff.) und *Wertenbruch*, DVBl. 58, 481 ff. Ablehnend: *Bachof*, JZ 57, 337 f.; *Hamann-Lenz*, Grundgesetz, Vorb. RN 8, S. 124.
[47] Vgl. dazu neuerdings BVerfGE 28, 36 (48) und 28, 51 (54).
[48] So *Dütz*, Rechtsstaatlicher Gerichtsschutz, S. 106 mit Hinweis auf *Hesse*, Festgabe für Rudolf Smend, S. 74. Vgl. auch *Hamann-Lenz*, Grundgesetz, Vorb. RN 8, S. 124: „Inhalt der Grundrechte bestimmt sich nach der vom Rechts- und Sozialstaatsprinzip bestimmten Rechtsordnung." BVerfGE 7, 404 spricht vom „Grundrecht in der sozialen Ordnung".
[49] So *Maunz-Dürig-Herzog*, Grundgesetz, Art. 1, RN 46, 47. Vgl. auch BVerfGE 4, 7 (15 f.).
[50] Vgl. dazu *Wolff*, Verwaltungsrecht I, § 29 III, S. 148 ff.
[51] So vor allem *Raether*, S. 90, der in diesem Zusammenhang auf die Spannungen und Antinomien des GG hinweist.
[52] *Dürig*, AöR 81 (1956), 117 ff.; *Maunz-Dürig-Herzog*, Grundgesetz, Art. 1, RN 45 und Art. 79, RN 42; *Giese-Schunck*, Grundgesetz, Art. 79 Anm. 2.

dialektischen Ausgleichs dem gesamten Spannungsfeld zu eigen gemacht werden muß[53]. Die Methode des Ausgleichs dieser Spannungslage wird gekennzeichnet durch „ein ständiges Werten und Wägen der widerstreitenden Interessen", so daß der Ausgleich letztlich „mittels einer Bewertung der konkreten Bedeutung und der gesamten Umstände des Einzelfalls durch die Bevorzugung eines Prinzips gewonnen wird"[54]. Eines jedenfalls läßt sich schon an dieser Stelle sagen: Der grundgesetzliche Rechtsstaat ist mit seinem umfassenden Grundrechtskatalog, den Grundrechten außerhalb desselben und der Verankerung eines bestimmten Menschenbildes in Art. 1 Abs. 1 GG als umfassend „materieller Rechtsstaat" zu charakterisieren[55], ganz gleich, in welchem Umfang formale Garantien diesen gewährleisten oder immanent beschränken wie etwa der Grundsatz der Rechtssicherheit[56]. Betrachtet man die Vielzahl von Verfassungsvorschriften mit rechtsstaatlichem Inhalt unter diesem Blickwinkel, so ist es gerechtfertigt, von einem lückenlosen Rechtsstaat zu sprechen, der keine äußeren Schranken hat, sondern allein einen im folgenden zu ermittelnden bestimmten Inhalt. Die Auslegung einer Norm, ganz gleich ob Verfassungsvorschrift oder einfaches Gesetz, hat sich rechtsstaatlich zu orientieren, was jedoch keinen einseitigen Individualismus bedeuten kann. Das Ausfüllen von Lücken, die der Verfassungs- oder der einfache Gesetzgeber gelassen hat, muß deshalb immer durch einen Rückgriff auf den grundgesetzlichen Rechtsstaat geschehen[57].

Für die vollkommene Erfassung des rechtsstaatlichen Inhalts des Grundgesetzes und letztlich des Art. 19 Abs. 4 GG bedarf es noch der Klärung der im Grundgesetz zum Ausdruck gekommenen rechtsstaatlichen Einzelkomponenten.

Wie bereits oben in einem allgemeineren Zusammenhang angedeutet, gibt es keinen eigentlichen Rechtsstaatsgrundsatz im Grundgesetz, sondern nur rechtsstaatliche Leitlinien[58], die sich aus den einzelnen Elemen-

---

[53] So *Raether*, S. 90.
[54] *Raether*, S. 91. So auch BVerfGE 2, 1, (72 f.); 7, 377 (LS 6); BVerwGE 11, 136 (138); BGHStE 18, 274 (277). Nach *Maunz-Dürig*, Grundgesetz, Art. 103, RN 132 und *Hubmann*, Festschrift für H. C. Nipperdey, S. 37 ff. (54) sind Intensität und Aktualität der beiden Sphären entscheidend.
[55] Vgl. dazu oben FN 38, 39.
[56] Vgl. aber auch BVerwGE 18, 193 (202), wonach ein „Verstoß gegen materielles Verfassungsrecht" nur dann möglich ist, wenn zugleich die Grundsätze der Rechtsstaatlichkeit *und* der Rechtssicherheit verletzt werden. Mißverständlich aber auch *Raether*, S. 115: „Wesentlicher Bestandteil des Rechtsstaatsprinzips sind die *materiellen* Grundsätze der Einzelfallgerechtigkeit und der Rechtssicherheit." Vgl. auch *Maunz-Dürig-Herzog*, Grundgesetz, Art. 20, RN 58: „Rechtssicherheit als untrennbare Wertkomponente des materiellen Gerechtigkeitsprinzips."
[57] So v. a. *Bachof*, JZ 66, 58; *Thieme*, NJW 66, 1436 (1437); *Raether*, S. 57. Vgl. auch BVerwGE 3, 130 (133).
[58] Es handelt sich dabei um die horizontale Ebene der von BVerfGE 2, 380 (403) angenommenen „Grundsätze und Leitlinien des Rechtsstaats" im GG.

§ 2 Der Rechtsstaat des GG und Art. 19 Abs. 4 GG im besonderen

ten der Verfassungsnormen mit rechtsstaatlichem Inhalt bilden[59]. Es ist deshalb unrichtig, von „Gesetzeskonkurrenz" zwischen einem allgemeinen Rechtsstaatsgrundsatz — als „lex generalis" — und den rechtsstaatlichen Einzelnormen zu sprechen, wie dies zum Teil im Schrifttum anklingt[60].

Wenn vor allem *Scheuner*[61] die politischen Leitideen des Rechtsstaats im „Schutz der persönlichen und politischen Freiheit des Bürgers und der Mäßigung und rechtlichen Bindung aller öffentlichen Machtausübung" sieht, so kommt darin allein die Stoßrichtung des grundgesetzlichen Rechtsstaats zum Ausdruck[62]; es fehlt jedoch in dieser Formulierung das Erfordernis des Ausgleichs im Bezug zu den Interessen des Staats, der Gemeinschaft, ja der Interessen anderer Bürger überhaupt[63]. Geht man die im Grundgesetz enthaltenen rechtsstaatlichen Einzelnormen durch, wie die einzelnen Individualgrundrechte der Art. 2 bis 19 GG, das Recht auf rechtliches Gehör nach Art. 103 Abs. 1 GG, die strafprozessualen Freiheitsrechte nach Art. 103 Abs. 2 und 3 GG, die Ersatzansprüche nach Art. 14 Abs. 1 GG und Art. 34 GG, die Gewaltenteilung nach Art. 20 Abs. 2 GG, die Gesetzmäßigkeit der Verwaltung nach Art. 1 Abs. 3, Art. 20 Abs. 3, Art. 80 Abs. 1 GG, sowie die Möglichkeiten, das Bundesverfassungsgericht anzurufen (Art. 93 GG), so wird zwar deutlich der hohe Wert des Individuums in der Gemeinschaft ersichtlich, von hervorragender Stellung ist aber auch die besondere staatliche Ordnung des Grundgesetzes, deren Nutznießer der einzelne Bürger in der Gemeinschaft ist. Die Verwirklichung des „Primats der menschlichen Persönlichkeit und der menschlichen Freiheit" hat zwar im Grundgesetz einen Vorrang vor staatlichen Interessen gefunden[64] — dafür bürgen vor allem die Art. 1 Abs. 1 und 3, 19 Abs. 2 und 4, 20 Abs. 3 GG — die Sicherung der staatlichen Ordnung und übergeordneter Gemeinschaftswerte — ein unverzichtbarer Minimalbestand als Gegengewicht eines zu weit gehenden Individualismus — sind jedoch ebenfalls Bestandteile des Grundgesetzes[65]. In diesem

---

[59] Damit wird der Rechtsstaat vertikal gekennzeichnet.
[60] So *Maunz-Dürig-Herzog*, Grundgesetz, Art. 5, RN 31.
[61] So in „Entwicklung", S. 229 (233, 250). So auch *Uber*, Freiheit des Berufs, S. 42; *Erning*, DVBl. 59, 795 (796) und DVBl. 60, 188 (191); *Fuß*, DÖV 64, 577; vgl. auch BVerfGE 7, 198 (204); 9, 137 (148 f.); 17, 306 (313 f.); 19, 342 (349); BAGE 11, 301 (305); BFHE 79, 57 (65). Sowie *Raether*, S. 69 ff.
[62] Die Vollendung von „Gerechtigkeit" und „Freiheit" als Grundmerkmale der Rechtsstaatsidee, vgl. *Scheuner*, Recht — Staat — Wirtschaft, Bd. 3 (1951), S. 151; *H. Peters*, Recht — Staat — Wirtschaft, Bd. 3 (1951), S. 66 f.; *Bäumlin*, Die rechtsstaatliche Demokratie, S. 60; *E. R. Huber*, Rechtsstaat, S. 7, 10, zeigt jedoch die Gegenprinzipien und damit die gesamte rechtsstaatliche Spannungslage nicht auf. Vgl. auch *Raether*, S. 112 f.
[63] Vgl. *Raether*, S. 87 ff.
[64] Vgl. etwa *Bachof*, Gedächtnisschrift für Walter Jellinek, S. 30, und VVDStRL 12 (1954), 73 ff.; *Menger*, System, S. 118; *Maunz-Dürig-Herzog*, Art. 19 Abs. 4, RN 36; BVerwGE 1, 159 (161).
[65] Als zu weit dürfte jedoch der BGH in NJW 66, 1227 (Fall Pätsch) gegangen sein, wenn er schlechthin „die förmlichen Ordnungselemente auch zu den

Spannungsraum, den das Grundgesetz freigibt, vollzieht sich der rechtsstaatliche Ausgleich, der sich bereits grundlegend darin manifestiert, daß die hinter dem Rechtsstaat stehenden politischen Leitideen der persönlichen Freiheit und der Beschränkung und Mäßigung staatlicher Macht nur in einem rechtlich geordneten staatlichen Leben ihre Erfüllung finden können. Die Freiheit und der Schutz des einzelnen Bürgers haben ihren überragenden Platz im Grundgesetz gefunden, immer aber unter Berücksichtigung des Schutzes der Gemeinschaft in der funktionierenden staatlichen Ordnung[66]. Schrankenloser Individualismus genauso wie der Glaube an eine vollkommene rechtliche Bindungsfähigkeit staatlicher Machtausübung fördern deshalb nicht die Verwirklichung des Rechtsstaats sondern gefährden ihn nur[67]. „Anarchistischer Individualismus"[68] und extreme rechtliche und damit gerichtliche Bindung staatlicher Machtausübung in Legislative und Exekutive können zwar neue Machtstrukturen — etwa bei den Gerichten, vor allem beim Bundesverfassungsgericht — fördern, sie können jedoch nicht die menschliche Freiheit vor allen Eventualitäten des Machtmißbrauchs bewahren. Im Gegenteil, durch die Aufhebung unkontrollierbarer Spielräume in der Legislative und der Exekutive besteht die Gefahr, daß das in der politischen, wirtschaftlichen, sozialen und technischen Entwicklung erforderliche Handeln von Legislativ- und Exekutivorganen gehemmt und gestört wird, was dazu führen muß, daß der einzelne Bürger — sich selbst überlassen — sich in dem Käfig der formellen Freiheit wiederfindet. Entscheidend muß deshalb auch „das Moment der Bindung, der Mitbeteiligung und Mitverantwortung am freien politischen Leben des Staates sein, das im rechtsstaatlichen Aufbau das Korrelat der Freiheit bildet"[69]. Dem Bürger wurde also „keine bloße passive, fordernde Rolle"[70], sondern ihm wurde auch

---

Grundlagen des Rechtsstaats" zählt. Nach dem BGH erlauben es die Grundsätze eines geordneten Staatslebens nicht, daß jedermann wegen seines verfassungsmäßigen Rügerechts jegliches Staatsgeheimnis wegen Verstoßes gegen Verfassung oder Gesetz ohne weiteres „öffentlich rügen dürfte". Vgl. auch *Raether*, S. 92, der mit seiner Kritik an diesem Urteil ebenfalls Anlaß zur Kritik schafft, wenn er, solange noch nicht feststeht, daß ein Staatsgeheimnis in Frage steht, eine öffentliche Rüge für erforderlich hält.

[66] Vgl. *Herrfahrdt*, VVDStRL 8, 126 (139): „Dieser Rechtsstaat geht nicht, wie der des Westens, von der Freiheit des Individuums aus, sondern von der Ordnung der Gemeinschaft." Vgl. andererseits *Dürig*, Gutachten, S. 11 und *Häberle*, JZ 71, 145 (146).

[67] Vgl. BVerfGE 9, 268 (281 f.); 28, 36 ff.; 28, 51 (54); BayVfGH, NF, Bd. 4, Teil II, 30 (47); *Scheuner*, Entwicklung, S. 233. Vgl. neuerdings v. a. *Seuffert*, Festschrift für Gebhard Müller, S. 491 (495): „In einer freien Rechtsordnung muß es von Rechts wegen rechtsfreie Räume geben; ein „totaler Rechtsstaat" in dem alles und jedes, wenn auch auf dem rechtlichsten Wege geregelt und kontrolliert werden kann, wäre nicht frei in unserem Sinne."

[68] Vgl. *Scheuner*, Entwicklung, S. 233; *Raether*, S. 88: „Die individuelle Freiheitssphäre setzt den Bestand der Staatsgewalt voraus. Durch die staatliche Gemeinschaft wird die Einzelfreiheit erst gesichert."

[69] So *Scheuner*, Entwicklung, S. 248 f.

[70] So *Scheuner*, Entwicklung, S. 250.

§ 2 Der Rechtsstaat des GG und Art. 19 Abs. 4 GG im besonderen

die Pflicht zur Mitwirkung und Mitentscheidung auferlegt. Wie das Bundesverfassungsgericht immer wieder betont hat, ist das „Menschenbild des Grundgesetzes nicht das des selbstherrlichen Individuums sondern das der in der Gemeinschaft stehenden und ihr vielfältig verpflichtenden Persönlichkeit"[71].

Bisher hat nur *Raether*[72], soweit erkennbar, diese Spannungslage zwischen der Freiheit des einzelnen Bürgers und dem Interesse der Gemeinschaft als Inhalt des grundgesetzlichen Rechtsstaats in voller Klarheit zum Ausdruck gebracht. Die Freiheit des einzelnen Bürgers findet im Rechtsstaat — so Raether — stets das Gegenprinzip der Gemeinschaft vor[73], das in den staatlichen Interessen einen konkreten Bezug bekommt.

Die im Staat zusammengefaßte Gemeinschaft bestimmt notwendigerweise Maßstab und Grenzen der Freiheitssphäre des Bürgers. Es handelt sich dabei um immanente Schranken des Freiheitsprinzips[74]. Jedoch beschränkt Raether den notwendigen rechtsstaatlichen Ausgleich zwischen Einzelfreiheit und Gemeinwohl auf „materielle Kernsätze", wobei ungeklärt bleibt, wo die Grenze zu den „formal-technischen Sicherungsgarantien" liegt[75]. Mit dieser Einschränkung engt Raether die rechtsstaatliche Substanz des Grundgesetzes ohne weitere Begründung ein. Vor allem bleibt ungeklärt, worin Raether das Kriterium für die Qualifizierung als „formal-technische Sicherungsgarantie" sieht[76]. Handelt es sich z. B. bei dem Gerichtsschutz nach Art. 19 Abs. 4 GG oder dem Recht auf rechtliches Gehör nach Art. 103 Abs. 1 GG um rein „formal-technische Sicherungsgarantien" oder aber enthalten beide Normen nicht gar ausreichend materielle Substanz, die einen Ausgleich der Interessen erforderlich macht? Enthält nicht etwa die Gewaltenteilung nach Art. 20 Abs. 2 GG einen Spielraum, der der Abwägung im Einzelfall zugänglich ist? Diese Andeutungen mögen genügen, um begreiflich zu machen, daß das Spannungsverhältnis zwischen Einzelfreiheit und Gemeinwohl ein durchgängiger Bestandteil des grundgesetzlichen Rechtsstaats ist und daß nur innerhalb der Abwägungen im Einzelfall[77] dem Individual- oder Gemeinschaftsgesichtspunkt der Vorrang gegeben werden kann[78].

---

[71] Vgl. u. a. BVerfGE 4, 7 (15); 6, 389 (422); 7, 198 (204); 8, 274 (329); 12, 45 (51); *Wintrich*, Festschrift für Wilhelm Laforet, S. 227 (247); *Raether*, S. 88.
[72] S. 87 ff.
[73] Vgl. FN 71; vgl. aber auch *Doehring*, Die Pflicht des Staates, S. 93, bezüglich der Abwägung beim Ermessen.
[74] *Raether*, S. 89: „Die Freiheitssphäre des Bürgers erhält ihren Maßstab und ihre Grenzen notwendig von der im Staat zusammengefaßten Gemeinschaft. Diese Schranken sind dem Freiheitsprinzip immanent."
[75] Vgl. *Raether*, S. 89.
[76] Vgl. FN 75.
[77] Vgl. *Thieme*, NJW 66, 1436 (1438); *Raether*, S. 50 f. m. w. N.
[78] Vgl. *Raether*, S. 91.

Die Bindung aller staatlichen Gewalt an Verfassung, Gesetz und Recht (Art. 1 Abs. 3, Art. 20 Abs. 3, Art. 80 GG) stellt einerseits positiv klar, auf welcher Grundlage allein in den Freiheitsbereich des Bürgers eingegriffen werden kann[79], macht aber auch andererseits negativ deutlich, daß dieser Freiheitsbereich seine Grenzen an der von der staatlich zusammengefaßten Gemeinschaft getragenen Verfassung, den danach zustandegekommenen Gesetzen und dem Recht als solchem, findet.

III. Materielle Einzelfallgerechtigkeit und Rechtssicherheit

Eine weitergehende Durchleuchtung dieses in der Spannungslage zwischen Einzelfreiheit und Gemeinschaft bestehenden grundgesetzlichen Rechtsstaats muß dazu führen, die beiden Prinzipien der „materiellen Einzelfallgerechtigkeit" und der „Rechtssicherheit" in den gesamten rechtsstaatlichen Zusammenhang zu stellen[80]. Streitig ist, ob diese beiden Grundsätze Bestandteile des Rechtsstaats[81] oder allgemeine Rechtsgrundsätze[82] sind, die keinen bestimmten Verfassungsgrundsatz zur Grundlage haben. Da die beiden Prinzipien keinen ausdrücklichen verfassungsrechtlichen Niederschlag gefunden haben, werden sie teilweise als der konkreten Verfassungsordnung entrückte Bestandteile jeglicher Rechtsordnung angesehen, die „wegen ihrer Unbestimmtheit und Vieldeutigkeit nicht geeignet sind, den Begriff des Rechtsstaats zu erhellen"[83]. Beizupflichten ist jedoch der herrschenden Meinung, die die beiden Grundsätze aus dem Rechtsstaatsprinzip ableitet[84]. Zwar handelt es sich bei den beiden Prinzipien nur um vage bestimmbare Einzelelemente rechtlichen Messens, beide können jedoch nur Verbindlichkeit innerhalb des grund-

---

[79] Darauf stellt u. a. *Raether*, S. 75 ff., bei dem Grundsatz der „Gesetzmäßigkeit der Verwaltung" ab. Im übrigen dürfte *Raether* diesen Grundsatz als „formal-technische Sicherungsgarantie" in seinem Sinne auffassen, so daß es einen Gemeinschaftsvorbehalt nicht geben kann (nach *Raether*).

[80] Vgl. *Raether*, S. 112, wonach die Freiheit des einzelnen Bürgers und die Gemeinschaft, sowie mat. Einzelfallgerechtigkeit und Rechtssicherheit „jeweils zwei dialektische Begriffspaare" bilden, „die sich in gegensätzlicher Spannung gegenüberstehen". Vgl. auch *Kriele*, S. 186, der die Gegenüberstellung beim zweiten Begriffspaar als irreführend ablehnt.

[81] So die herrschende Meinung: Vgl. *Bachof*, DVBl. 53, 601 (602); *Maunz-Dürig-Herzog*, Grundgesetz, Art. 103 Abs. 3, RN 124; *Thieme*, Zeitschrift für Sozialreform, 1959, 243 (244 f.); *Henneka*, FR 66, 156 (157); *Raether*, S. 58 f.; *Hamann-Lenz*, Grundgesetz, Einf. D 1, A 4, B 1, S. 57 f. Vgl. auch BVerfGE 2, 380 (403 ff.); 3, 237 (248); 7, 89 (92); 7, 194 (196); BVerwGE 16, 190 (191); BGHSt 18, 274 (277); *Scholz*, Die Rechtssicherheit, S. 5.

[82] So *Goeckel*, S. 22, 103, 104; *Wolff*, Verwaltungsrecht I, § 25 I a 1, S. 110.

[83] So v. a. *Goeckel*, S. 103 f.

[84] Allerdings gehen die Meinungen darüber auseinander, ob die Gerechtigkeit als gemeinsamer Oberbegriff von mat. Einzelfallgerechtigkeit und Rechtssicherheit zu gelten hat. In diesem Sinne jedoch *Radbruch*, SJZ 46, 107; *Bachof*, DVBl. 53, 753, LS. 1; *Maunz-Dürig-Herzog*, Grundgesetz, Art. 20,

§ 2 Der Rechtsstaat des GG und Art. 19 Abs. 4 GG im besonderen

gesetzlichen Ordnung erlangen, wenn sie auch auf das Grundgesetz selbst zurückgeführt werden können[85]. Will man nicht nur einen zweifelhaften Bezug der beiden Prinzipien zu Einzelnormen des Grundgesetzes, wie etwa in Art. 1 GG bezüglich der mat. Einzelfallgerechtigkeit[86] oder Art. 20 Abs. 3, 80, 103 Abs. 2 GG bezüglich der Rechtssicherheit[87], herstellen, ist es notwendig, auf das grundlegende Spannungsverhältnis des grundgesetzlichen Rechtsstaats zwischen Einzelfreiheit (Einzelinteresse) und Gemeinwohl (Gemeinschaftsinteresse) zurückzugreifen. Materielle Einzelfallgerechtigkeit und Rechtssicherheit sind verschiedene Elemente in diesem Interessenausgleich[88]. Stehen beide Elemente in einem Einzelfall im Konflikt miteinander, so bedarf es ebenfalls des Ausgleichs in Form des Vorrangs eines Elements[89]. Bestimmend für diesen Vorrang kann aber nur ein überwiegendes Interesse des Einzelnen oder der Gemeinschaft bzw. des Staats sein. Materielle Einzelfallgerechtigkeit und Rechtssicherheit kennzeichnen also nicht nur rechtsstaatlich isolierte Einzelpositionen, sondern sie durchziehen das gesamte rechtsstaatliche Gefüge des Grundgesetzes als materielle und formelle Komponente[90]. Sie ordnen sich in das größere Spannungfeld zwischen Einzelfreiheit und Gemeinschaft ein, ohne sich aber jeweils einer der beiden Pole fest zuordnen zu lassen, wenn auch gerade das Interesse des einzelnen Bürgers zumeist in der materiellen Einzelfallgerechtigkeit überwiegend Beachtung finden wird. So genügt es nicht, die grundgesetzliche Rechtsstaatlichkeit mit einem abstrak-

---

RN 59; *Kriele*, S. 86, 226; *Maunz*, Staatsrecht, S. 70: „Verschiedene Seiten des gleichen Prinzips." Die mat. Einzelfallgerechtigkeit als eigentlichen Rechtsstaatsgrundsatz begreifen: *Wolff*, Verwaltungsrecht I, § 30 I a, S. 153; *Klein*, Z. ges. St. W. 106 (1950), 395; *E. R. Huber*, Rechtsstaat, S. 10; *v. Mangoldt-Klein*, Das Bonner Grundgesetz, Art. 20, Anm. VI 1, S. 600; *Brinkmann*, Grundrechtskommentar, Art. 3, Anm. I, 2 b, Art. 20, Anm. I, 10 a.

Die Rechtsprechung geht insbesondere von einem Spannungsverhältnis der beiden Grundsätze aus, so daß im Einzelfall der eine oder andere Grundsatz den Vorrang haben kann. Vgl. BVerfGE 2, 380 (403 ff.), 3, 225 (237); 3, 248 (254); 7, 194 (196); 7, 377 (LS. 6); 15, 313 (320); BVerwGE 18, 267; BGHZ 23, 175 (181); BSGE 9, 204.

[85] So v. a. *Raether*, S. 58 f., mit dem Argument, daß auch Art. 20 Abs. 1 GG auf die „Grundsätze" des Rechtsstaats hinweise. Im Wege der Auslegung dieses unbestimmten Rechtsbegriffs könnten diese beiden Grundsätze gewonnen werden.

[86] Art. 3 Abs. 1 GG ist eine besondere Komponente der mat. Einzelfallgerechtigkeit.

[87] *v. Mangoldt-Klein*, Das Bonner Grundgesetz, Art. 20, Anm. VI, 4, S. 602, führen die „Rechtssicherheit" auf Art. 20 Abs. 3 GG zurück.

[88] *Raether*, S. 50 ff., verweist gerade auf die Interessenabhängigkeit beim Konflikt zwischen mat. Einzelfallgerechtigkeit und Rechtssicherheit. Jedoch vermeidet Raether eine Unterordnung dieses Spannungsverhältnisses unter dasjenige von Freiheit und Gemeinschaft (vgl. S. 90 f.).

[89] Das ist dort nicht notwendig, wo sich eine klare Entscheidung aus der Norm ergibt, wie z. B. bei Art. 103 Abs. 3 GG zugunsten der Rechtssicherheit.

[90] Vgl. zu der Zuordnung zu einem gemeinsamen Oberbegriff der „Gerechtigkeit" oben FN 84.

ten Gerechtigkeitspostulat zu verknüpfen[91], sondern sie vollzieht sich dort, wo der Verfassungsgeber und der Gesetzgeber Raum für einen grundlegenden Ausgleich der Spannungslage gelassen haben. Keines solchen Ausgleichs bedarf es, wo der Konflikt durch eine in ihrer Aussage eindeutige Norm überwunden und entschieden ist[92]. Dazu sind Fälle denkbar, wie z. B. das gerechte rechtskräftige Urteil, bei denen sich der Ausgleich zwischen materieller Einzelfallgerechtigkeit und Rechtssicherheit ideal vollzogen hat. Bei Zugrundelegen dieser Einordnung der beiden Prinzipien „materieller Einzelfallgerichtigkeit" und „ Rechtssicherheit" ist es auch nicht zulässig, die Rechtssicherheit als Bestandteil der materiellen Einzelfallgerechtigkeit und somit lediglich als eine Seite desselben Prinzips (der mat. Gerechtigkeit) einzuordnen[93]. Nicht leugnen läßt sich nämlich, daß es Fälle gibt, bei denen sich beide Prinzipien diametral entgegenstehen und deshalb erst durch einen Ausgleich unter dem Dach des rechtsstaatlichen Spannungsverhältnisses eine Lösung erfolgen kann. Materielle Einzelfallgerechtigkeit und Rechtssicherheit haben damit ihren besonderen Standort als Elemente einer Grundlinie des Rechtsstaats erhalten.

IV. Die Gewaltenteilung

Unter dem Blickwinkel des grundgesetzlichen Rechtsstaats soll auch die Gewaltenteilung, wie sie im Grundgesetz verankert ist[94], eine Einordnung in das rechtsstaatliche Spannungsgefüge finden. Dieser Bestandteil des Rechtsstaats[95] hat gerade hier seine besondere Bedeutung, da der Gerichtsschutz nach Art. 19 Abs. 4 GG und die Gewaltenteilung nach Art.

---

[91] *Scheuner*, Entwicklung, S. 233; *Raether*, S. 69. Vgl. demgegenüber *Maunz-Dürig-Herzog*, Grundgesetz, Art. 20, RN 60; *Brinkmann*, Grundrechtskommentar, Art. 20, Anm. I, 8 c β; *Maunz*, Staatsrecht, S. 69 f.; *H. Peters*, Entwicklung und Grundfragen, S. 197 ff.; BVerfGE 9, 291 (294); BGHZ 13, 265 (312) — GS; 14, 205 (209). Vgl. auch BVerfGE 3, 162 (182), wo das BVerfG nachdrücklich betont, daß Art. 3 Abs. 2 GG (dem BVerfG) keine Möglichkeit biete, ein Gesetz unter dem Gesichtspunkt allgemeiner Gerechtigkeit nachzuprüfen. Die Gerechtigkeitsvorstellungen des Gesetzgebers könnten nicht durch das Gericht ersetzt werden.
[92] Vgl. *Raether*, S. 53.
[93] Vgl. oben FN 84.
[94] Kann direkt aus Art. 1 Abs. 3 und Art. 20 Abs. 2 GG entnommen werden. Nach *Voigt*, VVDStRL 10 (1952), 33 f. hat die Gewaltenteilung Geltung als „ungeschriebenes Verfassungsrecht". Wie hier *Wernicke*, BK, Art. 20, Anm. II, 2 e, g; *Menger*, VVDStRL 15 (1957), 3 ff. (27 f.); *v. Mangoldt-Klein*, Das Bonner Grundgesetz, Art. 20, Anm. VI, 4, S. 594 ff.; *Schnorr*, AÖR 85 (1960), 121 (128 f.).
[95] So *v. Mangoldt-Klein*, Das Bonner Grundgesetz, Art. 20, Anm. 20, Anm. VI, 4, S. 602; *Maunz-Dürig-Herzog*, Grundgesetz, Art. 20, RN 74; *Goeckel*, S. 24 f.; *Raether*, S. 72; *Birke*, Richterliche Rechtsanwendung und gesellschaftliche Auffassungen, S. 16; BVerfGE 2, 1 (LS 2); 2, 307, (316); BGHZ 11, Anhang, S. 34 (53 f.); BAGE 11, 301 (305); BVerwGE 8, 272 (274). A. A. *Hamann-Lenz*, Grundgesetz, Einf. I D 7, 2, S. 78 ff. (79) und Art. 20, Anm. 8 a, S. 343 („tragendes Organisationsprinzip").

§ 2 Der Rechtsstaat des GG und Art. 19 Abs. 4 GG im besonderen   41

20 Abs. 2 GG in besonders engen Beziehungen zueinander stehen[96]. Das Verständnis der grundgesetzlichen Gewaltenteilung im gesamten Rechtsstaatsgefüge muß auch Aufschluß über Inhalt und Umfang des Art. 19 Abs. 4 GG geben. Allein die mehr kategorische Feststellung *Bettermanns*, für den „der Zuwachs an Rechts- und Freiheitsschutz, den der Bürger durch Art. 19 Abs. 4 GG erfährt, zugleich ein Funktions- und Machtzuwachs der rechtsprechenden Gewalt und ihrer Träger der Richter ist"[97], hilft hier ohne weitere Klärung der Auswirkungen des allgemeinen rechtsstaatlichen Spannungsverhältnisses auf die Gewaltenteilung nicht weiter. Was zu tun bleibt, ist deshalb zu untersuchen, wie sich die Gewaltenteilung innerhalb des rechtsstaatlichen Spannungsverhältnisses darstellt und welche Auswirkungen das für die Auslegung des Art. 19 Abs. 4 GG hat.

Der Grundtatbestand der Gewaltenteilung ist Art. 20 Abs. 2 GG[98]. Nach fast einhelliger Ansicht[99] ist die Gewaltenteilung Bestandteil des Rechtsstaats, wenn auch die Einstufung als „Organisationsprinzip" des grundgesetzlichen Staates[100] ungeklärt läßt, ob auch die staatlichen Ordnungselemente in vollem Umfang Bestandteil des Rechtsstaats sind[101]. Die weiteren Ausführungen werden zeigen, daß die Unterschiede in den Auffassungen über den Inhalt der grundgesetzlichen Gewaltenteilung, zum einen als „technisch-arbeitsteiliges Prinzip"[102] oder als „Trennung von Funktionsbereichen"[103], zum anderen als Institut zum Schutze individueller Freiheit, nicht gerechtfertigt sind[104], sondern daß es nur Elemente der Gewaltenteilung gibt, die auf derselben Ebene des Spannungsraumes zwischen den Interessen von einzelnen Bürgern und der Gemeinschaft eine einheitliche Linie bilden.

---

[96] Vgl. v. a. BVerfG, NJW 71, 281 ff. (282); *Dütz*, Rechtsstaatlicher Gerichtsschutz, S. 81; vgl. auch *Lenz*, S. 38 ff.; *Maunz-Dürig-Herzog*, Grundgesetz, Art. 19 Abs. 4, RN 24; *Goeckel*, S. 25, 30 f.; *Waltner*, S. 243; *Ossenbühl*, DÖV 68, 618 (626 f.); *Hummel*, S. 45 (FN 4); *Seuffert*, S. 493 (FN 1).
[97] In „Grundrechte", S. 783; vgl. weiter: „In Art. 19 Abs. 4 GG wird Staatsgewalt verteilt, hier wird — zu einem Teil — das Verhältnis der drei Staatsgewalten zueinander geordnet"; ähnlich *Waltner*, S. 243; *Lenz*, S. 38 ff. *Seuffert*, S. 493 (FN 1), dagegen wendet sich gegen den Versuch, „den Art. 19 Abs. 4 GG zu einer neuartigen ‚Überhöhung der dritten Gewalt' hinaufzuheben".
[98] Auch Art. 1 Abs. 3 GG deutet hinreichend auf die Gewaltenteilung hin. Vgl. *Goeckel*, S. 25.
[99] Vgl. die Hinweise oben FN 95.
[100] Vgl. BVerfGE 3, 225 (245) und *Hamann-Lenz*, Grundgesetz, Einf. D, 7, S. 79.
[101] Von BGHSt, NJW 66, 1227 (Fall Pätsch) bejaht; vgl. oben FN 65.
[102] So *Kratzer*, BayVBl. 62, 293; *Czermak*, DÖV 67, 673 (674).
[103] Vgl. *H. Peters*, Die Gewaltentrennung in moderner Sicht, S. 5 f.; *Jahrreiß*, Die Wesensverschiedenheit der Akte des Herrschens und das Problem der Gewaltenteilung, S. 210 (211); *Ossenbühl*, Verwaltungsvorschriften und Grundgesetz, S. 167 ff. (172).
[104] Vgl. *Raether*, S. 73.

Die grundgesetzliche Gewaltenteilung ist nicht nur eine formale Trennung dreier unabhängiger Staatsgewalten, Legislative, Exekutive und Judikative, zur Ermöglichung staatlich-arbeitsteiliger Machtausübung, sondern sie ist zwangsläufig auch ein Weg zur instrumentalen Eigenkontrolle staatlicher Tätigkeit zum Schutze der Freiheit des Bürgers[105]. So erscheint die grundgesetzliche Gewaltenteilung auch nicht nur als arbeitsteilige Unabhängigkeit der einzelnen Staatsorgane voneinander, sondern es handelt sich dabei um ein den drei Funktionen — so der Bezug zu Art. 20 Abs. 2 GG — gerecht werdendes Kontrollsystem, das aus der Begrenzung und Abhängigkeit der einzelnen Staatsorgane voneinander resultiert[106]. Dieses umfassende System der Gewaltenhemmung und -kontrolle erfüllt aber nicht nur den Zweck des Schutzes personaler Freiheit, sondern es dient auch der (übergeordneten) Verwirklichung eines freiheitlichen Lebens in der Gemeinschaft überhaupt, verhindert Machtmißbrauch zum Nutzen aller und garantiert effektiv die Übereinstimmung staatlichen Handelns mit der Verfassung, den Gesetzen und dem „Recht" i. S. des Art. 20 Abs. 3 GG[107], ebenfalls im Interesse der Gesamtheit aller Bürger, ja es trägt entscheidend zur Erhaltung der freiheitlich-demokratischen Grundordnung bei[108].

Um damit ihrem rechtsstaatlichen Inhalt gerecht zu werden, bedarf die Gewaltenteilung einer Kernbestandgarantie[109], die allgemein nach Intension, Intensität und Quantität zu bestimmen ist[110]. Dadurch wird auch eine Aushöhlung durch eine zu einseitige Totalkontrolle — etwa durch den Gerichtsschutz zugunsten des Individualinteresses — verhindert.

Das System der grundgesetzlichen Gewaltenteilung, mit dem gerade auch Art. 19 Abs. 4 GG in Zusammenhang steht, muß in seinem Wesen in die übergeordnete Rechtsstaatlichkeit eingeordnet werden und somit dem Spannungsverhältnis von Individual- und Gemeinschaftsinteresse

---

[105] Vgl. *Jahrreiß*, Recht — Staat — Wirtschaft, Bd. 2 (1950), S. 203 (204): „Art. 19 Abs. 4 GG ist konkreter Ausdruck der rechtsprechenden Selbstkontrolle des Staates." *Scheuner*, Entwicklung, S. 267; *Goeckel*, S. 24; *Raether*, S. 73; *Hummel*, S. 70 f.; BVerfGE 3, 225 (247); 7, 183 (188); 9, 268 (279); BGHZ 11, Anhang, S. 34 (49).
[106] Vgl. v. a. *Maunz-Dürig-Herzog*, Grundgesetz, Art. 20, RN 78, sowie *Wernicke*, BK, Art. 20, S. 8; *Brinkmann*, Grundrechtskommentar, Art. 20, Anm. I, 5 b β; *Maunz*, Staatsrecht, S. 67; *Giese-Schunck*, Grundgesetz, Art. 20, Anm. II, 6; BVerfGE 3, 225 (247); 5, 85 (199); 7, 183 (188); 9, 268 (279); BGHZ 11, Anhang, S. 34 (50).
[107] So BVerfG, NJW 71, 281 (282) — abweichende Meinung; *Hesse*, Grundzüge, S. 79, und in Festgabe für Rudolf Smend, S. 75; *Evers*, Gutachten, S. 59.
[108] BVerfGE 2, 1 (LS. 2).
[109] So die herrschende Meinung: *Küster*, AÖR 75 (1949), 412; *v. Mangoldt-Klein*, Das Bonner Grundgesetz, Art. 20, Anm. V, 5, e, S. 599; *Maunz-Dürig-Herzog*, Grundgesetz, Art. 20 RN 81; *Goeckel*, S. 26; *Dütz*, Rechtsstaatlicher Gerichtsschutz, S. 149. A. A. *Vogel*, VVDStRL 24 (1966), 181 (LS. 7).
[110] So *Maunz-Dürig-Herzog*, Grundgesetz, Art. 20, RN 81.

voll entsprechen[111]. Ohne den Widerstreit der Interessen auf der Ebene der Gewaltenteilung hier voll austragen zu können, sei hier — als für die folgenden Erörterungen mitentscheidend — auf die Interessenlage bezüglich des Individualrechtsschutzes nach Art. 19 Abs. 4 GG Bezug genommen. Anknüpfend an das oben Ausgeführte besteht das Interesse der Gemeinschaft vor allem darin, die durch die Funktionsteilung geschaffene Kontrolle der staatlichen Gewaltausübung zu gewährleisten[112]. Die Schranke ist dabei die Kernbestandsgarantie. Das Interesse des einzelnen Bürgers dagegen ist der weitgehendste Gerichtsschutz und damit die Überhöhung der richterlichen Gewalt[113]. Würde also die rechtsprechende Gewalt — und das ist die Konsequenz des Individualinteresses — zu einer zu weiten Beschränkung der beiden anderen Gewaltenbereiche, Legislative und Exekutive, führen, wäre damit die Gefahr verbunden, daß das staatliche Leben der fortschreitenden Entwicklung des gesellschaftlichen Lebens unter den Voraussetzungen einer gewandelten, von neuen Sachzwängen beherrschten Welt, nicht zugänglich gemacht würde[114]. Die Spannungslage ist damit klar ersichtlich. Es soll hier keineswegs einer staatsautoritären Auffassung das Wort geredet werden, die das Ziel haben könnte, die richterliche Kontrolle von Legislativ- und Exekutivakten auf ein Minimum zu beschränken[115]. Vielmehr geht es darum, innerhalb des grundgesetzlichen Rechtsstaats, den Interessen der gesamten Gemeinschaft[116] durch eine den Einzelfall erfassende Abwägung zur Erreichung eines ausgewogenen Ausgleichs Rechnung zu tragen. Im Widerstreit von Individual- und Gemeinschaftsinteresse steht bei dem Grundsatz der Gewaltenteilung, als Leitlinie des Rechtsstaats, die Suche nach dem angemessenen Ausgleich im Vordergrund.

---

[111] Die Spannungslage zwischen Freiheit des Einzelnen und Gemeinschaft, der auch die Gewaltenteilung unterliegt, wird aber auch bei *Raether* nicht eingehender erörtert (vgl. S. 72 f., 87 ff.).
[112] Vgl. aber auch *Küster*, AÖR 75 (1949), 397 (401), nach dem ein Funktionsgegensatz zwischen Justiz und Verwaltung soziologisch durch nichts unterbaut ist. Ähnlich *H. Peters*, Lehrbuch der Verwaltung, S. 194 f., für den Verwaltungsgerichtsbarkeit Verwaltungstätigkeit in den Formen der Gerichtsbarkeit ist. Vgl. auch *Loening*, DV 49, 85 (89) und *Rumpf*, VVDStRL 14 (1956), 146.
[113] Vgl. *Bachof*, VVDStRL 14 (1956), 179: „Rechtsprechung ist nicht nur Funktion und Kompetenz, sondern eine soziale Gewalt." *Becker*, VVDStRL 14, (1956), 134, LS. III, Nr. 20: „Der Rechtsstaat ist Rechtsprechungsstaat, soweit die Rechtsprechung als Rechtsstaatsgarantie in Erscheinung tritt."
[114] Vgl. in gleichem Sinne: *Rumpf*, VVDStRL 14 (1956), 169; *Stein*, Staatsrecht, S. 97; *Wolff*, Verwaltungsrecht I, § 11 II, c 4, S. 54; BVerwGE 8, 272 (274).
[115] Insofern werden auch nicht die Bedenken von *Forsthoff* (vgl. oben FN 39) und in VVDStRL 14 (1956), 187 f. geteilt, der allein dem Gesetzgeber und der Verwaltung den Interessenausgleich vorbehalten will.
[116] Vgl. zu dem Interesse des Gemeinwohls bei der Ermessens- und Planungsverwaltung, *Waltner*, S. 243.

V. Der angemessene Interessenausgleich

Die letzte Bezugsebene grundgesetzlicher Rechtsstaatlichkeit ist also nach dem bisher Dargelegten der angemessene Interessenausgleich, die Lösung von Konfliktsfällen, die zwischen Einzelinteresse und Gemeinwohl bestehen und die keine eindeutige Normaussage gefunden haben[117]. Die spannungsvollen Gegenprinzipien, die ihre Ausrichtung im Einzelfall aus der speziellen Interessenlage erhalten, können nur dort in die Abwägung einbezogen werden, wo der Gesetzgeber — eingeschlossen der Verfassungsgesetzgeber — auf eine klare und eindeutige Regelung verzichtet hat oder zwei konkrete Normen miteinander kollidieren[118]. Abgesehen von den Fällen, in denen der Konflikt eindeutig normativ ausgeräumt und entschieden wurde oder aber eine Spannungslage wegen Interessengleichheit — wie z. B. die Rechtssicherheit in einer rechtskräftig zusprechenden Entscheidung dem Rechtsfrieden zugunsten der Gemeinschaft aber auch dem Interesse des einzelnen Bürgers dient — nicht zum Entstehen kommt, vollzieht sich also der grundgesetzliche Rechtsstaat in einen permanenten angemessenen Interessenausgleich unter Berücksichtigung unantastbarer verfassungsrechtlicher Wertgehalte.

Die eigentliche Kernfrage des grundgesetzlichen Rechtsstaates ist deshalb, worin die Kriterien für den Interessenausgleich zu finden sind. Wie *Raether* treffend ausgeführt hat, zeigt die grundgesetzliche Spannungslage zugleich die Methode des Ausgleichs: Ein ständiges Werten und Wägen der widerstreitenden Interessen, die Einbeziehung der „konkreten Bedeutung und der gesamten Umstände des Einzelfalles durch die Bevorzugung eines Prinzips"[119]. Ob also aus einer Norm eine schutzwürdige Rechtsposition des Bürgers entnommen werden kann, die Überprüfbarkeit von Legislativ- und Exekutivakten mit der Kernbestandsgarantie der Gewaltenteilung noch vereinbar ist oder der Rechtssicherheit der Vorrang vor der mat. Einzelfallgerechtigkeit eingeräumt werden muß[120], dies sind Probleme, die unter Zugrundelegen angemessener Abwägungen gelöst werden müssen. Da letztlich nur beim Einzelfall selbst sachgerecht

---

[117] Vgl. *Raether*, S. 54.
[118] Vgl. oben FN 117.
[119] Vgl. *Raether*, S. 51, 91; vgl. auch *Maunz-Dürig-Herzog*, Grundgesetz, Art. 103, RN 132; *Haueisen*, DVBl. 60, 350 (352); *Hubmann*, Festschrift für H. C. Nipperdey (1965), S. 37 ff. (54); *Thieme*, NJW 66, 1436 (1438); BVerfGE 2, 1 (72 f.); 7, 377 (378, LS. 6); BVerwGE 11, 136 (137); BGHZ 3, 270 (271, LS. 4); NJW 59, 2011 (2013); BGHSt, NJW 66, 1227 (1231).
[120] Zugunsten der mat. Einzelfallgerechtigkeit: BVerfGE 3, 225 (237); 3, 248 (254); 15, 313 (320). Zugunsten der Rechtssicherheit: BVerfGE 2, 380 (381, LS. 7, 405); 7, 194 (196 f.); NJW 60, 1051; BFHE 81, 291 (294 f.). Vgl. auch *Lerche*, Übermaß und Verfassungsrecht, S. 53 ff., 58 ff., der die produktive Kraft des rechtsstaatlichen Leitbildes auf dem Gebiet der Gesetzgebung — soweit verwaltungsnahe Ausdrucksformen moderner Gesetzgebung dem Normativ-Grundlegenden feindlich gegenüberstehen — in der Vertauschung des forma-

§ 2 Der Rechtsstaat des GG und Art. 19 Abs. 4 GG im besonderen 45

abgewogen werden kann, also die Schaffung von durchgängigen Kriterien nur bis zu einer mehr oder weniger faßbaren Grenze möglich ist, soll hier nur noch eine grundlegende Umschreibung des Abwägungsinhalts erfolgen. Da sich der grundgesetzliche Rechtsstaat zuerst an der Würde und Freiheit der menschlichen Persönlichkeit zu orientieren hat[121], kann sich das Gemeinschaftsinteresse nur als allgemeiner Vorbehalt mit Schrankenfunktion äußern[122]. Auszugehen ist also, soweit eine Spannungslage zwischen Individual- und Gemeinschaftsinteresse festgestellt wird, von der Verwirklichung des Individualinteresses. Erst dann kann letzterem das Korsett des Gemeinwohls, der Funktionsfähigkeit des staatlichen Organismus, allgemein der Gemeinschaftsinteressen eingezogen werden[123]. Die angemessenen Abwägungen bestehen somit darin, den Individualinteressen dort Einhalt zu gebieten, wo dies für das Wohl der Gemeinschaft unbedingt erforderlich ist, wo überhaupt Gemeinschaftsinteresse und Einzelinteresse in einem unerträglichen Ungleichgewicht gegenüberstehen.

B. Die Konsequenzen für Art. 19 Abs. 4 GG

Daß Art. 19 Abs. 4 GG Teil des grundgesetzlichen Rechtsstaats ist, ist die allgemeinste und zugleich unbestrittenste Aussage, die in diesem Zusammenhang gemacht werden kann[124]. Erst bei den daraus zu ziehenden Konsequenzen in Einzelfragen bestehen Meinungsverschiedenheiten, die ihren Grund vorwiegend in der unterschiedlichen Vorstellung von dem grundgesetzlichen Rechtsstaat und den Beziehungen desselben zu Art. 19 Abs. 4 GG haben[125]. Darüberhinaus werden gerade Umfang und Inhalt des Rechtsschutzes nach Art. 19 Abs. 4 GG zumeist nur aus der Überprüfung mit Einzelaspekten erschlossen, wobei dann der Gesamtzusammenhang in dem Art. 19 Abs. 4 GG steht, vernächlässigt wird, also lediglich ein Inbeziehungsetzen des Art. 19 Abs. 4 GG zu einzelnen Elementen des

---

len Prinzips des generellen im rechtsstaatlichen Gesetzesbegriff mit den ebenfalls formalen Elementen der *Erforderlichkeit* und der *Verhältnismäßigkeit* i. e. S. sieht, wodurch die einst durch das Merkmal des Generellen bewirkte, heute aber nicht mehr gewährleistete Berechenbarkeit staatlichen Vorgehens wieder hergestellt werde.
[121] Vgl. *C. Schmitt*, Verfassungslehre, S. 126 f.; *Uber*, Freiheit des Berufs, S. 42; *Nawiasky*, Allgemeine Staatslehre, S. 124, 130; *Erning*, DVBl. 59, 795 (798); 60, 188 (191); *Fuß*, DÖV 64, 577; BVerfGE 17, 306 (314).
[122] Vgl. *Raether*, S. 87.
[123] Vgl. *Raether*, S. 112: „Der Rechtsstaat als Staat erblickt seine Verpflichtung in der möglichst weitgehenden Erfüllung der Forderung des einzelnen nach Freiheit."
[124] Vgl. dazu oben FN 4.
[125] Deutlich zeigt sich dies in dem Urteil des BVerfG vom 15. 12. 1970. Vgl. einerseits NJW 71, 275 ff. (tragende Meinung) und andererseits NJW 71, 281 ff. (abweichende Meinung).

gesamten Rechtsstaats — wie die Gewaltenteilung, die mat. Einzelfallgerechtigkeit oder Rechtssicherheit — stattfindet[126].

Von einer „Überhöhung der Justiz in der Hierarchie der Staatsgewalten" zu sprechen[127], ist eben nur dann sinnvoll, wenn der verfassungspolitische Hintergrund vor dem Art. 19 Abs. 4 GG aufgebaut ist, charakterisiert werden soll. Es wird aber genausowenig zu der verfassungsrechtlichen Situation — vor allem für die Lösung von Einzelfragen — in der Art. 19 Abs. 4 GG steht, ausgesagt, wie dies bei Formeln vom „lückenlosen, effektiven Rechtsschutz"[128] oder der „Gewährleistung einer Mindestgarantie des effektiven, nicht aber einer Garantie des optimalen oder möglichst ausgedehnten Rechtsschutzes"[129] der Fall ist. Auch der Bezug auf die „Natur der Sache"[130] oder den „Sinn und Zweck des umfassenden Rechtsschutzes"[131] bei der Bestimmung der Grenze des Rechtsschutzes ist unergiebig und dogmatisch verfehlt[132].

Ausgehend von einer stärkeren Betonung der Exekutivgewalt, vor allem der Verwaltung, versucht man neuerdings den Rechtsschutz nach Art. 19 Abs. 4 GG wieder in einen engeren Rahmen zu stellen. Die der Verwaltung obliegende Ordnungsgestaltung, für die sie die Verantwortung trägt, soll auch ein Letztentscheidungsrecht in extremen Zweifelsfällen für sie erforderlich machen[133], eine Forderung, die im Ergebnis zu einer bedenklichen Reduzierung der rechtlichen Kontrolle durch die Gerichte führen müßte[134]. Gegen die Ausuferung des Rechtsschutzes wenden sich auch einige Vertreter der Rechtswissenschaft mit dem Hinweis auf die Gefährdung der Funktionsfähigkeit der Rechtsprechung durch die Überlastung der Gerichte[135].

---

[126] Diese Methode wird auch neuerdings von *Hummel*, S. 62 ff. befolgt.
[127] So *Lenz*, S. 38 und *Hesse*, Festgabe für Rudolf Smend, S. 89.
[128] So *Maunz-Dürig-Herzog*, Grundgesetz, Art. 19 Abs. 4, RN 12; *Jesch*, Gesetz und Verwaltung, S. 225; *Goeckel*, S. 87; *Waltner*, S. 48; BVerfGE 8, 274 (326); 13, 153 (161); BGHZ 10, 295 (297); BFH, B StBl. 1951 III, 107.
[129] So insbesondere *Hummel*, S. 58.
[130] So *Hummel*, S. 59, zum Schul- und Prüfungswesen. Vgl. auch BVerwGE 15, 251 (254) zur Annahme eines Beurteilungsspielraumes bei einem unbestimmten Rechtsbegriff: „... aus der Eigenständigkeit des betreffenden Sachgebietes, also aus der „Natur der Sache", jeweils die Grenzen zu ermitteln, welche der Nachprüfung eines unbestimmten Rechtsbegriffs gesetzt werden müssen."
[131] So BFHE 74, 385 (391 f.): „Es kann hier dahingestellt bleiben, ob der im Schrifttum aufgestellte Satz vom „umfassenden Rechtsschutz" zutrifft oder nicht, jedenfalls erfährt dieser Satz *Begrenzungen, die sich aus seinem Sinn und Zweck ergeben.*
[132] Eine Rechtfertigung der Beschränkung des Art. 19 Abs. 4 GG kann nur aus dem Grundgesetz selbst gefunden werden. Vgl. *Rupp*, Grundfragen, S. 215: „Alle diese Versuche, aus der Natur der Sache eine Letzterkenntnisbefugnis der Verwaltung herzuleiten, halten also einer Kritik nicht stand."
[133] So *Ossenbühl*, DÖV 68, 618 (627); *Forsthoff*, VVDStRL 14 (1956), 187 f.
[134] Siehe dazu *Waltner*, S. 245 m. w. N.
[135] So *Laforet*, VVDStRL 8 (1950), 151; *Wolff*, Verwaltungsrecht II, § 11 II c 4, S. 54; *H. Peters*, Entwicklung und Grundfragen, S. 276 ff.

§ 2 Der Rechtsstaat des GG und Art. 19 Abs. 4 GG im besonderen

Aus dem Gegeneinander der Verfassungsgrundsätze der Rechtsstaatlichkeit und der Sozialstaatlichkeit leitet *Forsthoff*[136] die Forderung ab, daß der daseinsgestaltende unter neuen Bedingungen arbeitende Versorgungsstaat keinen zu weitgehenden Gerichtsschutz erlaube. Dieser Ansicht wird zutreffenderweise entgegengehalten[137], daß sich Rechtsstaat und Sozialstaat bezüglich der Durchsetzung sozialer Leistungsrechte in Form des Gerichtsschutzes geradezu ergänzen.

Als Versuch, den Rechtsschutz nach Art. 19 Abs. 4 GG allgemein in den größeren rechtsstaatlichen Zusammenhang zu stellen, zumindest was die Beziehung zu anderen rechtsstaatlichen Einzelelementen betrifft, sind insbesondere die Ausführungen *Hummels*[138] zu dem Verhältnis zwischen Gewaltenteilung, dem Rechtsschutz nach Art. 19 Abs. 4 GG und dem Recht auf rechtliches Gehör nach Art. 103 Abs. 1 GG, zu bewerten. Nach Hummel findet die Frage der Rechtsschutzintensität nur unter dem Gesichtspunkt des Art. 103 Abs. 1 GG und unter dem Lichte des Gewaltenteilungsprinzips ihre Beurteilung, während Art. 19 Abs. 4 GG nur eine „Aussicht, keinen Anspruch gibt"[139] und für den Bürger nur die ersten Dornen auf seinem Rechtsweg — als Grundrecht auf Prozeßeröffnung — beseitigt, über die gehörige Nachprüfungsweite der geschützten Rechtssphäre aber keine Aussage trifft[140]. Für Hummel ist Art. 19 Abs. 4 GG zwar eine „Verstärkung des Gedankens des formellen Rechtsstaats, er ist aber kein Essential des Rechtsstaatsgedankens im Grundgesetz, sondern nur ein Akzidens eines bestimmten geschichtlichen Rechtsstaatsbegriffs"[141]. Da Hummel sich also weder um Bedeutung noch Inhalt des Art. 19 Abs. 4 GG im einzelnen bemüht, ist es um so erstaunlicher, daß er „immanente Schranken der Rechtsweggarantie unter Berücksichtigung der Natur der Sache"[142] annimmt, ohne diese aus dem Grundgesetz selbst zu entnehmen. Nicht einzusehen ist vor allem, daß Hummel bereits mit einer „teleologischen Reduktion"[143] bei der Auslegung des Art. 19 Abs. 4 GG arbeitet, um dann erst später diese Norm mit dem Rechtsstaatsprinzip im einzelnen — der materiellen Einzelfallgerechtigkeit, der Rechtssicherheit, der Gewaltenteilung und Art. 103 Abs. 1 GG — in Beziehung zu setzen[144]. Auch wenn Hummel durchaus richtig die immanente Schran-

---

[136] So VVDStRL 12 (1954), 18 f. Vgl. auch *H. Schneider*, Gerichtsfreie Hoheitsakte, S. 30 f.
[137] So *Bachof*, VVDStRL 12 (1954), 84 (LS. 27); *Lenz*, S. 42 ff.
[138] „Gerichtsschutz gegen Prüfungsbewertungen", S. 62 ff.
[139] *Hummel*, S. 64.
[140] *Hummel*, S. 58.
[141] *Hummel*, S. 76.
[142] *Hummel*, S. 59.
[143] *Hummel*, S. 59: „Mit der teleologischen Reduktion (die der gegenwärtigen Spruchpraxis entspricht) wird die relativ beste Befriedigungsmöglichkeit für die Rechtsordnung erreicht und die Allgemeininteressen in Schule und Universität berücksichtigt."
[144] *Hummel*, S. 62 ff.

ke des Art. 19 Abs. 4 GG in den übergeordneten Allgemeininteressen sieht[145], so hängt seine gesamte Argumentation doch völlig in der Luft. Ohne vorherige Klarheit über den grundgesetzlichen Rechtsstaat gewonnen zu haben, wozu eben die Qualifizierung aller Normen mit rechtsstaatlichem Inhalt gehört, ist eine gesicherte Auslegung des Art. 19 Abs. 4 GG nicht möglich. Die Prämisse Hummels, Art. 19 Abs. 4 GG sage nichts über die Rechtsschutzintensität aus[146], kann allenfalls das Ergebnis einer umfassenden Untersuchung sein. Hummel verschließt sich damit den dogmatisch allein gangbaren Weg der Aufschlüsselung des grundgesetzlichen Rechtsstaats mit seinen umfassenden Konsequenzen für Art. 19 Abs. 4 GG.

Soweit in Rechtsprechung und Rechtswissenschaft das Spannungsverhältnis der Freiheit des Individuums und der Ordnung der Gemeinschaft mit dem Individualrechtsschutz in Verbindung gebracht wurde, ist durchaus erkannt worden, daß auch die Gemeinschaftsbezogenheit nicht ohne Einfluß auf die Auslegung des Art. 19 Abs. 4 GG bleiben konnte[147].

Schließlich wurde der Inhalt des Art. 19 Abs. 4 GG dadurch zu reduzieren versucht, daß man andere rechtsstaatliche Elemente im Grundgesetz als vorrangig angesehen hat, wofür vor allem die Bedeutung des Art. 79 Abs. 3 GG i. V. mit Art. 20 und 1 GG eine Rolle spielten[148]. Ohne bereits an dieser Stelle in eine Diskussion des Verhältnisses zwischen Art. 79 Abs. 3, 1, 20 und 19 Abs. 4 GG einzutreten, muß auch dieser Ausgangspunkt für die Auslegung des Art. 19 Abs. 4 GG als untauglich bezeichnet werden. Art. 79 Abs. 3 GG räumt bestimmten Normen mit rechtsstaatlichem Inhalt eben nur bezüglich ihrer Verfassungsbeständigkeit einen übergeordneten Rang ein, diese Norm bestimmt jedoch nicht Bedeutung und Inhalt des Art. 19 Abs. 4 GG in Bezug zu anderen rechtsstaatlichen Elementen des Grundgesetzes[149].

Entscheidend für die rechtsstaatliche Auslegung des Art. 19 Abs. 4 GG können nur alle Einzelelemente des gesamten grundgesetzlichen Rechtsstaats gerade in dem nicht normativ eindeutig bestimmten Raum des Art.

---

[145] Vgl. FN 143.
[146] *Hummel*, S. 64.
[147] Zu weitgehend allerdings *Herrfahrdt*, VVDStRL 8, 129 (139); vgl. oben FN 66. Vgl. auch *Rumpf*, VVDStRL 14 (1956), 169 f.; *Scheuner*, Entwicklung, S. 232 f., 248 f.; *Stein*, Staatsrecht, S. 97.
[148] Vgl. *Maunz-Dürig-Herzog*, Grundgesetz, Art. 19 Abs. 4, RN 4 und Art. 20, RN 92, wo der gerichtliche Rechtsschutz nach Art. 19 Abs. 4 GG nicht zum Kern des Rechtsstaats gezählt wird; *Hummel*, S. 74, 76; *Benda*, BRat, 326. Sitzung vom 14. 6. 1968, S. 146: „Art. 20 III GG ist sedes materiae für Rechtsstaatsgedanken"; vgl. auch Urteil des Bundesverfassungsgerichts vom 15. 12. 1970, NJW 71, 275 (278 f., tragende Meinung).
[149] Vgl. zur Verfassungsbeständigkeit des Art. 19 Abs. 4 GG unten „Zweiter **Teil**".

§ 2 Der Rechtsstaat des GG und Art. 19 Abs. 4 GG im besonderen

19 Abs. 4 GG sein. Eine extensive rechtsstaatliche Interpretation des Art. 19 Abs. 4 GG muß deshalb auch Berücksichtigung der Gemeinschaftsinteressen bedeuten, wo dies erforderlich ist. Der grundgesetzliche Rechtsstaat verlangt gerade, wie gezeigt wurde, einen umfassenden Ausgleich der Interessen, der nur unter entsprechender Einbeziehung aller staatlichen Machtausübung — sei es zum Nutzen des einzelnen Bürgers oder der Gemeinschaft — auf der Ebene des Rechts[150] zustandekommen kann. Soweit Berührungspunkte des Art. 19 Abs. 4 GG mit anderen Elementen des grundgesetzlichen Rechtsstaats ersichtlich sind, müssen diese — wenn Art. 19 Abs. 4 GG den Raum dafür läßt — in die Diskussion über den Inhalt des Art. 19 Abs. 4 GG miteinbezogen werden. Da Art. 19 Abs. 4 GG zum Inhalt die Begrenzung und Kontrolle staatlicher Machtausübung und den Schutz des einzelnen Bürgers hat, können als Raum für den erforderlichen Ausgleich nur Fragen in den äußeren Kreisen — nicht im Kern — des Individualrechtsschutzes in Betracht kommen[151]. Auf solchen Konfliktsfällen muß auch das Schwergewicht einer solchen grundsätzlichen Untersuchung des Art. 19 Abs. 4 GG liegen.

---

[150] So schon *Heller*, Staatslehre (gegen Carl Schmitt), für den sich der Ausgleich in normativen Bahnen und nicht in einem außerrechtlichen politischen Konflikt zu vollziehen hat (Normativität geht vor Existenzialität — Antithese von Carl Schmitt, Politische Theologie, S. 19); vgl. insbesondere S. 223: „Die Staatsinstitution ist also sanktioniert als Rechtssicherheitsorganisation und nur als solche." Vgl. auch *Meyer*, Der Begriff der Regierung im Rechtsstaat, S. 161 ff.; BVerwGE 19, 1 (4 f.).
[151] Vgl. OVG Berlin, DÖV 63, 587 (589): „Sinn und Wesen dieser Bestimmung des Grundgesetzes liegt in der Sicherung und Erhaltung der selbstverantwortlichen Persönlichkeitssphäre des einzelnen im Streit zwischen Individuum einerseits und Staat andererseits."

Viertes Kapitel

Art. 19 Abs. 4 GG und das Individualinteresse

§ 1 Grundsätzliches

Die Position des einzelnen Rechtsschutzsuchenden läßt sich allgemein in dem Dreieck Individualinteresse — Berechtigung (subjektiv öffentliches Recht) — effektiver Rechtsschutz[1] erörtern. Wenn also vom Individualinteresse im Bereich des Art. 19 Abs. 4 GG die Rede ist, so kann damit nicht nur ein weitgehender Rechtsschutz als prozessuale Komponente der schutzwerten materiellen Position des Einzelnen gemeint sein. Ganz abgesehen von der umstrittenen Frage, ob Art. 19 Abs. 4 GG selbst schutzwerte Rechtspositionen des Bürgers schafft oder ob diese gerade die Voraussetzung für die Anwendung des Art. 19 Abs. 4 GG sind[2], besteht ein nicht zu übersehender Zusammenhang zwischen dem gerichtlich zu schützenden „Recht" und dem Gerichtsschutz als solchem auf der Ebene des Individualinteresses[3]. Nur bei einem effektiven Rechtsschutz erhält die Berechtigung letztlich ihre Durchsetzungsmöglichkeit, wobei die rechtswahrende Aufgabe der Exekutive nicht geschmälert werden soll[4]. Über den Kreis der als „Berechtigungen" eingefangenen Interessenpositionen[5] des einzelnen Bürgers bekommt Art. 19 Abs. 4 GG seinen ersten

---

[1] Hier ist gerade die subjektive Komponente des Rechtsschutzes gemeint. Zum Begriff des Rechtsschutzes vgl. *Bettermann*, Grundrechte. S. 779 f., und *Dütz*, Rechtsstaatlicher Gerichtsschutz, S. 8.

[2] Vgl. dazu unten § 2.

[3] Das „Recht" ist ja Bestandteil des Wortlauts von Art. 19 Abs. 4 GG.

[4] Vgl. *Becker*, VVDStRL 14 (1956), S. 132 (LS. II, Nr. 7); *Rumpf*, VVDStRL 14 (1956), S. 165: „Für die Verwaltung ist das Recht eben ‚Verhaltensmaßstab', für die Verwaltungsgerichte ‚Beurteilungsmaßstab'"; *Scheuner*, Entwicklung, S. 233.

[5] Vgl. zu dem Zusammenhang von „Berechtigung" und „Interesse" insbesondere *Wolff*, Verwaltungsrecht I, § 43, I b 2, S. 266: „Allgemeine Interessenbewertungen, auch wenn sie in Gesetzen oder gar in der Verfassung zum Ausdruck gelangt sind, genügen also nicht zur Annahme eines subj. Rechts, und zwar deshalb nicht, weil der Wert des Interesses allein noch nichts über seine Vorzugswürdigkeit gegenüber einem anderen, i. d. R. doch auch nicht wertlosen Interesse aussagt. Denn abgesehen von den wenigen absoluten Rechten, wie der Würde der Person (str.) und der Gleichheit sind alle Interessen und auch alle Verpflichtungen und Berechtigungen ja relativ zum Wert der entgegenstehenden Interessen." Vgl. auch *O. Bühler*, Die subjektiven öffentlichen Rechte und ihr Schutz in der deutschen Verwaltungsrechtsprechung, S. 224, und *Georg Jellinek*, System der subjektiven Rechte, S. 50, 127.

§ 1 Grundsätzliches

Bezug zur rechtsstaatlichen Spannungslage des Grundgesetzes. Wenn auch im Ergebnis das Vorliegen schutzwerter Rechtspositionen des Einzelnen nicht aus Art. 19 Abs. 4 GG entnommen werden kann[6], so spielt doch für die Annahme von „Berechtigungen" der Rechtsstaat des Grundgesetzes eine grundlegende Rolle[7]. Zum Gesamtverständnis des Art. 19 Abs. 4 GG im grundgesetzlichen Rechtsstaat ist deshalb auch ein Eingehen auf die Voraussetzungen einer zu schützenden „Berechtigung" erforderlich[8].

Der Zusammenhang von materiellem Recht — als „subjektives öffentliches Recht" bzw. „Berechtigung" — und prozessualer Durchsetzbarkeit aus der Perspektive des Individualinteresses wird insbesondere auch in der Untersuchung der prozessualen Erforderlichkeiten ersichtlich[9]. Jedenfalls bestimmt das Gewicht des Individualinteresses einerseits die mat. Rechtsposition — i. V. mit der objektiven Norm — und andererseits die prozessuale Durchsetzbarkeit[10]. Nimmt man also den Ausgangspunkt der Untersuchung im Individualinteresse — auf dem Hintergrund des Wertes der menschlichen Persönlichkeit und Freiheit als Leitidee der grundgesetzlichen Rechtsstaatlichkeit — so müssen „Rechte" i. S. von Art. 19 Abs. 4 GG immer schon dort angenommen werden, wo aus dem objektiven Recht bereits die geringste Tangierung des Individualinteresses zu entnehmen ist[11], und die prozessualen Möglichkeiten zur Durchsetzung dieser „Rechte" sind so zu gestalten, daß damit ein Höchstmaß an Verwirklichung von Individualinteressen erreicht wird[12].

So ist es auch konsequent, anzunehmen, daß eine Vermutung für das Vorliegen eines „Rechts" im Sinne des Art. 19 Abs. 4 GG spricht[13] und

---

[6] Vgl. unten § 2.
[7] Vgl. *Henke*, Das subjektive öffentliche Recht, S. 57.
[8] Mißverständlich, *Bettermann*, Grundrechte, S. 797, für den ein subjektives öffentliches Recht für Art. 19 Abs. 4 GG nicht Voraussetzung ist.
[9] Vgl. dazu unten § 3, C.
[10] Diese Trennung von mat. Rechtsposition und dem Prozeß als Hilfsmittel zur Durchsetzung derselben entspricht dem Verwaltungsprozeß genauso wie dem Zivilprozeß. Vgl. *Henke*, S. 134, der davon ausgeht, daß es seit Einführung der Generalklausel kein besonderes Institut der Klagebefugnis mehr gibt.
[11] Entgegen der herrschenden Meinung, die ein *zwingendes Gesetz*, das dem *Individualinteresse* des Einzelnen zu dienen bestimmt ist und dem Begünstigten eine *Rechtsmacht* verleiht, voraussetzt. Vgl. *E. R. Huber*, Wirtschaftsverwaltungsrecht I, § 57; *Maunz-Dürig-Herzog*, Grundgesetz, Art. 19 Abs. 4, RN 33 ff.; *Forsthoff*, Lehrbuch (9), S. 178 ff.; *Wolff*, Verwaltungsrecht I, § 43, I c, S. 267 f.; sowie *O. Bühler*, Gedächtnisschrift für Walter Jellinek, S. 269 ff. Geringere Anforderungen stellt insbesondere *Henke*, S. 60; vgl. auch unten § 2.
[12] Vgl. neuerdings *Dütz*, Rechtsstaatlicher Gerichtsschutz, zum Zusammenhang von Privatrechtsschutz und Rechtsstaat sowie *Bettermann*, Grundrechte, S. 779 (801 ff.).
[13] So *Bachof*, Gedächtnisschrift für Walter Jellinek, S. 296 ff.; *Forsthoff*, Lehrbuch (9), S. 180; *Raether*, S. 82 f.; *Wolff*, Verwaltungsrecht I, § 43 I, b 2, S. 265 f.; *Menger-Erichsen*, Verw.Arch. 59 (1968), 177; BVerfG, DVBl. 63, 362; BVerwGE 1, 321, (326); 2, 349 (LS 2, 351); 3, 121 (125); 3, 288 (289); vgl. auch

daß ein „effektiver, lückenloser Rechtsschutz" rechtsstaatlich erforderlich ist. Nur wenn alle Überlegungen zur Auslegung des Art. 19 Abs. 4 GG diesen Ausgangspunkt haben, ist eine vollkommene rechtsstaatliche Erfassung der Vorschrift möglich und sind etwaige Einschränkungen durch das Interesse der Gemeinschaft überhaupt vertretbar.

Im folgenden werden diejenigen Problemkreise erörtert, die insbesondere von dem Einfluß des Individualinteresses beherrscht und gelöst werden müssen. Dazu gehören die Voraussetzungen des „Rechts" nach Art. 19 Abs. 4 GG, die Erfordernisse prozessualer Durchsetzbarkeit, die Frage nach dem Rechtsschutzgewährenden und letztlich die Rechtsnatur des Art. 19 Abs. 4 GG.

Diejenigen Fragen im Rahmen des Rechtsschutzes nach Art. 19 Abs. 4 GG, die heute vor allem entgegen dem Individualinteresse aus übergeordneten Notwendigkeiten des Gemeinschaftslebens beantwortet werden, werden dann im Anschluß erörtert.

§ 2 Der Zusammenschluß von materieller Berechtigung und Rechtsschutz

Durch die Beschränkung des Rechtsschutzes nach Art. 19 Abs. 4 GG auf „Rechtsverletzungen" ist der Durchsetzung von Individualinteressen eine Schranke gesetzt worden. Wo diese Schranke im einzelnen liegt und wodurch sie bestimmt wird, hängt von dem speziellen subjektiv öffentlichen Recht — also der konkreten Norm, auf der es beruht — ab, aber auch von den Rechtsquellen, die die subjektiv öffentlichen Rechte[14] als solche mitformen, damit sie allgemein der prozessualen Durchsetzbar-

---

BVerwGE 7, 304 (315) zur Frage, wann aus rechtsstaatlichen Gründen aus „Kann"-Bestimmungen „Muß"-Bestimmungen werden müssen.

[14] Das „subjektive öffentliche Recht" wird hier in seinem weitesten Sinne gebraucht und soll zunächst allgemein diejenige Rechtsposition des Einzelnen bezeichnen, die nach Art. 19 Abs. 4 GG geschützt werden soll. Der früher in der Rechtswissenschaft bestehende Streit über die Abgrenzung von subjektiv öffentlichem Recht i. e. S., dem „rechtlich-geschützten Interesse" sowie dem Rechtsreflex auf der einen Seite und subjektiv öffentlichem Recht i. w. S. auf der anderen Seite scheint heute überwunden zu sein. Vgl. dazu *Wernicke*, BK, Art. 19, II, 4 S. 11, der auch (ohne nähere Begründung) Reflexrechte einbezieht; *Bachof*, Gedächtnisschrift für Walter Jellinek, S. 299 f.; *Bettermann*, Grundrechte, S. 785, 797; *v. Mangoldt-Klein*, Das Bonner Grundgesetz, Art. 19 Abs. 4, Anm. VII, 3, S. 572 f.; *Maunz-Dürig-Herzog*, Grundgesetz, Art. 19 Abs. 4, RN 34 ff.; *Forsthoff*, Lehrbuch (9), S. 179; *Wolff*, Verwaltungsrecht I, § 43, I b 2, S. 265 ff.

keit unterliegen können. Hier interessiert gerade der zweite Problemkreis, speziell, inwieweit Art. 19 Abs. 4 GG und die allgemeine Rechtsstaatlichkeit des Grundgesetzes subjektiv öffentliche Rechte miterzeugen können.

Die grundlegende Frage ist, ob das in Art. 19 Abs. 4 GG enthaltende „Recht" unabhängig von Art. 19 Abs. 4 GG selbst erklärt werden kann, oder ob es unter Zuhilfenahme dieser Vorschrift mitbegründet werden muß. Darüberhinaus interessiert hier die Frage, welche Rolle der grundgesetzliche Rechtsstaat gerade für die Herleitung eines subjektiv öffentlichen Rechts spielt[15].

Soweit ersichtlich, wird in der Rechtswissenschaft Art. 19 Abs. 4 GG auf zwei verschiedenen Wegen mit dem subjektiv öffentlichen Recht in Verbindung gebracht. Am weitesten geht dabei *Bachof*[16]. Nach ihm folgt „zwar nicht allein aus Art. 19 Abs. 4 GG, wohl aber aus der Gesamtkonzeption des Grundgesetzes mit seinem Bekenntnis zum Primat der menschlichen Persönlichkeit und der menschlichen Freiheit, zu ihrem Vorrang von dem Staatsinteresse, mit seiner Sozialstaatserklärung, sowie schließlich mit seiner Tendenz einer durchgängigen Beschränkung und Kontrolle staatlicher Machtausübung", daß heute jedes vom objektiven Recht geschützte Individualinteresse Rechtsschutz genießen soll. Damit will Bachof durchgängig allen Reaktionsansprüchen aus Verletzungen von Individualinteressen innerhalb des „status negativus" als auch den Leistungsansprüchen des „status positivus" eine Rechtsmacht zu ihrer Durchsetzbarkeit verschaffen. Wie später erkennbar sein wird, enthält dieser Ausgangspunkt Bachofs einen richtigen Kern, nämlich die Zurückführung der Begründung von subjektiv öffentlichen Rechten auf den Rechtsstaat des Grundgesetzes, auch wenn dies bei Bachof nicht in voller Deutlichkeit zum Ausdruck kommt[17]. Um die Gesamtproblematik in den Griff zu bekommen, ist es jedoch zunächst erforderlich, die Verbindungen zwischen subjektiv öffentlichem Recht und Art. 19 Abs. 4 GG

---

[15] Vgl. zur Frage, wann eine Verletzung des Art. 19 Abs. 4 GG wegen Verkennung des Begriffs „Rechte" im Wege der Verfassungsbeschwerde geltend gemacht werden kann, *Siegmund-Schultze*, DVBl. 70, 256 (260), zum Beschluß des BVerfG vom 17. 12. 1969, DVBl. 70, 270 ff.

[16] So v. a. in Gedächtnisschrift für Walter Jellinek, S. 287 ff. (301). Vgl. auch „Die verwaltungsgerichtliche Klage auf Vornahme einer Amtshandlung", S. 84 ff.; VVDStRL 12 (1954), 73 ff., und DVBl. 61, 128 (131).

[17] Auf die Gesamtkonzeption des GG führt die h. M. zurück, daß auch das rechtlich-geschützte Interesse eine „Berechtigung" schafft. Vgl. *Maunz-Dürig-Herzog*, Grundgesetz, Art. 19 Abs. 4, RN 36; *Kemnade*, Der Rechtsschutz im Baurecht, S. 31 f.; *Wolff*, Verwaltungsrecht I, § 43 I, b 2, S. 265. Vgl. auch *Menger-Erichsen*, Verw.Arch. 59 (1968), 177 mit einer kritischen Bespr. BVerfG DVBl. 63, 362; BVerwGE 1, 159 (161 f.); 7, 87 (92); OVG Lüneburg DVBl. 67, 856 (858).

aufzudecken. Der Kristallisationspunkt zwischen subjektiv öffentlichem Recht und Art. 19 Abs. 4 GG ist die „Klagbarkeit". Nach der im älteren Schrifttum vorherrschenden Ansicht[18] machte gerade die „Klagbarkeit" — die Möglichkeit der Durchsetzung durch Anrufung der Gerichte — die Rechtsnatur des subjektiv öffentlichen Rechts aus. Erst der Zwang soll der materiellen Rechtsposition ihre eigentliche Existenzberechtigung verleihen. Zur Zeit als es noch keine Generalklauseln wie § 40 VwGO oder § 51 SGG und keine Verfassungsnorm wie Art. 19 Abs. 4 GG gab, vielmehr das Enumerationsprinzip einzelnen Rechtspositionen elitären Charakter verlieh, bestand diese Ansicht nicht ohne Berechtigung[19]. Wenn heute von der herrschenden Meinung das subjektive öffentliche Recht in einem Dreifachen definiert wird, nämlich dem zwingenden Rechtssatz, dem vom Gesetzgeber bewußt geschützten Individualinteresse und der Rechtsmacht, die letztlich die Durchsetzbarkeit der Interessenposition enthält[20], so sollen gerade Art. 19 Abs. 4 GG und die verwaltungsprozessualen Generalklauseln — §§ 40, 113 Abs. 1 VwGO, § 51 SGG, § 31 FGO — eine allgemeine Rechtsmacht in Form der Klagebefugnis erzeugen. Gerade Bachof[21] unterliegt dieser Tautologie, indem er aus Art. 19 Abs. 4 GG und der Gesamtkonzeption des Grundgesetzes herleitet, wann aus dem objektiven Recht das Individualinteresse zum subjektiven öffentlichen Recht erstarkt, dazu aber auch für das Vorliegen eines subjektiven öffentlichen Rechts ein dem Individualinteresse dienendes Gesetz und eine verliehene Rechtsmacht fordert. Diese Doppelbegründung für das subjektive öffentliche Recht zeigt das Dilemma auf, das sich aus der Übereinstimmung von Rechtsmacht und Klagebefugnis — als eine Möglichkeit der Rechtsmacht — ergibt. Henke[22], der auf diesen Widerspruch insbesondere hingewiesen hat, geht deshalb einen völlig anderen Weg bei der Begründung des subjektiven öffentlichen Rechts. Er stützt das subjektive öffentliche Recht allein auf das Gesetz und löst es vom Willen des Gesetzgebers — der nach herrschender Meinung das Individualinteresse zum Tragen bringen soll — und der Rechtsmacht als prozessualen Komponente völlig ab[23].

---

[18] Vgl. zu der Gesamtentwicklung *Arentz*, S. 81 ff. m. w. N.; sowie *Henke*, Das subjektive öffentliche Recht, S. 26 ff.
[19] Vgl. *Henke*, S. 56 Vgl. auch *Bachof*, Gedächtnisschrift für Walter Jellinek, S. 300; *E. R. Huber*, Wirtschaftsverwaltungsrecht, S. 685 f.; *Arentz*, S. 82.
[20] So die h. M. Vgl. *Bachof*, Gedächtnisschrift für Walter Jellinek, S. 294; *Bühler*, Gedächtnisschrift für Walter Jellinek, S. 269 ff.; *E. R. Huber*, Wirtschaftsverwaltungsrecht I, § 57; *Maunz-Dürig-Herzog*, Grundgesetz, Art. 19 Abs. 4, RN 33 ff., *Forsthoff*, Lehrbuch (9), S. 178 ff.; *Wolff*, Verwaltungsrecht I, § 43 I, c, S. 267 f.
[21] Vgl. Gedächtnisschrift für Walter Jellinek, S. 301 f. Vgl. auch die Kritik bei *Rupp*, Grundfragen, S. 170; *Henke*, S. 3 f.; *Hoffmann*, Abwehranspruch, S. 68 f. (FN 19).
[22] In „Das subjektive öffentliche Recht", S. 1 ff.
[23] Ebenda, S. 40 ff.

Ob der Weg von Henke letztlich gangbar ist, kann hier nicht im einzelnen untersucht werden, da dies eine Erörterung der Gesamtproblematik der Voraussetzungen eines subjektiven öffentlichen Rechts erforderlich machen würde[24]. Was hier für den Zusammenhang mit Art. 19 Abs. 4 GG zu klären bleibt, ist, inwieweit bereits Art. 19 Abs. 4 GG einen Rückschluß auf das subjektive öffentliche Recht erlaubt.

Da Art. 19 Abs. 4 GG durchgängig für alle dort genannten „Rechte" gilt, besagt diese Vorschrift nichts über das Vorliegen eines speziellen subjektiven öffentlichen Rechts. Das subjektive öffentliche Recht muß deshalb aus dem Gesetz, auf dem es beruht, erklärt werden. Art. 19 Abs. 4 GG beinhaltet eine Möglichkeit — wenn auch die wirkungsvollste — der Durchsetzbarkeit von subjektiven öffentlichen Rechten[25]. Rein logisch sind aber der Zwang als solcher — hier der gerichtliche Rechtsschutz — und die zu schützende durchzusetzende Position voneinander zu trennen[26]. Wäre dem nicht so, so müßte es bei Nichtvorhandensein des Art. 19 Abs. 4 GG weniger, im Extrem keine „Rechte" geben. Das hieße weiter, daß der Rechtsschutz als solcher rechtserzeugend wäre. Neben dieser formal — logischen Begründung wird die notwendige Trennung von Recht und Zwang auch durch materiale Überlegungen bestätigt. „Recht und Zwang gehören nämlich ganz verschiedenen Seinsstufen an. Das Recht ist Element einer Wertordnung, der Zwang ist ein lediglich faktisches Phänomen. Klage und Prozeß führen zu keiner neuen Zuordnung von Werten, sondern sollen lediglich die Werte (faktisch) realisieren, die das (mat.) Recht normiert"[27]. Zwar muß die Klage als Form des Zwangs zur Durchsetzung des Rechts als vernünftig angesehen werden, doch ist dieser Zusammenhang mehr oder weniger zufällig und „nur eines von mehreren Mitteln, die die Rechtsordnung sichern"[28].

Damit ist im Grundsatz das Verhältnis von subjektivem öffentlichen Recht und Art. 19 Abs. 4 GG geklärt. Aus Art. 19 Abs. 4 GG kann direkt nichts für die Begründung von subjektiven öffentlichen Rechten entnommen werden, will man nicht über seinen Inhalt, Individualrechtsschutz zu gewähren, hinausgehen[29].

---

[24] Vgl. dazu die Hinweise oben FN 14 und *Rupp*, Grundfragen, S. 146 ff.
[25] Vgl. auch *Arentz*, S. 86, der meint, daß der Zwang zur Rechtsdurchführung allgemein nicht das wichtigste Mittel ist, sondern das Gewissen eines jeden Staatsbürgers in erster Linie die Rechtsordnung trägt.
[26] So auch: *Arentz*, S. 82 ff.; *Rupp*, Grundfragen, S. 170; *Henke*, S. 3 f.; *Hoffmann*, Abwehranspruch, S. 69 (FN 19). Mißverständlich *Wolff*, Verwaltungsrecht I, § 43 I b 2.
[27] So *Arentz*, S. 84 m. w. N.
[28] So *Arentz*, S. 85 f.
[29] So die h. M.: Vgl. *Krüger*, DÖV 50, 536 (537); *Doehring*, S. 90; *Jesch*, AÖR 82 (1957), 163 (244); *Bettermann*, Grundrechte, S. 779 (802 f., FN 124);

Auch die Versuche *Rupps*[30] und *Heidenhains*[31], die Reaktionsansprüche aus Verletzungen des „status negativus" des Einzelnen, wie sie vor allem mit der Anfechtungsklage geltend gemacht werden, mit Art. 19 Abs. 4 GG und den Verwaltungsprozeßnormen der §§ 42 Abs. 2, 113 Abs. 1 Satz 1 VwGO zu begründen, sind mit dem oben dargelegten Verständnis des Art. 19 Abs. 4 GG nicht vereinbar. Zwar ist das Bemühen Rupps und Heidenhains, den Reaktionsanspruch und das verletzte Recht zu trennen und dementsprechend verschieden zu begründen[32], durchaus positiv zu werten, jedoch ist gerade dieser Weg der Begründung aus obigen Erwägungen nicht gangbar. Inwieweit die anderen in der Rechtswissenschaft aufgezeigten Wege diesbezüglich gangbarer sind, braucht hier nicht zu interessieren[33]. Fest steht jedenfalls, daß Art. 19 Abs. 4 GG i. V. mit den Verwaltungsprozeßnormen lediglich ein Indiz für das Vorliegen eines dem verletzten Recht entsprechenden Reaktionsanspruchs abgibt, nicht aber diesen selbständig begründen kann.

Wenn also Art. 19 Abs. 4 GG nicht selbst Aufschluß über die subjektiven öffentlichen Rechte geben kann, sondern diese voraussetzt — die Fragen der Klagebefugnis und des allgemeinen Rechtsschutzinteresses sind bereits Fragen des Umfangs und Inhalts des Rechtsschutzes[34] — so ist weiter zu fragen, ob nicht der grundgesetzliche Rechtsstaat überhaupt das Vorliegen von subjektiven öffentlichen Rechten beeinflussen kann. Da Art. 19 Abs. 4 GG Teil des grundgesetzlichen Rechtsstaats ist und deshalb dessen Spannungslage unterliegt, würde die innere Abhängigkeit zwischen den subjektiven öffentlichen Rechten und dem Rechtsschutz nach Art. 19 Abs. 4 GG auf der Bezugsebene der rechtsstaatlichen Spannungslage ersichtlich. Wenn also oben eine direkte Begründungsmöglichkeit der subjektiven öffentlichen Rechte aus Art. 19 Abs. 4 GG verneint wurde, so sollte damit nicht jegliche Verbindung zwischen beiden Erscheinun-

---

Eyermann-Fröhler, VwGO, § 42 RN 98 b; *Forsthoff*, Lehrbuch (9), S. 183 f.; *Schmidt*, NJW 67, 1635 (1937); *Rösslein*, Folgenbeseitigungsanspruch, S. 65 f.; *Henke*, S. 38 f.; *Schleeh*, AöR 92 (1967), 58 (60); *Dütz*, Rechtsstaatlicher Gerichtsschutz, S. 125; *Fromm*, DVBl. 68, 662 (663); *Hoffmann-Becking*, DVBl. 70, 850 ff. (853); BVerfG 15, 275 (281 f.); BVerwGE 3, 58 (59); 11, 95 (97); NJW 68, 2393 (2394); BGH, DVBl. 63, 24 (25); BSGE 4, 65; Hamb. OVG, DVBl. 58, 832 (833); OVG Münster, DVBl. 68, 660 (662). A. A. *Klein*, VVDStRL 8 (1950), 111 ff.; *Schöne*, DÖV 54, 552 (555); *Bachof*, DVBl. 61, 128 (131); *H. Peters*, DÖV 65, 744 (745); VGH Karlsruhe Verw. Rspr. 9, 555 ff.; OVG Lüneburg, DVBl. 58, 323 (325). Mißverständlich *Weyreuther*, Gutachten, 47. D.J.T., S. 45 FN 150, als er sich der h. M. anschließt und auf *Bachof* verweist.

[30] So in „Grundfragen", S. 174.
[31] So in „Amtshaftung", S. 138 (141), aber auch S. 134 sich selbst widersprechend.
[32] Vgl. *Rupp*, Grundfragen, S. 171 (174); *Heidenhain*, S. 141.
[33] Vgl. dazu *Hoffmann*, Abwehranspruch, S. 37 ff. m. w. N.
[34] Siehe dazu unten § 3 C.

§ 2 Der Zusammenschluß von materieller Berechtigung u. Rechtsschutz 57

gen geleugnet werden. Nach der herrschenden Meinung[35] kommt es für das Vorliegen eines subjektiven öffentlichen Rechts auf die objektive Norm, den Willen des Gesetzgebers, auch das Individualinteresse mitzuregeln, und die Rechtsmacht an. Letztlich wird also von der herrschenden Meinung auf den zu erforschenden Willen des Gesetzgebers abgestellt[36].

Abgesehen von dieser wenig praktikablen Begründung des subjektiven öffentlichen Rechts — in Anbetracht der Schwierigkeiten bei der Ermittlung des gesetzgeberischen Willens[37] — beinhaltet obige Definition auch nur die Respektierung eines Elementes der grundgesetzlichen Rechtsstaatlichkeit, nämlich die Gewaltenteilung, speziell die Bewahrung der gesetzgebenden Gewalt.

Wie sich in unzähligen Gerichtsentscheidungen gezeigt hat, besteht die Hauptschwierigkeit bei der Ermittlung eines subjektiven öffentlichen Rechts in der sicheren Handhabung der Normen und dabei speziell in der Berücksichtigung des Individualinteresses als gesetzgeberischem Anliegen[38]. Daß hierbei der Grundsatz der Rechtssicherheit stark tangiert wird und auch die materielle Einzelfallgerechtigkeit nur sporadisch erreicht werden kann[39], soll nicht bezweifelt werden. Auch die von der herrschenden Meinung aus Gründen des Rechtsstaats angenommene Vermutung zugunsten des Vorliegens eines subjektiven öffentlichen Rechts kann allenfalls die Unsicherheit im Einzelfall abmildern, eine eigentliche Sicherheit wird damit nicht erreicht[40].

Die Spannungssituation, in der die Begründung eines subjektiven öffentlichen Rechts stattzufinden hat, wird damit deutlich sichtbar[41]. Auf

---

[35] Siehe dazu oben FN 21.
[36] Vgl. dazu auch das Schrifttum im Zivilrecht: *Enneccerus-Nipperdey*, Allgemeiner Teil, § 73 II, S. 438. Vgl. aber auch *Larenz*, Allgemeiner Teil, § 18 II a, S. 217, der meint, daß ein subjektives Recht nur bedeute, daß einer Person etwa, ein bestimmtes „Gut" rechtens zukommt oder gebührt.
[37] Vgl. dazu *Bernhardt*, JZ 63, 302 (306 f.); *Rupp*, Grundfragen, S. 246 (248); *Henke*, Das subjektive öffentliche Recht, S. 76; *Bartelsberger*, DVBl. 70, 30 (33).
[38] Vgl. die Beispiele bei *Henke*, S. 76 ff. (FN 50) und an neueren höchstrichterlichen Entscheidungen: BVerwGE 27, 29 ff. — § 11 Abs. 1, S. 1 R GaO; 27; 176 (180) — § 35 Abs. 2 WHG; 28, 29 ff. — § 7 Abs. 4 BauONRW; 28, 33 ff. — § 13 Abs. 4 e RGaO; 28, 131 ff. — § 16 GewO; 28, 268 ff. — § 31 Abs. 1 BBauG.
[39] Vgl. *Henke*, S. 39, der es als Forderung des Rechtsstaats ansieht, „dem einzelnen auch unabhängig von dem jeweiligen Willen des Gesetzgebers eine Rechtsstellung gegenüber der Verwaltung zu geben".
[40] Vgl. dazu *Rupp*, Grundfragen, S. 247 f., der gerade vor Zirkelschlüssen bei der „Unterscheidung zwischen rechtlichem und außerrechtlichem Interesse zum Zwecke der Herausdestillierung schutzwürdiger Interessen" warnt. Vgl. aber auch *Henke*, S. 39.
[41] Vgl. *Henke*, S. 45, der den Ansatzpunkt für die Begründung der subj. öffentlichen Rechte darin sieht, „was sich in eben diesem Verhältnis zwischen Bürger und Verwaltung wirklich rechtlich abspielt unter der Voraussetzung,

der einen Seite steht das Individualinteresse, nach dem die geringste Betroffenheit bei Verletzungen und der weitestgehende Umfang bei Leistungsansprüchen als gesetzlicher Inhalt zugrundezulegen wäre, und auf der anderen Seite steht das Gemeinschaftsinteresse, das durchsetzbare Rechtspositionen des Einzelnen dort verhindern will, wo die Allgemeinheit unverhältnismäßig betroffen wäre, insbesondere wo die Lösung erforderlicher Gemeinschaftsaufgaben — wie z. B. im Baurecht — sowie die Funktionsfähigkeit des staatlichen Organismus gefährdet sein würde[42]. Dieses Spannungsverhältnis, das so auf der Ebene der Gesetze, deren subjektiver Ausdruck die subjektiven Rechte sind (Art. 20 Abs. 3, Art. 2 Abs. 1 GG)[43] einer konfliktsfreien Lösung, einer höheren Einheit zugeführt werden muß[44], ist nur dann aufhebbar, wenn Unsicherheiten bei der Handhabung der Gesetze ausgeräumt werden. Der Rechtsstaat des Grundgesetzes bedeutet gerade Ausgleich der verschiedenen Pole in den grundlegenden Spannungsverhältnissen, so daß die weiter zu lösende Frage nur darin bestehen kann, auf welcher Ebene dieser Ausgleich zu vollziehen ist. Allgemein muß der Ausgleich dort gefunden werden, wo die einzelnen rechtsstaatlichen Elemente die angemessenste Berücksichtigung finden können[45]. Ausgangspunkt für die vorrangige Orientierung des Ausgleichsbemühens muß, wie oben dargelegt, die menschliche Persönlichkeit und Freiheit sowie die Berschänkung staatlicher Macht sein[46]. Für die Begründung des subjektiven öffentlichen Rechts bedeutet dies, daß innerhalb des oben aufgezeigten Spannungsfeldes (Gewaltenteilung, Rechtssicherheit, mat. Einzelfallgerechtigkeit sowie Individual- und Gemeinschaftsinteresse) an die jeweilige Norm nur objektive Maßstäbe angelegt werden können[47]. Auch wenn der Wille des Gesetzgebers im Einzelfall ergänzend zur Auslegung einer Norm herangezogen werden kann, so ist er allein doch nicht das bestimmende Element in diesem

---

daß der Staat, sei es in der Gesetzgebung, sei es im Gesetzesvollzug, nicht die ideale *höhere Einheit von Freiheit und Bindung, Individuum und Gemeinschaft, Einzelinteresse und öffentliches Wohl ist*". Vgl. auch *Rupp*, Grundfragen, S. 233, 245.

[42] Vgl. dazu *Bachof*, Gedächtnisschrift für Walter Jellinek, S. 297; *Rupp*, Grundfragen, S. 247.

[43] Vgl. speziell zur Herleitung des Abwehranspruchs (Reaktionsanspruch, Beseitigungsrecht) *Hoffmann*, Abwehranspruch, S. 50 ff. m. w. N. Vgl. auch *Rupp*, Grundfragen, S. 104 ff., und *Henke*, S. 37 ff.

[44] Vgl. *Henke*, S. 53.

[45] „Nach *Henke* muß das subj. öffentliche Recht diejenige Position des Bürgers' sein, ‚in der er aufgefangen wird, wenn die im Gesetz verbindlich gegebene höhere Freiheit vom öffentlichen Wohl und individuellen Belangen durch die Verwaltung verfehlt wird und der Bürger dadurch vom Glied des Staates zum privaten Einzelnen wird'."

[46] Vgl. oben III. Kapitel FN 121.

[47] Vgl. *Henke*, S. 39.

§ 2 Der Zusammenschluß von materieller Berechtigung u. Rechtsschutz

vom Rechtsstaat insgesamt beherrschten Raum des subjektiven öffentlichen Rechts[48]. Der Wille des Gesetzgebers kann dabei nur im Rahmen der grundgesetzlichen Gewaltenteilung Bedeutung und damit letztlich Einfluß auf die Begründung eines subjektiven öffentlichen Rechts erlangen.

Bringt man also das geringst betroffene Individualinteresse als Ausgangspunkt mit der objektiven Norm — ohne Erforschung des gesetzgeberischen Willens — in Beziehung zueinander, und übersieht man dabei nicht, daß der Gesetzgeber in seiner Funktion nicht unangemessen dadurch eingeschränkt wird, so ist die folgende Definition *Henkes*[49] zum subjektiven öffentlichen Recht billigenswert: „Derjenige, dessen Angelegenheiten in dem Gesetz mit den öffentlichen Angelegenheiten zum Ausgleich und zur höheren Einheit gebracht worden sind, und den dann das Gesetz betrifft, und dessen Angelegenheit ferner durch ein Verhalten der Verwaltung, das dieses Gesetz verletzt, betroffen werden, steht der Verwaltung gegenüber und bedarf des Schutzes und besitzt dann im Rechtsstaat ein subjektives öffentliches Recht." Auch wenn Henke[50] zugibt, daß mit dem Begriff der „eigenen Angelegenheit" i. E. eigentlich nichts anderes als mit dem Interesse gemeint ist, so steht dieser Begriff doch bereits auf der Ebene des Ausgleichs, während das Individualinteresse erst der Rohstoff ist, aus dem der Ausgleich gefunden werden muß[51]. Die „Angelegenheiten" des Einzelnen sind eben Bestandteil der objektiven Normen geworden und brauchen nicht wie das Individualinteresse erst auf dem Wege des Widerstreits mit dem Gemeinschaftsinteresse zum Ausgleich gebracht werden[52].

Auch die weitere Konsequenz Henkes[53], daß nämlich die Rechtsmacht nicht mehr notwendiger Bestandteil des subjektiven öffentlichen Rechts sein kann, ist in der gegenwärtigen Rechtsordnung mit seinem umfassenden Individualrechtsschutz zu billigen. Die Klagebefugnis ist heute der eigentlich praktische Fall der Rechtsmacht[54]. Da gerade Zwang — und

---

[48] So i. E. auch *Henke*, S. 43, 53, 59 f.; *Bartelsberger*, DVBl 70, 30 (32).
[49] S. 60; i. E. auch *Bartelsberger*, DVBl. 70, 30 (32); billigend auch *Siegmund-Schultze*, DVBl. 70, 256 (258); *Menger-Erichsen*, Verw.Arch. 61 (1970), 288 f.
[50] S. 61.
[51] So *Henke*, vgl. auch *Rupp*, Grundfragen, S. 248, und BVerwGE 10, 122 (123), wo vom „rechtlich-geschützten Lebenskreis" die Rede ist.
[52] Damit ist das Problem der Schutzwürdigkeit von Interessen des einzelnen ausgeräumt. Vgl. u. a. *Rupp*, Grundfragen, S. 247; vgl. auch *Bachof*, DVBl. 61, 128; *Kemnade*; *H. Peters*, DÖV 65, 744 ff.; *Gelzer*, BBauBl. 66, 254 (257 ff.); *Henke*, S. 71 ff., 81 ff.
[53] S. 4, 54 ff.
[54] Vgl. *G. Jellinek*, System der subjektiven öffentlichen Rechte, S. 114; *Bachof*, Gedächtnisschrift für Walter Jellinek, S. 300; *Henke*, S. 2.

damit auch die Klagebefugnis — und materielle Berechtigung verschieden sind, muß das subjektive öffentliche Recht seine Begründung allein aus dem materiellen Recht entnehmen. Die Rechtsmacht, im allgemeinen eben die Klagebefugnis, steht in diesem Schema außerhalb dieses materiell-rechtlichen Bestandes.

Damit ist der Inhalt des subjektiven öffentlichen Rechts im grundgesetzlichen Rechtsstaat und letztlich die Beziehung zu Art. 19 Abs. 4 GG im grundsätzlichen dargelegt. *Bachof*, der sich bemüht hat, die Begründung für das subjektive öffentliche Recht der Gesamtverfassung und damit auch dem Rechtsstaat zu entnehmen, kommt zwar das Verdienst zu, das subjektive öffentliche Recht und Art. 19 Abs. 4 GG in einem größeren Zusammenhang in Beziehung gesetzt zu haben, sein Mißverständnis lag nur darin, aus Art. 19 Abs. 4 GG direkt in Form der Klagebefugnis als Rechtsmacht, Rückschlüsse auf das Vorliegen subjektiver öffentlicher Rechte gezogen zu haben.

§ 3 Effektiver Rechtsschutz als Forderung des Rechtsstaats im einzelnen

A. Der Adressat des Rechtsschutzbegehrens

Die Frage nach dem Adressaten des Rechtsschutzbegehrens innerhalb des Art. 19 Abs. 4 GG muß den besonderen Fall des Satzes 3 der Vorschrift — der möglicherweise als „verfassungswidrige Verfassungsnorm" einer besonderen Problematik unterliegt[55] — außer Betracht lassen. Es geht an dieser Stelle lediglich um den Inhalt der Sätze 1 und 2 des Art. 19 Abs. 4 GG für die Bestimmung des Adressaten des Rechtsschutzbegehrens.

Aus der Formulierung „steht der Rechtsweg offen" läßt sich direkt nicht entnehmen, zu wem dieser „Rechtsweg" gehen soll. Die ganz herrschende Meinung geht davon aus, daß Rechtsschutz im gewaltenteilenden Rechtsstaat des Grundgesetzes in Anbetracht der Art. 92 ff. GG und der Art. 1 Abs. 3 GG und Art. 20 Abs. 2 GG nur durch Gerichte gewährt werden kann[56]. Die Beantwortung zweier Fragen kann diesen letztlich zu

---

[55] Vgl. dazu unten Zweiter Teil, I. Kapitel, § 2, B.
[56] So *Baur*, A.c.P. 153 (1954), 393 (396); *Habscheid*, JR 58, 361 (363); *Bettermann*, Grundrechte, S. 783; *v. Mangoldt-Klein*, Das Bonner Grundgesetz, Art. 20, Anm. VI 2, S. 601; *Maunz-Dürig-Herzog*, Grundgesetz, Art. 28, RN 4 und Art. 20 RN 92; *A. Arndt*, Festgabe für Carlo Schmid, S. 13; *Leibholz-Rinck*, Art. 20 RN 19; *Maunz*, Staatsrecht, S. 69; *H. Peters*, Entwicklung und Grundfragen, S. 187; *Hall*, JZ 68, 159 (164); *Dütz*, Rechtsstaatlicher Gerichtsschutz, S. 71 f., 84 f., 109. BVerfGE 8, 174 (181 f.); 18, 241 (253 ff.); 22, 49 (74 ff.).

§ 3 Effektiver Rechtsschutz im Rechtsstaat

billigenden Ausgangspunkt verdeutlichen: Erstens, ob die richterliche Kontrolle innerhalb des Art. 19 Abs. 4 GG uneingeschränkt sein muß und zweitens, welche Art von Gerichten Rechtsschutz nach Art. 19 Abs. 4 GG zu gewähren haben. Die erste Frage verbindet sich mit der Vorstellung, daß Prozeßgesetze auch lediglich enumerativ die einklagbaren Rechte aufzählen können, und daß für Einzelfälle eben Spruchkörper der Exekutive oder der Legislative zuständig wären. Die Verfassungsnorm des Art. 19 Abs. 4 GG wäre damit durch einfache Gesetze durchlöchert. Das gleiche könnte aber genauso auf rechtsgeschäftlicher Ebene geschehen, indem auf die Möglichkeit, Gerichtschutz in Anspruch zu nehmen, von vornherein verzichtet wird.

Die Frage ist also, ob Art. 19 Abs. 4 GG letztlich auf der Ebene unterhalb des Grundgesetzes einschränkbar ist. Bereits der insoweit klare Wortlaut des Art. 19 Abs. 4 GG macht von der Durchgängigkeit des Rechtsschutzes keine Ausnahme, was sich auch deutlich aus Satz 2 ergibt, wonach zumindest der „ordentliche Rechtsweg" gegeben ist. Da der Wortlaut des Art. 19 Abs. 4 GG diesbezüglich eindeutig ist, braucht hier nicht der grundgesetzliche Rechtsstaat zur angemessenen Lückenfüllung herangezogen zu werden. Legt man also die allein richtige Auffassung vom Rechtsschutz durch Gerichte, die hier wegen ihrer Eindeutigkeit nicht näher begründet zu werden braucht, dem obigen Ausgangspunkt zugrunde, so ergeben sich daraus zweierlei Konsequenzen:

Zum einen kann auf den Rechtsschutz nach Art. 19 Abs. 4 GG nicht verzichtet werden, da dieser nicht abdingbar ist[57]. Mit dem prozessual zulässigen Mittel der Klagerücknahme hat ein solcher Verzicht nichts zu tun. Zum anderen wird das Problem angesprochen, ob durch Art. 19 Abs. 4 GG Schiedsgerichte ausgeschlossen werden. Diese Frage ist umstritten. Mit der überwiegenden Meinung[58] muß auch dieser Fall für unvereinbar mit Art. 19 Abs. 4 GG gehalten werden. Eine solche Verkürzung des im Grundgesetz bestehenden öffentlich rechtlichen Rechtsschutzes, sei es vom Blickwinkel des Einzelnen oder der Gemeinschaft, die ein besonderes Interesse an einer Gewaltenteilung ohne Funktionshemmung der Judikative haben muß, würde zu einer Verminderung der Substanz

---

Werner, JZ 55, 349, meint der „Rechtsweg" umfasse auch rechtliche Kontrollen vor dem Prozeßverfahren (deshalb auch Pflicht zur Rechtsmittelbelehrung, vgl. dazu unten S. 85). Vgl. auch BVerfG in NJW 71, 605.

[57] So *Bettermann*, Grundrechte, S. 795 m. w. N.; vgl. auch *Brinkmann*, Grundrechtskommentar, Art. 19, Anm. II. d. Die Verzichtbarkeit des Art. 19 Abs. 4 GG nehmen dagegen an: *Hamann-Lenz*, Grundgesetz, Art. 19, B 17, S. 331; BVerfGE 9, 194 (199 f.); BGHZ 26, 84 (86).

[58] So *Klein*, VVDStRL 8 (1950), 93; *Wernicke*, BK, Art. 19 II, 4 f.; *v. Mangoldt-Klein*, Das Bonner Grundgesetz, Art. 19, Anm. VII, 5 a, S. 574; *Ule*, Verwaltungsprozeßrecht, S. 24. A. A. *Jellinek*, VVDStRL 8, 160; *Bettermann*, Grundrechte, S. 801, 805.

der staatlichen Selbstkontrolle durch die Gerichte führen. Auch wenn in dem einen oder anderen Fall die Schiedsgerichte in der Lage sein könnten, eine sachgerechte Entscheidung zu fällen, so sind sie doch nicht in der Lage, auf dem Gebiet des öffentlichen Rechts, das vor allem auch in der Gemeinschaftsdienlichkeit seine Bedeutung hat[59], Entscheidungen mit der notwendigen Autorität wie das staatliche Gericht zu fällen. Dem besonderen Rang, den der Rechtsschutz in öffentlich-rechtlichen Streitigkeiten mit Art. 19 Abs. 4 GG gefunden hat, ist nur gerecht zu werden, wenn allein von staatlichen Gerichten, nicht aber von sonstigen Spruchkörpern Recht gesprochen wird. Was für den Zivilprozeß unbedenklich ist, weil es dort nur den Streit zwischen Privaten zu schlichten gilt, kann auf der Ebene des öffentlichen Rechts mit seiner besonderen Ausstrahlung und Befriedungsfunktion nicht übernommen werden[60].

Nachdem nun geklärt ist, daß nur „Gerichte" zum Rechtsschutz nach Art. 19 Abs. 4 GG, ohne Einschränkung auf unterverfassungsrechtlicher Ebene, berufen sind, muß noch die — oben bereits formulierte — Frage nach der von Art. 19 Abs. 4 GG geforderten Art von Gerichten beantwortet werden. Als Grundlage der folgenden Untersuchung dient die allgemeine Ansicht, daß die verschiedenen im Grundgesetz begründeten (Art. 92 ff. GG) Gerichtsbarkeiten Spruchkörper besitzen, deren Mitglieder den grundgesetzlichen Erfordernissen der persönlichen und sachlichen Unabhängigkeit entsprechen[61]. Das hier anstehende Problem muß also darüber hinausgehen. Angesprochen ist die Frage, in welchem Umfang Rechtsschutz nach Art. 19 Abs. 4 GG durch die sachnahen allgemeinen Verwaltungsgerichte, Sozialgerichte, Finanzgerichte, Disziplinargerichte und Berufsgerichte[62] gewährt werden muß oder aber durch die ordentliche Gerichtsbarkeit gewährt werden kann. Eindeutig ist Art. 19 Abs. 4 GG nur in einem, nämlich in der Subsidiarität der ordentlichen Gerichte, soweit andere, nämlich speziellere Gerichte, dafür nicht zur Verfügung stehen[63]. Die allgemeinen und besonderen Verwal-

---

[59] Allerdings wird man nicht so weit gehen können wie *O. Mayer*, Deutsches Verwaltungsrecht, S. 117, der jegliche Übereinstimmung von öffentlich-rechtlichen und privatrechtlichen Rechtsinstituten leugnete.
[60] Vgl. dazu auch *Rupp*, Grundfragen, S. 233.
[61] Nach Art. 92 und Art. 97 GG. Vgl. dazu *Bettermann*, Grundrechte, S. 523 (525); zur Unabhängigkeit als Staatsunabhängigkeit *Jahrreiß*, Die Rechtspflege im Bonner Grundgesetz, S. 31 f. und *Arentz*, S. 105; zur Unabhängigkeit als Parteiunabhängigkeit *Bettermann*, Grundrechte, S. 530.
[62] Berufsgerichte als staatliche Sondergerichte nach Art. 101 Abs. 2 GG, da staatliche Mitwirkung bei Berufung der Richter. Vgl. BVerfGE 18, 241 (253 f.) und 22, 42 (47) bezüglich ärztlicher Berufsgerichte und neuerdings BVerfGE 26, 186 (195 ff.) bezüglich der Ehrengerichtshöfe der Rechtsanwälte und des Senats für Anwaltssachen beim BGH.
[63] „Andere Zuständigkeiten" ergeben sich auch aus den ausdrücklichen Zuweisungen an die ordentlichen Gerichte, wie nach Art. 34 GG, Art. 14 Abs. 3

§ 3 Effektiver Rechtsschutz im Rechtsstaat

tungsgerichte, die ihren hervorragenden Platz im Verhältnis zwischen Bürger und Staat erst nach Inkrafttreten des Grundgesetzes erhalten haben, konnten durch den Verfassungsgeber noch nicht in die Form des Grundgesetzes gebracht werden[64]. So ist die Lösung des Verfassungsgebers mit Art. 19 Abs. 4 GG durchaus positiv zu bewerten. Dem Gesetzgeber wurde Raum zu Schaffung sowohl einer allgemeinen als auch besonderer Verwaltungsgerichtsbarkeiten mit den dazugehörigen Prozeßordnungen gelassen und nur dort, wo der Gesetzgeber dies versäumt oder bewußt unterlassen hat, sollte der ordentliche Rechtsweg gegeben sein. Neben der Frage nach dem, was mit dem „ordentlichen Rechtsweg" gemeint ist, interessiert hier vor allem, welches Gewicht dem Verwaltungsrechtsweg in Art. 19 Abs. 4 GG eingeräumt wurde. Daß es nur der Gesetzgeber in der Hand hat, zu bestimmen, in welchen Fällen der Verwaltungsgerichtsweg gegeben ist, und wann deshalb nicht auf die ordentliche Gerichtsbarkeit zurückgegeriffen werden muß, ist nicht widerlegbarer Inhalt des Art. 19 Abs. 4 GG[65]. Nur ist zweifelhaft, ob auch der Extremfall, nämlich die Abschaffung der gesamten allgemeinen und besonderen Verwaltungsgerichtsbarkeiten noch von Art. 19 Abs. 4 GG gedeckt wäre. Nach *Dürig*[66] setzt Art. 19 Abs. 4 GG eine Verwaltungsgerichtsbarkeit voraus. Dürig mag sich dabei darauf stützen, daß der ordentliche Rechtsweg in Art. 19 Abs. 4 GG nur subsidiär genannt wurde[67] und auch, daß Art. 95 Abs. 1 GG mittelbar auf das Vorhandensein einer Verwaltungsgerichtsbarkeit hinweist. Außerdem könnte es der grundgesetzliche Rechtsstaat erforderlich machen, daß dem einzelnen Bürger der sachgerechteste Rechtsschutz gewährt wird[68]. Trotz der Gewichtigkeit der genannten Anhaltspunkte dürfte folgendes richtig sein: Art. 19 Abs. 4 GG ersetzt niemals das Prozeßrecht mit seinen Zuständigkeitsnormen, also auch nicht verwaltungsprozessuale Vorschriften. So-

---

GG, §§ 23 - 30 EGVG i. V. mit § 179 VwGO. Vgl. auch *Bettermann*, Grundrechte, S. 819 ff.

[64] Das Vertrauen in die Verwaltungsgerichte als einer echten von der Verwaltung getrennten Gerichtsbarkeit war noch nicht genug ausgeprägt. Vgl. zur Entwicklung des verwaltungsgerichtlichen Rechtsschutzes oben S. 1, FN 4, sowie *W. Jellinek*, Verwaltungsrecht, S. 92 ff.

[65] So *Ipsen*, VVDStRL 8 (1950), 157; *v. Mangoldt-Klein*, Das Bonner Grundgesetz, Art. 19, Anm. VII 5 b, S. 574; *Arentz*, S. 120 f.; BVerfG, NJW 56, 625.

[66] In *Maunz-Dürig-Herzog*, Grundgesetz, Art. 19 Abs. 4, RN 60.

[67] Vgl. *Bettermann*, Grundrechte, S. 800, der zutreffend annimmt, daß der „Rechtsweg" nach Art. 19 Abs. 4, S. 1 GG nicht mit dem „ordentlichen Rechtsweg" identisch sein kann. Vgl. auch BGHZ 2, 273 (274); 8, 209 (210 f.) und VGH Freiburg, NJW 52, 317.

[68] So *Maunz-Dürig-Herzog*, Grundgesetz, Art. 19 Abs. 4, RN 60; *Bachof*, Die verwaltungsgerichtliche Klage auf Vornahme einer Amtshandlung, S. 17. A. A. *Bettermann*, Grundrechte, S. 816; ;*Arentz*, S. 120; unklar OVG Lüneburg, Verw.Rspr. 9, 881 (887) bezüglich einstweiliger Anordnungen vor Inkrafttreten der VwGO.

weit letzere also nicht bestehen, kann auch nicht die Zuständigkeit eines Verwaltungsgerichts gegeben sein. Würde man in dieser Hinsicht aus Art. 19 Abs. 4 GG mehr entnehmen wollen, müßte man den klaren Inhalt der Norm übergehen[69]. Die Möglichkeit, aus Art. 19 Abs. 4 GG darüberhinausgehende materiale Erfordernisse zu entnehmen, soweit diese gerade das Verfahren betreffen, würde unter Heranziehung des grundgesetzlichen Rechtsstaates nur dann bestehen, wenn Art. 19 Abs. 4 GG den Raum dazu ließe. Das „Offenstehen des Rechtswegs" gibt dem einzelnen Bürger die Möglichkeit, sein Recht voll durchzusetzen. Was dies im einzelnen bedeutet, ist im Wege der Auslegung zu ermitteln, und zwar notwendigerweise über rechtsstaatliche Elemente[70]. Die Gebotenheit rechtsstaatlicher Verfahrenserfordernisse muß aber auch auf den „ordentlichen Rechtsweg" übergreifen, da das „Offenstehen des Rechtswegs" nur einheitliche Konsequenzen haben „kann. Das bedeutet, daß auch bei Zuständigkeit der ordentlichen Gerichte gerade aufgrund der Subsidiaritätsklausel des Satzes 2 gewisse — später darzustellende — Verfahrenserfordernisse, abgesehen von der jeweiligen Prozeßordnung der ordentlichen Gerichte, eingehalten werden müssen[71]. Eine Ausnahme bilden nur die auf der gleichen Ebene wie Art. 19 Abs. 4 GG bestehenden Sondervorschriften wie Art. 14 Abs. 3 und Art. 34 GG, da diese wiederum selbst Bestandteile des grundgesetzlichen Rechtsstaats sind und dort die besondere Interessenabwägung auch im prozessualen Bereich bereits normativ — verfassungsrechtlichen Ausdruck gefunden hat[72].

Insgesamt bleibt also festzuhalten, daß Art. 19 Abs. 4 GG nicht selbständig den Weg vor ein Verwaltungsgericht eröffnen kann, sondern nur die dazu notwendigen gesetzlichen Regelungen erforderlich macht. Nur

---

[69] Das schließt nicht aus, daß die Verwaltungsgerichte sachkundigere und lebensnahere Entscheidungen treffen können; vgl. *Waltner*, S. 247.
[70] Vgl. dazu unten unter C.
[71] So insbesondere *Bettermann*, Grundrechte, S. 809. Vgl. auch *Tietgen*, NJW 56, 1130; KG, NJW 57, 1406 (1407).
[72] Streitig ist gerade, ob bei öffentlich-rechtlichen Streitigkeiten, die besonderen Gerichten außerhalb der Verwaltungsgerichtsbarkeit zugewiesen sind, die Vorschriften des Verwaltungsprozeßrechts Anwendung finden oder die Regeln, die für das Verfahren des anzurufenden Gerichts allgemein gelten. Für letzteres: *Baumgärtel*, ZZP 73 (1960), 392 f.; *Baumbach-Lauterbach*, Zivilprozeßordnung, § 13 GVG, Anm. 6 K; *Stein-Jonas-Schönke-Pohle*, Kommentar zur Zivilprozeßordnung, vor § 1, Anm. II, C I. Für ersteres: *Bettermann*, Grundrechte, S. 782, 809; MDR 53, 644 (647) und *Maunz-Dürig-Herzog*, Grundgesetz, Art. 19 Abs. 4, RN 63. Zu der speziellen Frage der Aufhebung von Hoheitsakten durch ordentliche Gerichte: *Dütz*, Die gerichtliche Überprüfbarkeit der Sprüche von betriebsverfassungsrechtlichen Einigungs- und Vermittlungsstellen, S. 88 f., der diese Frage mit der h. M. bejaht. Vgl. dazu noch *Heidenhain*, NJW 49, 841 (843); *Bachof*, SJZ 50, 162 (166); *Bettermann*, MDR 53, 644 (647); *Maunz-Dürig-Herzog*, Grundgesetz, Art. 19 Abs. 4, RN 63; *Baumbach-Lauterbach*, Zivilprozeßordnung, § 13 GVG, Anm. 6 J; BVerfG, NJW 56, 625; KG, NJW 57, 1406.

die ordentliche Gerichtsbarkeit, von deren Bestehen und Funktionsfähigkeit der Verfassungsgeber ausgehen konnte, besteht subsidiär. Verfahrensmäßig bedeutet also „effektiver Rechtsschutz" grundsätzlich, daß keine Prozeßordnung als solche — wie z. B. die VwGO, das SGG oder die FGO — sondern nur elementare, vom Rechtsstaat verlangte Verfahrenserfordernisse[73] auch in Prozessen vor den ordentlichen Gerichten — soweit es sich um öffentlich-rechtliche Streitigkeiten handelt — zu beachten sind. Auf diese Verfahrenserfordernisse wird noch im einzelnen einzugehen sein.

Eine in diesem Zusammenhang noch auftauchende Streitfrage, nämlich diejenige, was unter dem „ordentlichen Rechtsweg" zu verstehen ist, muß letztlich im Sinne der herrschenden Meinung entschieden werden. Der „ordentliche Rechtsweg" nach Art. 19 Abs. 4 GG kann also — dies bestätigt Art. 96 GG — den Weg zum Zivilgericht, zum Strafgericht oder zur freiwilligen Gerichtsbarkeit bedeuten. Im einzelnen Fall kann eben nur diejenige Teilfunktion der ordentlichen Gerichtsbarkeit dem effektiven Rechtsschutz am besten gerecht werden, die der „Eigenart des streitigen Rechtsverhältnisses" am meisten entgegen kommt[74]. Die Gegenansicht[75], die den „ordentlichen Rechtsweg" nach Art. 19 Abs. 4 GG mit dem Zivilrechtsweg aus Gründen der Eindeutigkeit des Rechtswegs — zur Vermeidung von negativen Kompetenzkonflikten — gleichsetzt, läßt neben dem Wortlaut des Art. 19 Abs. 4 GG auch unberücksichtigt, daß nur der der Sache am nächsten stehende Rechtsweg im Interesse des Einzelnen und der Gemeinschaft am effektivsten Recht sprechen kann[76].

B. Einzelfragen zum Vorliegen von „Rechten"

Nachdem oben die grundlegenden Zusammenhänge zwischen subjektivem öffentlichem Recht und dem in Art. 19 Abs. 4 GG gewährten Rechtsschutz aufgedeckt wurden, soll hier noch geklärt werden, welche grund-

---

[73] Vgl. dazu unter C.
[74] So *Bettermann*, Grundrechte, S. 828; *Maunz-Dürig-Herzog*, Grundgesetz, Art. 19 Abs. 4, RN 62; vgl. auch §§ 23, 25 EGGVG, wonach ein Strafsenat des OLG zuständig ist. Wie hier auch *Habscheid*, Festschrift für Eduard Bötticher, S. 159 ff.
[75] So *Arentz*, S. 116 ff.; OVG Lüneburg, Verw.Rspr. 9, 881 (886).
[76] Dazu gehört auch die freiwillige Gerichtsbarkeit, obwohl sie keine Rechtsprechung i. S. der streitigen Gerichtsbarkeit darstellt. Zum Schutze des Einzelnen muß es aus Gründen der Rechtssicherheit mehr auf den formalen Aspekt des Gerichtsschutzes ankommen. So auch *Bettermann*, Grundrechte, S. 800, und Festschrift für Friedrich Lent, S. 39 f. A. A. *Arentz*, S. 117, der außerdem gegen die Einbeziehung der Strafgerichtsbarkeit ist, da „vor die Strafgerichte von ihrer besonderen Funktion — der öffentlichen Strafrechtspflege in einem Straferkenntnisverfahren — her gesehen, kein „Rechtsweg" führt, kein Weg also, den der einzelne einschlagen kann, um zu „seinem Recht" zu gelangen".

legenden Rechtspositionen vom Rechtsschutz nach Art. 19 Abs. 4 GG umfaßt werden. Da das subjektive öffentliche Recht im Zentrum des Rechtsschutzes steht, können sich die hier noch anstehenden Fragen nur auf Probleme am Rande des subjektiven öffentlichen Rechts beziehen.

Vorab bedarf es einer Klarstellung: Nach Inhalt und Sinn des Art. 19 Abs. 4 GG wird Rechtsschutz nur gegen nichtrichterliche Akte gewährt[77]. Art. 19 Abs. 4 GG macht eine klare Trennung zwischen demjenigen, der Rechtsschutz gewährt, an den also „der Rechtsweg" geht, und demjenigen, gegen den Rechtsschutz in Anspruch genommen wird. Da Adressat des Rechtsschutzbegehrens nur die rechtsprechende Gewalt sein kann[78], können sich die zu schützenden Rechtspositionen nur aus dem Bereich der Legislative und der Exekutive ergeben. Untauglich ist in diesem Zusammenhang allerdings das Argument *Bettermanns*[79], daß „die richterlichen Akte bereits von Rechts wegen ergehen, gegen sie der Rechtsweg also nicht erst eröffnet zu werden braucht", da ja auch die Akte der Legislative und der Exekutive sich nicht am Unrecht orientieren dürfen. Die Gerichte haben eben nur im Gewaltenteilungsschema des Grundgesetzes ein Letztentscheidungsrecht[80] in Fragen des Rechts, und nur deshalb gibt es gegen ihre Entscheidungen keinen „Rechtsweg", sondern allenfalls instanzmäßige innere Kontrollen, die lediglich die Effektivität des Rechtsschutzes charakterisieren können[81].

Die Abgrenzung zwischen richterlicher und nichtrichterlicher Tätigkeit kann im Einzelfall Schwierigkeiten bereiten. Im Ergebnis kann der herrschenden Meinung zugestimmt werden, die den Gesamtbereich der richterlichen Tätigkeit, auch die materiell rechtsetzende und verwaltende, von dem Rechtsschutz nach Art. 19 Abs. 4 GG ausschließt[82]. Für diese Ansicht spricht das rechtsstaatliche Erfordernis der Rechtssicherheit, die als gegenseitige Hemmung und Kontrolle verstandene Gewaltenteilung des Grundgesetzes, sowie die persönliche und sachliche Unabhängigkeit der Richter.

---

[77] So die herrschende Meinung: *Wernicke*, BK, Art. 19, Anm. II, 4 e; *Tietgen*, NJW 56, 1133; *v. Mangoldt-Klein*, Das Bonner Grundgesetz, Art. 19, Anm. VII, 2 c, S. 570; *Bettermann*, Grundrechte, S. 790 f.; *Maunz-Dürig-Herzog*, Grundgesetz, Art. 19 Abs. 4, RN 17; *Hamann-Lenz*, Grundgesetz, Art. 19, B 14, S. 330; *Klein*, JZ 63, 591 (592); BVerfGE 11, 263 (265); 15, 275 (281); BVerwGE 8, 350 (351); BFH, BStBl. 57 III, 90 (91 f.) und 98 (99).

[78] Vgl. oben IV. Kapitel, § 3 A.

[79] *Bettermann*, Grundrechte, S. 790.

[80] Dadurch soll nur die Grundkonzeption angesprochen werden. Das Problem des Letztentscheidungsrechts ist im einzelnen, gerade beim Verwaltungsermessen und beim Problem der Beurteilungsspielräume, viel komplexer vgl. etwa *Rupp*, Grundfragen, S. 219 ff. und *Waltner*, S. 230 ff.

[81] Vgl. dazu unten C. IX.

[82] So *Wernicke*, BK, Art. 19, Anm. II, 4 e; *Tietgen*, NJW 56, 1129 (1133); *Bettermann*, Grundrechte, S. 790; BFHE 64, 239; 64, 254.

Nur wenn hinreichend klar vorherbestimmt werden kann, gegen welche Akte der Rechtsweg gegeben ist, ist der Rechtssicherheit Genüge getan. Eine verfassungskonforme Auslegung des Art. 19 Abs. 4 GG in diesem Sinne erfordert deshalb eine klare Bestimmung der dem Rechtsschutz unterliegenden Akte. Da der Richter, soweit er nach außen hin wirksam tätig wird, immer als Richter, und damit sachlich und persönlich unabhängig, fungiert, verstößt die obige Ansicht auch nicht gegen das Gewaltenteilungsprinzip des Grundgesetzes. Eine gerichtliche Überprüfung hat aber dann stattzufinden, wenn der Richter nicht als solcher, sondern als Verwaltungsbeamter, also nicht in Unabhängigkeit, tätig wird, z. B. bei den Anordnungen der Gerichtspräsidenten[83]. Im übrigen unterliegen auch alle Maßnahmen von Gerichts- und Rechtspflegeorganen, die nicht mit unabhängigen Richtern besetzt sind — vor allem der Rechtspfleger — der Rechtsschutzgarantie nach Art. 19 Abs. 4 GG[84].

Wenn nunmehr der Schutzbereich des Art. 19 Abs. 4 GG von der materiell-rechtlichen Seite her grundlegend eingegrenzt werden soll, so heißt das in Übereinstimmung mit dem oben Ausgeführten eben nicht, daß Art. 19 Abs. 4 GG selbst Rückschlüsse auf das Bestehen von „Rechten" zuläßt[85]. Aus Art. 19 Abs. 4 GG könnte sich eventuell aber ergeben, um welche Arten von „Rechten" es sich handeln muß, damit Rechtsschutz gewährt wird. Im einzelnen handelt es sich um folgende Fragen: Erstens, ob nur Grundrechte nach Art. 19 Abs. 4 GG geschützt werden, zweitens, ob auch Privatrechte zu den „Rechten" zählen, drittens, ob auch bei sogenannten „Parteistreitigkeiten" schutzwerte Rechtspositionen bestehen und viertens, inwieweit materielle Rechtspositionen innerhalb des besonderen Gewaltverhältnisses unter den Schutz des Art. 19 Abs. 4 GG fallen.

I. Beschränkt sich Art. 19 Abs. 4 GG auf den Grundrechtsschutz?

Diese Frage beantwortet sich klar aus dem Wortlaut des Art. 19 Abs. 4 GG, da dort nicht von „Grundrechten" sondern von „Rechten" die Rede ist. Die systematische Stellung des Art. 19 Abs. 4 GG — die Abs. 1 bis 3 des Art. 19 GG beziehen sich insgesamt nur auf die Grundrechte — spricht

---

[83] So *Bettermann*, Grundrechte, S. 792; *Tietgen*, NJW 56, 1129 ff.; *Ruscheweyh*, DVBl. 58, 686 ff. Streitig bei gerichtlichem Geschäftsverteilungsplan und bei Verwaltungsvollstreckungsmaßnahmen. Bei ersterem bejahend BVerfGE 17, 252 (257), verneinend *Bettermann*, Grundrechte, S. 791 (FN 54 m. w. N.), vgl. auch *Bockelmann*, JZ 52, 641 (642). Bei letzterem bejahend: *Hamann-Lenz*, Grundgesetz, Art. 19, B 14, S. 332; BVerwGE 27, 141 (142 f.); OVG Münster JZ 65, 366 mit zustimmender Anmerkung von *Rupp*.

[84] So *Bettermann*, Grundrechte, S. 791 f. (auch wenn Rechtspfleger nach § 9 RPflG selbständig ist); Hamb. OVG, MDR 54, 443; Bay. VGH, DVBl. 56, 763 f.; BFHE 58, 666 (667).

[85] Vgl. oben IV. Kapitel, § 2.

dabei nicht gegen diese Ansicht, da eben in die ersten drei Absätze des Art. 19 GG ausdrücklich nur Grundrechte einbezogen sind.

Eine Beschränkung des Art. 19 Abs. 4 GG auf einen Grundrechtsschutz ist aber auch mit der grundrechtlichen Rechtsstaatlichkeit insgesamt nicht vereinbar. Das rechtsstaatliche Ziel, persönliche Würde und Freiheit des einzelnen Bürgers und die Verhinderung staatlichen Machtmißbrauchs herzustellen, würde durch eine solche Einengung des Rechtsschutzes unangemessen betroffen. Genauso würde auch die Gewaltenteilung des Grundgesetzes, die „balance of power", funktionsunfähig gemacht werden. Damit enthält Art. 19 Abs. 4 GG keine Beschränkung des Rechtsschutzes auf Grundrechte[86].

II. Art. 19 Abs. 4 GG und der Schutz von Privatrechten

Ob Art. 19 Abs. 4 GG auch Rechtsschutz gegen die Verletzung von Privatrechten gibt, ist umstritten. Die herrschende Meinung[87] bejaht dies ohne nähere Begründung. Mit der Frage, inwieweit private Rechtspositionen des Einzelnen im Rechtsverhältnis zwischen Bürger und Staat eine Rolle spielen können, hat sich eingehend *Rupp*[88] beschäftigt. Er kommt zu dem Ergebnis, daß die sog. absoluten Privatrechte, wie z. B. das Eigentum, in das besondere, nicht mit dem Privatrechtsverhältnis vergleichbaren Verhältnis zwischen Bürger und Staat, keinen Eingang finden können. Nur dann, wenn das Spannungsverhältnis zwischen Individuum und Gemeinschaft in die Ermittlung der zu schützenden Rechtspositionen einbezogen wird, ist es überhaupt gerechtfertigt, von besonderen Rechtsbeziehungen zwischen einzelnen Bürgern und Staat auszugehen und mit einer Vorschrift wie Art. 19 Abs. 4 GG staatlichen Machtmißbrauch zu verhindern[89]. Im einzelnen kann die Position von *Rupp*[90],

---

[86] So die herrschende Meinung, vgl. oben III. Kapitel, FN 8. Nach *Menger* sind die Grundrechte als Freiheitsrechte nicht „Rechte" i. S. des Art. 19 Abs. 4 GG, da sie erst über den sog. „status negativus" oder „status libertatis" Rechtsstellungen einräumen (vgl. System des verwaltungsgerichtlichen Rechtsschutzes, S. 118; Grundrechte, 749; Verw.Arch. 51 (1960), 385; vgl. auch Verw.Arch. 55 [1964], 73 [83]). Vgl. dazu die berechtigte Kritik bei *Schmidt*, NJW 67, 1635 (1637 f.).
[87] So *Bettermann*, Grundrechte, S. 785; *Maunz-Dürig-Herzog*, Grundgesetz, Art. 19 Abs. 4, RN 34; *Brinkmann*, Grundrechtskommentar, Art. 19, Anm. I 7 c; *Hamann-Lenz*, Grundgesetz, Art. 19, Anm. B 15; S. 332; BVerwGE 8, 350 (351); BGHZ 14, 222 (231).
[88] In „Grundfragen", S. 223 ff.
[89] Streitig ist, ob Art. 19 Abs. 4 GG auch im Rahmen von Rechtsverhältnissen zwischen beliehenen Unternehmern und Privaten gilt, z. B. wenn eine Privatschule in privatrechtlichen Formen öffentliche Aufgaben wahrnimmt. Bejahend *Hamann-Lenz*, Grundgesetz, Art. 19, Anm. B 14, S. 335, verneinend BGH, DÖV 61, 787 f., mit zustimmender Anmerkung von *Heckel*, der hervorhebt, daß die Rechtsbeziehungen dabei nur privatrechtlicher Natur sind. Vom Standpunkte *Rupps* ist letzterem zuzustimmen.
[90] In „Grundfragen", S. 223 ff.

§ 3 Effektiver Rechtsschutz im Rechtsstaat   69

der sich i. E. auch *Henke*[91] angeschlossen hat, so umschrieben werden: „Rechte" i. S. des Art. 19 Abs. 4 GG, und damit auch des § 42 Abs. 2 VwGO, können nur aus verwaltungsgerichteten Gesetzen entnommen werden, die den allgemeinen Freiheitsstatus des Einzelnen konkretisieren, in dem Sinne, daß sie auch seine Interessen einbeziehen und damit seinen Freiheitsraum abstecken. Privatrechte — es kommen hier nur absolute, gegen jedermann wirkende in Betracht — sind zu einer Konkretisierung und Ausfüllung dieses „status libertatis" nicht geeignet, da sie nichts zu dem Umfang der individuellen Freiheit von ungesetzlichem Zwang aussagen können. Nur wenn die Stellung des Individuums in seiner besonderen Beziehung zu den Interessen der Gemeinschaft, und damit letztlich des Staates, Voraussetzung für das Auffinden der zu schützenden Rechtsposition des Einzelnen ist, wird ausgeschlossen, daß verfälschende Interessebewertungen den status gegenüber dem Staat ausprägen.

Auf die besondere Problematik des Art. 14 GG kann in diesem Zusammenhang im einzelnen nicht eingegangen werden. Jedoch sei ergänzend bemerkt, daß nach Rupp[92] Art. 14 GG nur dann den Freiheitsstatus des Einzelnen mitbestimmen kann, wenn von einem besonderen verwaltungsbezogenen Eigentumsrecht ausgegangen wird. Insofern bleibt Rupp konsequent. Henke, der sich i. E. den Ausführungen von Rupp anschließt, unterscheidet sich nur dadurch von diesem, daß er das Reaktionsrecht auf eine Verletzung innerhalb des „status negativus" nicht aus einem allgemeinen „status libertatis" begründet, sondern sich auf die verwaltungsbezogenen Gesetze beschränkt[93]. Im übrigen decken sich bei Rupp und Henke die Bestimmungsmerkmale für die subjektiven öffentlichen Rechte.

Ausgehend von dem grundgesetzlichen Rechtsstaat, wie er hier begriffen wird, ist das Ergebnis von Rupp und von Henke zu billigen, obgleich beide einen verschiedenen dogmatischen Ausgangspunkt bei der Begründung des verletzten Rechts und vor allem des Reaktionsanspruchs haben[94]. Entscheidend ist eben, und darin stimmen auch Rupp und Henke überein, daß sich eine schutzwerte Rechtsposition des Einzelnen nur aus dem besonderen Spannungsverhältnis zwischen Individuum und Gemeinschaft ermitteln läßt, das heißt, daß nur die Normen des öffentlichen Rechts, die allein die Interessen des Einzelnen und der Gemeinschaft zum Ausgleich gebracht haben, zur Begründung des „Rechts" i. S. des Art. 19 Abs. 4 GG dienen können. Privatrechte, die lediglich Ausdruck eines Interessengegensatzes zwischen Privatpersonen sind, stellen deshalb einen

---
[91] S. 109 (FN 1).
[92] In „Grundfragen", S. 235 ff.
[93] Vgl. *Henke*, S. 37 ff., S. 50 (FN 15), S. 55 (FN 17), insbesondere mit Kritik an *Rupp*.
[94] Vgl. grundlegend (auch mit einer Kritik an *Rupp* und *Henke*) zur Begründung des subjektiven öffentlichen Rechts bei Verletzungen im Rahmen des „status negativus" *Hoffmann*, Abwehranspruch, S. 24 ff.

Fremdkörper im Rahmen des Art. 19 Abs. 4 GG dar[95]. Das Ergebnis der herrschenden Meinung kann deshalb nicht gebilligt werden.

III. Art. 19 Abs. 4 GG und die sogenannten „Parteistreitigkeiten"

Das ältere Verwaltungsprozeßrecht unterschied bei der Bestimmung des Verwaltungsrechtsweges zwischen „Anfechtungssachen" und „anderen Streitigkeiten des öffentlichen Rechts"[96], wobei die „anderen Streitigkeiten des öffentlichen Rechts" auch als „Parteistreitigkeiten" auf „Streitigkeiten zwischen gleichgeordneten Rechtsträgern" gesetzlich[97] beschränkt wurden. Diese Problematik innerhalb des Verwaltungsprozeßrechts konnte nach der Einführung der Generalklausel in § 40 VwGO, § 51 SGG und § 33 FGO keine praktische Rolle mehr spielen, da jetzt nur noch von „Streitigkeiten des öffentlichen Rechts" die Rede ist.

Nicht so einfach ist jedoch der angeschnittene Fragenkreis um die „Parteistreitigkeiten" im Rahmen des Art. 19 Abs. 4 GG zu beantworten[98]. Zunächst muß — losgelöst von den Begriffen „Anfechtungsstreitigkeiten" und „Parteistreitigkeiten" — klargelegt werden, ob und welche subjektiven Rechtspositionen des öffentlichen Rechts von dem Rechtsschutz nach Art. 19 Abs. 4 GG erfaßt und welche ausgenommen sind. Unstreitig ist heute, daß sämtliche subjektiven öffentlichen Rechte des einzelnen Bürgers — auch juristische Personen des Privatrechts fallen darunter — nach Art. 19 Abs. 4 GG geschützt werden. Die Ansichten gehen nur bezüglich der Begründung der subjektiven öffentlichen Rechte im einzelnen auseinander. Ob die rechtsverletzende Handlung der öffentlichen Gewalt in einem Rechtsgeschäft, einer Rechtshandlung oder einem Realakt besteht, macht keinen Unterschied[99]. Art. 19 Abs. 4 GG kann damit nicht nur auf die Rechtsverletzung durch Verwaltungsakte begrenzt werden[100]. Gerade

---

[95] Vgl. v. a. *Rupp*, Grundfragen, S. 231 ff. (240).
[96] Vgl. § 22 Abs. 1 VGG, § 22 Abs. 1 VONr. 165, dazu *Ule*, Verwaltungsprozeßrecht, S. 22.
[97] So § 85 VGG, vgl. *Eyermann-Fröhler*, VGG, § 22, Anm. A, I, 2, sowie zu der Verwirrung um die Zuordnung der „anderen Streitigkeiten des öffentlichen Rechts" zu den „Parteistreitigkeiten": *Graf Schwerin von Krosigk*, DÖV 56, 690 (691) und *Backsmann*, DÖV 56, 269 (270). Vgl. noch §§ 1, 2 BVerwGG vom 27. 4. 1953 — BVerwGE 25, 78 und in DVBl. 69, 666.
[98] Diese Frage ist auch heute noch nicht ganz geklärt. Das neuere Schrifttum bejaht (wohl unter dem Eindruck der verwaltungsgerichtlichen Generalklauseln) die Einbeziehung der „Parteistreitigkeiten" um den verwaltungsgerichtlichen Rechtsschutz; vgl. *Ule*, Verwaltungsprozeßrecht, S. 22. *Lenz*, S. 34 (FN 103 m. w. N.), bezeichnet die Beschränkung des Art. 19 Abs. 4 GG auf sog. „Anfechtungsstreitigkeiten" noch als einhellige Meinung. Vgl. neuerdings auch *H. Peters*, Entwicklung und Grundfragen, S. 280.
[99] So *Bettermann*, Grundrechte, S. 796.
[100] Der VA ist nur als prozessuales Hilfsmittel zu betrachten. Vgl. *Hamann* DVBl. 54, 581 (582);; *Maunz-Dürig-Herzog*, Grundgesetz, Art. 19 Abs. 4, RN 25; *Ule*, Verwaltungsprozeßrecht, S. 22; *Hamann-Lenz*, Grundgesetz, Art. 19, Anm. B 14, S. 331. OVG Koblenz, DVBl. 60, 899 ff.; Bay. VHG, DVBl. 65, 447 f.; Bay. VGH n. F. 21, 74 (76).

die Verschiedenartigkeit der einzelnen subjektiven öffentlichen Rechte, ob als Ausfluß des „status negativus" mit seinen Abwehrrechten oder des „status positivus" mit den Leistungsrechten, zeigt, daß die möglichen Verletzungshandlungen nicht auf den Verwaltungsakt als Rechtshandlung beschränkt werden können. Auch das Unterlassen einer Rechtshandlung[101], der lediglich hoheitliche Realakt oder gar die Rechtsverletzung innerhalb öffentlich rechtlicher Schuldverhältnisse[102] werden von Art. 19 Abs. 4 GG als Formen der Rechtsverletzung miterfaßt[103]. Entscheidend kann es nur auf folgendes ankommen: Die Rechtsverletzung muß durch die öffentliche Gewalt innerhalb eines besonderen Rechtsverhältnisses gegenüber der einzelnen Privatperson stattfinden. Ganz abgesehen davon, daß bereits der Wortlaut des Art. 19 Abs. 4 GG diese Annahme erfordert, läßt sich auch aus dem rechtsstaatlichen Gesamtbild, dessen Bestandteil Art. 19 Abs. 4 GG ist, nichts anderes entnehmen. Art. 19 Abs. 4 GG schützt den einzelnen Bürger in seinem gesamten Unterordnungsverhältnis zu der öffentlichen Gewalt, so daß alle Gleichordnungsverhältnisse, wie sie insbesondere zwischen einzelnen Organen der öffentlichen Gewalt insgesamt bestehen, aus dem Rechtsschutz nach Art. 19 Abs. 4 GG auszuscheiden haben[104]. So fallen durchaus auch Rechtspositionen des Einzelnen im Zusammenhang mit subordinationsrechtlichen öffentlich-rechtlichen Verträgen unter Art. 19 Abs. 4 GG, da nur die verwaltungsgerichteten Gesetze der Verwaltung als öffentliche Gewalt, die Möglichkeit zur rechtsgeschäftlichen Regelung geben können. Die Verwaltung hat zur Durchführung ihrer hoheitlichen Aufgaben in gewissen, von den Gesetzen ausdrücklich eingeräumten oder aber gesetzlich nicht ausgeformten Räumen die Möglichkeit der rechtsgeschäftlichen Regelung, soweit dadurch nicht gesetzliche Verpflichtungen von Zivilpersonen erweitert oder eingeschränkt werden[105]. Es handelt sich dabei also um kein Verhältnis der Gleichrangigkeit zwischen Verwaltung und Privatperson, sondern die Verwaltung bedient sich lediglich einer anderen Form zur Wahrnehmung

---

[101] Vgl. schon *Bettermann*, Grundrechte, S. 797.
[102] Vgl. insbesondere *H. Peters*, Entwicklung und Grundfragen, S. 280.
[103] Vgl. *Bettermann*, Grundrechte, S. 802: „Welche Form (Klage, Antrag usw.) im Einzelfall die richtige ist, bestimmt sich nach der Art der Verletzung und der Sanktion, die das positive Recht an die Verletzung knüpft ... Die Form des proz. Rechtsschutzes hängt von demjenigen des mat. Rechtsschutzes ab".
[104] So auch *Haas*, Verw.Arch. 49 (1958), 29; *Maunz-Dürig-Herzog*, Grundgesetz, Art. 19 Abs. 4 GG, RN 22, aber auch RN 16; *Tsatsos*, Der verwaltungsrechtliche Organstreit, S. 51 (FN 120), aber auch S. 13 (FN 6); *Dütz*, Rechtsstaatlicher Gerichtsschutz, S. 10; *Hoppe*, Organstreitigkeiten vor den Verwaltungs- und Sozialgerichten, S. 155, 178 (FN 4); BFHE 74, 385 (391). Vgl. zum umfassenden Problem des verwaltungsgerichtlichen Insichprozesses: *Lorenz*, AöR 93 (1968), 308 (324 ff., 326, 327); OVG Koblenz AS 8, 78 (83); richtigerweise nimmt die Rspr. an, daß bei Verletzung von Mitgliedschaftsrechten in Kommunalorganen Rechtsschutz nach Art. 19 Abs. 4 GG gewährt werden muß, vgl. etwa BVerwGE 3, 30 (35); Bay. VGH, Verw.Rspr. 13, 698 (702); Bay. VGH nF 21, 74 (75 f.).
[105] Vgl. *Wolff*, Verwaltungsrecht I, § 44 II, b 2, S. 282 f.

ihrer hoheitlichen Aufgaben. Die Position der einzelnen Privatperson ändert sich dabei nicht grundlegend. Sie bleibt auch in der Form des Rechtsgeschäfts der hoheitlichen Verwaltung und damit der „öffentlichen Gewalt" untergeordnet, da diese auch ohne rechtsgeschäftliche Bereitschaft des Privaten ihre hoheitlichen Aufgaben erfüllen muß.

Die Frage, welcher Art die Rechtsbeziehungen und die Rechtssubjekte sein müssen, damit der Rechtsschutz nach Art. 19 Abs. 4 GG Platz greifen kann, ist damit grundsätzlich beantwortet. Soweit „Parteistreitigkeiten" also lediglich den Kreis der Streitigkeiten zwischen Gleichrangigen, die nicht das Verhältnis zwischen Bürger und Staat betreffend, bezeichnen sollen, sind diese von dem Rechtsschutz nach Art. 19 Abs. 4 GG auszunehmen[106]. Wenn aber mit „Parteistreitigkeiten" alle jenen Streitigkeiten gemeint sind, die außerhalb der sog. „Anfechtungsstreitigkeiten" — in der engen, mit der Anfechtungsklage umrissenen Bedeutung — stehen, liegt darin eine unzulässige Einengung des Art. 19 Abs. 4 GG.

Prozessuale gesetzliche Regelungen können ganz allgemein über den Umfang des Art. 19 Abs. 4 GG Hinweise geben, sie können jedoch nicht den Inhalt dieser verfassungsrechtlichen Rechtsschutznorm selbst bestimmen. Es ist deshalb durchaus sinnvoll, daß der Verwaltungsrechtsschutz nach § 40 VwGO sämtliche öffentlich-rechtlichen Streitigkeiten, unabhängig von dem Verhältnis zwischen Bürger und Staat, erfaßt, wie z. B. auch Klagen wegen Verletzung des Selbstverwaltungsrechts von Gemeinden oder von sog. organschaftlichen subjektiven öffentlichen Rechten[107]. Keinesfalls dürfen aber aus verwaltungsprozessualen Zulässigkeitsnormen Schlüsse auf den Inhalt der Rechtsschutznorm des Art. 19 Abs. 4 GG gezogen werden.

IV. Art. 19 Abs. 4 GG und das besondere Gewaltverhältnis

Angesprochen ist das Problem, ob und wann — bei welchen Voraussetzungen — der einzelne, in einem „besonderen Gewaltverhältnis" stehende Bürger, Rechtsschutz nach Art. 19 Abs. 4 GG in Anspruch nehmen kann. Da es weder im Grundgesetz noch in den einfachen Gesetzen Re-

---

[106] A. A. *Menger*, Verw.Arch. 49 (1958), 184; *Haueisen*, NJW 58, 441 (443); BSGE 6, 180 (184).
[107] So die herrschende Meinung: *Rupp*, Grundfragen, S. 99 f. und AöR 85 (1960), 153 f.; *Eyermann-Fröhler*, VwGO, § 40, RN 5 f.; *Kisker*, Insichprozeß und Einheit der Verwaltung; *Tsatsos*, S. 27 ff.; *Hoppe*, Organstreitigkeiten vor den Verwaltungs- und Sozialgerichten, S. 63 f. und DVBl. 70, 845 ff.; *Lorenz*, AöR 93 (1968), 330 ff., BVerwGE 31, 263 ff. (zum Selbstverwaltungsrecht der Gemeinden; Art. 19 Abs. 4 GG nicht erwähnt).
A. A. *Blentge*, Der Kommunalverfassungsstreit, S. 152 f., ohne Begründung.
— Streitig ist, ob innerhalb Subjektionsverhältnissen zwischen Trägern der öffentlichen Gewalt, die in das Staatsganze eingegliedert sind, Art. 19 Abs. 4 GG anwendbar ist. Bejaht wird dies von *Bettermann*, Grundrechte, S. 786; *Lorenz*, AöR 93 (1968), 327; *Wernicke*, BK, Art. 19, Anm. II, 4 e. Anderer (richtiger) Ansicht sind *Hamann-Lenz*, Grundgesetz, Art. 19, Anm. B 13, S. 329.

§ 3 Effektiver Rechtsschutz im Rechtsstaat

gelungen gibt, die ein gerichtliches Tätigwerden zur Gewährung von effektivem Rechtsschutz im Bereich besonderer Gewaltverhältnisse ausschließen[108], können Probleme innerhalb dieses Fragenkomplexes nur innerhalb der Erörterung der „Rechte" des Gewaltunterworfenen entstehen[109]. Es kann also keine Rolle spielen, in welcher Form der Gewaltunterworfene Rechtsschutz begehrt. Ihm stehen, soweit eben seine „Rechte" betroffen sind, alle prozessualen Wege offen, also Anfechtungs-, Verpflichtungs-, Feststellungs- oder allgemeine Leistungsklage. Entscheidend ist dann nur noch, ob überhaupt effektiver Gerichtsschutz i. S. des Art. 19 Abs. 4 GG gewährt wird.

Beim „besonderen Gewaltverhältnis" kommt es also vor allem darauf an, ob der Einzelne eine *Rechts*verletzung geltend machen kann[110]. Das Bundesverwaltungsgericht geht diesbezüglich an dem Inhalt des Art. 19 Abs. 4 GG vorbei, als es diese Norm dann für gewahrt ansieht, wenn eine Disziplinargerichtsbarkeit zur Verfügung steht[111]. Wenn sich auch dieser Ausgangspunkt im Ergebnis, das heißt in der Annahme eines „Rechts" als Voraussetzung zum Rechtsschutz nach Art. 19 Abs. 4 GG, nicht negativ auswirken muß, so zeigt er doch ein für die Auslegung des Art. 19 Abs. 4 GG entscheidendes Mißverständnis. Bei einem Dienstvergehen eines Beamten etwa, das einerseits eine disziplinarrechtliche Maßnahme — z. B. eine Geldbuße — und andererseits die Versetzung in ein anderes Amt nach sich zieht, kann der Beamte nur gegen die Geldbuße disziplinarrechtlich vorgehen[112], während ihm gegen die Versetzung nur der Weg zu den allgemeinen Verwaltungsgerichten bleibt. Der Disziplinarrechtsweg allein schafft also nicht den geschlossenen Rechtsschutz, sondern hilft nur gegen disziplinarrechtliche Maßnahmen[113]. Dieses Beispiel, das hier nicht vertieft werden soll, zeigt, daß es, wie beim allgemeinen Gewaltverhältnis, erforderlich ist, die rechtliche Betroffenheit in jedem Einzelfall zu erfragen.

Die Fülle von gerichtlichen Entscheidungen und Äußerungen im Schrifttum zum „besonderen Gewaltverhältnis" läßt sich unter dem Blickwinkel des Art. 19 Abs. 4 GG in vier Grundansichten aufteilen:

---

[108] Vgl. demgegenüber § 126 BRRG, § 59 Abs. 1 SoldatenG und §§ 23 ff. EGGVG.
[109] Vgl. dazu neuerdings *Zimmermann*, Verw.Arch. 62 (1971), 48 ff.
[110] Vgl. *Bettermann*, Grundrechte, S. 795; *v. Mangoldt-Klein*, Das Bonner Grundgesetz, Art. 19, S. 575; *Maunz-Dürig-Herzog*, Grundgesetz, Art. 19 Abs. 4, RN 25; *Rupp*, Grundfragen, S. 19 ff.; *Wolff*, Verwaltungsrecht I, § 46 VII, 6, S. 307 f.; *Selmer*, DÖV 68, 342; *Zimmermann*, Verw.Arch. 62 (1971), 48 (50).
[111] Vgl. BVerwGE 14, 84 (86).
[112] Vgl. die abschließende Aufzählung der möglichen Disziplinarmaßnahmen in § 5 BDO (Bundesdisziplinarordnung).
[113] Vgl. *Selmer*, DÖV 68, 342 (348 f.), und *Zimmermann*, Verw.Arch. 62 (1971), 55.

Eine ältere, heute — soweit erkennbar — nicht mehr vertretene Ansicht siedelte das besondere Gewaltverhältnis — mit Ausnahme der Veränderung des status (Einstellung, Entlassung) — außerhalb des Rechts[114] an. Subjektive öffentliche Rechte als Voraussetzungen des Gerichtsschutzes nach Art. 19 Abs. 4 GG würden deshalb ausscheiden.

Eine zweite Ansicht begründet den Ausschluß des Gerichtsschutzes in bestimmten Fällen innerhalb des „besonderen Gewaltverhältnisses" mit einem stillschweigenden Verzicht auf Grundrechte und damit wohl auch auf Inanspruchnahme von Gerichtsschutz bei Eintritt in das „besondere Gewaltverhältnis"[115].

Die weitaus überwiegende Ansicht, vor allem auch die Rechtsprechung, teilt heute das besondere Gewaltverhältnis in zwei verschiedene rechtliche Verhältnisse auf. Im Anschluß an *Ule*[116] unterscheidet ein Teil dieser herrschenden Ansicht[117] zwischen „Grundverhältnis" und „Betriebsverhältnis, wobei Gerichtsschutz nur bei Rechtsverletzungen innerhalb des ersteren zu gewähren ist. Ein anderer Teil der herrschenden Ansicht trennt das „Organwalterverhältnis" von dem eigentlichen „besonderen Gewaltverhältnis", in dem die einzelne Person Träger von Rechten gegenüber der öffentlichen Gewalt ist[118].

Über diese herrschende Ansicht geht noch eine Mindermeinung in der Rechtswissenschaft hinaus, indem diese gegen alle belastenden Akte innerhalb „besonderer Gewaltverhältnisse" Gerichtsschutz gewährt, soweit der Einzelne behauptet, durch den Akt in seinen „Rechten" verletzt zu sein[119]. Eine Einschränkung des Rechtsschutzes erfolgt dann über ein wei-

---

[114] So *Anschütz*, Kritische Studien, S. 53, 55 ff.; *G. Jellinek*, System der subjektiven öffentlichen Rechte, S. 201 ff.; *Laband*, Das Staatsrecht des Deutschen Reichs, Bd. II, S. 181; *O. Mayer*, Verwaltungsrecht, S. 102.

[115] So *Forsthoff*, Lehrbuch (9), S. 122; *H. Peters*, Entwicklung und Grundfragen, S. 286 (FN 195, 196); Hamb. OVG, DVBl. 56, 417 (419). Vgl. demgegenüber *Bettermann*, Grundrechte, S. 795, und *Leisner*, DVBl. 60, 617 (618), mit dem richtigen Hinweis, daß es sich bei der Verminderung der Rechtsposition des einzelnen im bes. Gewaltverhältnis um ein Legalitätsproblem handelt.

[116] So VVDStRL 15 (1956), 133 ff. (151 ff.); DVBl. 57, 17; VwGO, § 42, IV, 4, S. 158 ff.

[117] So *Menger*, Grundrechte, S. 744; *Feneberg*, DVBl. 65, 222; *Selmer*, DÖV 68, 342; BVerwGE 5, 153 (155); Hess. VGH, DÖV 59, 275 ff.; vgl. auch *Zimmermann*, Verw.Arch. 62 (1971), 48 (52) m. w. N.

[118] Diese Unterscheidung wird insbesondere beim Beamtenverhältnis gemacht. Vgl. *Rupp*, Grundfragen, S. 75 ff.; *Wolff*, Verwaltungsrecht I, § 46 VII b, S. 307 f.; BVerwGE 5, 153 ff.; 14, 84 ff.; 19, 19; 21, 127 ff. NJW 61, 795; DÖV 68, 428; BGH, NJW 54, 32 ff.; DÖV 64, 630 ff.

[119] So *Obermayer*, Verwaltungsakt und innerdienstlicher Rechtsakt, S. 163 ff.; DÖV 59, 311; *Bettermann*, VVDStRL 15 (1957), 214; *Maunz-Dürig-Herzog*, Grundgesetz, Art. 19 Abs. 4, RN 25;; *Czermak*, NJW 64, 939; *Zimmermann*, Verw.Arch. 62 (1971), 48 (63, 67, 69). OVG Koblenz, DÖV 60, 350 ff. Vgl. zur Kritik *Menger*, Verw.Arch. 60 (1969), 376 (388).

§ 3 Effektiver Rechtsschutz im Rechtsstaat

tes Ermessen des Dienstherrn bei Erlaß des Aktes. Zu der Frage, ob die Klage bei Einhaltung des Ermessensrahmens unzulässig[120] — wegen der fehlenden Klagebefugnis — oder nur unbegründet ist[121], besteht auch innerhalb der Vertreter dieser Ansicht Uneinigkeit.

In der heutigen Diskussion ist in jedem Falle von rechtlichen Beziehungen innerhalb des besonderen Gewaltverhältnisses auszugehen[122], gleichgültig welchen Individualschutz man dem Gewaltunterworfenen zuteil werden läßt. Nur so kann überhaupt die Bindung des Gewaltunterworfenen an innerdienstliche Maßnahmen erklärt werden[123]. Der Rechtsstaat des Grundgesetzes ist umfassend zu begreifen, so daß auch der staatliche Innenbereich, das Verhältnis des Gewaltunterworfenen zur Obrigkeit, rechtlich ausgeprägt ist. Was hier interessiert, ist eben nur, wann — bei welchen Voraussetzungen — subjektive öffentliche Rechte anzunehmen sind, bei deren Verletzung Rechtsschutz nach Art. 19 Abs. 4 GG in Anspruch genommen werden kann.

Die Unterscheidung zwischen Grund- und Betriebsverhältnis von *Ule*[124] oder zwischen Organwalter- und Dienstverhältnis, wie sie von einem Teil der Rechtswissenschaft verwendet wird[125], zeichnet zwar den Weg einer gangbaren Systematisierung des Gesamtproblems, sie enthebt jedoch nicht von der Aufgabe, in jedem einzelnen Fall die verletzbare Rechtsposition des Bürgers aus dem spezifischen „besonderen Gewaltverhältnis" herauszudestillieren. Gerade Ule, der selbst innerhalb des Betriebsverhältnisses Ausnahmen zuläßt, nämlich im Wehrdienstverhältnis und in allen geschlossenen Anstaltsverhältnissen[126] korrigiert damit sein zunächst geschlossen erscheinendes dogmatisches Gehäuse.

Zuzugeben ist der herrschenden Meinung, daß es innerhalb der besonderen Gewaltverhältnisse, sei es im Beamten-, Schul- oder Wehrdienstverhältnis, Rechtsräume gibt, in denen der Gewaltunterworfene innerhalb des „Betriebs" Anordnungen Folge zu leisten hat, damit überhaupt der „Betrieb" aufrechterhalten werden kann. Dazu gehört etwa, daß dem Beamten bei gleicher Besoldungsgruppe ein neues Amt zugewiesen wird, das allerdings wie das vorhergehende seiner Vorbildung und bisherigen Tätigkeit entsprechen muß, daß gegenüber Schülern Strafarbeiten aus-

---

[120] So OVG Koblenz, DÖV 60, 350 (352) — Rechtsschutzbedürfnis fehlt.
[121] So *Obermayer*, Verwaltungsakt und innerdienstlicher Rechtsakt, S. 165 f.; *Bettermann*, VVDStRL 15 (1957), 214; *Maunz-Dürig-Herzog*, Grundgesetz, Art. 19 Abs. 4, RN 25; *Zimmermann*, Verw.Arch. 62 (1971), 48 (69).
[122] Vgl. oben FN 110.
[123] So v. a. *Selmer*, DÖV 68, 342; nicht konsequent *Bachof*, Festschrift für Wilhelm Laforet, S. 298, 304.
[124] Vgl. oben FN 116.
[125] Vgl. oben FN 117.
[126] Vgl. VVDStRL 15 (1957), 184, LS. 9. Dazu, daß in der Rspr. die Trennung in Grund- und Betriebsverhältnis immer mehr aufgeweicht würde, vgl. *Selmer*, DÖV 68, 342 (344) und BVerwGE 19, 19 ff. und 21, 127.

geteilt werden zur Aufrechterhaltung der Klassendisziplin[127], oder daß militärische Befehle erteilt werden. Art. 19 Abs. 4 GG spricht lediglich von „seinen Rechten", also in teleologischer Auslegung von schutzwerten Positionen des Einzelnen, die ihm personal durch die objektive Rechtsordnung eingeräumt werden.

Bestehen nun innerhalb der besonderen Gewaltverhältnisse gewisse Rechtsräume, die nur ihren Sinn im Funktionieren der Behörden und der Organe haben können, und somit der einzelne Organwalter als Einzelpersönlichkeit gar nicht betroffen werden kann, so können auch nicht dessen „Rechte" verletzt sein. Der Beamte, der einer bestimmten innerdienstlichen Anordnung seines Vorgesetzten nachkommt, handelt damit zwar innerhalb seiner beamtenrechtlichen Gehorsamspflicht, die Anordnung selbst ist für ihn aber inhaltlich ohne materiale Relevanz. Der Sinn einer solchen Anordnung liegt nicht in der unbedingten Verwirklichung der Gehorsamspflicht — etwa als Selbstzweck — sondern in der Wirkung, die von ihr auf den Gesamtorganismus ausgeht[128].

Nur in eng zu ziehenden Ausnahmefällen, insbesondere bei gesetzlichen Regelungen, schlägt auch die rein betriebliche Gewaltunterworfenheit in eine direkt personale Betroffenheit über. So etwa, wenn durch eine innerdienstliche Anordnung die Menschenwürde des Gewaltunterworfenen verletzt wird[129] — z. B. bei bestimmten schulischen Strafen — oder wenn ein Beamter zu Handlungen gezwungen wird, die seinem Eid auf die Verfassung zuwiderlaufen, oder ein Soldat entwürdigenden Befehlen nachkommen soll. Es geht hierbei also nicht um den Normalfall der innerdienstlichen Pflichtigkeit des Gewaltunterworfenen, sondern um die Fälle des Mißbrauchs staatlicher Hoheitsgewalt im Innenverhältnis.

Daß es innerhalb des sog. „Grundverhältnisses", also in demjenigen Bereich, in dem die personale Stellung des einzelnen Gewaltunterworfenen betroffen wird, verletzbare „Rechte" gibt, ist heute nicht mehr umstritten. Auch wenn Akte in diesem Verhältnis, wie z. B. die Versetzung eines Beamten oder die Verweisung von einer Schule, mittelbar der Aufrechterhaltung des jeweiligen Betriebs dienen können, so bleibt Adressat und unmittelbar Betroffener der einzelne Gewaltunterworfene. Es bleibt dann nur noch die Aufgabe, anhand des objektiven Rechts zu prüfen, in-

---

[127] A. A. *Wolff*, Verwaltungsrecht II, § 101 VI, C, S. 370 f.; *Zimmermann*, Verw.Arch. 62 (1971), 48 (66).

[128] Vgl. *Selmer*, DÖV 68, 342 (346 ff.): „Der Kläger tritt dann als Popularkläger auf, auch wenn sich die Organisationsveränderung auf seine persönliche Dienststellung nachteilig auswirkt." Vgl. auch neuerdings *Zimmermann*, Verw.Arch. 62 (1971), 48 ff., 63 ff., der einen Regelungsinhalt und damit die Rechtsnatur eines VAtes verneint, ohne daß er auf die Frage der Verletzung eigener Rechte und damit die Klagebefugnis eingeht.

[129] Vgl. § 56 Abs. 2 Satz 3 BBG, § 38 Abs. 2 Satz 2 BRRG, § 11 Abs. 1 SoldatenG. Vgl. auch *Selmer*, DÖV 68, 342 (348), und *Zimmermann*, Verw. Arch. 62 (1971), 48 ff., 63.

§ 3 Effektiver Rechtsschutz im Rechtsstaat

wiefern der einzelne Gewaltunterworfene geschützt werden muß, also welchen Inhalt das subjektive öffentliche Recht als Voraussetzung für den Gerichtsschutz hat.

Ein weiterer dogmatischer Ansatzpunkt zur Lösung des Problems des Rechtsschutzes innerhalb besonderer Gewaltverhältnisse, wie der über die Annahme eines stillschweigenden Verzichts des einzelnen Gewaltunterworfenen auf Inanspruchnahme von Rechtsschutz[130], entbehrt der überzeugenden Begründung im Rahmen der rechtsstaatlichen Ordnung des Grundgesetzes. Zunächst läßt der in ein besonderes Gewaltverhältnis eintretende nicht erkennen, ob er auf sein Recht auf Rechtsschutz verzichten will, ganz abgesehen davon, ob ein solcher Verzicht wirksam wäre[131]. Die Vermutung spricht im grundgesetzlichen Rechtsstaat gerade für die Annahme eines subjektiven öffentlichen Rechts, konsequent zu Ende gedacht also auch gegen einen stillschweigenden Verzicht auf entsprechenden Rechtsschutz.

Selbstverständlich kann es im Einzelfall schwierig sein, zu entscheiden, ob eine Rechtsverletzung in Betracht kommt[132]. Dieser vor dem eigentlichen Eintritt in den Gerichtsschutz stehenden Frage kann auch nicht durch die Ausdehnung der schutzwerten Rechtspositionen auf das gesamte Betriebsverhältnis entgangen werden. Das Problem wird nur in den Bereich des Ermessens oder der Beurteilungsermächtigung verlagert und materiell-rechtlich verengt[133]. Richtig ist es deshalb, im Rahmen der möglichen Rechtsverletzung zu prüfen, ob die Rechtsstellung des Einzelnen im obigen Sinne betroffen ist, oder ob der Akt nur der Verwirklichung des staatlichen Willens dient. Wenn ein Beamter angewiesen wird, eine Verfügung nach außen zu treffen, so ist dieser Akt qualitativ einer anderen Ebene zuzurechnen, als etwa die Zuweisung des Beamten in ein Amt mit niederer Besoldungsstufe. Mit der Weite oder Enge des Ermessens werden diese grundlegenden Unterschiede in den Rechtsbeziehungen nicht erfaßt.

Inwieweit bereits die Zulässigkeit oder erst die Begründetheit der Klage bei einer fehlenden Rechtsverletzung verneint werden muß, ist eine Frage der prozessualen Ausgestaltung, die ihren rechtsstaatlichen Minimalbestand in Art. 19 Abs. 4 GG hat. Entscheidend ist dabei letztlich, daß das Gericht in der Lage ist, eine tatsächliche Überprüfung überhaupt vorzunehmen.

---

[130] Vgl. auch oben FN 115.
[131] Vgl. dazu, daß ein solcher Verzicht unwirksam ist, oben FN 57.
[132] Dabei kommt es natürlich nicht darauf an, ob der verletzende Akt als VA qualifiziert werden kann; vgl. *Zimmermann*, Verw.Arch. 62 (1971), 48 (56), der insbesondere Kritik an der Auffassung von *Dürig* (Maunz-Dürig-Herzog, Grundgesetz, Art. 19 Abs. 4, RN 11 und 25) übt, der den Begriff des VAtes zu weit ausdehnt.
[133] Vgl. dazu die angegebenen Meinungen im Schrifttum oben FN 119.

C. Art. 19 Abs. 4 GG und die Verfahrenserfordernisse im einzelnen

I. Grundsätzliches

Das Bestreben, verfassungsrechtlich notwendige Verfahrenserfordernisse im Rahmen des Rechtsschutzes nach Art. 19 Abs. 4 GG herzuleiten, begegnet gewissen dogmatischen Schwierigkeiten. Aus dem Wortlaut des Art. 19 Abs. 4 GG läßt sich jedenfalls nicht entnehmen, in welcher Form und mit welchen Minimalerfordernissen Rechtsschutz zu gewähren ist. Damit, daß der „Rechtsweg" generell „offenstehen" soll, wird nur mittelbar erkennbar, daß auch der Rechtsschutz in seinem formalen Inhalt nicht unangemessen beschränkt werden kann. Trotz dieses Dilemmas ist aber die weit vernehmbare Ansicht, Art. 19 Abs. 4 GG gelte nur im Rahmen der *jeweiligen* Prozeßordnungen[134], nur bedingt richtig, wie noch im einzelnen zu zeigen sein wird. Methodisch unrichtig ist jedenfalls, wenn gesagt wird, Art. 19 Abs. 4 GG gelte nur innerhalb der *bereits bestehenden* Prozeßordnungen, erfordere also keine besondere verfahrensmäßige Rechtsschutzsubstanz[135]. Ein solcher Ausgangspunkt übergeht die konkrete Verfassungsordnung des Grundgesetzes. Es wird nämlich nicht versucht, aus dem Zusammenhang der geltenden Verfassung den Norminhalt des Art. 19 Abs. 4 GG zu bestimmen.

Anknüpfend an den bisher hier verfolgten methodischen Weg, Art. 19 Abs. 4 GG in den Rahmen des grundgesetzlichen Rechtsstaats zu stellen, um von daher seinen Inhalt aufzufinden, muß sich der dogmatische Ausgangspunkt wie folgt darstellen: Wenn auch aus Art. 19 Abs. 4 GG direkt nichts über die verfahrensmäßige Ausgestaltung des Rechtsschutzes zu entnehmen ist, so kann doch der grundgesetzliche Rechtsstaat, dessen Bestandteil Art. 19 Abs. 4 GG ist, der Formulierung „steht der Rechtsweg offen" einen Inhalt in verfahrensrechtlicher Hinsicht verleihen[136]. Da das Grundgesetz selbst nur zwei Prozeßrechtsgrundsätze, nämlich Art. 103 Abs. 1 und Abs. 2 GG, enthält, könnte die Konsequenz naheliegen, daß der Verfassungsgeber selbst die übrige Ausgestaltung des Verfah-

---

[134] So *Leibholz-Rinck*, Grundgesetz, Art. 19, RN 19; *Maunz*, Staatsrecht, S. 138; *Schmidt-Bleibtreu-Klein*, Grundgesetz, Art. 19 RN 18; *Dütz*, Rechtsstaatlicher Gerichtsschutz, S. 169; ;*Hamann-Lenz*, Grundgesetz, Art. 19, Anm. B 17, S. 334; BVerfGE 7, 53 (55 f.); 9, 194 (199 f.); 10, 264 (267); BFH, JZ 63, 261 (262); anders wohl BVerfGE 22, 49 (81); vgl. auch *Maunz-Dürig-Herzog*, Grundgesetz, Art. 19 Abs. 4, RN 15, und neuerdings kritisch *Däubler*, BB 69, 549, und *Fechner*, JZ 69, 349 (350).
[135] So aber BFH, JZ 55, 347 (mit ablehnender Anmerkung von *Werner*), *Bettermann*, AöR 86 (1961), 129 (160). Vgl. aber auch *Dütz*, Rechtsstaatlicher Gerichtsschutz, S. 115 ff.
[136] So auch *Ule*, Verwaltungsprozeßrecht, S. 12, 17; BVerfGE 11, 328 (LS 2) — zu den rechtsstaatlichen Garantien im Strafverfahren; BVerwGE 16, 289 (292). Vgl. auch *Schenke*, Verw.Arch. 61 (1970), 260 (270), der aus rechtsstaatlichen Gründen und Art. 19 Abs. 4 GG die Vollstreckungsgegenklage nach § 767 ZPO bei Entstehen neuer Einwendungen gegen einen rechtskräftigen VA nicht genügen läßt, da diese nicht zur Aufhebung des VAtes führen könne.

§ 3 Effektiver Rechtsschutz im Rechtsstaat

rens dem einfachen Gesetzgeber überlassen wollte[137]. Die beiden Prozeßrechtsgrundsätze der Art. 103 Abs. 1 und Abs. 2 GG gehen jedoch in ihrem Anwendungsbereich über den Rechtsschutz in öffentlich-rechtlichen Angelegenheiten nach Art. 19 Abs. 4 GG hinaus, da sie entweder — wie Art. 103 Abs. 1 GG — alle gerichtlichen Verfahren, nach herrschender Meinung einschließlich der Verfahren vor den Verwaltungsbehörden[138], oder aber — wie Art. 103 Abs. 2 GG — nur das Strafverfahren betreffen. Der Zusammenhang zwischen Art. 19 Abs. 4 GG und Art. 103 GG besteht also nur auf einer ganz allgemeinen Grundlage — so bei Art. 103 Abs. 1 GG — oder aber überhaupt nicht — so bei Art. 103 Abs. 2 GG. Nimmt man noch hinzu, daß der Zivilrechtsschutz im Grundgesetz nicht garantiert wird, und daß für das Strafverfahren noch weitere, die Ausübung der staatlichen Strafgewalt betreffende Vorschriften wie Art. 102, Art. 103 Abs. 2, Art. 104 GG bestehen, so liegt es nahe, den über Art. 103 Abs. 1 hinausgehenden Inhalt des Schutzes im Verfahren in öffentlich-rechtlichen Streitigkeiten aus Art. 19 Abs. 4 GG und dem allgemeinen Rechtsstaatsgrundsatz zu entnehmen. Das soll nicht heißen, daß damit festumrissene Verfahrensordnungen aus Art. 19 Abs. 4 GG herausdestilliert werden könnten[139]. So weit kann die mehr im fundamentalen Bereich des effektiven Rechtsschutzes liegende Bedeutung des Rechtsstaats innerhalb des Art. 19 Abs. 4 GG nicht gehen[140]. Genauso wie in den anderen von Art. 19 Abs. 4 GG selbst eindeutig ausgestalteten Räumen des Rechtsschutzes muß auch das rechtsstaatliche Spannungsgefüge mit der Überhöhung der personalen Freiheit unter dem Vorzeichen des angemessenen Ausgleichs mit dazu beitragen, etwaige, bereits verfassungsmäßig abgesicherte, Verfahrenserfordernisse aufzufinden.

Da sich das gerichtliche Verfahren ohne geltende Prozeßordnungen im gesetzesleeren Raum befinden und damit der Rechtssicherheit und dem Grundsatz der Gesetzmäßigkeit richterlicher Rechtsanwendung widersprechen würde, zudem der Rechtsstaat des Grundgesetzes keine gesetzgeberische Einzelausgestaltung ersetzen kann, bleibt Ausgangspunkt der Betrachtung die Prozeßordnung auf der Ebene des einfachen Gesetzes[141]. Ohne Prozeßordnungen bestünde Raum für gerichtliche Willkür in der Ausgestaltung der einzelnen Verfahren, und würde die Gewaltenbalance in einem zu weit gehenden Maße zugunsten der Rechtsprechung verschoben werden. Einmal mehr zeigt sich auch hier, daß Art. 19 Abs. 4 GG nur seine Auslegung im Rahmen der allgemeinen Rechtsstaatlichkeit finden kann. Das Interesse der Gemeinschaft fließt insgesamt in die einzel-

---
[137] So i. E. *Raether*, S. 60: „Sonstige Prozeßrechtsgrundsätze sollen keinen Verfassungsrang haben."
[138] Vgl. dazu unten VI.
[139] So auch *Dütz*, Rechtsstaatlicher Gerichtsschutz, S. 115 ff.
[140] Vgl. aber *Lerche*, ZZP 78 (1965), 16; der Art. 19 Abs. 4 GG als „moderne Mitte der verstreuten prozessualen Normen des Grundgesetzes" bezeichnet.
[141] Vgl. insofern auch BVerwG, DVBl. 60, 208.

nen mit zu berücksichtigenden Elemente des Rechtsstaats hinein und bestimmt den Inhalt des Art. 19 Abs. 4 GG grundlegend mit. Das Auffinden der Verfahrenserfordernisse zugunsten des Individualinteresses auf der Ebene des angemessenen Ausgleichs ist deshalb nur in der absolut zu schützenden Sphäre rechtsstaatlicher Substanz möglich[142]. Im einzelnen kann das zugunsten des Rechtsschutzsuchenden im Rahmen des Art. 19 Abs. 4 GG nur heißen, daß gewisse, von jeder Rechtsordnung unabhängige, Fundamentalbestandteile verfahrensmäßiger Durchsetzbarkeit materiell schutzwerter Rechtspositionen immer zu beachten sind. An diesen so zu begründenden Verfahrenserfordernissen muß somit jede Prozeßordnung gemessen werden.

Und noch ein letztes bedarf hier der Klarstellung: Gleichgültig, welches Gesetz im einzelnen entsprechend der gerichtlichen Zuständigkeit Anwendung findet, die im folgenden darzustellenden Verfahrenserfordernisse müssen immer ihre Geltung behalten[143].

Einen richtigen Weg hat insbesondere *Dütz*[144] gefunden. Er sieht die Grenzen der einfachrechtlichen Einschränkung der Gerichtsschutzgarantie in dem sog. „Übermaßverbot"[145], das eine Respektierung der Prinzipien der Geeignetheit[146], Erforderlichkeit[147] und Verhältnismäßigkeit[148] erfordert[149]. Damit schafft auch Dütz, in Übereinstimmung mit dem oben Ausgeführten, einen rechtsstaatlich akzeptablen Rahmen, in dem Prozeßgesetze Wirksamkeit erlangen können. Weniger eindeutig zieht das Bundesverfassungsgericht die Grenze einfachrechtlicher Prozeßgestaltung erst dort, wo durch „Normen der Weg zu den Gerichten in unzumutbarer, aus Sachgründen nicht mehr zu rechtfertigender Weise erschwert würde"[150].

Auch wenn der gesetzgeberische Spielraum zur Ausgestaltung von gerichtlichen Verfahren heute nur noch in Randbereichen eingeschränkt werden könnte, so ist doch die Ansicht von *Bettermann*[151] zu eng, nach der Art. 19 Abs. 4 GG nur die Feststellungsklage als prozessuale Minimalvoraussetzung garantiert, nämlich, daß der Beklagte rechtswidrig gehan-

---

[142] Vgl. oben III. Kapitel, § 2, A.
[143] Vgl. auch oben A.
[144] In „Gerichtlicher Rechtsschutz", S. 115 ff.
[145] Vgl. ebenda, S. 171; vgl. auch *Wolff*, Verwaltungsrecht I, § 30 II b 1, S. 156.
[146] Vgl. dazu BVerfGE 3, 383 (399); 17, 309 (314); 19, 126 f.
[147] Vgl. dazu BVerfGE 17, 313 f.; 19, 343 (348 f.); 23, 119 (133).
[148] Vgl. dazu BVerfGE 3, 398 (399); 7, 377 (407); 274 (310); 10, 108 f.; 12, 45 (52); 19, 343 (348 f.); 23, 117 (133).
[149] Vgl. zu den Grenzen gesetzgeberischen Ermessens: *Lerche*, Übermaß und Verfassungsrecht, *Maunz-Dürig-Herzog*, Grundgesetz, Art. 20, RN 117 ff.
[150] Vgl. BVerfGE 10, 264 (268) sowie BVerfGE 1, 332 (348); 11, 328 (352); ähnlich BVerwG, DVBl. 60, 208.
[151] In „Grundrechte", S. 801 ff., vgl. auch in AÖR 86 (1961), 129 (160), wo *Bettermann* noch weiter geht, indem er nicht einmal die Feststellungsklage einem Minimalbestand des Art. 19 Abs. 4 GG entnimmt.

delt und den Kläger in seinen Rechten verletzt habe. Art. 19 Abs. 4 GG ist eben nicht nur eine Zuständigkeitsnorm, die ein Mindestmaß gerichtlicher Rechtszuständigkeit — wie z. B. die von Bettermann angeführte Feststellung — garantiert, sondern durch diese Vorschrift werden immanente Schranken gegenüber der gesetzlichen Gestaltung von Verfahrensordnungen aufgerichtet[152]. Bettermann[153] hat nur damit Recht, daß sich die Form des Rechtsschutzes im Einzelfall nach der Art der Rechtsverletzung und der Sanktion, die das positive Recht an die Verletzung konkret knüpft, richtet. Nur ist eben seine Folgerung daraus, nämlich, daß aus Art. 19 Abs. 4 GG nichts zum Verfahren selbst entnommen werden könne, nicht haltbar. Gerade weil Art. 19 Abs. 4 GG dem Gesetzgeber die Einzelausgestaltung des Rechtsschutzes überläßt, kann der eigentliche rechtsstaatliche Sinn des Art. 19 Abs. 4 GG, Rechtsschutz zugunsten des einzelnen Bürgers zu gewähren, nur in der unumstößlichen Bewahrung grundlegender, der Wirksamkeit des Rechtsschutzes allgemein innewohnender, Elemente liegen. Darin offenbart Art. 19 Abs. 4 GG seine rechtsstaatlich fundamentale Bedeutung. Die Durchsetzbarkeit materieller schutzwerter Rechtspositionen erfordert von Verfahrensbeginn bis Verfahrensabschluß, einschließlich Vollstreckung, die Begründung von elementaren Rechtsschutzbestandteilen. Der Bürger, der sich von der Inanspruchnahme der Verwaltungsgerichtsbarkeit scheut, weil ihm der zeitliche Aufwand und das finanzielle Risiko zu groß erscheinen, oder für den das Verfahren zu undurchsichtig und damit die endgültige und dauerhafte Durchsetzung einer Gerichtsentscheidung zu ungewiß ist, kann nicht in das allumfassende rechtsstaatliche Gefüge unseres Staates integriert werden.

Im wesentlichen kommt es auf die Verwirklichung der folgenden Rechtsschutzelemente an: Den erkennbaren Zugang zum öffentlich-rechtlichen Rechtsschutz unter Ausschluß eines unangemessenen finanziellen Prozeßrisikos, die Leichtigkeit und Überschaubarkeit des gerichtlichen Verfahrens, Verfahrensgrundsätze, die der Besonderheit des Rechtsschutzes in öffentlich-rechtlichen Streitigkeiten angemessen sind, die Verwirklichung des rechtlichen Gehörs, die Effektivität des Rechtsschutzes durch angemessene Prozeßdauer, einen ausreichenden vorläufigen und vorbeugenden Rechtsschutz, die Möglichkeit einer zweiten Instanz, die unbedingte Durchsetzbarkeit der gerichtlichen Entscheidung und letztlich die Beständigkeit (Rechtskraft) dieser Entscheidung. Diese zunächst allgemein genannten Einzelerfordernisse sollen nun näher beschrieben werden.

---

[152] So insbesondere *Bötticher*, ZZP 74 (1961), 315 f.; ZZP 75 (1962), 43 f., und Anm. zu BAG in AP § 242 BGB, Prozeßverwirkung Nr. 1; *Dütz*, Rechtsstaatlicher Gerichtsschutz, S. 130 f.; BVerwGE 17, 83 (85): „... ein *substantielles* Recht auf effektiven, tatsächlich wirksamen Rechtsschutz"; 16, 289 (293); 19, 159 (161 f.).

[153] In „Grundrechte", S. 801 ff.

II. Der erkennbare Zugang zum Gericht

Aus der Erkennbarkeit und Offenheit des öffentlich-rechtlichen Rechtsschutzes sind verschiedene Konsequenzen abzuleiten: Die erste Frage, die in diesem Zusammenhang beanwortet werden muß, ist die nach den Voraussetzungen, die vor der Klageerhebung erfüllt sein müssen. Die Erkennbarkeit des Rechtsschutzes beginnt bereits im Vorstadium gerichtlichen Tätigwerdens[154]. Zunächst bedeutet dies zu prüfen, ob ein Vorverfahren zur verwaltungsmäßigen Vorklärung erforderlich oder ob es auszuschließen ist. Daß ein Vorverfahren nicht notwendiger Bestandteil des Rechtsschutzes sein kann, ergibt sich schon daraus, daß der Rechtsschutzsuchende ohne Vorverfahren schneller zu einer gerichtlichen Endentscheidung kommen kann. Es besteht deshalb kein Grund, den Rechtsschutz von einem Vorverfahren abhängig zu machen[155].

Ein anderes Problem ist es, in welchem Umfang ein Vorverfahren noch zulässig ist. Daß ein Vorverfahren auch geeignet ist, dem Rechtsschutzsuchenden bereits im Vorfeld gerichtlichen Tätigwerdens zu seinem Recht ohne langes Prozessieren zu verhelfen, kann nicht geleugnet werden[156]. Das Vorverfahren trägt deshalb ebenfalls zur Verwirklichung eines effektiven Rechtsschutzes bei. Nur im Falle, daß das Vorverfahren für den Rechtsschutz zeitlich stark hinderlich ist, z. B. wenn die Beschreitung des Rechtswegs davon abhängig gemacht wird, daß über die Rüge des Einzelnen ablehnend und endgültig entschieden wird, ist dies für den Betroffenen unzumutbar und für die Rechtssicherheit unerträglich. Die verletzende Gewalt kann es nicht in der Hand haben, zu bestimmen, ob und wann der Verletzte klagen kann. Dem Einzelnen muß es selbst überlassen bleiben, inwieweit er Rechtsschutz in Anspruch nehmen will, und nur dann steht ihm „der Rechtsweg offen"[157].

Die nächste Frage ist, ob die rechtsschutzfähige Verwaltungsentscheidung einem Begründungszwang aus Art. 19 Abs. 4 GG unterliegt. *Better-*

---

[154] Vgl. BFH, BStBl 1964 III, 490 (491): „Es ist nicht zu verkennen, daß die Verwirklichung der in Art. 19 Abs. 4 GG zum Ausdruck kommenden Forderung nach einem umfassenden Rechtsschutz es notwendig macht, daß derjenige, der sich durch einen Akt der öffentlichen Gewalt in seinen Rechten verletzt glaubt, in der Lage sein muß, *sich ohne Schwierigkeiten über die ihm zustehenden Rechtsmittel und damit im Zusammenhang stehenden Formvorschriften zu unterrichten.*"

[155] So *Baumgärtel*, ZZP 73 (1960), 387 (406); *Dütz*, Die gerichtliche Überprüfbarkeit der Sprüche von betriebsverfassungsrechtlichen Einigungs- und Vermittlungsstellen, S. 90; BVerwGE 25, 348 (349 f.).

[156] So auch *Bettermann*, Grundrechte, S. 87; *Clasen*, NJW 58, 861; *Scheuner*, Entwicklung, S. 255 m. w. N.; BFHE 55, 199 (201). A. A. *Wiethaupt*, DÖV 52, 301, und *Kniesch*, NJW 58, 576 (577).

[157] So i. E. auch *Bettermann*, Grundrechte, S. 807 m. w. N.; vgl. auch BVerwGE 2, 212 (213), und in ZMR 54, 318 (319). Zur Zweckmäßigkeit der administrativen Vorentscheidung vgl. *Bachof*, SJZ 49, 378 (384).

§ 3 Effektiver Rechtsschutz im Rechtsstaat 83

mann verneint dies zu Recht[158]. Rechtschutz wird ja nur gegen die verbindliche Verwaltungsentscheidung, nicht aber gegen deren Begründung in Anspruch genommen. Das Risiko des Einzelnen, Rechtsschutz umsonst in Anspruch genommen zu haben, wird zwar bei fehlender Begründung der Verwaltungsentscheidung erhöht, dieses kann jedoch nicht auf der Rechtsschutzseite ausgeräumt werden. Wollte man das aus einer fehlenden Begründung entstehende prozessuale Risiko vermeiden, so müßte die Verbindlichkeit der Verwaltungsentscheidung überhaupt in Frage gestellt werden. Ein so weitgehender Rückschluß vom Inhalt des Rechtsschutzes auf die Form der Verwaltungsentscheidung ist aber aus Rechtssicherheitsgründen nicht gerechtfertigt. Zudem würde dabei die hier vertretene scharfe Trennung zwischen den Bereichen des materiellen Rechts und des Rechtsschutzes aufgegeben. Ob der angegriffene VA nämlich letztlich aufzuheben ist oder nicht, ist eine Frage des materiellen Rechts und berührt nicht die Rechtsschutzintensität. Im Gegenteil, der ohne Begründung ergangene VA bedarf zur gerichtlichen Bejahung seiner Rechtmäßigkeit der einschlägigen, von der Behörde zu nennenden gesetzlichen Voraussetzungen. Der Rechtsschutzsuchende wird dadurch nicht in seiner prozessualen Stellung beeinträchtigt, sondern er profitiert von der Darlegungs- und Beweislast der Behörde. Es genügt deshalb, wenn die Begründung im Laufe des Verfahrens bekannt wird, um darauf mit entsprechenden Angriffs- und Verteidigungsmitteln zu reagieren[159].

In diesem Zusammenhang ist weiter die Bedeutung der Rechtsmittelbelehrung bei der anfechtbaren Verwaltungsentscheidung zu erörtern. Die Erkennbarkeit des Rechtsschutzes erfordert eine Rechtsmittelbelehrung an hervorragender Stelle der Verwaltungsentscheidungen[160]. Es darf nicht der Eindruck entstehen, daß der Einzelne gegenüber der für ihn belastenden Entscheidung schutzlos erscheint. Ihm muß vielmehr deutlich der Weg zum Gericht aufgezeigt werden. Fraglich ist jedoch, welche Folgerungen aus einer fehlenden oder unrichtig erteilten Rechtsmittelbelehrung zu ziehen sind[161]. Die Verwaltungsentscheidung könnte als solche entweder fehlerhaft oder gar nichtig sein, oder aber der Lauf der Rechtsmittelfrist bleibt ausgeschlossen, was zur Folge hätte, daß eine Bestands-

---

[158] So in „Grundrechte", S. 808 und FN 152. A. A. VGH Freiburg, DVBl. 56, 659 (660) mit ablehnender Anm. von *Idel*.
[159] So OVG Berlin AS 2, 36 (39); vgl. auch *Bettermann*, Grundrechte, S. 808.
[160] So *Katz*, FR 55, 379; *Wendt*, BB 55, 457 f.; *Werner*, JZ 55, 349; *Turegg*, Lehrbuch, S. 180; BFH, BStBl 1964 III, 490 (aber mit der Einschränkung, daß bei mündlichen Bescheiden eine Rechtsmittelbelehrung nicht zu ergehen braucht). A. A. *Benkendorff*, DVBl. 52, 13; *Fließbach*, StuW 55, 201 (206); *Bettermann*, Grundrechte, S. 808; *Maunz-Dürig-Herzog*, Grundgesetz, Art. 19 Abs. 4, RN 51; BFH 69, 247 = BStBl 59, 355.
[161] Vgl. zu den Voraussetzungen einer wirksamen Rechtsmittelbelehrung BVerwGE 25, 191 ff. (192 m. w. N.). Eine Rechtsmittelbelehrung ist dann jedenfalls unrichtig erteilt, „wenn sie einen unrichtigen oder irreführenden Zusatz enthält, der auf eine Erschwerung der Rechtsmitteleinlegung hinausläuft".

kraft nicht eintreten könnte[162]. Um das Problem konkreter aufzuzeigen, sei auf die Regelungen der §§ 58 Abs. 2, 70 Abs. 2 VwGO hingewiesen. Die Ansicht der herrschenden Meinung und die Regelung in § 58 Abs. 2 VwGO läßt sich jedenfalls mit dem Rechtsschutz nach Art. 19 Abs. 4 GG vereinbaren. Der Rechtsschutzsuchende wird dadurch, daß die Verwaltungsentscheidung aus diesem formalen Gesichtspunkt der fehlenden Rechtsmittelbelehrung nicht unwirksam wird, in seinem Rechtsschutz nicht beeinträchtigt. Insoweit gilt dasselbe, was bereits bezüglich des Begründungszwangs bei Verwaltungsakten ausgeführt wurde.

Problematisch könnte also nur noch die zeitliche Beschränkung der Klagemöglichkeit durch die Einjahresfrist nach § 70 Abs. 2 VwGO sein. Aber auch in dieser Frist liegt kein Verstoß gegen Art. 19 Abs. 4 GG. Der einzelne von der Verwaltungsentscheidung betroffene Bürger ist eben auch in seinem Verhältnis zu den Staatsgewalten nicht nur hilfsbedürftiges Objekt ohne Verantwortung, sondern er ist in seiner Rolle als Staatsbürger am Funktionieren des staatlichen Lebens mitbeteiligt und deshalb auch mitverantwortlich. Ihm ist zuzumuten, innerhalb einer angemessen langen Frist — und dies ist bei einem Jahr der Fall — entsprechenden Rechtsrat einzuholen[163]. Gestützt wird dieses Ergebnis auch dadurch, daß bei lediglich hoheitlichen Realhandlungen Rechtsmittelbelehrungen schon faktisch nicht erteilt werden können, und der Bürger deshalb in jedem Falle auf den Gerichtsschutz — auch ohne Rechtsmittelbelehrung — angewiesen bleibt.

Erkennbarkeit und Offenheit des Gerichtsschutzes werden auch durch die gesetzlichen Klagefristen und die Möglichkeit der Verwirkung des Rechts nach Art. 19 Abs. 4 GG betroffen. Nach einhelliger Ansicht sind Klagefristen grundsätzlich mit einem effektiven Rechtsschutz vereinbar[164]. So wird angenommen, daß die einmonatige Klagefrist nach § 75 VwGO nicht gegen Art. 19 Abs. 4 GG verstößt[165]. Entscheidend für die grundsätzliche Zulässigkeit einer Klagefrist ist das Gewicht der Rechtssicherheit und damit eines geordneten Verwaltungsablaufs[166]. Die Bewahrung eines geregelten staatlichen Lebens verlangt, daß zwischen den Funktionsträgern der drei Gewalten, die von diesen gefällten Entschei-

---

[162] So die einhellige Meinung, vgl. *Redeker-von Oertzen*, VwGO, § 58, RN 19 m. w. N. Zur Verwirkung bei fehlender Rechtsmittelbelehrung vgl. unten.
[163] Vgl. auch unten VII, FN 224, 225.
[164] So *Bachof*, Wehrpflichtgesetz und Rechtsschutz, S. 47; *Clasen*, NJW 58, 861; *Dapprich*, DVBl. 60, 194 (195); *Klinger*, VwGO, § 68 Anm. A, S. 353; *Köhler*, VwGO, Vorb. vor § 68, Anm. IV, S. 519; *Ule*, DVBl. 59, 537 (539); VwGO, § 68, Anm. I, S. 249; *Maunz-Dürig-Herzog*, Grundgesetz, Art. 19 Abs. 4, RN 15; *Eyermann-Fröhler*, VwGO, § 68 RN 1; *Schunck-de Clerck*, VwGO, § 68, Anm. 1 C, S. 330. *Dütz*, Rechtsstaatlicher Gerichtsschutz, S. 204; BVerfGE 4, 387 (409); NJW 54, 833; BVerwG, NJW 59, 402; DVBl. 60, 209; LG Flensburg, Giese Nr. 169 zu Art. 19 GG. BVerfG NJW 71, 986 (988).
[165] Vgl. FN 164.
[166] Vgl. insbesondere LG Flensburg wie in FN 164.

§ 3 Effektiver Rechtsschutz im Rechtsstaat 85

dungen, nach Ablauf eines angemessenen Zeitraums der Ungewißheit gegenseitig respektiert werden. Nur so kann vermieden werden, daß sich das staatliche und damit das Gemeinschaftsleben durch einen dauernden Widerstreit selbst auflöst. Allerdings muß die Klagefrist so bemessen sein, daß dem Rechtsschutzsuchenden genügend Zeit zur Abwägung und Beurteilung seiner Rechtsschutzchancen zur Verfügung steht. Dies ist z. B. bei § 75 VwGO der Fall.

Dogmatisch mehr Schwierigkeiten bereitet die Frage der Zulässigkeit der Verwirkung im Rahmen des Art. 19 Abs. 4 GG. Zur Beantwortung dieser Frage sind zunächst zwei verschiedene Problemkreise scharf auseinanderzuhalten. Einerseits die Verwirkung des materiellen Rechts und andererseits die Verwirkung des Rechts auf Rechtsschutz nach Art. 19 Abs. 4 GG[167]. Auszuscheiden hat in diesem Zusammenhang das Problem der materiell rechtlichen Verwirkung gegenüber der Verwaltungsbehörde. Hier geht es allein darum, ob der Einzelne sich durch einen entsprechenden, von ihm geschaffenen Vertrauenstatbestand — so die Lehre von der Verwirkung im Zivilrecht[168] — seines Rechts nach Art. 19 Abs. 4 GG beheben kann. Ohne vorab grundlegend klären zu müssen, ob es überhaupt zulässig ist, solche zivilrechtlichen Rechtsinstitute ins öffentliche Recht zu übernehmen, ist, anknüpfend an das oben Ausgeführte festzustellen, daß der verfassungsmäßig bindende Rechtsschutz nach Art. 19 Abs. 4 GG einfachrechtlich nicht abdingbar ist[169]. Außerdem würde für eine Verwirkung des Rechts auf Rechtsschutz nach Art. 19 Abs. 4 GG immer die Voraussetzung des vorausgehenden Vertrauenstatbestands fehlen. Gegenüber der Rechtssprechung kann der Einzelne nicht durch entsprechende Verhaltensweisen bindend anzeigen, daß er Rechtsschutz nicht in Anspruch nehmen will[170]. Ein Vertrauenstatbestand könnte nur gegenüber der Verwaltung geschaffen werden, der dann aber nur die materielle Rechtsposition betreffen könnte. Wie bei der Verjährung kann sich der Einzelne eben dann nicht mehr auf seine materielle Rechtsposition gegenüber der Verwaltung berufen, wenn er die — soweit überhaupt einschlägigen — besonderen Voraussetzungen des Verwirkungstatbestandes erfüllt[171]. Dies ist jedoch keine Frage des Rechtsschutzes als solchem, sondern die Lösung dieses Problems ergibt sich aus allgemeinen Überlegungen zu dem Verhältnis zwischen Bürger und Verwaltung. Eine

---
[167] Vgl. *Stich*, DVBl. 56, 325 (329); *Bettermann*, Grundrechte, S. 808, 813 (FN 146); BAG in AP § 242 BGB, Nr. 1 Prozeßverwirkung; BFHE 56, 627 (632 f.).
[168] Vgl. *Larenz*, Allgemeiner Teil, § 19 III, b, S. 245 ff.
[169] Vgl. oben § 3, A. A. A. neuerdings BVerfG, NJW 72, 675, dessen Begründung aus einem „Vertrauenstatbestand" nicht überzeugt.
[170] So auch *Dütz*, Rechtsstaatlicher Gerichtsschutz, S. 191 ff.
[171] So auch *Forsthoff*, Lehrbuch (9), S. 166 f.; BVerwG, DVBl. 58, 285 und Hamb. OVG, DÖV 58, 306; vgl. aber auch BVerwG, DVBl 56, 520 und DVBl 57, 646, das bei fehlender Rechtsmittelbelehrung auch bei fehlendem dolosem Verhalten eine Verwirkung annimmt.

Verwirkung des Rechts auf Rechtsschutz nach Art. 19 Abs. 4 GG bleibt damit ausgeschlossen[172].

Letztlich ist noch die notwendige Offenheit des Rechtsschutzes bezüglich des Umfangs der gerichtlichen Prüfungspflicht aufzuzeigen. Ganz allgemein und umfassend ausgedrückt, haben die Gerichte zur Rechtsschutzgewähr nach Art. 19 Abs. 4 GG eine vollständige Überprüfung der Angelegenheiten in rechtlicher und tatsächlicher Hinsicht vorzunehmen[173]. Eine Einschränkung in tatsächlicher Hinsicht würde den Rechtsschutz unangemessen einschränken, da die Verwaltung dann in die Lage käme, die tatsächlichen Voraussetzungen gemäß den herbeigewünschten Folgen entsprechend darzustellen[174]. Mit dieser heute unbestrittenen Ansicht über einen effektiven Rechtsschutz nach Art. 19 Abs. 4 GG ist aber nur die Hauptrichtung aufgezeigt. Die verzweigten Nebenfragen und Grenzen der gerichtlichen Überprüfbarkeit bleiben später im Rahmen der Überprüfung der Ermessens- und Beurteilungsspielräume sowie anhand der „gerichtsfreien Hoheitsakte" dazustellen.

III. Das zulässige Kostenrisiko

Als Möglichkeit, den Rechtsschutz unangemessen einzuengen, können auch kostenrechtliche Schranken dienen[175]. Deshalb ist es notwendig, die finanzielle Belastung des Rechtsschutzsuchenden so gering zu halten, daß einerseits niemand daran gehindert wird, Rechtsschutz in Anspruch zu nehmen, und andererseits die Gerichte nicht von einer Flut ungerechtfertigter Prozesse an einer effektiven Rechtsprechung gehindert werden.

Im Einzelfall ist es jedoch schwierig, zu entscheiden, wo die Grenze der erträglichen Prozeßkostenbelastung zu sehen ist. So hat die Rechtsprechung zwar einzelne Normen für unwirksam erklärt, weil sie in diesen eine unzulässige Erschwerung des Rechtswegs sah, eine einheitliche Linie ist in dieser Rechtsprechung jedoch nicht zu erkennen. Die Schran-

---

[172] So auch *Bötticher*, Anm. zu BAG in AP § 242 BGB, Prozeßverwirkung Nr. 1; *Dütz*, Rechtsstaatlicher Gerichtsschutz, S. 191 ff.; OVG Lüneburg, Verw. Rspr. 4, 850 (851 f.). Vgl. zur Verwirkung bei der Verfassungsbeschwerde BVerfGE 4, 31 (37 f.) und in NJW 64, 1019.

[173] Vgl. *Bettermann*, Grundrechte, S. 810; *Maunz-Dürig-Herzog*, Grundgesetz, Art. 19 Abs. 4, RN 47; *Dütz*, Rechtsstaatlicher Gerichtsschutz, S. 119 ff.; BVerfGE 15, 275 (282); 18, 203 (212); 21, 190 (196); 28, 10 ff.; BVerwGE 1, 4 (10 f.); BGH, Verw. Rspr. 8, 486; BFH, BStBl 56 III, 147; BStBl 57 III, 179; BStBl 58 III, 136.

[174] Vgl. *Hamann-Lenz*, Grundgesetz, Art. 19 Anm. B 14, S. 330; BVerwGE 1, 263 (265); und zum Bereich des Verfassungsschutzes insbesondere *Evers*, DVBl 65, 449 ff.; BVerwGE 11, 181 und BVerwGE 26, 169 ff.

[175] Sehr kritisch neuerdings: *Fechner*, JZ 69, 349 ff.; *Däubler*, BB 69, 545 ff.; *Seetzen*, ZRP 71, 35 ff.

§ 3 Effektiver Rechtsschutz im Rechtsstaat

ken bezüglich Gerichtskosten[176], außergerichtlicher Kostentragung[177] sowie der Kostenbelastung im Armenrechtsverfahren[178] im einzelnen aufzuzeigen, würde hier allerdings zu weit gehen. Woran sich die Beurteilung von kostenmäßigen Belastungen, gleich welcher Art, zu orientieren hat, wurde bereits allgemein aufgezeigt. Keinesfalls ist es jedoch möglich, wie es das Bundesverfassungsgericht[179] getan hat, „geltende Prozeßrechtsgrundsätze", auch wenn sie den Rechtsweg noch so erschweren, generell „aus Rechtssicherheitsgründen, dem geordneten Gang der Rechtspflege und damit auch dem Interesse des Bürgers am Rechtsschutz" für zulässig zu halten. Bei Zugrundelegen der Ansicht des Bundesverfassungsgerichts könnte keine Verfahrensnorm mehr an Art. 19 Abs. 4 GG gemessen werden. Deshalb muß jeweils im Einzelfall entschieden werden, ob Rechtssicherheit und Effektivität des Rechtsschutzes insgesamt, entgegen dem Interesse des Einzelnen am Rechtsschutz, die Aufrechterhaltung einer belastenden Kostenvorschrift rechtfertigen. In bestimmten Fällen, in denen etwa der Arme verfahrensrechtlich und in der Sache hinreichend geschützt ist, ist die Gewährung von Armenrecht verfassungsrechtlich nicht geboten[179a].

IV. Die Klarheit des Verfahrens

Leichtigkeit und Überschaubarkeit des Verfahrens erfordern Klarheit in den einzelnen Klagearten und den einzelnen Verfahrensstationen[180]. Transparente Prozeßrechtsgesetze stellen ebenfalls einen grundlegenden Teil des Individualrechtsschutzes dar. Der Einzelne muß erkennen können, wie das Gericht prozessual zu seiner Entscheidung kommt. Übermäßige Formenstrenge beeinträchtigt den einzelnen Bürger gegenüber der öf-

---

[176] Vgl. BVerwG, NJW 59, 1560 (zu Art. 24 des bay. Kostengesetzes) und Beschluß nach Art. 100 GG in BVerfGE 10, 264 (267); BVerwGE 18, 150 ff. (GRS) (zu § 28 e VVG Berlin i. d. F. v. 19. 6. 58 — GVBl S. 549); Bay VGH, Bay VBl 65, 138 und *Eyermann-Fröhler*, VwGO, § 189 Anm. 2.
[177] Vgl. dazu insbesondere BVerfGE 27, 175 ff. zur Kostentragung beim „isolierten Vorverfahren". Das BVerfG lehnt eine Kostenpflicht der Verwaltung bei Obsiegen des Einzelnen aus den Normen des Bundesrechts ab. Art. 3 I GG i. V. mit § 154 VwGO könnten nicht Landesrecht ersetzen. Diese Entscheidung ist nicht unproblematisch, da das Vorverfahren seine Rechtfertigung nur aus Art. 19 Abs. 4 GG erlangen kann.
[178] Vgl. dazu *Maetzel*, NJW 71, 872 (874), der diesbezüglich auf Art. 19 Abs. 4 GG und Art. 103 Abs. 1 GG sowie auf Art. 3 i. V. mit Art. 20 GG verweist. Zu der Frage, ob auch das Armenrechtsbeschwerdeverfahren gerichtsgebührenfrei ist, vgl.: Ablehnend: *Eyermann-Fröhler*, VwGO, § 166, Anm. 14; *Redeker-v. Oertzen*, VwGO, § 166, RN 7; OLG Düsseldorf, RPfl 50, 237; OLG Bamberg RPfl 51, 329 f.; bejahend: *Baumbach-Lauterbach*, Zivilprozeßrecht, § 118 a ZPO, Anm. 4 B. Vgl. auch OVG Lüneburg, NJW 60, 932.
[179] Vgl. BVerfGE 10, 264 (267) — entgegen BVerwG, NJW 59, 1560. Siehe auch die Kritik bei *Raether*, S. 91 f.; vgl. auch *Witten*, DVBl 60, 928.
[179a] Vgl. für das Gebiet der Sozialgerichtsbarkeit BVerfG 9, 124, 132 sowie *Maetzel*, NJW 71, 872 (874).
[180] Vgl. v. a. *Bachof*, VVDStRL 12 (1954), 37 (76).

fentlichen Gewalt, die durch rechtskundige Vertreter leichter den Prozeß betreiben kann[181]. Das Gericht muß den Rechtsschutzsuchenden, soweit nötig, auf ein richtiges Prozeßverhalten hinweisen können — ohne gleich zur Sache selbst Stellung nehmen zu müssen. Die Verwaltungsgerichtsbarkeit muß lebensnah erscheinen, neben der objektiven Verwaltungskontrolle muß sie vor allem den Dienst am Bürger im Auge haben.

Fraglich ist in diesem Zusammenhang, in welchem Maße ein Verfahrensstillstand noch vertretbar ist[182]. Eine besondere Rolle spielt dabei die Aussetzung. Sie kann allgemein nur zulässig sein, wenn durch sie der Rechtsschutz nicht innerlich lahmgelegt wird. Gesetzliche Bestimmungen über die Aussetzung des Rechtsstreits bis zur Entscheidung eines anderen Prozesses sind deshalb dann bedenklich, „wenn diese Entscheidung die des ausgesetzten Prozesses nicht präjudizieren oder nicht wenigstens ein für diesen präjudizielles Rechtsverhältnis" betreffen[183]. *Bettermann*, der eine solche Aussetzung in das Gesamtverhältnis zwischen Individualrechtsschutz und Gemeinschaftsinteressen einordnet, erkennt zutreffend, daß eine solche Regelung jedenfalls mit Art. 19 Abs. 4 GG unvereinbar wäre, „weil sie dem Verletzten die Sachentscheidung zwar nicht endgültig, aber zeitweise verweigern, ihm also nicht die Beschreitung des Rechtswegs, wohl aber den Fortschritt darauf versperren würde, aus Gründen, die nicht in seiner Person und in den Umständen seines Falles lägen, sondern lediglich in der Staatsräson"[184].

Dütz, der die Frage der Aussetzung unter den genannten Voraussetzungen als Problem des rechtlichen Gehörs nach Art. 103 Abs. 1 GG ansieht, weist ergänzend darauf hin, daß ja der Rechtsschutzsuchende in dem anderen Verfahren, wegen dem ausgesetzt würde, seinen Einfluß nicht geltend machen könne. Aus übergeordneten Gründen des Gemeinschaftsinteresses bejaht dann Dütz die Zulässigkeit der Aussetzung in Ausnahmefällen, wie z. B. bei einer bevorstehenden höchstrichterlichen Entscheidung in einem Musterprozeß oder wenn Entscheidungen gem. Art. 100 und 126 GG anstehen[185].

Soweit also Leichtigkeit und Überschaubarkeit des Verfahrens rechtsstaatlich vertretbar zugunsten der Gemeinschaft eingeschränkt werden können, bedarf es der gesetzlichen Grundlage oder der Rechtfertigung aus dem Grundsatz der Rechtssicherheit[186].

---

[181] Vgl. z. B. §§ 35 ff. VwGO. Dies gilt für die Vertreter des öffentlichen Interesses und den Oberbundesanwalt.
[182] Vgl. dazu *Dütz*, Rechtsstaatlicher Gerichtsschutz, S. 183 ff.
[183] So *Bettermann*, Grundrechte, S. 784 f. (FN 16); vgl. demgegenüber BFH, BStBl 58 III, 89.
[184] So in „Grundrechte, S. 784 f.; kritisch *Bötticher*, ZZP 74 (1961), 318.
[185] So in „Rechtsstaatlicher Gerichtsschutz", S. 184.
[186] So auch *Dütz*, Rechtsstaatlicher Gerichtsschutz S. 187.

V. Die notwendigen Verfahrensgrundsätze

Verfahrensgrundsätze, die der Besonderheit des Rechtsschutzes in öffentlich-rechtlichen Streitigkeiten angemessen sind, stellen auch eine spezielle Komponente dessen dar, was unter der Forderung nach Leichtigkeit und Überschaubarkeit des Verfahrens zu verstehen ist. Aus zwei Gründen muß der Rechtsstreit in öffentlich-rechtlichen Angelegenheiten Verfahrensmaximen unterliegen, die der objektiven Wahrheitsfindung dienlich sind[187]. Zum einen garantiert Art. 19 Abs. 4 GG dem Einzelnen einen effektiven Rechtsschutz, zum anderen enthält die Vorschrift die Eigenkontrolle staatlicher Tätigkeit durch die Gerichte. Neben dieser zuletzt genannten objektiven Kontrolle muß der öffentliche Rechtsschutz also insbesondere der Rolle des einzelnen Bürgers im Verhältnis zur Verwaltung, ja des Staates, Rechnung tragen. Anders als beim Zivilrechtsschutz wird der Bürger ohne eigenes Zutun berechtigt oder verpflichtet, kann die Verwaltung ihn zu einem Tun oder Unterlassen zwingen. Im Unterschied zum Zivilprozeß, bei dem die gerichtliche Tätigkeit nur präventiv wirksam wird, besteht beim öffentlich-rechtlichen Rechtsschutz eine repressive Tätigkeit der Gerichte[188]. Es handelt sich nicht um einen Gerichtsschutz unter Gleichberechtigten, wie im Privatrecht, sondern um ein Verhältnis der Über- und Unterordnung[189]. Der Bürger muß also im öffentlich-rechtlichen Rechtsschutz aus objektiven wie auch aus besonderen subjektiven Gründen einen sich gerade in den Verfahrensmaximen äußernden effektiven Rechtsschutz genießen. Welche Grundsätze damit zu dem Minimalbestand verfahrensrechtlicher Substanz des Art. 19 Abs. 4 GG gehören, läßt sich nur unter dem Blickwinkel der oben aufgezeigten Funktion dieses Rechtsschutzes beantworten. Unfraglich muß dazu die „Untersuchungsmaxime" im Gegensatz zu der im Zivilprozeß geltenden „Verhandlungsmaxime" gehören[190]. Nicht braucht in den Verwaltungsprozeß die im Strafprozeß bestehende „Offizialmaxime" Eingang zu finden, da der Verwaltungsprozeß vorrangig dem Interesse des einzelnen Bürgers und jedenfalls nicht nur den Interessen der Gemeinschaft — wie der Strafprozeß — dient. Im Verwaltungsprozeß reicht deshalb die „Verfügungsmaxime" aus, die besagt, daß der Rechtsschutzsuchende das Verfahren selbst in Gang bringen muß unter Nennung seines Klagebegehrens.

Wichtigste Konsequenz der „Untersuchungsmaxime" ist, daß das Gericht selbst den Sachverhalt zu erforschen und die dafür notwendigen

---
[187] Im Gegensatz zur formellen Wahrheit im Zivilprozeß.
[188] Vgl. dazu *Dütz*, Rechtsstaatlicher Gerichtsschutz, S. 124. Zu den Bereichen des repressiven und präventiven Rechtsschutzes vgl. generell *Bettermann*, Grundrechte, S. 780, 812; *Bötticher*, ZZP 74 (1961), 314 (317); *A. Arndt*, Festgabe für Carlo Schmid, S. 13 f., 26, 62; *Lerche*, ZZP 78 (1965), 8 (FN 10); *Stephan*, Das Rechtsschutzbedürfnis, S. 41 ff.; BVerfGE 12, 274.
[189] Vgl. auch oben § 3, B, II.
[190] Vgl. *Ule*, Verwaltungsprozeßrecht, S. 88 f. m. w. H.

Beweise zu erheben hat. Damit verbunden kann die Tatsachenfeststellung den Behörden nicht vorbehalten bleiben[191].

Umstritten ist, wann das Gericht noch Beweis erheben muß und wann es Beweisanträge ablehnen kann[192]. Nach *Sieveking*[193] muß sich nach dem vorgebrachten Prozeßstoff die Notwendigkeit weiterer Ermittlungen oder Erhebungen aufdrängen. Diese Ansicht ist jedoch zu eng. Richtigerweise wird man mit *Bettermann*[194] „jeder ernsthaften Möglichkeit eines Sachverhalts nachgehen müssen, ohne daß es darauf ankäme, inwieweit sie aktenkundig ist, inwieweit sie sich aufdrängt". Wenn man schon den Untersuchungsgrundsatz im Verwaltungsprozeß bejaht, dann kann dieser nur wirksam zur Geltung kommen, wenn das Gericht voll den gesamten erkennbaren Sachverhalt ausschöpft[195].

Ob neben dem Untersuchungsgrundsatz noch weitere Verfahrensmaximen, wie die Mündlichkeit, Öffentlichkeit oder Unmittelbarkeit, zu dem unverzichtbaren Bestand nach Art. 19 Abs. 4 GG gehören, ist äußerst fraglich. Soweit erkennbar, verneint dies die Rechtsprechung und die Rechtswissenschaft[196]. Effektiver Rechtsschutz kann in Ausnahmefällen auch im schriftlichen Verfahren, bei Ausschluß der Öffentlichkeit sowie bei Nichteinhaltung des Grundsatzes der Unmittelbarkeit gewählt werden. Wenn auch bei einer uneingeschränkten Wahrung der drei genannten Maximen der Rechtsschutz nach außen kontrollierbar ist, so sind doch in Einzelfällen Ausnahmen von einer strengen Einhaltung derselben zulässig. Jedoch dürfen diese Maximen nicht völlig aus dem Rechtsschutz eliminiert werden, da sonst dem rechtsstaatlichen Gerichtsschutz wesentliche Elemente entzogen würden. Alle drei Elemente garantieren in ihrem Kern ganz elementare Komponenten rechtsstaatlicher Gerichtstätigkeit überhaupt.

VI. Das rechtliche Gehör

Die Verwirklichung des rechtlichen Gehörs ist bereits verfassungsrechtlich in Art. 103 Abs. 1 GG allgemein garantiert. Es fragt sich nur, ob Art.

---

[191] So auch *Bachof*, JZ 55, 99; *Ule*, Gedächtnisschrift für Walter Jellinek, S. 329; *Jesch*, AÖR 82 (1957), 247; *Maunz-Dürig-Herzog*, Grundgesetz, Art. 19 Abs. 4, RN 47; *Wolff*, Verwaltungsrecht I, § 31 I c, S. 164; BVerfGE 15, 275 (282); 18, 203 (212); 21, 195 f. Aus diesem Grunde war z. B. § 5 Abs. 1 des BaulandbeschaffungsG v. 3. 8. 1953 (BGBl I, 720) verfassungswidrig.
[192] Zu Fragen der Beweislast und Beweisführung im Verwaltungsprozeß vgl. *Bettermann*, Verh. des 46. Dt. Juristentages Bd. II, Teil E, S. 24 ff.; *Ule*, Verwaltungsprozeßrecht, S. 181 ff.
[193] In Verh. des 46. Dt. Juristentages Bd. II, Teil E, S. 111.
[194] Ebenda S. 121.
[195] Vgl. etwa zur Verwirklichung des Untersuchungsgrundsatzes: §§ 42, 43, 47, 48, 50 Abs. 1, 80 Abs. 5, 88, 91, 92, 106, 123, 126, 127, 140, 161 Abs. 2 VwGO.
[196] So bezüglich der Öffentlichkeit: *Bettermann*, Grundrechte, S. 810; BVerfGE 4, 74 (94); OVG Münster, MDR 56, 572; bezüglich der Mündlichkeit: *Bettermann*, Grundrechte, S. 810; BVerwG, MDR 58, 446.

§ 3 Effektiver Rechtsschutz im Rechtsstaat

103 Abs. 1 GG für den Rechtsschutz nach Art. 19 Abs. 4 GG besondere Auswirkungen hat. Hier wurde bereits in einem anderen Zusammenhang[197] das Problem des grundlegenden Verhältnisses beider Vorschriften zueinander angesprochen, speziell die Frage, ob Art. 103 Abs. 1 GG nicht das Recht auf rechtliches Gehör aus Art. 19 Abs. 4 GG ausnimmt und somit von der besonderen Rechtsschutzproblematik im öffentlichen Recht trennt[198]. Bereits oben wurde klargelegt, daß Art. 103 Abs. 1 GG als allgemeine Grundlage dem Einzelnen in jedem Prozeß — nach herrschender Meinung sogar im Verwaltungsverfahren[199] — ein besonderes formelles Recht gibt. Dieses Recht ist nicht allein auf öffentlich-rechtliche Streitigkeiten beschränkt. Gerade weil auf der Ebene der Verfassung der Individualrechtsschutz in öffentlich-rechtlichen Sreitigkeiten besonders garantiert wird und damit neben dem Recht auf rechtliches Gehör steht, wäre es durchaus folgerichtig, bereits aus Art. 19 Abs. 4 GG alle minimal gebotenen Verfahrenserfordernisse herzuleiten. Erst dann, wenn man zu dem Ergebnis kommt, daß das aus Art. 19 Abs. 4 GG i. V. mit dem Rechtsstaat ableitbare Recht auf rechtliches Gehör substantiell nicht so weit geht wie in Art. 103 Abs. 1 GG[200], könnte auf Art. 103 Abs. 1 GG als insoweit allgemeinere Norm zurückgegriffen werden. Die entgegengesetzte Position nimmt vor allem *Hummel* ein, der aus dem Wortlaut „Gerichtseröffnung" auf der einen und „Gerichtsgehör" auf der anderen Seite, sowie aus „Sinn, Zweck und Zusammenhang der Tatbestände, nicht zuletzt auch aus der Existenz einer eigenen Grundgesetzbestimmung für den Gerichtszugang" schließt, daß Art. 19 Abs. 4 GG nur die lückenlose „Eröffnung" des Rechtswegs zum Prinzip erhebt, während Art. 103 Abs. 1 GG denjenigen rechtliches Gehör garantiert, deren Verfahren vor Gericht bereits anhängig ist. Zwischen Art. 19 Abs. 4 GG und Art. 103 Abs. 1 GG besteht nach Hummel Gesetzeskonkurrenz, wobei nur Art. 103 Abs. 1 GG die Rechtsschutzintensität betreffen soll[201].

---

[197] Vgl. oben III. Kapitel, § 2, B.
[198] So insbesondere *Hummel*, S. 63 f.
[199] Vgl. *Maunz-Dürig-Herzog*, Grundgesetz, Art. 103, RN 92; *Raether*, S. 74 (FN 2); *Lerche*, ZZP 78 (1965), 29 mit ausdrücklichem Hinweis auf Art. 19 Abs. 4 GG.
[200] Nach einhelliger Ansicht gehört Art. 103 Abs. 1 GG zum Rechtsstaat des GG: Vgl. *Jagusch*, NJW 59, 265; *A. Arndt*, NJW 59, 1297 (1298); *Maunz-Dürig-Herzog*, Grundgesetz, Art. 103, RN 4; *Raether*, S. 74; *Hamann-Lenz*, Grundgesetz, Anm. A 1, S. 630; BVerfGE 1, 332 (347); 9, 88 (95); Bad.-Württ. VGH, NJW 66, 365 (366); Bay VerfGH, DVBl 66, 754 (757); Bay VGH NF 4, 21 (28). Nach *Dürig* (Maunz-Dürig-Herzog, Grundgesetz, Art. 103, RN 5) beruht das „Recht auf rechtliches Gehör" letztlich auf der Menschenwürde; vgl. dazu die Kritik bei *Ule*, DVBl 59, 537 (541), für den die Rückführung des rechtlichen Gehörs auf die Menschenwürde zu tief greife".
[201] Vgl. dazu *Hummel*, S. 63 f.; ähnlich *Lerche*, ZZP 78 (1965), 19: „Der Rechtsweg ist nur der Weg, der eine effektive Verfolgbarkeit nach Maßgabe des Art. 103 Abs. 1 ermöglicht".

Folgende Erwägungen sprechen gegen die Auffassung Hummels und bestätigen den dogmatischen Ausgangspunkt, der hier bereits bisher vertreten wurde: Das Recht auf rechtliches Gehör ist nur ein kleiner Ausschnitt aus den einzelnen, im Verfahren zu gewährenden schutzwerten Positionen des Einzelnen. Wenn aber die anderen Minimalerfordernisse eines effektiven Rechtsschutzes dem Recht auf rechtliches Gehör substantiell gleichwertig sind, bedürfen auch sie einer verfassungsrechtlichen Absicherung. Diese Absicherung gewährt Art. 19 Abs 4 GG i. V. mit dem allgemeinen Rechtsstaatsgrundsatz. Würde man den Inhalt des Art. 19 Abs. 4 GG nur auf die Garantie der Gerichts*eröffnung* beschränken, würde diese Norm zu einem blutleeren formalen Anhängsel des Rechtsstaats herabgewürdigt. Art. 19 Abs. 4 GG kann überhaupt nur einen Sinn zum Schutze der Freiheit und der Persönlichkeit des einzelnen Bürgers haben, wenn der Rechtsschutz auch in der prozessualen Ausgestaltung effektiv ist. Art. 19 Abs. 4 GG enthält jedenfalls einen verfahrensrechtlichen Minimalbestand, zu dem auch das Recht auf rechtliches Gehör gehört[202]. Der mehr formale Einwand Hummels, für den Gerichtszugang gebe es mit Art. 19 Abs. 4 GG eine eigene Grundgesetzbestimmung und deshalb müsse diese einen anderen Inhalt wie Art. 103 Abs. 1 GG haben[203], geht deshalb fehl, weil Art. 103 Abs. 1 GG sich auf alle Rechtsschutzgebiete erstreckt, und Art. 19 Abs. 4 GG lediglich bei öffentlich-rechtlichen Streitigkeiten Anwendung findet[204].

Es bleibt damit nur die Frage nach dem Umfang des Rechts auf rechtliches Gehör innerhalb des Art. 19 Abs. 4 GG. Da Art. 103 Abs. 1 GG allgemein ein Recht auf rechtliches Gehör gibt, stellt diese Norm den Minimalbestand des in Art. 19 Abs. 4 GG enthaltenen Rechts gleicher Natur dar. Da das Recht auf rechtliches Gehör immer nur mit demselben Inhalt im Rahmen des öffentlich-rechtlichen Rechtsschutzes interpretiert werden kann, besteht kein Unterschied zwischen beiden Normen.

Letztlich interessiert hier noch, wo die Grenzen des Rechts auf rechtliches Gehör liegen. Als Grundsatz muß gelten, daß sich nur derjenige auf das Recht auf rechtliches Gehör berufen kann, der die prozessualen Möglichkeiten ausgeschöpft hat[205]. Was darüberhinaus im einzelnen noch für die Gewähr des Rechts auf rechtliches Gehör ausreicht und was unter dem garantierten Minimalbestand liegt, kann zwar nur im Einzelfall festgestellt werden, jedoch wurden von Rechtsprechung und Rechts-

---

[202] Nicht zu beanstanden ist die Ansicht, daß das „rechtliche Gehör" nur die „effektive" Einflußnahme im Verfahren, nicht den Zugang zum Gericht bezweckt", so *Maunz-Dürig Herzog*, Grundgesetz, Art. 103, RN 88. Dadurch wird nur bestätigt, daß Art. 19 Abs. 4 GG der umfassendere Tatbestand ist.
[203] So S. 63 f.
[204] So i. E. *Klein*, VVDStRL 8 (1950), 89: Art. 19 Abs. 4 GG ist formelles Haupt- und Art. 103 Abs. 1 GG ist formelles Einzelgrundrecht. Vgl. auch *Maunz-Dürig-Herzog*, Grundgesetz, Art. 103, RN 8, 9.
[205] So BVerfGE 28, 10 (14).

§ 3 Effektiver Rechtsschutz im Rechtsstaat 93

wissenschaft elementare Grundinhalte des rechtlichen Gehörs gefordert. Zu letzteren gehören die Achtung der Subjektrolle im Prozeß[206], das Vorbringenkönnen von vorteilhaften Tatsachen und Beweismitteln[207], die Stellung von Anträgen[208] und der Anspruch auf ein gehöriges Verfahren — die prozessuale Fairneß — das heißt, der Kläger soll mit allen ihm zu Gebote stehenden Angriffs- und Verteidigungsmitteln zum Zuge kommen[209]. Streitfragen sind vor allem in zweierlei Hinsicht aufgetaucht. Zum einen, inwieweit ein Recht auf Akteneinsicht innerhalb dieses Prozesses, vor allem bei Prüfungsakten, besteht, und zum anderen, in welchem Umfang die Beweisaufnahme, insbesondere die Ablehnung von Beweisanträgen, aus dem Recht auf rechtliches Gehör ableitbar ist.

Das Problem der Akteneinsicht — das im Prüfungswesen im Zusammenhang mit der Zulässigkeit von Beurteilungsspielräumen diskutiert wird[210] — stellt sich hier auf drei verschiedenen Ebenen dar. So ist einmal fraglich, ob der Rechtsschutzsuchende vom Gericht verlangen kann, daß ihm Einsicht in alle für den Prozeß entscheidenden Akten gewährt wird[211], zum zweiten, ob das Gericht für den Prozeß maßgebliche Akten herbeiziehen muß, und letztlich, ob überhaupt eine Verpflichtung zur gegenseitigen Akteneinsicht im staatlichen Bereich besteht.

Von Interesse ist hier insbesondere, inwieweit ein Recht auf Akteneinsicht besteht. Das Bundesverwaltungsgericht hat neuerdings[212], bezugnehmend auf seine bisherige Rechtsprechung, ein verfassungsrechtlich garantiertes Recht auf Akteneinsicht unter dem Hinweis auf Art. 103 Abs. 1 GG und Art. 19 Abs. 4 GG ausdrücklich verneint, ohne allerdings eine Begründung für diese Ansicht im einzelnen zu geben. Als Begründung könnte allenfalls der Hinweis gesehen werden, daß Art. 19 Abs. 4 GG selbst keine materiellen Ansprüche begründen kann[213]. Im übrigen setzt sich das Bundesverfassungsgericht nicht mit der verfahrensrechtlichen Seite des Art. 19 Abs. 4 und dem Inhalt des Art. 103 Abs. 1 GG auseinander. Es prüft nur, ob ein selbständiges subjektives öffentliches Recht auf Akteneinsicht in einem Prozeß, unabhängig von den §§ 99, 100 Abs. 1 VwGO, verfas-

---

[206] Vgl. *A. Arndt*, NJW 59, 1297 (1300); *Maunz-Dürig-Herzog*, Grundgesetz, Art. 103, RN 6; BGH, NJW 68, 354.
[207] Vgl. *Maunz-Dürig-Herzog*, Grundgesetz, Art. 103, RN 30.
[208] Vgl. BVerfGE 6, 19 (20).
[209] Vgl. *Barnig*, DRiZ 66, 366 (367); *Ule*, Verwaltungsprozeßrecht, S. 94; BVerwGE 13, 187 (190).
[210] Vgl. dazu unten V. Kapitel, § 2, B, I.
[211] Ein mögliches Recht auf Akteneinsicht gegenüber der Behörde tritt im Prozeß zurück. Soweit es überhaupt bejaht wird (so OVG Koblenz, NJW 68, 1899 [1900]), besteht es auch während des Prozesses. Vgl. dazu noch die Hinweise unten FN 217.
[212] Vgl. BVerwGE 30, 154 (156); vgl. auch BVerwGE 7, 153 (158); 10, 274 (277) und Bay VerfGH, DVBl 60, 806 (807).
[213] Vgl. auch BVerwGE 11, 95 (97); 15, 3 (7).

sungsrechtlich anerkannt werden kann, und verneint dies[214]. Das Argument des Bundesverwaltungsgerichts, Art. 19 Abs. 4 GG gebe kein Recht auf Akteneinsicht, da er nicht selbst materielle Rechte gewähren könne, ist im Ergebnis unzutreffend. Das Recht auf Akteneinsicht ist — wie auch nach § 100 Abs. 1 VwGO — innerhalb des Prozesses ein Verfahrensrecht, das als Ausfluß der grundgesetzlich garantierten Rechtsschutzintensität durchaus den Charakter eines formellen subjektiven öffentlichen Rechts[215] haben kann. Gerade in öffenlich-rechtlichen Streitigkeiten kann eine tatsächliche Überprüfung durch die Gerichte und damit ein effektiver Rechtsschutz nur dann stattfinden, wenn das Gericht die Möglichkeit hat, den Sachverhalt voll aufzuklären. Dies kann aber nur konsequent bedeuten, daß die Akten der Verwaltungsbehörde herangezogen werden müssen, und der Rechtsschutzsuchende Einblick und Stellung nehmen kann. Ohne Pflicht zur Aktenvorlage und einem Recht auf Akteneinsicht würde der Verwaltung die Möglichkeit in die Hand gegeben, günstiges Urkundenmaterial zum Nachteil des Einzelnen dem Prozeß zu entziehen und damit die Untersuchungsmaxime leerlaufen zu lassen. Die hier für notwendig gehaltene Fairneß des Verfahrens, der Möglichkeit, daß der Kläger mit allen ihm zu Gebote stehenden Angriffs- und Verteidigungsmitteln zum Zuge kommt, würde bei Ausschluß des Rechts auf Akteneinsicht nicht gegeben sein. Der Einzelne ist in dem Verhältnis zum Staat in besonderem Maße auf die Einsicht der behördlichen Akten angewiesen, denn nur diese Akten können letztlich zuverlässig Auskunft über die tatsächlichen Vorgänge geben. Die Möglichkeit der Rechtsgestaltung durch den einzelnen Bürger, wie sie im Privatrecht besteht, fehlt im öffentlichen Recht weitgehend. Aus alldem ergibt sich, daß die Akteneinsicht wesentliches Element eines effektiven Rechtsschutzes im öffentlichen Recht sein muß. Welcher Rechtsnatur diese Position des Einzelnen ist, beantwortet sich aus dem verfahrensmäßigen Gehalt des Art. 19 Abs. 4 GG, dessen Teil dieses Recht auf Akteneinsicht ist[216].

Ausgehend von dieser grundsätzlichen Bejahung eines Rechts des Rechtsschutzsuchenden auf Akteneinsicht löst sich auch das damit in Zusammenhang stehende Problem der Stellung des Gerichts bei der Anforderung der Akten von der Behörde. Als Rechtsgrundlagen stehen der Grundsatz der Amtshilfe (Art. 35 GG) und Art. 19 Abs. 4 GG i. V. mit § 99 VwGO zur Verfügung. Die Amtshilfe bekommt damit bei öffent-

---

[214] Insoweit richtig BVerwGE 30, 154 (LS. 2) als die Anwendbarkeit der §§ 99, 100 Abs. 1 VwGO im allgemeinen Zivilprozeß verneint wird.
[215] Nämlich als Teil des Rechts auf rechtliches Gehör. Vgl. oben FN 207 und OVG Koblenz, NJW 68, 1899 ff.
[216] Vgl. OVG Koblenz, NJW 68, 1899 ff. Das OVG hält es für notwendig, daß dem Prüfungskandidaten der unkorrigierte Text seiner Arbeit und eine abschließende Begrüßung seiner Endnote (im Rahmen des § 99 Abs. 1 Satz 1 VwGO) zugänglich gemacht wird.

§ 3 Effektiver Rechtsschutz im Rechtsstaat   95

lich-rechtlichen Rechtsstreitigkeiten einen besonderen rechtsstaatlichen Inhalt.

Ob das Recht auf Akteneinsicht eingeschränkt werden kann, wie dies für die beiden in § 99 Abs. 1 Satz 2 VwGO genannten Fälle vorgesehen ist, richtet sich ebenfalls nach dem rechtsstaatlichen Gesamtinhalt des Art. 19 Abs. 4 GG. Der erste Fall des § 99 Abs.1 Satz 2 VwGO begegnet keinen verfassungsrechtlichen Bedenken, da dabei weitaus überwiegende Gemeinschaftsinteressen diese Einschränkung erforderlich machen. Problematischer ist der zweite Fall des § 99 Abs. 1 Satz 2 VwGO, da der dort dem Gesetzgeber eingeräumte Spielraum Art. 19 Abs. 4 GG insoweit unberücksichtigt läßt, als er über die aus dem Inhalt der Akten zu rechtfertigenden Geheimhaltungsbedürftigkeit hinausgeht. Ausgehend von dem oben vertretenen Standpunkt zur Akteneinsicht muß dieser generelle Gesetzesvorbehalt des § 99 Abs. 1 Satz 2 VwGO als verfassungswidrig angesehen werden. Eine Geheimhaltungsbedürftigkeit ist nämlich nur dann anzunehmen, wenn überwiegende Gemeinschaftsinteressen diese Beschränkung rechtfertigen. Die Grenze im Einzelfall kann nur unter einer umfassenden Abwägung bestimmt werden[217].

Die zweite große Streitfrage im Rahmen des Rechts auf rechtliches Gehör ist die Frage nach dessen Grenze bei der gerichtlichen Beweisaufnahme. Dabei sind zwei Faktoren von Bedeutung, nämlich die „Untersuchungsmaxime" und das „Recht auf rechtliches Gehör". So kann auch das oben zum Inhalt der „Untersuchungsmaxime" Ausgeführte hier gelten[218]. Richtig verstanden ergänzen sich innerhalb des Art. 19 Abs. 4 GG die „Untersuchungsmaxime" und „das Recht auf rechtliches Gehör" bei der Beweisaufnahme, indem nämlich das rechtliche Gehör in jedem Falle auch dort Bedeutung erlangen muß, wo das Gericht entsprechend der Untersuchungsmaxime zur Sachaufklärung verpflichtet ist[219]. So enthält

---

[217] Besonders streitig bei Prüfungsakten und Personalakten; Geheimhaltung nehmen an: *Mampe*, Rechtsprobleme im Schulwesen, S. 138; *Hummel*, S. 68; BVerwGE 14, 313 (314); 15, 267; 19, 128 (130); Hess. VGH, JZ 64, 763; VGH Bad.-Württ., ESVGH 14, 142 (143).
Gegen Geheimhaltung: *Czermak*, DÖV 62, 504; *Menger-Erichsen*, JZ 64, 766 (767); *Menger*, Verw. Arch. 56 (1965), 178 (181); *Redeker-v. Oertzen*, VwGO, § 99 RN 6; BFH, NJW 67, 2379; OVG Koblenz, DÖV 63, 553 (aufgehoben durch BVerwGE 19, 128) und neuerdings wieder in NJW 68, 1899 (1900): „Auch sind die grundsätzlich ihrem Wesen nach geheimzuhaltenden Bewertungshinweise und Stellungnahmen der Prüfer dann vorzulegen, wenn konkrete Anhaltspunkte für die Verletzung zwingender Vorschriften des Prüfungsverfahrens bestehen und eine ausreichende Sachaufklärung nur bei Vorlage der vollständigen Prüfungsakten möglich erscheint".
[218] Vgl. oben V.
[219] Vgl. *Ule*, Verwaltungsprozeßrecht, S. 94. Über den Bereich des Untersuchungsgrundsatzes geht das Recht auf rechtliches Gehör v. a. im Rechtsmittelverfahren, wo das Vortragen der Rechtsansicht (Revision) eine zentralere Rolle spielt als in der ersten Instanz. Ob das Gericht zu einem „Rechtsgespräch" mit den Beteiligten verpflichtet ist, ist streitig; dafür: *A. Arndt*, NJW 59, 6 ff.;

der Anspruch auf rechtliches Gehör nicht das Recht auf Beweisaufnahme über eine bestimmte Tatsache[220]. Wenn auch in erster Linie die jeweiligen Prozeßgesetze maßgebend für die Beweiserhebung im einzelnen sind, so besteht doch auch ein gesetzlich nicht abdingbarer Minimalbestand prozessualer Erforderlichkeit innerhalb der Beweisaufnahme[221]. Jedenfalls ist es notwendig, daß die Ablehnung eines Beweisantrages begründet wird (§ 86 Abs. 2 VwGO), und daß eine eklatant unangemessene Ablehnung eines Beweisantrages unzulässig ist i. S. des Art. 103 Abs. 1 GG bzw. des Art. 19 Abs. 4 GG, z. B. bei Ablehnung eines Sachverständigengutachtens trotz offensichtlich fehlender Sachkunde des Gerichts[222].

VII. Der zeitliche Faktor

Für die Effektivität des Rechtsschutzes spielt auch das Zeitelement eine entscheidende Rolle[223]. Gerichtsschutz in angemessener Zeit bedeutet einerseits, daß dem Rechtsschutzsuchenden genügend Zeit zur Inanspruchnahme von Gerichtsschutz gelassen wird[224], und andererseits, daß in kurzer Zeit auch tatsächlich wirksamer Rechtsschutz gewährt wird[225]. Dies gilt umso mehr als die Gerichte im Bereich des öffentlichen Rechts einen repressiven und nicht wie im Privatrecht einen präventiven Schutz gewährleisten[226].

Ausreichend Zeit zur Inanspruchnahme von Gerichtsschutz besteht dann, wenn die Fristen zur Beschreitung des Rechtsweges nicht unangemessen kurz sind. Auch muß — mindestens in den Fällen höherer Gewalt — bei unverschuldeter Fristversäumung Fristenhemmung eintreten oder Wiedereinsetzung in den vorigen Stand gewährt werden[227].

---

dagegen: *Jagusch*, NJW 59, 265 (268); vgl. auch BVerwG, DVBl 60, 854 und NJW 61, 891 f.

[220] So BVerfG, NJW 59, 6; vgl. auch BVerfGE 1, 418 (429), wonach aus Art. 103 Abs. 1 GG kein Recht auf bestimmte Beweisregeln folge.

[221] Vgl. BVerfGE 7, 53 (57); *A. Arndt*, NJW 59, 1297 (1298); a. A. *Maunz-Dürig-Herzog*, Grundgesetz, Art. 103, RN 73: „Art. 103 Abs. 1 GG hat keine Konsequenzen für die Beweisaufnahme"; ähnlich *Hummel*, S. 69.

[222] Vgl. *Eyermann-Fröhler*, VwGO, § 86 RN 70; *Lerche*, ZZP 78 (1965), 31 (FN 76); *H. Dahs jun.*, Das rechtliche Gehör im Strafprozeß, S. 14, *E. Schmidt*, JZ 65, 733 (734); *Hummel*, S. 69.

[223] Vgl. *Dütz*, Rechtsstaatlicher Gerichtsschutz, S. 193 f.: „Im Einzelfall kann das zur Beeinträchtigung des mat. Rechts führen".

[224] So *Dütz*, ebenda, S. 122 f.; BVerwGE 16, 289 (293); 17, 83 (85); 19, 159 (161 f.); NJW 67, 591 (592); BVerwGE 27, 141 (145); vgl. auch *Pentz*, JR 67, 85 (86).

[225] So *Menger*, Verw. Arch. 55 (1964), 283 ff.; *Lerche*, ZZP 78 (1965), 17 f.; *Bachof*, JZ 66, 230; *H. A. Klein*, JZ 63, 591 (592 f.) der im Rahmen der Verteidigungsmöglichkeiten gegen verzögerndes und unterbleibendes Tätigwerden des angerufenen Gerichts die Verfassungsbeschwerde wegen Justizverweigerung zulassen will.

[226] Vgl. dazu oben FN 188.

[227] Vgl. *Bettermann*, Grundrechte, S. 807; einschränkend *Dütz*, Rechtsstaatlicher Gerichtsschutz, S. 176 f.: „Grundsatz des Übermaßverbots ist ausschlag-

§ 3 Effektiver Rechtsschutz im Rechtsstaat

Für die Effektivität des Rechtsschutzes in zeitlicher Hinsicht kommt es aber v. a. noch auf folgendes an: Nur wenn der Rechtsschutzsuchende innerhalb kurzer Zeit eine durchsetzbare Entscheidung erhält, wird der Gerichtsschutz der zum Zeitpunkt des Anhängigwerdens des Rechtsstreits bestehenden tatsächlichen Lage gerecht. Bei lang andauernden Prozessen können sich nämlich die tatsächlichen und persönlichen Bedingungen unter denen das Verfahren begonnen wurde, und folglich die daraus resultierenden Interessen der Parteien, verändert haben. Der Rechtsschutz wäre in diesem Falle nicht mehr effektiv[228].

VIII. Vorläufiger und vorbeugender Rechtsschutz

Vorläufiger und vorbeugender Rechtsschutz sind nach überwiegender Ansicht ebenfalls Bestandteile eines effektiven Rechtsschutzes nach Art. 19 Abs. 4 GG[229, 230]. Nur wenn gewährleistet ist, daß vor der Entscheidung über den Klageantrag keine vollendeten Tatsachen geschaffen und daß die vor Verfahrensabschluß mit Sicherheit zu erwartenden Rechtsverletzungen verhindert werden können, ist die Durchsetzbarkeit der schutzwerten materiellen Rechtsposition gesichert.

Nach Schaffung verwaltungsgerichtlicher Prozeßordnungen mit den jeweiligen einschlägigen Regelungen spielte das Problem des vorläufigen

---

gebend... im einzelnen soll eine zwingende Notwendigkeit jedenfalls für die Fristenhemmung, Nachsicht oder Wiedereinsetzung bei unverschuldeter Versäumung der Anrufungsfrist nicht bestehen.

[228] Vgl. *H. A. Klein*, JZ 63, 591 (592); *Pentz*, JR 67, 85 (86); *Dütz*, Rechtsstaatlicher Gerichtsschutz, S. 193 f.; vgl. auch *Joachim*, DRiZ 65, 181 (186); *Loewe-Rosenberg*, Strafprozeßordnung und Gerichtsverfassungsgesetz, § 16 GVG, Anm. 3 d; zum Zivilprozeß: *Vollkommer*, ZZP 81 (1968), 102 (105) m. w. N.

[229] Vgl. etwa zum vorläufigen Rechtsschutz: *Bachof*, NJW 49, 81; *Martin*, NJW 56, 1706; *v. Mangoldt-Klein*, Das Bonner Grundgesetz, Art. 19, S. 568; *Bettermann*, Grundrechte, S. 802; *Maunz-Dürig-Herzog*, Grundgesetz, Art. 19 Abs. 4, RN 14; *Ruckdäschel*, DÖV 61, 675 (676); *Brändel*, BB 65, 615; *Obermayer*, Gedächtnisschrift für H. Peters, S. 877 f.; *Dütz*, Rechtsstaatlicher Gerichtsschutz, S. 130; BVerwGE 26, 24 f.; NJW 53, 1607; OVG Münster, OVGE 13, 6 (8); BB 61, 624; OVG Lüneburg, OVGE 18, 387 ff.; OVGE 11, 506; DVBl 61, 520 (521); DÖV 58, 231 ff.; LVG Düsseldorf DÖV 57, 506 (507); MDR 57, 574; a. A.: *Klinger* MRVO 165, S. 181: *Löwer*, DVBl 63, 343 (FN 57); *Arentz*, S. 143; *Haug*, DÖV 67, 86 ff.

[230] Vgl. etwa zum vorbeugenden Rechtsschutz: *Naumann*, Gedächtnisschrift für Walter Jellinek, S. 391 ff.; *Rupp*, DVBl 58, 113 (118 ff.); *Bettermann*, Grundrechte, S. 804, 814; *Brändel*, BB 65, 615; *Redeker-v. Oertzen*, VwGO, § 40 RN 100 m. w. N.; a. A.: *Ringe*, DVBl 58, 378 (380 f.); OVG Münster, Verw. Rspr. 9, 769; Besonders die vorbeugende Feststellungsklage bejahend: *Eyermann-Fröhler*, VwGO, § 43 RN 5; *Klinger*, VwGO, § 43 Anm. C I 1, S. 233; *Menger-Erichsen*, Verw. Arch. 59 (1968), 167 (177 ff.); *Redeker-v. Oertzen*, VwGO, § 43 RN 6; BVerwGE 26, 23; DÖV 65, 169; VGH Bad.-Württ.; DVBl 66, 408 ff.; OVG Münster, DÖV 67, 99 ff.; verneinend: *Köhler*, VwGO, § 43 Anm. VI 4, S. 323; *Ule*, § 43 Anm. I 2 a, S. 171; Verwaltungsprozeßrecht, S. 104; *Wolff*, Verwaltungsrecht III, § 172 III a 1, S. 400; Hamb. OVG, Verw. Rspr. 4, 384; OVG Lüneburg, OVGE 5, 312.

Rechtsschutzes keine so große Rolle mehr, abgesehen von Einzelfragen, die ihre Beantwortung nur in Art. 19 Abs. 4 GG unmittelbar finden können. Wie der Gesetzgeber den vorläufigen Rechtsschutz im einzelnen ausgestaltet, muß letztlich diesem überlassen bleiben[231]. Verfassungsrechtlich kommt es nur darauf an, daß gewisse Minimalerfordernisse in die gesetzliche Regelung mitaufgenommen werden. Bei Berücksichtigung der gegenwärtigen Rechtslage mit den Regelungen der aufschiebbaren Wirkung von Verwaltungsakten (§§ 80 VwGO, 97 SGG, 69 FGO) und der einstweiligen Anordnung (§§ 123 VwGO, 114 FGO) interessiert deshalb, ob bereits Art. 19 Abs. 4 GG solche Regelungen erfordert[232]. Im wesentlichen enthalten die gesetzlichen Regelungen zur aufschiebenden Wirkung und einstweiligen Anordnung adäquate Mittel zur Gewährung vorläufigen Rechtsschutzes. Zweifelhaft kann nur sein, ob es der Einräumung eines Suspensiveffekts bei Verwaltungsakten bedarf. Denn es könnte ja auch die gerichtliche Aussetzung der Vollziehung des angefochtenen Verwaltungsaktes — als vorläufiger Rechtsschutz — im Rahmen des Art. 19 Abs. 4 GG ausreichen[233]. Diese Ansicht vertritt *Bettermann*[234]. Gegen eine solche einengende Auslegung des Art. 19 Abs. 4 GG ergeben sich jedoch starke Bedenken[235]. Ausgehend von einem uneingeschränkten effektiven vorläufigen Rechtsschutz zugunsten des Einzelnen werden Einschränkungen desselben nur durch überragende Interessen der Gemeinschaft gerechtfertigt. Dies zeigt sich etwa bei den verfassungsmäßigen Regelungen der Abs. 2, 3 und 4 des § 80 VwGO. Darüberhinaus bedarf aber der effektive vorläufige Rechtsschutz gegen Verwaltungsakte keiner Beschneidung. Berücksichtigt man zudem die Wirkungen, die von Verwaltungsakten ausgehen, so muß der vorläufige Rechtsschutz gegen diese so weit wie möglich nach vorn verlegt werden. Das bedeutet, daß die Vollziehbarkeit der Verwaltungsakte bei Einlegung des Rechtsmittels aufgeschoben wird. Eine besondere richterliche Entscheidung, wie sie bei einer Aussetzung erforderlich wäre, schafft weder die notwendige Rechtsklarheit, noch gibt sie einen zeitlich voll wirksamen vorläufigen Rechtsschutz. In Anbetracht der zeitlichen Unbestimmtheit bei dem Erlaß eines solchen Aussetzungsbeschlusses kann

---

[231] Vgl. dazu oben I.
[232] Vgl. etwa BFH, NJW 65, 1682 ff., der die Zulässigkeit einer einstw. AO entgegen der späteren gesetzlichen Regelung in § 114 FGO (v. 8. 10. 1965 — BGBl I, S. 1477) verneint hat. Vgl. zur kritischen Auseinandersetzung mit der Entscheidung des BFH: *Brändel*, BB 65, 615 ff.; *Haueisen*, NJW 65, 1682 f. Neben der Regelung des Suspensiveffekts in § 64 Abs. 4 FGO besteht in § 69 Abs. 3 FGO noch die Möglichkeit der Vollziehungsaussetzung vor der Klageerhebung. — Im SGG fehlt eine Regelung zur einstw. AO, eine solche wird aber von der Rspr. für zulässig gehalten.
[233] So *Bettermann*, Grundrechte, S. 810.
[234] Vgl. FN 233.
[235] So auch BVerwGE 1, 11 f.; OVG Lüneburg Verw. Rspr. 9, 880 (884); vgl. auch *Reuscher*, DVBl 53, 428 (429); *Menger*, Grundrechte, S. 746.

§ 3 Effektiver Rechtsschutz im Rechtsstaat 99

für den Rechtsschutzsuchenden der vorläufige Rechtsschutz möglicherweise zu spät kommen und damit letztlich unwirksam sein. Die Aussetzung kann also nicht den Suspensiveffekt als Mittel des vorläufigen Rechtsschutzes im Rahmen des Art. 19 Abs. 4 GG vollwertig ersetzen.

Der vorbeugende Rechtsschutz wird durch die vorbeugende Unterlassungsklage, prozessual in Form der Leistungsklage, und, soweit in Rechtsprechung und Rechtswissenschaft ebenfalls anerkannt, durch die vorbeugende Feststellungsklage[236] gewährt. Von diesem vorbeugenden Rechtsschutz ist der zugrunde liegende materielle Anspruch scharf zu trennen. Womit z. B. der Unterlassungsanspruch begründet wird — ob in Anlehnung an die entsprechenden zivilrechtlichen Vorschriften oder aus Art. 20 Abs. 3 GG bzw. Art. 2 Abs. 1 GG — braucht hier nicht zu interessieren[237]. Entscheidend ist auch hier allein, daß der Rechtsschutz nach Art. 19 Abs. 4 GG nur effektiv sein kann, wenn er keine Lücken hat. Das bedeutet konkret für den vorbeugenden Rechtsschutz, daß dieser wegen seiner notwendig rechtsstaatlichen Ausprägung auch dann zur Verfügung stehen muß, wenn Rechtsverletzungen zu erwarten sind. Die Gesetzmäßigkeit der Verwaltung und die Gesetzesbindung der Gerichte verpflichten nämlich auch zur Verhinderung von Rechtsverletzungen.

Streitig[238] ist auch heute noch, ob die vorbeugende Feststellungsklage zulässig ist, wobei eine Orientierung zumeist an § 43 VwGO erfolgt[239]. Verfassungsrechtlich, im Rahmen des Art. 19 Abs. 4 GG, wäre die Zulässigkeit einer vorbeugenden Feststellungsklage nur zu diskutieren, wenn eine Rechtsschutzlücke bestünde. Auszugehen ist bei der Lösung dieser Frage von der Subsidiarität der Feststellungsklage im System des verwaltungsgerichtlichen Rechtsschutzes[240]. Das bedeutet, daß die Inanspruchnahme einer bestimmten Form von Gerichtsschutz dann nicht erforderlich ist, wenn eine andere effektivere Form des Gerichtsschutzes zur Verfügung steht. Denn die effektivere Form des Rechtsschutzes erfüllt in jedem Fall Art. 19 Abs. 4 GG, so daß eine geringere Form der Rechtsschutzverwirklichung kein Gebot aus Art. 19 Abs. 4 GG mehr sein kann. Die vorbeugende Feststellungsklage kann deshalb im gegenwärtigen Rechtsschutzsystem nur dann aus Art. 19 Abs. 4 GG hergeleitet werden, wenn sie einen effektiven Rechtsschutz verwirklicht, und ohne sie eine Lücke innerhalb des vorbeugenden Rechtsschutzes bestehen würde. Inwieweit bereits aufgrund einfachen Gesetzes die vorbeugende Feststellungsklage zulässig ist, bedarf hier nicht der Beantwortung. Jeden-

---

[236] Vgl. oben FN 230.
[237] Vgl. dazu *Bettermann*, Grundrechte, S. 804; *Hoffmann*, Der Abwehranspruch gegen rechtswidrige hoheitliche Realakte; siehe auch oben § 2.
[238] Vgl. oben FN 230.
[239] So v. a. *Ule*, VwGO, § 43 Anm. I 2 a, S. 171; Verwaltungsprozeßrecht, S. 104; vgl. auch BVerwG, DÖV 57, 426.
[240] Vgl. etwa § 43 Abs. 2 VwGO.

falls kann der Gesetzgeber über den Minimalbestand des Art. 19 Abs. 4 GG ohne weiteres hinausgehen[241]. Allerdings darf man auch umgekehrt aus einfach-gesetzlichen Regelungen nicht schließen, daß es die Klageform der vorbeugenden Feststellungsklage von vornherein nicht geben kann.

Die den beiden vorbeugenden Klagen auf Unterlassung und Feststellung innewohnende Gefahr, daß der Rechtsschutz durch sie einem weiten Feld des Mißbrauchs geöffnet würde, soll hier ebenfalls mitbedacht werden. Die Voraussetzugnen des für die Zulässigkeit der beiden Klagen notwendigen Rechtsschutzinteresses müssen deshalb so beschaffen sein, daß ein solcher Mißbrauch verhindert wird. Zwei Beispiele aus dem Bereich der vorbeugenden Feststellungsklage mögen dies verdeutlichen: Die vorbeugende Feststellungsklage schließt dann keine Rechtsschutzlücke, wenn sie nur eine versteckte Normenkontrolle zum Inhalt hat[242]. Gleichgültig ist dabei, ob man eine Normenkontrolle aus Art. 19 Abs. 4 GG fordert oder ablehnt, denn in jedem Falle würde die vorbeugende Feststellungsklage nur eine Umgehung darstellen, die zur Rechtssicherheit innerhalb des Prozesses im Widerspruch stünde. Auch ist die vorbeugende Feststellungsklage gegenüber drohenden Verwaltungsakten zumeist nicht erforderlich[243], da bereits die Wirkungen des Suspensiveffekts voll dem Rechtsschutzinteresse entsprechen. In den in § 80 VwGO geschaffenen Beschränkungen des Suspensiveffekts (vgl. Abs. 2, 3 und 4) bestünden für die vorbeugende Feststellungsklage zwar ausfüllbare Rechtsschutzlücken, jedoch stehen einer solchen Lückenschließung die überragenden Interessen der Gemeinschaft, wie sie in den gesetzlichen Regelungen zum Ausdruck gekommen sind, entgegen.

IX. Die zweite Instanz

Die Notwendigkeit einer zweiten Instanz wird von der herrschenden Meinung[244] verneint. Art. 19 Abs. 4 GG besage nichts über eine solche

---

[241] Vgl. dazu BVerfGE 22, 106 (101) zur Popularklage nach Art. 53 Abs. 1 Bay VerfGHG; zur Zulässigkeit der Prozeßstandschaft: *Menger*, Grundrechte, S. 751; *Maunz-Dürig-Herzog*, Grundgesetz, Art. 19 Abs. 4, RN 38; *Redeker-v.Oertzen*, VwGO, § 42 RN 8, § 63 RN 2; BVerwGE 3, 150 (154); MDR 60, 338.

[242] So BVerwG, DÖV 65 169; VGH Bad.-Württ., DVBl 66, 408 (409); OVG Lüneburg, Verw. Rspr. 21, 917 (921 f.).

[243] Vgl. *Ule*, Verwaltungsprozeßrecht, S. 104; OVG Münster, Verw. Rspr. 9, 769 f.; a. A.: BVerwGE 14, 235 (237); OVG Münster, DVBl 61, 885 f.

[244] Vgl. *Obermayer*, Verwaltungsakt und innerdienstlicher Rechtsakt, S. 37; *Bachof*, Wehrpflichtgesetz und Rechtsschutz, S. 49 f.; *v. Mangoldt-Klein*, Das Bonner Grundgesetz, Art. 19, Anm. VII 5 c, S. 574. *Bettermann*, Grundrechte, S. 790, 809 f. und AÖR 86 (1961), 170; *Maunz-Dürig-Herzog*, Grundgesetz, Art. 19 Abs. 4, RN 45; *Raether*, S. 67 f.; *H. Peters*, Entwicklung und Grundfragen, S. 281, 288; *Mayer*, Allgemeines Verwaltungsrecht, S. 21; BVerfGE 4, 74 (94 f.); 4, 205 (211 f.); 8, 174 (181 f.); 11, 232 (233); BVerwGE 1, 60 (62); BGHZ, JZ 65, 619; a. A.: *v. d. Heydte*, VVDStRL 8, 163; nach VGH Freiburg, NJW 52, 317 (319)

Ausdehnung des Gerichtsschutzes. Bereits *eine* Instanz bedeute das „Offenstehen des Rechtswegs". Im übrigen gäbe es ja auch in wichtigen Angelegenheiten, wie früher in Staatsschutzsachen, bei Verfassungsstreitigkeiten und bei Normenkontrollverfahren nach § 47 VwGO nur eine Instanz[245]. Die Argumentation der herrschenden Meinung ist jedoch insgesamt zu formal. Sie geht lediglich von dem — in diesem Fall unergiebigen — Wortlaut des Art. 19 Abs. 4 GG aus und verweist im übrigen auf außerhalb des Art. 19 Abs. 4 GG liegende Rechtsschutzregelungen.

Zu einer Lösung des Problems kommt man nur über das rechtsstaatliche Verständnis des Art. 19 Abs. 4 GG. Effektiver Gerichtsschutz bedeutet eben weitgehendste Wiederherstellung rechtmäßiger Zustände durch die Gerichte. Die Möglichkeit der Überprüfung erstinstanzlicher Entscheidungen garantiert schon beim Untergericht eine sorgfältigere Arbeitsweise als wenn diese Korrekturmöglichkeit der zweiten Instanz nicht bestünde. Zumindest muß, wie dies bei amts- und landgerichtlichen Urteilen nach §§ 121, 135 GVG in Strafsachen der Fall ist, eine Revisionsinstanz bestehen[246]. Nur wenn die Einhaltung materiellen und formellen Rechts innerhalb des Gerichtsschutzes in maximaler Weise gewährt wird — natürlich immer unter dem Vorbehalt der Funktionsfähigkeit des Gerichtsschutzes überhaupt — wird dem Interesse des Einzelnen innerhalb des Rechtsschutzes Rechnung getragen. Das Gefühl der rechtsprechenden Allmacht würde den Richter leichter zu einer angreifbaren Rechtsprechung verleiten, so daß auch die Rechtssicherheit in bezug auf eine einheitliche Rechtsprechung stark gefährdet wäre. Die zweite Instanz stellt also ein notwendiges Regulativ im Interesse des Einzelnen wie auch der Gemeinschaft dar und ist deshalb Bestandteil eines effektiven Rechtsschutzes nach Art. 19 Abs. 4 GG[247].

X. Die Beständigkeit gerichtlicher Entscheidungen

Die Beständigkeit gerichtlicher Entscheidungen in formeller und materieller Hinsicht sichert dem einzelnen Bürger den effektiven Rechtsschutz gegenüber Exekutive und Legislative. Als Ausdruck der Rechtssicherheit ist die Rechtskraft von Urteilen ein Gebot der Gerechtigkeit[248] und damit

---

muß ein Rechtsmittel dann gegeben sein, wenn das Gericht nur mit Laien besetzt ist (a. A.: BVerwGE 1, 60 [62] und *Raether*, S. 61).
[245] Vgl. *Bettermann*, Grundrechte, S. 810.
[246] Eine zweite Tatsacheninstanz ist nicht so notwendig, da sich mit der Dauer des Prozesses die Beweismöglichkeiten (Erinnerungsvermögen der Zeugen, Auffinden von Urkunden) verringern.
[247] Vgl. *Naumann*, DÖV 51, 281 f.; *van Husen*, DVBl 51, 558; *Jaeger*, StuW 52, 255 (261); *Fließbach*, StuW 55, 201 (203); *Bachof*, Wehrpflichtgesetz und Rechtsschutz, S. 50 ff.; JZ 57, 374; DVBl 58, 6 ff.
[248] Vgl. *A. Arndt*, Festgabe für Carlo Schmid, S. 5 (13); *Dütz*, Rechtsstaatlicher Gerichtsschutz, S. 120 (122); BVerfGE 2, 380 (403); 15, 313 (315); BVerwGE 27, 141 (145).

Bestandteil des rechtsstaatlich ausgeformten Gerichtsschutzes nach Art. 19 Abs. 4 GG. Durch abschließende Entscheidungen muß endloses Prozessieren verhindert werden. Auch die Aufrechterhaltung der Funktionsfähigkeit staatlichen Lebens erfordert, daß die gerichtlichen Entscheidungen von den Trägern der anderen beiden Gewalten respektiert werden. Nur so kann vermieden werden, daß sich das staatliche Leben und damit auch das Gemeinschaftsleben durch einen dauernden Widerstreit, ohne Erlangung von Rechtsfrieden, selbst auflöst[249]. So ist zwar der Gesetzgeber nicht gehindert, Gesetze zu schaffen, die gerichtlichen Entscheidungen entgegenlaufen[250], er kann jedoch nicht einzelne gerichtliche Entscheidungen formal aufheben, ohne dabei Rechtsfrieden, den Kern der Gewaltenteilung und letztlich den Rechtsschutz nach Art. 19 Abs. 4 GG zu beeinträchtigen[251].

XI. Die Durchsetzbarkeit von gerichtlichen Entscheidungen

Effektiver Rechtsschutz nach Art. 19 Abs. 4 GG bedeutet letztlich die Durchsetzbarkeit einer günstigen gerichtlichen Endentscheidung. Nach herrschender Meinung[252] wäre der Rechtsschutz unvollständig und nur theoretischer Natur, wenn einem durch die obrigkeitliche Gewalt Betroffenen lediglich die Möglichkeit gegeben würde, eine gerichtliche Entscheidung herbeizuführen, ohne diese auch durchsetzen zu können[253]. *Bettermann*[254] und *Dütz*[255] meinen dagegen, daß aus Art. 19 Abs. 4 GG nicht entnommen werden könne, daß der Richter dazu gezwungen sei, die Beachtung seiner gegen die öffentliche Gewalt ergangenen Entscheidungen zu überwachen und zu erzwingen[256]. Zwar soll die Vollstreckung zu einem effektiven Rechtsschutz gehören, dieser sei nach Art. 19 Abs. 4 GG aber nur als Gerichtsschutz garantiert[257]. Den Gerichten seien durch

---

[249] Vgl. dazu BVerfGE 2, 380 (403).
[250] Nach BVerwGE 30, 266 ff. rechtfertigt eine nach Erlaß des angefochtenen Urteils verkündete, mit rückwirkender Kraft ausgestattete Gesetzesänderung, die den durch den Urteilsspruch beschiedenen Anspruch erfaßt, keine Zulassung der Revision nach § 132 Abs. 2 VwGO.
[251] Vgl. dagegen *H. Peters*, Entwicklung und Grundfragen, S. 192 (FN 137), der für zulässig hält, daß der form. Gesetzgeber auch Gerichtsurteile aufhebt, wenn dabei der Gleichheitssatz gewahrt bleibt. Die Ansicht *Peters* dürfte zu einer Aushöhlung der rechtsprechenden Gewalt und zur Verletzung der Kernbestandsgarantie der Gewaltenteilung führen.
[252] Vgl. *Hans*, DVBl 56, 856; *Bachof*, Die verwaltungsgerichtliche Klage, S. 164 ff.; *Menger*, Verw. Arch. 49 (1958), 280; *Bötticher*, ZZP 74 (1961), 314 (315); *Maunz-Dürig-Herzog*, Grundgesetz, Art. 19 Abs. 4, RN 13; *Eyermann-Fröhler*, VwGO, § 172 RN 1; *Fechner*, JZ 69, 349 (350).
[253] Vgl. LVG Arnsberg, NJW 58, 116 f.
[254] In „Grundrechte", S. 805.
[255] In „Rechtsstaatlicher Gerichtsschutz", S. 132 f.
[256] Vgl. *Bettermann*, „Grundrechte", S. 805.
[257] Vgl. *Dütz*, Rechtsstaatlicher Gerichtsschutz, S. 132 f. nach dem „Gerichtsschutz nur in dem Umfang zur Verfügung zu stellen ist, als es um die Möglich-

§ 3 Effektiver Rechtsschutz im Rechtsstaat 103

Art. 19 Abs. 4 GG keine besonderen Vollstreckungsbefugnisse erteilt worden. Diese von der herrschenden Meinung abweichende Ansicht ist jedoch zu eng, und sie übergeht die rechtsstaatlichen Nebenwirkungen des eigentlichen Gerichtsschutzes nach Art. 19 Abs. 4 GG. Zwar bedeutet der „Rechtsweg" nach Art. 19 Abs. 4 GG der Weg zu den Gerichten, daraus kann jedoch nicht umgekehrt hergeleitet werden, daß die Wirkung von gerichtlichen Entscheidungen nur in ihrer bloßen Existenz besteht. Über die rechtliche Kontrolle von Vollstreckungsmaßnahmen — die auch Dütz unter den Schutz des Art. 19 Abs. 4 GG stellt — hinaus ist der Rechtsschutz aber nur vollkommen, wenn dem Einzelnen die Vollstreckung als solche der für ihn günstigen Entscheidung gewährt wird. So gesehen findet auch der Rechtsweg seinen Abschluß nicht in der gerichtlichen Endentscheidung, sondern er bekommt seinen rechtsstaatlichen Schlußpunkt durch die Möglichkeit der Durchsetzbarkeit. Jegliche Vollstreckungsregelung ist deshalb an Art. 19 Abs. 4 GG zu messen; das heißt, daß gesetzliche Vorschriften, die diesem Erfordernis nicht entsprechen, verfassungswidrig sind.

D. Die Rechtsnatur des Art. 19 Abs. 4 GG

Bereits an anderer Stelle[258] wurde darauf hingewiesen, daß Art. 19 Abs. 4 GG als „formelles Hauptgrundrecht"[259] und damit als subjektives öffentliches Recht zu begreifen ist[260]. Damit wurde aber nur die Rechtsnatur des Art. 19 Abs. 4 GG charakterisiert, während der Inhalt dieses „formellen Hauptgrundrechts" von der herrschenden Meinung mit verschiedenen Formulierungen umschrieben wird[261]. Nach der hier bisher erfolgten Darstellung des Inhalts von Art. 19 Abs. 4 GG soll nun die Hülle dieser Norm aufgefunden werden, die zu diesem Inhalt paßt.

Entgegen der herrschenden Meinung nehmen *Giese-Schunck*[262] an, Art. 19 Abs. 4 GG enthalte „kein selbständiges Grundrecht", sondern stehe nur in einer „Reihe von Vorschriften, die dem Schutz der Grundrechte" dienen. Für *Klein*[263] enthält Art. 19 Abs. 4 GG eine „Grundsatznorm für die gesamte Rechtsordnung". *Eschenburg*[264] und *Arentz*[265] sehen

---
keit zur Kontrolle richtiger Rechtsanwendung im Rahmen der Vollstreckung geht".
[258] Vgl. oben II. Kapitel.
[259] Vgl. *Klein*, VVDStRL 8 (1950), 67 (88, 123).
[260] Vgl. bereits G. *Jellinek*, System der subjektiven öffentlichen Rechte, S. 335 und O. *Bühler*, Die subjektiven öffentlichen Rechte und ihr Schutz in der deutschen Verwaltungsrechtsprechung, S. 161.
[261] Vgl. oben II. Kapitel, FN 7.
[262] In „Grundgesetz", Art. 19, Anm. II, 1 S. 67 und BVerfGE 1, 264 (280).
[263] In *v. Mangoldt-Klein*, Das Bonner Grundgesetz, Art. 19, Anm. II 3 c, S. 542.
[264] In „Staat und Gesellschaft", S. 476.
[265] In „Rechtscharakter", S. 122 ff.

in Art. 19 Abs. 4 GG lediglich eine „institutionelle Garantie". *Arentz*, der sich am intensivsten mit der Rechtsnatur des Art. 19 Abs. 4 GG beschäftigt hat, untersuchte anhand der Kriterien des subjektiven öffentlichen Rechts, ob Art. 19 Abs. 4 GG Anhaltspunkte für die Annahme eines prozessualen Individualrechts bietet[266]. Mangels eines geeigneten Inhalts — sei es vor oder nach Klageerhebung — besteht nach Arentz kein aus Art. 19 Abs. 4 GG ableitbares subjektives öffentliches Recht mit einem prozessualen Inhalt. Anlehnend an die im Zivilprozeßrecht geführte Diskussion über mögliche Formen eines Rechtsschutzanspruchs gegen den Staat, z. B. als „Justizanspruch"[267], als „Recht zur Erhebung einer Klage"[268], als „Recht auf prozeßgemäße Entscheidung"[269] oder als „Recht auf günstiges Urteil"[270], überprüft Arentz diese konstruktiven Ausgangspunkte bei Art. 19 Abs. 4 GG und den Wesensmerkmalen des subjektiven öffentlichen Rechts[271]. Wenn auch das Bemühen von Arentz[272], dogmatische Klarheit bezüglich des Rechtscharakters von Art. 19 Abs. 4 GG zu schaffen, durchaus anerkannt werden muß, so ist sein Ergebnis wegen der fehlenden Orientierung an dem verfassungsrechtlichen Grundsatz der Rechtsstaatlichkeit doch nicht zu billigen.

Art. 19 Abs. 4 GG schützt vorrangig Freiheit und Persönlichkeit des Einzelnen vor rechtswidrigen staatlichen Eingriffen. Wie in Art. 2 Abs. 1 GG ein umfassendes materielles Individualfreiheitsrecht besteht, gibt auch Art. 19 Abs. 4 GG dem Einzelnen ein entsprechendes formales Recht auf prozessualen Schutz in öffentlich-rechtlichen Streitigkeiten[273]. Man wird deshalb dem Inhalt und der Bedeutung des Art. 19 Abs. 4 GG nicht gerecht, wenn man die Vorschrift durchgehend restriktiv an den Kriterien eines subjektiven öffentlichen Rechts mißt und dabei letztlich zu einem negativen Ergebnis kommt. Wenn Arentz daraus dann die Konsequenz zieht, daß Art. 19 Abs. 4 GG insgesamt nur eine „institutionelle Garantie" des objektiven Rechts — wenn auch mit Individualbezug — darstelle, ist der Bedeutung des Art. 19 Abs. 4 GG als Zentralnorm des Individualrechtsschutzes nicht genügend Rechnung getragen. Wie hier aufgezeigt wurde, kann Art. 19 Abs. 4 GG seinen Inhalt nur aus der Rechtsstaatlichkeit des ganzen Grundgesetzes bekommen. Seine Schranken sind deshalb rechtsstaatlich immanent. Wie bei den mat. Individualgrundrechten werden diese Schranken auch bei Art. 19 Abs. 4 GG durch überragende Gemeinschaftsinteressen, wenn auch auf mehr mittelbare Weise (Gewaltenteilung, Gesetzmäßigkeit der Judikative, Rechtssicher-

---

[266] S. 97 ff.
[267] Arentz, S. 142 ff.
[268] Ebenda, S. 144 ff.
[269] Ebenda, S. 148 ff.
[270] Ebenda, S. 157 ff.
[271] Vgl. dazu die eingehenden Begründungen bei *Arentz*.
[272] Ebenda, S. 42.
[273] Vgl. *Klein*, VVDStRL 8 (1950), 66 (88).

§ 3 Effektiver Rechtsschutz im Rechtsstaat 105

heit) bestimmt. Gemeinsamer Ausgangspunkt der materiellen Grundrechte und des Art. 19 Abs. 4 GG ist der Schutz des Freiheits- und Persönlichkeitsbereichs des Einzelnen. Der Inhalt des in Art. 19 Abs. 4 GG verankerten Rechtsschutzes resultiert grundlegend aus dieser Leitidee. Art. 19 Abs. 4 GG will damit vor allem den Interessen des Einzelnen dienen. Überprüft man anhand dieses Orientierungspunktes das Vorliegen der Voraussetzungen eines subjektiven öffentlichen Rechts, so lassen sich jedenfalls die Einzelelemente der objektiven Norm und der Individualbegünstigung bejahen. Die dritte von der herrschenden Meinung geforderte Voraussetzung, nämlich die der Rechtsmacht[274] — in der Regel die Klagbarkeit — bedarf noch einer eingehenderen Erörterung. Die Rechtsposition des Einzelnen im Rahmen des Art. 19 Abs. 4 GG ist staatsbezogen. Dies deshalb, weil er Rechtsschutz gegen staatliche Akte in Anspruch nehmen kann, der ihm durch staatliche Organe, die Gerichte, gewährt wird. Der Staat stellt damit unabhängige Institutionen zur Selbstkontrolle bei schutzwerten Individualpositionen zur Verfügung. Die Gerichte werden damit aus der Einheit der staatlichen Gewalt, als kontrollierende Funktionsträger, ausgenommen und in die Rolle des zwischen Staat und Einzelnem unabhängigen Dritten gestellt. Die Gerichte bleiben dabei aber staatliche Organe, da sie nur als solche effektiv sein können. Das Recht des Einzelnen auf Gewährung von Rechtsschutz richtet sich damit gegen den Staat selbst. Dieses Recht geht dahin, daß der Staat durch solche Organe — nach dem Grundgesetz die Gerichte — gegen sich selbst, zugunsten des einzelnen Bürgers, Rechtsschutz gewähren läßt[275]. Dieses verfassungsrechtliche Individualrecht ist ein umfassendes Recht auf Rechtsschutz. Es beschränkt sich, wie oben im einzelnen aufgezeigt wurde, nicht nur auf die Klagbarkeit, das Recht auf gerichtliche Entscheidung oder die Einhaltung prozessualer Normen, sondern es enthält die Gewährung eines in jeder Hinsicht wirksamen Rechtsschutzes unter den weiten Schranken der zu bewahrenden vorrangigen Gemeinschaftsinteressen. Dieses Recht auf umfassenden Rechtsschutz ist auch mit einer Rechtsmacht ausgestattet, da die Gerichte als staatliche Organe es selbst sind, die für die Durchsetzung dieses staatsgerichteten Anspruchs auf Rechtsschutzgewähr sorgen. Damit liegt, von den Anforderungen der herrschenden Meinung aus betrachtet, ein subjektives öffentliches Recht, speziell ein Grundrecht auf Rechtsschutzgewähr, bei Art. 19 Abs. 4 GG vor. Aber auch wenn man die Auffassung von *Henke*[276] über die Voraussetzungen des subjektiven öffentlichen Rechts — der Unterschied zur herrschenden Meinung liegt insbesondere bei der fehlenden Rechtsmacht — zugrunde legt, stellt Art. 19 Abs. 4 GG ein solches Recht dar, da dem Einzelnen auf gesetzlicher Grundlage ein Leistungsrecht eingeräumt wird

---
[274] Vgl. dazu oben § 2.
[275] Vgl. *Friesenhahn*, Festschrift für Hans Thoma, S. 26 ff.
[276] S. 60, 119.

und bei einer Verletzung desselben im Einzelfall die eigenen Angelegenheiten betroffen werden.

Wenn die herrschende Meinung heute[277] Art. 19 Abs. 4 GG als subjektives öffentliches Recht (als „formelles Hauptgrundrecht") ansieht, so ist dem zuzustimmen. Zur näheren Charakterisierung dieses Grundrechts ist die Rede von einem „Anspruch auf umfassenden öffentlich-rechtlichen Rechtsschutz[278]", einer „Klagebefugnis[279]", einer „Klagemöglichkeit"[280], „jeder verfahrensrechtlichen Möglichkeit, Streitsachen der Entscheidung eines unabhängigen Gerichts zu unterbreiten"[281], der „Möglichkeit zur Anrufung echter Gerichte[282], einem den „status positivus des Grundrechtsträgers betreffendes Grundrecht"[283] und dem „Urteil und Urteilsvollzug als Rechtsschutzelemente"[284]. Am zutreffendsten beschreibt *Bettermann*[285] das Recht aus Art. 19 Abs. 4 GG, wenn er es als „den prozeßrechtlich umstrittenen, aber staatsrechtlich anzuerkennenden und im Rechtsstaat unerläßlichen Rechtsschutzanspruch im Bereich der Rechtsverletzungen durch die öffentliche Gewalt" bezeichnet. Diese Charakterisierung entspricht auch dem hier gewonnenen Ergebnis. Die daraus entstehenden Konsequenzen im einzelnen werden jedoch erst in dem weiten Feld der rechtsstaatlichen Zusammenhänge innerhalb des GG ersichtlich, wie sich oben gezeigt hat.

Das so gewonnene Grundrecht auf umfassenden Rechtsschutz beginnt also mit der Klagbarkeit und endet mit der Durchsetzbarkeit der gerichtlichen Entscheidungen. In dieser Umfassenheit kann auch die Untersuchung der Rechtsnatur des Art. 19 Abs. 4 GG nicht auf einzelne Aspekte des Rechtsschutzes beschränkt werden. *Arentz*, der die Rechtsnatur aus jedem Einzelelement des Rechtsschutzes als Ganzem erklären wollte, mußte damit zwangsläufig zu negativen Ergebnissen kommen. Er hat nicht erkannt, daß aus dem umfassenden Inhalt des Art. 19 Abs. 4 GG auch die angemessene Rechtsnatur der Norm zu gewinnen ist. Gerade den nur aus der Verfassung erklärbaren Besonderheiten des Rechts nach Art. 19 Abs. 4 GG ist Arentz mit seinem restriktiven Vorgehen[286] nicht gerecht geworden. Neben der institutionellen Garantie des Verwaltungsrechtsschutzes — genauso, wie sie bereits nach Art. 107 WRV bestand — ist Art. 19 Abs. 4 GG insbesondere ein Individualgrundrecht.

---

[277] Vgl. dazu die Hinweise oben II. Kapitel FN 4.
[278] So *Loening*, DÖV 49, 324 (325).
[279] So *Hamann-Lenz*, Grundgesetz, Art. 19, Anm. B 13, S. 329.
[280] Siehe FN 279.
[281] So *Maunz*, Staatsrecht, S. 139.
[282] So *Wernicke*, BK, Art. 19, Anm. II, 4 f.
[283] So *Maunz-Dürig-Herzog*, Grundgesetz, Art. 19 Abs. 4, RN 2.
[284] So *Ipsen*, Über das Grundgesetz, S. 21.
[285] In „Grundrechte", S. 784.
[286] Vgl. S. 157 ff.

Fünftes Kapitel

Schranken des Rechtsschutzes nach Art. 19 Abs. 4 GG im besonderen

Die sich hier anschließenden Ausführungen umfassen einige auch heute noch nicht ausdiskutierten Problemkreise innerhalb des Art. 19 Abs. 4 GG, wie die Frage der direkten Überprüfbarkeit von Gesetzen, die Zulässigkeit von Ermessens- und Beurteilungsspielräumen der Verwaltung sowie die Zulässigkeit gerichtsfreier Hoheitsakte. In den genannten drei Fällen ist die gerichtliche Überprüfbarkeit besonders fraglich. Soweit es im Rahmen dieser Arbeit möglich ist, soll auf der Ebene des Art. 19 Abs. 4 GG eine Antwort gefunden werden.

§ 1 Die Überprüfung von Gesetzen nach Art. 19 Abs. 4 GG

Art. 19 Abs. 4 GG spricht lediglich von Rechtsverletzungen durch die „öffentliche Gewalt". Vom Wortlaut der Vorschrift her bestehen deshalb keine Bedenken, auch Gesetze als eine Äußerungsmöglichkeit der „öffentlichen Gewalt" direkt dem Rechtsschutz nach Art. 19 Abs. 4 GG zu unterwerfen[1].

Rechtswissenschaft und Rechtsprechung haben jedoch über andere Verfassungsnormen wie Art. 93 Abs. 1 Ziff. 1 und Art. 100 GG[2], sowie über §§ 90 ff. BVGG[3] die gerichtliche Überprüfung von Gesetzen ausge-

---

[1] Vgl. *Wernicke*, BK, Art. 19, Anm. II, 4 e, *v. d. Heydte*, VVDStRL 8 (1950), 162 f.; *Jerusalem*, SJZ 50, 1 ff. (Sp. 4); *Lerche*, Ordentlicher Rechtsweg und Verwaltungsrechtsweg, FN 331; *Ule*, Das Bonner Grundgesetz und die Verwaltungsgerichtsbarkeit, S. 33; *Bettermann*, Grundrechte, S. 789; AöR 86 (1961), 129 (153); *Bachof*, VVDStRL 18 (1960), 210; AöR 86 (1961), 187; *Maunz-Dürig-Herzog*, Grundgesetz, Art. 19 Abs. 4, RN 18; *H. Peters*, Entwicklung und Grundfragen, S. 281; *Hamann-Lenz*, Grundgesetz, Art. 19 Anm. B 14, S. 330. (Vgl. auch S. 329: „öffentliche Gewalt" in Art. 19 Abs. 4 GG bezeichnet nicht wie in Art. 20 Abs. 2 GG die Funktionen sondern die Träger); vgl. auch *Klein*, VVDStRL 8 (1950), 104. A. A. sind *Friesenhahn*, DV 49, 482; *Klein*, VVDStRL 8 (1950), 106 f.; *Obermayer*, Verwaltungsakt und innerdienstlicher Rechtsakt, S. 37; *v. Mangoldt-Klein*, Das Bonner Grundgesetz, Art. 19, Anm. VII, 2 d, S. 571 (mit Ausnahme autonomer Satzungen). *H. Schäfer*, Verfassungs- und Verwaltungsgerichtsbarkeit, S. 170; BVerwG, DVBl 63, 441; OVG Lüneburg, Verw. Rspr. 21, 917 (920); VG Köln, DVBl 65, 882 ff.

[2] Vgl. *v. Mangoldt-Klein*, Das Bonner Grundgesetz, Art. 19, Anm. VII 2 d, S. 571; *Bettermann*, AöR 86 (1961), 129 (155 f.); *Hesse*, Der Rechtsschutz durch staatliche Gerichte im kirchlichen Bereich, S. 90 f. (99); *Hamann-Lenz*, Grundgesetz, Art. 19, Anm. B 14, S. 330; BVerfGE 6, 222 (231); 24, 33 (50); 24, 367 (401).

schlossen oder zumindest eingeschränkt. Auf einfach-gesetzlicher Ebene besteht eine Normenkontrolle nach § 47 VwGO i. V. mit landesrechtlichen Vorschriften und — so die herrschende Meinung — bei der Verfassungsbeschwerde nach §§ 90 ff., 93 Abs. 2, 95 Abs. 3 BVGG soweit das Gesetz den Einzelnen selbst, unmittelbar und gegenwärtig[4] verletzt. Beide Möglichkeiten, ein Normenkontrollverfahren in Gang zu setzen, stellen jedoch nur Ausschnitte aus dem Gesamtbereich der Überprüfung von Gesetzen dar. § 47 VwGO betrifft nur die Kontrolle von „unter dem Landesgesetz stehenden Rechtsvorschriften" und die Verfassungsbeschwerde (Art. 93 Abs. 1 Ziff. 4 a GG, §§ 90 ff. BVGG) gibt überhaupt nur Rechtsschutz, soweit Grundrechte verletzt sind. Dazwischen liegt ein weites Feld von Normen, die gerichtlich direkt überprüft werden können. Für diese kann eine gerichtliche Überprüfung nur unter Berufung auf Art. 19 Abs. 4 GG bestehen.

Das Problem der Überprüfbarkeit von Gesetzen nach Art. 19 Abs. 4 GG kann sich nur auf der Verfassungsebene stellen. Soweit nach gesetzlichen Vorschriften eine Normenkontrolle zugelassen ist, kann diese, jeweils nach dem aus Art. 19 Abs. 4 GG zu entnehmenden Inhalt, entweder als Erweiterung des Rechtsschutzes oder als Ausschnitt aus diesem angesehen werden. Möglicherweise besteht auch die Notwendigkeit, solchen Normenkontrollverfahren einen verfassungskonformen, das heißt hier, einen in Übereinstimmung mit Art. 19 Abs. 4 GG zu bringenden Inhalt zu geben. Es kommt also darauf an, ob die gerichtliche Überprüfbarkeit von materiellen Gesetzen aus anderen Verfassungsvorschriften direkt oder aus einem übergeordneten verfassungsrechtlichen Zusammenhang einschränkbar ist. Letzteres bedeutet, daß auch der grundgesetzliche Rechtsstaat mit allen seinen Ausformungen eine solche Schranke darstellen könnte.

A. Art. 93 Abs. 1, 100 GG als Beschränkungen

Eine verfassungsrechtliche Beschränkung des Rechtsschutzes nach Art. 19 Abs. 4 GG wurde insbesondere aus Art. 93 Abs. 1 Ziff. 2 und Art. 100 GG[5] gefolgert. Beide Vorschriften stellen bezüglich des Rechtsschutzes Sonderregelungen dar. Die Frage ist nur, ob diese beiden Vorschriften auch als Spezialregelungen für die Normenkontrolle gegenüber Art. 19 Abs. 4 GG gelten können.

---

[3] Vgl. *Bettermann*, AÖR 86 (1961), 168 f. (bezüglich der Voraussetzungen von § 90 Abs. 2, S. 1, 2. Alternative BVGG); *H. Peters*, Entwicklung und Grundfragen, S. 281, räumt Art. 19 Abs. 4 GG nur ein, soweit über die Verfassungsbeschwerde hinaus ein rechtsschutzloser Raum besteht.
[4] Vgl. *Lechner*, BVGG, § 90, Anm. 2 a, S. 309 (das Behaupten soll ausreichen); *Maunz-Sigloch-Schmidt-Bleibtreu*, BVGG, § 90 RN 94; BVerfGE 1, 97 (Nr. 2); 1, 264 (269 f.); 6, 121 (128); 6, 290 (295); 10, 59 (65); 11, 30 (38); vgl. auch BVerfGE 3, 58 (74); 3, 162 (170); 3, 288 (298); 10, 354 (360) sowie *Holtkotten*, NJW 52, 528 f.
[5] Vgl. oben FN 2.

§ 1 Die Überprüfung von Gesetzen nach Art. 19 Abs. 4 GG

I. Art. 93 Abs. 1 Ziff. 1, 2 GG

Daß Art. 93 Abs. 1 Ziff. 1, 2 GG den Rechtsschutz nach Art. 19 Abs. 4 GG nicht beschränken kann, ergibt sich aus der fehlenden Vergleichbarkeit beider Normen. Vor allem *Bettermann*[6] hat auf den grundlegenden Unterschied der von beiden Normen erfaßten Regelungsbereiche hingewiesen. Art. 93 Abs. 1 Ziff. 1 und 2 GG erfaßt nur die Zuständigkeit des Bundesverfassungsgerichts bei bestimmten Meinungsverschiedenheiten von Verfassungsorganen oder Organteilen, „mithin einen Streit innerhalb der Staatsgewalt und im organisatorischen Bereich der Verfassung", bei Art. 19 Abs. 4 GG handelt es sich „dagegen um Streitigkeiten im grundrechtlichen Bereich, zwischen einem Träger der Staatsgewalt und dem ihr Unterworfenen, also um den Rechtsschutz des Bürgers von der öffentlichen Gewalt". Zwar ist in Art. 93 Abs. 1 Ziff. 2 GG eine Normenkontrolle verankert, damit wird jedoch nur eine besondere, auf das Bundesverfassungsgericht beschränkte, objektive Rechtskontrolle — im Gegensatz zum Rechtsschutz bei subjektiven Rechten — gewährt. Der Schutz des Bürgers gegen rechtswidrige staatliche Akte, einschließlich der Gesetze, ist eben nicht Inhalt des Art. 93 Abs. 1 Ziff. 1, 2 GG geworden.

Die vom Bundesverfassungsgericht[7], sowie von *Hesse*[8] und *Klein*[9] vertretene Ansicht, Art. 93 Abs. 1 Ziff. 2 GG enthalte eine abschließende verfassungsrechtliche Regelung für die gerichtliche Überprüfung von Gesetzen, läßt die von *Bettermann*[10] aufgezeigten ganz grundlegenden Unterschiede zwischen den Rechtsschutzinhalten der beiden Normen, Art. 19 Abs. 4 GG und Art. 93 Abs. 1 Ziff. 2 GG, völlig unberücksichtigt.

II. Art. 93 Abs. 1 Ziff. 4 a GG

Zweifelhaft ist, ob Art. 93 Abs. 1 Ziff. 4 a GG, der mit der Notstandsverfassung im Jahre 1968 in das GG kam und der die verfassungsrechtliche Absicherung der Verfassungsbeschwerde enthält, die gerichtliche Überprüfung von Normen nach Art. 19 Abs. 4 GG ausschließt[11]. Zwar regelt Art. 93 Abs. 1 Ziff. 4 a GG genauso wie Art. 19 Abs. 4 GG das Ver-

---

[6] In AÖR 86 (1961), 129 (155).
[7] Vgl. BVerfGE 24, 33 (49 f.).
[8] In „Der Rechtsschutz durch staatliche Gerichte im kirchlichen Bereich", 90 (99).
[9] In *v. Mangoldt-Klein*, Das Bonner Grundgesetz, Art. 19, Anm. VII 2 d, S. 571.
[10] Vgl. AÖR 86 (1961), 155 sowie *Bachof*, AÖR 86 (1961), 187.
[11] Vgl. zu der dogmatisch nicht haltbaren Ansicht, daß Normenkontrollen wesensmäßig Verfassungs-Gerichtsbarkeit darstellen: *Kratzer*, DÖV 54, 44; *Koehler*, VwGO, § 47 Anm. II 1, S. 339; *Bergmann*, Verw. Arch. 51 (1960), 36 (39); *Ule*, AÖR 82 (1957), 123 (127); vgl. zu der Kritik auch *Bettermann*, AÖR 86 (1961), 129 (157).

hältnis zwischen Bürger und Staat und gewährt auch Individualrechtsschutz, diese Norm sagt jedoch im einzelnen ebensowenig wie Art. 19 Abs. 4 GG über die Überprüfung von Gesetzen aus. So ist zunächst zu klären, ob Art. 93 Abs. 1 Ziff. 4 a GG die Verfassungsbeschwerde gegen Normen überhaupt einschließt. Denn würde man zu dem Ergebnis kommen, daß letzteres der Fall ist, so könnte dies einen Ausschluß des Art. 19 Abs. 4 GG aus dem Bereich der Normenkontrolle bedeuten, nicht zuletzt wegen der obigen Argumente zu dem Inhalt der Ziff. 1 und 2 des Art. 93 Abs. 1 GG. Da in Art. 93 Abs. 1 Ziff. 4 a GG selbst nichts über die Kontrolle von Rechtsnormen ausgesagt wird, kommt es darauf an, ob die früher aufgrund von Art. 93 Abs. 2 GG i. V. mit §§ 90 ff. BVGG bestehenden Regelungen der Verfassungsbeschwerde in Art. 93 Abs. 1 Ziff. 4 a mitenthalten sind, oder ob die bis zur Einführung des Art. 93 Abs. 1 Ziff. 4 a GG und auch jetzt noch geltenden Vorschriften der §§ 90 ff. BVGG jederzeit abänderbar sind und Art. 93 Abs. 1 Ziff. 4 a GG deshalb nur die Verfassungsbeschwerde als Rechtsinstitut garantiert.

Wenn das Bundesverfassungsgericht, und mit ihm die herrschende Meinung in der Rechtswissenschaft, von der Zulässigkeit der Verfassungsbeschwerde gegen Gesetze ausgeht, soweit die Rechtsverletzung selbst, gegenwärtig und unmittelbar erfolgt[12], so kann es sich auf die einfach-gesetzlichen Regelungen der §§ 90 ff., 93 Abs. 2, 95 Abs. 3 BVGG berufen. Weil eine Popularklage[13] in den §§ 90 ff. BVGG nicht vorgesehen ist, ist die Konkretisierung des Rechtsschutzbedürfnisses bei der Verletzung durch Gesetze — selbst, gegenwärtig und unmittelbar — auch gerechtfertigt. Abgesehen davon, ob diese Grenze der Verfassungsbeschwerde gegen Gesetze letztlich auch praktikabel ist[14], läßt sich diese doch auf den Inhalt des Art. 93 Abs. 1 Ziff. 4 a GG als dessen notwendigen Bestandteil übertragen. Der Verfassungsgeber konnte und mußte von der Regelung der Verfassungsbeschwerde in ihren Grundsätzen, wie sie zum Zeitpunkt der Einführung des Art. 93 Abs. 1 Ziff. 4 a GG bestanden, ausgehen. Hätte er einen wesentlich anderen Inhalt der Verfassungsbeschwerde verfassungsrechtlich einfangen wollen, so hätte er dies in der Verfassungsregelung des Art. 93 Abs. 1 Ziff. 4 a GG zum Ausdruck bringen können. Als Teilergebnis bleibt deshalb festzuhalten, daß Art. 93 Abs. 1 Ziff. 4 a GG, in Übereinstimmung mit seinem Wortlaut, die Überprüfbarkeit von Normen mitenthält.

---

[12] Vgl. oben FN 4.
[13] Vgl. Art. 98 Satz 4 der Bay. Verf. v. 1966 i. V. mit §§ 54 ff. des Gesetzes über den Verfassungsgerichtshof. Ähnlich auch Art. 126 f. der Frankfurter Reichsverfassung v. 1849.
[14] Vgl. dazu die Bedenken bei *Bettermann*, AÖR 86 (1961), 129 (144 ff.), der darauf hinweist, daß ein Rechtsschutzbedürfnis i. d. R. vor Ergehen eines Vollzugsaktes nicht besteht.

§ 1 Die Überprüfung von Gesetzen nach Art. 19 Abs. 4 GG

Legt man also den gewonnenen Inhalt des Art. 93 Abs. 1 Ziff. 4 a GG der Überprüfung des Verhältnisses zu Art. 19 Abs. 4 GG zugrunde, so stellt sich die weitere Frage, ob die nach Art. 93 Abs. 1 Ziff. 4 a GG zulässige Normenkontrolle wegen ihres besonderen verfassungsrechtlichen Rangs eine Ausschließlichkeitswirkung für alle Rechtsschutzformen hat. Eine weitere Bedeutung als die der letzten, nach Ausschöpfung aller sonstigen Rechtsschutzmöglichkeiten, bestehenden Rechtsschutzform zur Überprüfung staatlicher Akte anhand von Grundrechten hat die Verfassungsbeschwerde aber nicht. Dieser der Verfassungsbeschwerde eigene Sinn[15] wird auch nicht durch einzelne rechtsschutzerweiternde gesetzliche Regelungen wie etwa § 93 Abs. 2 BVGG, in Frage gestellt. Soweit nämlich § 93 Abs. 2 BVGG voraussetzt, daß Art. 19 Abs. 4 GG keinen Rechtsschutz gegen Gesetze garantiert, kann dies keine Auswirkungen auf das verfassungsrechtliche Verhältnis zwischen Art. 19 Abs. 4 GG und Art. 93 Abs. 1 Ziff. 4 a GG haben. Eine eigentliche Heraushebung der Verfassungsbeschwerde gegenüber Art. 19 Abs. 4 GG in bezug auf Rechtsverletzungen, die unmittelbar durch Gesetze entstanden sind, ist aber auf der Ebene der Verfassung nicht zu erkennen. Art. 93 Abs. 4 a GG bekommt seinen Inhalt allein aus dem gerichtlichen Grundrechtsschutz und kann deshalb keinen Ausschluß für Rechtsverletzungen durch Normen im Rahmen des Art. 19 Abs. 4 GG bedeuten.

III. Art. 100 GG

Ein weiteres Argument gegen Art. 19 Abs. 4 GG, als Garantie zur direkten Überprüfung von Normen, stellt nach verbreiteter Ansicht Art. 100 GG dar[16]. Insbesondere *Bettermann*[17] entnimmt aus Art. 100 GG den Vorrang und die Ausschließlichkeit der verfassungsgerichtlichen Überprüfung von nachkonstitutionellen formellen Gesetzen durch die Vorlagepflicht der angerufenen Gerichte. Dieses Verwerfungsmonopol des Bundesverfassungsgerichts werde — nach Ansicht Bettermanns — dann eingeschränkt, wenn der Kläger nach Art. 19 Abs. 4 GG Aufhebung oder Feststellung der Nichtigkeit einer Norm („prinzipale Normenkontrolle") beantragt. Der Sinn des Art. 100 GG erfordere, die Überprüfung von Gesetzen am GG zur Vermeidung widersprechender Entscheidungen der Instanzgerichte beim Bundesverfassungsgericht zu zentralisieren, sowie die Parlamente vor den Gerichten zu schützen. *Bachhof*[18] hat zutreffend widerlegt, daß Art. 100 GG die Zulässigkeit einer Normenkontrolle ausschließen soll. Denn auch dann, wenn der

---

[15] Vgl. *Maunz-Sigloch-Schmidt-Bleibtreu-Klein*, BVGG, § 90, RN 179, 181.
[16] So *Bettermann*, AÖR 86 (1961), 155 f.; *Hamann-Lenz*, Grundgesetz, Art. 19, Anm. B 14, S. 330; BVerfGE 24, 33 (50).
[17] Ebenda.
[18] So in AÖR 86 (1961), 187 f.

Kläger Aufhebung bzw. Feststellung der Nichtigkeit einer Norm begehrt, bleibt das Instanzgericht zur Vorlage nach Art. 100 GG verpflichtet. An dem Verwerfungsmonopol des Bundesverfassungsgerichts ändert sich dadurch nichts.

Abgesehen von dem — nicht einschlägigen — Argument Bettermanns und der herrschenden Meinung könnte Art. 100 GG ja auch nur einen begrenzten Teil von Gesetzen erfassen, nämlich lediglich die nachkonstitutionellen und formellen[19].

B. Rechtsstaatskonforme Beschränkungen der Normenkontrolle nach Art. 19 Abs. 4 GG

Nachdem also im Ergebnis die Normenkontrolle wegen anderer Verfassungsvorschriften aus Art. 19 Abs. 4 GG nicht ausgenommen werden kann[20], ist noch zu erwägen, ob nicht besondere Elemente des Rechtsstaats, die für den Rechtsschutzinhalt ebenfalls maßgebend sind, eine Einschränkung oder gar den Ausschluß einer Normenkontrolle erforderlich machen.

Bettermann[21], der sich eingehend mit diesen Fragen beschäftigt hat, sieht die Schranke der Zulässigkeit der Normenkontrollklage im Rechtsschutzbedürfnis, und dies aus zwei Gründen: Erstens müsse der Bürger, der von einer Rechtsnorm betroffen wird, „die zur Anwendung im Einzelfall noch eines richterlichen oder verwaltungsbehördlichen Vollzugsakts bedarf", diesen abwarten, und zweitens bestehe für die Normanfechtung deshalb kein Bedürfnis, „weil die den Kläger verletzende Norm nichtig sei und er diese Nichtigkeit überall und jederzeit einredeweise geltend machen könne, denn diese Möglichkeit wird für ihn erst praktisch, wenn die von ihm bekämpfte Norm gegen ihn angewendet wird". Nach Bettermann wird dem Normverletzten also nicht der Rechtsweg „schlechthin und endgültig versagt, sondern nur eine bestimmte Rechtsschutzform — nur die Anfechtung des Rechtssetzungsakts, nur die sofortige und direkte Klage gegen die Norm, gerichtet auf ihre Aufhebung oder auf die Feststellung ihrer Unzulässigkeit oder Ungültigkeit". Bettermann bleibt dabei konsequent auf seiner bereits an anderer Stelle aufgezeigten[22] Linie. Für ihn sagt Art. 19 Abs. 4 GG überhaupt

---
[19] So die einhellige Meinung: *Bettermann*, AÖR 86 (1961), 156; *Maunz*, Staatsrecht, S. 286, BVerfGE 1, 184 ff.; 2, 124, 4, 331 (339); 10, 129 (131 f.).
[20] Vgl. auch BVerfGE 24, 33 (50). Das zusätzliche Argument des BVerfGs, nach Art. 20 Abs. 3 und Art. 97 Abs. 1 GG sei das Gesetz Grundlage und nicht Gegenstand des Verfahrens, läßt sich mit dem Hinweis entkräften, daß die Gerichte auch außerhalb des in Art. 100 GG erfaßten Bereichs nur an rechtmäßige Gesetze gebunden sind; vgl. auch BVerfG DÖV 71, 705.
[21] Vgl. AÖ R86 (1961), 129 (158).
[22] Vgl. oben IV. Kapitel FN 135 und FN 151.

§ 1 Die Überprüfung von Gesetzen nach Art. 19 Abs. 4 GG

nichts über die Rechtsschutzform aus, sondern er eröffnet „nur den Rechtsweg — zu welcher Zeit, in welcher Form und mit welchem Ziel, darüber schweigt er sich aus"[23]. Die Rechtsschutzform werde allein durch die Prozeßgesetze und die allgemeinen Prozeßrechtsregeln, zu denen aber auch das Rechtsschutzbedürfnis gehöre, bestimmt.

Ein weiteres Hindernis für die „abstrakte und prinzipale Normenkontrolle" sieht Bettermann[24] in den subjektiven Grenzen der Rechtskraft, d. h. in dem Ausmaß der Verbindlichkeit einer solchen Entscheidung. Aus dem Gegenstand der Normenkontrolle, der Überprüfung der generellen und abstrakten Regelung, folge, daß die Entscheidung nur „contra omnes", also selbst, allgemein und absolut ergehen könne[25]. In den Fällen des § 47 VwGO und der Verfassungsbeschwerde (§ 95 Abs. 3 BVGG) habe der Gesetzgeber versäumt, diesem Erfordernis Rechnung zu tragen. Bei § 47 VwGO sei die Allgemeinverbindlichkeitserklärung nur auf den Fall der Ungültigerklärung der Norm anwendbar und bei der Verfassungsbeschwerde habe das Bundesverfassungsgericht zur Lückenschließung den § 31 Abs. 2 BVGG für entsprechend anwendbar erklärt[26].

Zuzüglich zu dem Erfordernis der abstrakten und absoluten Entscheidung muß — so Bettermann[27] — die Zuständigkeit für solche Entscheidungen bei einem einzigen Gericht konzentriert werden. Diesem Bedürfnis trage § 47 VwGO Rechnung, indem die dort bestimmten, im Rang unter dem Landesgesetz stehenden Rechtsvorschriften, nur vom zuständigen Oberverwaltungsgericht überprüft werden können. Für eine nach Art. 19 Abs. 4 GG mögliche Normenkontrollklage bestehe ein solches allein zuständiges Gericht jedoch nicht[28]. Rechtshängigkeits- und Rechtskrafteinreden würden stark erschwert, wenn nicht gar unmöglich gemacht.

Insgesamt sind die von Bettermann gegen die Zulässigkeit einer Normenkontrollklage aus Art. 19 Abs. 4 GG geltend gemachten Bedenken im Ergebnis zutreffend, jedoch sind sie dogmatisch anders einzuordnen. Von dem hier eingenommenen Ausgangspunkt können Rechtsschutzeinschränkungen im Bereich des Art. 19 Abs. 4 GG nur rechtsstaatlich immanent erklärt werden. Sie können damit nicht, wie

---

[23] Vgl. AÖR 86 (1961), 129 (160).
[24] Ebenda, S. 160 ff.
[25] So i. E. auch BVerfGE 24, 33 (50 f.) ohne eingehende Begründung; nach BVerfG kann eine Entscheidung im Normenkontrollverfahren „der Eigenart eines solchen Verfahrens wegen" nur allgemeinverbindlich ergehen. Art. 19 Abs. 4 GG gewähre nur Individualschutz, so daß eine allgemeinverbindliche Entscheidung nicht begehrt werden könne.
[26] Vgl. BVerfGE 3, 19 (34) und *Bettermann*, AÖR 86 (1961), 129 (162).
[27] Ebenda, S. 164.
[28] *Bettermann*, ebenda, S. 165.

das Bettermann tut, aus den einfach-gesetzlichen Regelungen gefolgert werden[29].

Gerade die Rechtssicherheit als Bestandteil des Rechtsstaats, zu der auch Klarheit und Übersichtlichkeit des zu gewährenden Rechtsschutzes gehört[30], erfordert bei jeder Form des Rechtsschutzes, daß der Bürger nicht durch verwirrende Verfahrensausgestaltungen und relativierende Entscheidungen betroffen wird. Letzteres wäre eben dann der Fall, wenn bei der Vielzahl der zur Normenkontrolle Berechtigten und der Gerichtsstände Rechtshängigkeit und Rechtskraft nur unter Schwierigkeiten eingewandt werden könnten und jedermann nach Art. 19 Abs. 4 GG so lange klagen könnte, bis ein rechtskräftiges allgemeinverbindliches Urteil vorliegen würde. Bevor also prozessual nicht die Möglichkeit besteht, Normenkontrollklagen bei einem einzigen Gericht erheben zu können, ist es nicht möglich, aus Art. 19 Abs. 4 GG, wegen übergeordneter Gesichtspunkte der Rechtssicherheit, die Zulässigkeit einer Normenkontrollklage abzuleiten. Der frühere Vorschlag von *Dürig*[31], die Norm im Normenkontrollverfahren nur dem Kläger gegenüber für unwirksam zu erklären, hilft ebenfalls nicht weiter, weil die Gefährdung der Rechtssicherheit dadurch nicht ausgeräumt, sondern nur verstärkt würde[32]. Die demgegenüber einschränkende Ansicht von *Bachof*[33], der eine „partielle Normenkontrollentscheidung" zuläßt — das bedeutet, Normen dem Kläger gegenüber dann für unwirksam zu erklären, wenn dieser der allein von einer Norm Betroffene ist — kann ebenfalls aus zweierlei Gründen nicht gebilligt werden: Erstens würde diese Ansicht zu einer gegen den Gleichheitsgrundsatz verstoßenden Bevorzugung des Rechtsbetroffenen führen, und zweitens wäre die Rechtssicherheit auch weiterhin gefährdet, weil die Unwirksamkeit der Norm gegenüber einem Rechtsnachfolger des Klägers keine Geltung erlangen könnte. Dieses letzte Bedenken trifft insbesondere den von Bachof[34] zur Stützung seiner Ansicht genannten Beispielsfall, den Bebauungsplan. Wenn nämlich der Bebauungsplan Ausdruck der gesamten Gemeindeplanung ist, und nur in diesem Zusammenhang einheitlich gesehen werden kann, darf er auch nicht partiell personal für unwirksam erklärt werden. Abgesehen davon dürfte auch die Feststellung der alleinigen Betroffenheit von einer

---

[29] Vgl. *Bettermann*, ebenda, S. 163. wo er zwar die Rechtssicherheit als gefährdet ansieht, aber keinen Bezug zu Art. 19 Abs. 4 GG direkt herstellt.
[30] Vgl. oben IV. Kapitel § 3, C, II.
[31] So in *Maunz-Dürig-Herzog*, Grundgesetz, Art. 19 Abs. 4, RN 18; vgl. aber *Bachof*, AÖR 86 (1961), 191 (FN 15), wonach Dürig diese Meinung aufgegeben haben soll.
[32] So i. E. auch *Bettermann*, AÖR 86 (1961), 129 (156) und *Bachof*, ebenda, S. 191.
[33] In AÖR 86 (1961), S. 91.
[34] Ebenda.

§ 1 Die Überprüfung von Gesetzen nach Art. 19 Abs. 4 GG   115

Norm äußerst schwierig und der Rechtskraft bezüglich der Normgeltung nicht dienlich sein.

Auch die Möglichkeit, prozessual bestehende Institute der Normenkontrolle auf eine allgemein zulässige Normenkontrollklage — etwa im Wege der verfassungskonformen Auslegung — auszudehnen, besteht ebenfalls nicht. § 47 VwGO kann das Problem wegen der Mehrzahl der Oberverwaltungsgerichte und der fehlenden einheitlichen bundesgesetzlichen Regelung genauso wenig lösen wie die §§ 90 ff. BVGG[35].

C. Rechtsschutz gegen Normen aufgrund verfassungskonformer Anwendung (Art. 19 Abs. 4 GG) von Verfahrensvorschriften

Wenn also eine Normenkontrollklage nicht aus Art. 19 Abs. 4 GG direkt gefolgert werden kann, so bleibt doch die Frage, ob es nicht andere prozessuale, von Art. 19 Abs. 4 GG gedeckte Wege gibt, die zur direkten Überprüfung von Gesetzen führen. Denn die grundlegende Forderung des Art. 19 Abs. 4 GG nach der Überprüfbarkeit von Gesetzen, soweit diese direkt den Bürger verletzen, bleibt bestehen. Das diskutierbare Problem liegt jetzt nur noch darin, in welcher prozessualen Form und in welcher Intensität das bei Berücksichtigung rechtsstaatlich immanenter Schranken geschehen kann[36].

In Betracht kommt noch ein Rechtsschutz durch die Feststellungsklage. Die Frage ist hier, ob die Feststellungsklage, wie sie in den Prozeßordnungen — z. B. in § 43 VwGO — enthalten ist, eine direkte Überprüfung von Gesetzen erlaubt. Eine Klage auf Feststellung der Rechtsverletzung durch die Norm reicht für die allein in Betracht kommende Alternative des „Bestehens oder Nichtbestehens eines Rechtsverhältnisses" nicht aus, da eine Rechtsbehauptung noch kein konkretes zwischen zwei Parteien auf einen bestimmten Sachverhalt bestehendes Rechtsverhältnis darstellt[37]. Auf weitere Bedenken, die über den eigentlichen Inhalt des § 43 Abs. 1 VwGO hinausgehen, weist *Bettermann*[38] hin: Die Geltung der Norm würde bei einer solchen Entscheidungsformel in mehrerer Hinsicht relativiert. Die Unanwendbarkeit der Norm auf den Kläger würde einmal die Geltung der Norm selbst relativieren — sie bliebe nämlich bei einem gleichen Sachverhalt anwendbar — außerdem würde eine solche Entscheidung nur im Verhältnis zum Beklagten, etwa dem die Rechts-

---

[35] Vgl. dazu insgesamt *Bettermann*, AÖR 86 (1961), 129 (163 ff.).
[36] Vgl. demgegenüber BVerfGE 24, 33 (51).
[37] Vgl. *Ule*, Verwaltungsprozeßrecht, S. 104 und *Lerche*, Die verwaltungsgerichtliche Klage aus öffentlich-rechtlichen Verträgen, S. 81 f., der dies aus Art. 19 Abs. 4 GG verneint.
[38] In AÖR 86 (1961), 129 (165 f.).

vorschriften erlassenden Organ wirken, könnte also die Anwendung durch Behörden anderer Organe nicht verhindern.

Diese Relativierung, die eine gewisse Rechtsunsicherheit mit sich bringen würde, muß jedoch hingenommen werden, denn auch bei der Anfechtung von Vollzugsakten können verschiedene Gerichte in verschiedenen Rechtsstreitigkeiten Normen inzidenter als gegen höherrangiges Recht — unter Berücksichtigung des Art. 100 GG — verstoßend ansehen. Es handelt sich also bei dieser Relativierung um kein besonderes Problem der direkten gerichtlichen Überprüfung von Gesetzen, sondern um ein solches des Rechtsschutzes überhaupt, das diesem notwendigerweise immanent ist.

Die Feststellungsklage kann damit — soweit gesetzlich verankert — hinsichtlich des Bestehens oder Nichtbestehens eines Rechtsverhältnisses, in entsprechender verfassungskonformer Auslegung, dann zur direkten Überprüfung von Gesetzen führen, wenn ein konkretes Rechtsschutzbedürfnis besteht[39]. Wie Bettermann[40] richtig erkannt hat, ist — bei Verneinung der Popularklage — das Problem der direkten Überprüfbarkeit von Normen vor allem eine Frage des Rechtsschutzinteresses. Zumeist wird es nämlich dem Einzelnen zuzumuten sein, das Ergehen eines Vollzugsakts abzuwarten, um dann gegen diesen vorzugehen. Nur in besonderen Ausnahmefällen, wenn — entsprechend § 90 Abs. 2 Satz 2 BVGG — dem Kläger ein „schwerer und unabwendbarer Nachteil" entstünde, soll — so auch Bettermann[41] — dem Kläger eine prinzipale Überprüfungsmöglichkeit zustehen. Es handelt sich hierbei um das eigentliche rechtsstaatliche Grenzproblem des Rechtsschutzes gegen Normen, das letztlich nur angemessen unter dem Blickwinkel der Zumutbarkeit im Einzelfall gelöst werden kann. Bettermann wird dabei der durch die prozessuale Ordnung zu erlangenden Rechtssicherheit nicht gerecht, wenn er dann doch die Normenkontrollklage und nicht, was näher liegen würde, die Feststellungsklage gewährt[42]. Bei verfassungskonformer Interpretation des „Rechtsverhältnisses" i. S. des § 43 Abs. 1 VwGO sind diese Fälle bei Vorliegen der tatbestandlichen Voraussetzungen des § 90 Abs. 2 Satz 2 BVGG, allgemein der Unzumutbarkeit, zwanglos mit der Feststellungsklage zu erfassen.

---

[39] Vgl. *Bachof*, AÖR 86 (1961), 188 f. („konkrete Feststellungsklage") und in VVDStRL 18 (1960), 210 f. sowie VGH Bad.-Württ., AÖR 86, 95 ff. (99 f.).

[40] In AÖR 86 (1961), 129 (167 ff.); ähnlich BVerwGE 3, 258 (262); Vgl. auch BVerwG, NJW 60, 2355 und OVG Lüneburg, Verw. Rspr. 21, 917 ff. (921 f.).

[41] AÖR 86 (1961), S. 169; ähnlich auch *Bachof*, AÖR 86 (1961), S. 192.

[42] Vgl. *Bettermann*, AÖR 86 (1961), S. 167, 169. Nachdem *Bettermann* die allgemeine Normenkontrollklage aus grundlegenden Erwägungen abgelehnt hat, hätte er in dem Ausnahmefall der Unzumutbarkeit sinnvollerweise auf die von ihm weniger eindeutig abgelehnte Rechtsschutzform der Feststellungsklage zurückkommen müssen, vor allem weil diese auch den größeren prozessualen Spielraum läßt.

Entscheidend bleibt dabei der Einzelfall. Soweit man also die direkte Überprüfung der Norm in Form der Feststellungsklage zuläßt, muß im einzelnen geklärt werden, ob die Situation des einzelnen Bürgers eine rechtliche Klärung allein aufgrund der Norm erforderlich macht, ob also die Stärke der Betroffenheit des Bürgers zu einer solchen rechtlichen Verdichtung führt, daß daraus ein „Rechtsverhältnis" zur Entstehung kommt, oder ob dem einzelnen Bürger eine weitere Konkretisierung seiner rechtlichen Beziehungen zur öffentlichen Gewalt, etwa durch einen Ausführungsakt, zugemutet werden kann[43].

Hier ist auch die bereits an anderer Stelle angesprochene Grenze zwischen einer unzulässigen Feststellungsklage, die lediglich eine Normenkontrollklage umgehen soll, und einer angemessenen, dem Minimalbestand des Art. 19 Abs. 4 GG folgenden Feststellungsklage zu ziehen[44]. Dieses hier gewonnene Ergebnis hat zur Konsequenz, daß auch nur ein Minimalbestand des § 47 VwGO, nämlich das unter den Voraussetzungen des § 90 Abs. 2 Satz 2 BVGG beantragte Normenkontrollverfahren, dem Rechtsschutzinhalt des Art. 19 Abs. 4 GG unterfällt. Allerdings müßte dann auch in denjenigen Bundesländern, die ein Verfahren nach § 47 VwGO nicht eingeführt haben, der beschriebene Minimalbestand einer direkten Überprüfung von Gesetzen — auch der von § 47 VwGO erfaßten Normen — über die zur Verfügung stehende Feststellungsklage gewährt werden[45].

D. Gesamtbetrachtung

Die angestellten Einzelerwägungen ergeben somit folgendes Gesamtbild: Art. 19 Abs. 4 GG gewährt zwar grundsätzlich auch Rechtsschutz gegen Gesetze, da aber nur bei Rechtsverletzungen des Einzelnen der Rechtsweg offenstehen soll und Rechtsschutz überhaupt nur bei Vorliegen eines entsprechenden Bedürfnisses rechtsstaatlich sinnvoll ist, sowie erhebliche Bedenken aus Gründen der Rechtssicherheit gegen eine Normenkontrollklage bestehen, verengt sich der mögliche Rechtsschutz auf die Feststellungsklage.

---

[43] Für eine großzügige Auslegung des Begriffs „Rechtsverhältnis": *Naumann*, DVBl 51, 140 f. und in Gedächtnisschrift für Walter Jellinek, S. 391 ff.; *Bachof*, AÖR 86 (1961), 189; *Eyermann-Fröhler*, VwGO, § 43 RN 5; VGH Bad.-Württ.; ESVGH 10, 138 (140).
[44] Vgl. oben IV. Kapitel FN 242.
[45] A. A. *Ule*, Verwaltungsprozeßrecht, S. 107, BVerwG, DÖV 65, 169. Wie hier *Maurer*, Festschrift für Eduard Kern, S. 275 (305), der ebenfalls aus Art. 19 Abs. 4 GG eine Feststellungsklage eigener Art ableitet, § 43 VwGO sei zu eng.

E. Umgehung des Art. 19 Abs. 4 GG durch den Gesetzgeber

Abschließend soll in diesem Zusammenhang noch auf ein besonderes rechtspolitisches Problem hingewiesen werden, das dann auftaucht, wenn der direkte Rechtsschutz gegen Gesetze abgelehnt wird. Dadurch daß der Gesetzgeber die Regelung bestimmter Sachverhalte an sich zieht, nimmt er den Regelungsinhalt weitgehend aus einer gerichtlichen Überprüfung aus. Das Bundesverfassungsgericht hat neuerdings in einem solchen Fall — es ging um eine Legalenteignung[46] — konsequent, in Übereinstimmung mit seinem bisherigen Standpunkt, die gerichtliche Überprüfbarkeit der Norm nach Art. 19 Abs. 4 GG verneint, da die Gesetzgebung nicht zur „öffentlichen Gewalt" i. S. dieser Vorschrift gehöre. Gerade bei einer solchen Regelung, bei der es sich — wie das Bundesverfassungsgericht selbst zugibt — wesensmäßig um Verwaltung in Gesetzesform handelt, hätte sich eine intensivere Behandlung des Rechtsschutzproblems, ein eindeutiges Überdenken der bisherigen Einstellung, angeboten, vor allem unter dem Gesichtspunkt der Umgehung des Individualrechtsschutzes nach Art. 19 Abs. 4 GG. Denn die Misere, in die das Bundesverfassungsgericht mit seiner Ansicht bei der Frage der Überprüfung von Normen im Rahmen des Art. 19 Abs. 4 GG gekommen ist, mußte ihm in diesem Fall augenscheinlich werden.

§ 2 Zulässigkeit von Ermessens- und Beurteilungsspielräumen

A. Die Überprüfbarkeit von Ermessensentscheidungen

Geht man von der herrschenden Meinung[47] aus, so sind Ermessensentscheidungen der Verwaltung, soweit sie sich in den Grenzen von Ermessensmißbrauch und Ermessensüberschreitung halten[48], gerichtlich

---

[46] Vgl. BVerfGE 24, 367 (401) (Hamburger Deichfall): „Durch die Zulassung der Legalenteignung wird dieser dem Grundrecht wesensmäßig zugehörige Rechtsschutz entscheidend gemindert..., wird aber berücksichtigt, daß die Legalenteignung wesensmäßig „Verwaltung" durch Gesetz ist und daß es gerade die Aufgabe des Art. 19 Abs. 4 GG ist, Exekutivakte einer effektiven gerichtlichen Kontrolle zu unterwerfen, so wird damit die Abwehrmöglichkeit des Grundrechtsträgers in einem wesentlichen Punkt verkürzt".

[47] Vgl. *Nebinger*, Verwaltungsrecht, S. 224; *H. Peters*, Lehrbuch der Verwaltung, S. 10; *Bachof*, JZ 55, 97 (98); *Bender*, Allgemeines Verwaltungsrecht, S. 117; *Jesch*, AöR 82 (1957), 163 (205 ff.); *Maunz-Dürig-Herzog*, Grundgesetz, Art. 19 Abs. 4, RN 36; *Obermayer*, NJW 63, 1177; *Eyermann-Fröhler*, VwGO, § 114 RN 9a; *Korbmacher*, DÖV 65, 696 (697); *Forsthoff*, Lehrbuch (9), S. 80; *Wolff*, Verwaltungsrecht I, § 31 II d, S. 173 ff.; *Mayer*, Verwaltungsrecht, S. 29 f.; BVerwG, NJW 54, 1381 (1382); BAGE 1, 254 (256); OVG Berlin, DVBl 52, 770 (771); Hamb. OVG, MDR 54, 251 (252); Bay VGH, ES NF 6, 206 (209).

[48] Vgl. u. a. BVerfGE 14, 105 (114); 18, 353 (363 f.); BVerwGE 22, 215 (218); 31, 212 (214 f.); *Wolff*, Verwaltungsrecht I, § 31 II d, S. 155.

§ 2 Zulässigkeit von Ermessens- und Beurteilungsspielräumen   119

nicht überprüfbar. Dieser Ansicht der herrschenden Meinung liegt ein Ermessensbegriff zugrunde, der sich in Rechtsprechung und Rechtswissenschaft nach 1945 verfestigt hat. Das Ermessen der Verwaltungsbehörde wird dabei als die aus dem Sinn oder dem Wortlaut eines Gesetzes zu entnehmende Auswahlmöglichkeit auf der Rechtsfolgeseite bestimmt[49]. Es handelt sich also lediglich um ein sog. „Handlungsermessen"[50], das von der Rechtsfigur des „unbestimmten Rechtsbegriffs" und des damit zusammenhängenden Beurteilungspielraums — der auf der Tatbestands- und auf der Rechtsfolgeseite bestehen kann — zu unterscheiden ist.

Gegenteilige Ansichten sind in neuerer Zeit lediglich von *Ehmke*[51] auf der einen und von *Bettermann*[52] und *Rupp*[53] auf der anderen Seite geäußert worden.

Nach Ehmke besteht auch beim unbestimmten Rechtsbegriff ein Verwaltungsermessen. Eine Unterscheidung zwischen Handlungsermessen und unbestimmtem Rechtsbegriff sei praktisch nicht sinnvoll und theoretisch verfehlt, da der Verwaltung ein eigener unüberprüfbarer Entscheidungsraum zukommen müsse. Ermessensnormen wie auch unbestimmte Rechtsbegriffe könnten nur in Grenzfällen Rechtsbindungen erzeugen. Die Verwaltung habe dabei die Möglichkeit zur Gestaltung, die eben nicht durch eine judizielle Kontrollinstanz ersetzt werden dürfe[54].

Rechnet man die Position von Ehmke, soweit sie das Ermessen betrifft, der herrschenden Meinung zu — von dogmatischer Bedeutung

---

[49] Vgl. *Korbmacher*, DÖV 65, 690 (697) und *Waltner*, S. 80 m. w. N.
[50] Mit dieser Terminologie vgl. *Bachof*, JZ 55, 97 (98); *Reuß*, DVBl 53, 585; *Bender*, Allgemeines Verwaltungsrecht, S. 117; *Becker*, VVDStRL 14 (1956), 96 (136); *Idel*, NJW 55, 733 ff.; *Jesch*, AÖR 82 (1957), 205; *Lerche*, Übermaß und Verfassungsrecht, S. 325; *Czermak*, NJW 61, 1905 (1906); *Forsthoff*, Lehrbuch (9), S. 80; BSGE 1, 184 (185); Hamb. OVG, MDR 54, 251 f.; VGH Bebenhausen, JZ 59, 67 (68); Bay. VGH, ES N. F. 13, 11 (12). Von „Verhaltensermessen" sprechen: *Obermayer*, NJW 63, 1177; *Forsthoff*, Lehrbuch (9), S. 210; *Wolff*, Verwaltungsrecht I, § 31 II a, S. 169; BVerwGE 3, 332 (335); BSGE 13, 110. Von „Entschließungsermessen" sprechen: *H. Peters*, Lehrbuch der Verwaltung, S. 10; OVG Koblenz, AS 6, 213 (217). Von „Rechtsfolgeermessen" sprechen: *Menger*, System des verwaltungsgerichtlichen Rechtsschutzes, S. 33; *Jesch*, AÖR 82 (1957), 163 (208); *Maunz-Dürig-Herzog*, Grundgesetz, Art. 20, RN 91; *Stern*, Ermessen und unzulässige Ermessensausübung, S. 21; *Kellner*, DÖV 69, 309 (310); OVG Münster, DÖV 55, 345; VGH Bebenhausen, JZ 59, 67 (68).
[51] In „Ermessen und unbestimmter Rechtsbegriff".
[52] In „Rechtsgleichheit und Ermessensfreiheit", S. 79 ff.
[53] In „Grundfagen", S. 177 ff., 194 ff. und in NJW 69, 1273 ff.
[54] Zu *Ehmkes* Ansicht braucht hier nicht abschließend Stellung genommen zu werden. Vgl. zur Kritik *Jesch*, AÖR 86 (1961), 491 (494 ff.). *Jesch* meint zu Recht, daß *Ehmkes* Konzeption mit der durch das Grundgesetz festgelegten Funktionsteilung und Kontrollfunktion der Rechtsprechung unvereinbar ist. Vgl. zur Kritik auch *Waltner*, Gerichtliche Überprüfbarkeit von Beurteilungsspielräumen, S. 83 ff. und *Schmidt-Salzer*, Der Beurteilungsspielraum der Verwaltungsbehörden, S. 8 ff.

wird die Ansicht Ehmkes nur bei der gerichtlichen Überprüfbarkeit von unbestimmten Rechtsbegriffen — so verbleiben hier nur die Sondermeinungen von Bettermann und Rupp für eine kritische Betrachtung übrig.

Bevor die Einwendungen von Bettermann und Rupp näher untersucht werden, soll hier die verfassungsrechtliche Situation — insbesondere die Beziehung zu Art. 19 Abs. 4 GG — in der die Ermessensentscheidung steht, aufgezeigt werden.

Hier geht es also darum, ob nach Art. 19 Abs. 4 GG ein unüberprüfbarer Ermessensspielraum der Verwaltung bestehen darf[55]. Art. 19 Abs. 4 GG eröffnet lediglich gegen „*Rechts*verletzungen" den Rechtsweg. Da es sich beim Verwaltungsermessen um einen gesetzlich eingeräumten Spielraum handelt, kann dieser nur zulässig sein, wenn sich dies einmal aus dem Gesetz — wörtlich oder sinngemäß — ergibt, und zum anderen, wenn keine verfassungsrechtlichen Gesichtspunkte einen solchen Ermessensspielraum ausschließen. Die Rechtsposition des Einzelnen in Form eines subjektiven öffentlichen Rechts verengt sich dabei auf die Einhaltung der Ermessensschranken, so daß lediglich ein formelles subjektives öffentliches Recht auf ordnungsgemäße Ermessensausübung besteht. Diese hier skizzierte Auffassung der herrschenden Meinung ist i. E. durchaus mit Art. 19 Abs. 4 GG und den in der Gesamtverfassung enthaltenen rechtsstaatlichen Einzelelementen in Einklang zu bringen. Ausgehend vom Wortlaut des Art. 19 Abs. 4 GG, der von „*Rechts*verletzungen" spricht, bestehen keine Bedenken gegen die volle Zurückführung subjektiver öffentlicher Rechte auf die Rechtsnormen, letztlich auf die Verfassung. Deshalb kann dann, wenn der Gesetzgeber der Verwaltung selbst Spielräume unter Zweckmäßigkeitsgesichtspunkten zuerkannt hat, keine Korrektur der demgemäß ergangenen Entscheidungen durch die Gerichte erfolgen, da diese ja selbst an die „Gesetze" gebunden sind (Art. 20 Abs. 3 GG). Es wird also weder der Grundsatz der Verwaltung (Art. 20 Abs. 3 GG) noch derjenige der Gewaltenteilung (Art. 20 Abs. 2 GG), der nur eine Kernbestandsgarantie enthält[56], verletzt. Auch die Rechtssicherheit wird dadurch nicht gefährdet, sondern allenfalls verstärkt. Berücksichtigt man, daß der Gesetzgeber nicht in der Lage ist, die Verhaltensweisen der Verwaltung für bestimmte Sachverhalte lückenlos vorzuschreiben und er deshalb der den einzelnen Situationen entsprechenden Zweckmäßigkeitserwägungen der Verwaltung mit einem Spielraum für mehrere Entscheidungsmöglichkeiten Raum lassen muß, so kann auch das Ergebnis wegen des Vertrauens-

---

[55] Vgl. H. *Huber* in Festgabe für Giacometti, S. 59 (66). Für ihn ist die deutsche Staatsrechtslehre „mit dem Ermessensbegriff, dem trojanischen Pferd des rechtsstaatlichen Verwaltungsrechts noch nicht fertig geworden".
[56] Vgl. aber auch *Vogel*, VVDStRL 24 (1965), 125 (181, LS. 7).

§ 2 Zulässigkeit von Ermessens- und Beurteilungsspielräumen

schutzes der Rechtsuchenden in die Verläßlichkeit und Klarheit der Rechtsfolgen nicht anders sein. Eigene Zweckmäßigkeitserwägungen der Gerichte, die diejenigen der Verwaltung verdrängen und ersetzen könnten, würden allenfalls eine vorhandene Rechtsunsicherheit vergrößern[57]. Auch stellt das Ermessen keine rechtsfreie Bevorrechtung der Verwaltung gegenüber dem einzelnen Bürger dar, sondern es gibt nur eine „Einzugsmöglichkeit für die Einzelfallgerechtigkeit"[58]. Und schließlich ist der Wert einer anpassungsfähigen, verfassungstreuen Verwaltung nicht zu unterschätzen[59]. Die Verwaltung verträgt, soll sie nicht materiell ungerecht wirken, keine totale Durchnormierung. Ohne Ermessen ist die Verwaltung, die wie der Richter kein bloßer „Subsumtionsautomat" ist und sein darf, ein „stures und blutleeres Gebilde"[60], ein „öder Schematismus"[61]. Nicht zu verwechseln ist dabei die Ermessensfreiheit mit der Verwaltungstätigkeit im gesetzfreien Raum. Im Hinblick auf Art. 20 Abs. 3 GG hat der Gesetzgeber dieser Erkenntnis in § 114 VwGO Rechnung getragen[62].

Die von Bettermann und Rupp gegen die herrschende Meinung eingewandten Bedenken sollen nun im einzelnen auf ihre Stichhaltigkeit hin untersucht werden.

Bettermanns Bedenken ergeben sich einmal aus Art. 3 Abs. 1 GG und zum anderen aus dem Rechtsstaatsprinzip[63]. Schon aus Art. 3 Abs. 1 GG ergebe sich — so Bettermann — eine Selbstbindung der Verwaltung, so daß eine Wahlmöglichkeit überhaupt nur bei der zuerst anfallenden Entscheidung bestehe[64]. Aber auch der Rechtsstaat, mit der Herrschaft der Gesetze, lasse eine Freiheit des Verwaltungshandelns nicht zu. Nur bei

---

[57] Vgl. *Wolff*, Verwaltungsrecht I, § 31 II a, S. 169 f.; BVerfGE 14, 105, 114; 18, 353 (363 f.).
[58] So auch *Obermayer*, NJW 63, 1177 (1181); *Maunz-Dürig-Herzog*, Grundgesetz, Art. 20, RN 91; *Waltner*, S. 142.
[59] Vgl. *Maunz-Dürig-Herzog*, a.a.O.; Forsthoff, VVDStRL 18 (1960), 202.
[60] Vgl. *Antoniolli*, Allgemeines Verwaltungsrecht, S. 111 f.; *Krönig*, MDR 48, 130; *Menger*, Grundrechte, 755.
[61] Vgl. *Bachof*, VVDStRL 12 (1954), 37 (69); ähnlich E. R. *Huber*, Wirtschaftsverwaltungsrecht, 2. Bd., S. 656; *Obermayer*, NJW 63, 1177 (1181).
[62] Nach *Vogel*, VVDStRL 24 (1965), 129 (181, LS 7) besteht kein „Vorbehaltsbereich der Verwaltung", so daß „eine Regelung bestimmter Fragen durch die Verwaltung weder mit Rücksicht auf die größere Sachkunde noch wegen ihrer (vermeintlich) größeren „Sachlichkeit" notwendig besser gerecht zu werden" vermag „als eine Regelung durch Gesetz".
[63] In „Rechtsgleichheit und Ermessensfreiheit", S. 79 ff. (84 ff.). Nach *Bettermann* (S. 85) besteht die Ermessensfreiheit nur darin, daß die Verwaltung die einzig richtige Entscheidung finden darf. Zur Kritik vgl. *Rupp*, Grundfragen, S. 204 f. (FN 334), der aufzeigt, daß dieser Ausgangspunkt von *Bettermann* nicht als „rechtliche Kategorie" begriffen werden kann, denn die „Freiheit zur Findung der einzig richtigen Entscheidung sei nach *Bettermann* eine „Freiheit gegenüber dem Gesetz" und damit wohl gegenüber dem Recht, so daß auch nach *Bettermann* nur die Ermessensschranken und der Ermessensmißbrauch als Grenzen zur Rechtsverletzung zu begreifen sind.
[64] Vgl. *Bettermann*, ebenda, S. 83.

vollkommener Bindung an das Gesetz werde gleiches Recht für alle geschaffen, wie es Art. 3 Abs. 1 GG verlange[65].

Die Argumentation Bettermanns mit Art. 3 Abs. 1 GG führt zu einer Gleichschaltung aller Ermessenserwägungen und der von außen her zu ziehenden rechtlichen Bindungen des ausübbaren Ermessens durch Art. 3 Abs. 1 GG. Art. 3 Abs. 1 GG kann zwar, genauso wie die anderen Schranken des Ermessens bezüglich Ermessensüberschreitung und Ermessensmißbrauch Konsequenzen für die Ausübung des Ermessens im Einzelfall haben, die Vorschrift kann jedoch das Ermessen als solches nicht verdrängen. Gerade die im Rechtsstaat des Grundgesetzes erforderliche Gesetzmäßigkeit der Verwaltung (Art. 20 Abs. 3 GG) enthält eine Bindung auch an Art. 3 Abs. 1 GG. Der Gleichheitsgrundsatz gibt innerhalb der Ermessensspielräume die Möglichkeit, gleichgelagerte Einzelfälle auch gleich zu entscheiden. Die dabei entstehende Selbstbindung der Verwaltung durch eine gleichbleibende Ermessensausübung ist insoweit ein wesentliches Element der Gerechtigkeitsordnung des Grundgesetzes, sie stellt aber nicht den Inhalt des Ermessens selbst dar. Sie ist Ausdruck der Rechtssicherheit aber auch der materiellen Einzelfallgerechtigkeit. Art. 3 Abs. 1 GG schafft zwar die Notwendigkeit der sachgerechten Entscheidung, durch diese Vorschrift wird jedoch das gesetzgeberische Gerechtigkeitsbild[66] nicht eingeengt oder verdrängt, sondern nur korrigiert.

Bettermann verkennt in diesem Zusammenhang über die Bedeutung des Art. 3 Abs. 1 GG hinaus auch die Funktion des Rechtsstaats, insbesondere die der „Herrschaft der Gesetze". Im Rechtsstaat des Grundgesetzes ist die strenge gesetzgebundene Verwaltung nur ein Teilmerkmal. Der Rechtsstaat des Grundgesetzes lebt genauso von der Eigeninitiative und der sachgerechten Tätigkeit der Verwaltung, die gesetzlich nicht immer eindeutig fixiert werden kann. Das Abstellen auf den Einzelfall ist auch ein Element des Rechtsstaats ebenso wie das eigenverantwortliche und funktionsgemäße, der Gewaltenteilung gehorchende, Verwaltungshandeln[67].

Auch die von Rupp[68] vertretene Ansicht, die ebenfalls innerhalb der rechtlichen Beziehungen des Einzelnen zur Verwaltung jeglichen Ermessensspielraum verneint[69], hält letztlich nicht einer kritischen Be-

---

[65] Vgl. *Bettermann*, ebenda, S. 82, 84.
[66] Vgl. dazu BVerfGE 17, 122 (130).
[67] Vgl. BVerwGE 8, 272 (274); *Ossenbühl*, DÖV 68, 618 ff.; *Göppinger*, Juristenjahrbuch 1968/69, S. 86 ff.; *Kellner*, DÖV 69, 309 ff. Vgl. demgegenüber *Lorenz*, NJW 64, 2003; *Vogel*, VVDStRL 24 (1965), 125 ff. *Waltner*, S. 253; *Rupp*, NJW 69, 1273.
[68] In „Grundfragen", S. 177 ff., 194 ff. und NJW 69, 1273 ff.
[69] *Rupp*, Grundfragen, S. 209 f., nimmt eine gestalterische Freiheit der Verwaltung nur dann an, wenn „die Verwaltung sich nicht im Spannungsbereich zwischen Individuum und Gemeinwohl befindet, sondern sozusagen nur ihrem

§ 2 Zulässigkeit von Ermessens- und Beurteilungsspielräumen 123

urteilung stand. Wenn Rupp meint, auch die Zweckmäßigkeitserwägungen seien Bestandteil des richterlichen Rechtsanwendungsprozesses und weisen „keine spezifischen Besonderheiten gegenüber der allgemeinen Systematik der Gesetzesauslegung auf"[70], so übersieht er dabei, daß gerade die verwaltungsmäßigen Zweckmäßigkeitserwägungen nicht korrekturbedürftig sind, soweit sie in Übereinstimmung mit den Gesetzen — innerhalb des Ermessensspielraums — erfolgen. Es handelt sich beim Verwaltungsermessen nicht um einen gesetzes- oder rechtsfreien Raum, sondern die Verwaltung hat nur, wie der Richter im übrigen, ein Letztentscheidungsrecht in Fragen der Zweckmäßigkeit durch den Gesetzgeber eingeräumt bekommen[71]. Wenn die Verwaltung zwischen verschiedenen Entscheidungen wählen kann, so sind eben alle möglichen Entscheidungen gesetzesmäßig. Nur soweit darin ein Verstoß gegen höherrangiges Recht liegen würde — z. B. gegen den Grundsatz der Rechtsstaatlichkeit, der Sozialstaatlichkeit, Art. 2 Abs. 1 oder Art. 3 Abs. 1 GG — bestünde ein Bedürfnis nach gerichtlicher Überprüfbarkeit. Durch die Ermessensschranken, vor allem die inneren Schranken des Ermessensmißbrauchs, ist das Ermessen ausreichend rechtlich fixiert. Der Richter ist genauso wie die Verwaltung an „Gesetz und Recht" (Art. 20 Abs. 3 GG) gebunden[72], und zu diesen „Gesetzen" gehören auch solche, die der Verwaltung ein Ermessen in den Rechtsfolgen einräumen. Verwaltungsermessen „als eine vom Gesetz offengehaltene Generalklausel, die aber gleichwohl im Sinne rechtlicher Normativität ausfüllbar ist" — wie Rupp dies meint[73] — stellt kein eigentliches Ermessen dar. Der Unterschied in der Gesetzesformulierung und dem gesetzlichen Sinnzusammenhang, hier totale Gebundenheit der Verwaltung, dort die Wahl zwischen Entscheidungsmöglichkeiten, würde dabei nivelliert und das gesetzgeberische Anliegen, sowie die Bedeutung eigenverantwortlichen verfassungstreuen Verwaltungshandelns ausgeschaltet[74]. Die Verwal-

---

eigenen Zweck gegenübersteht, das gemeine Wohl zu schützen und zu mehren. Das gilt etwa von einem Beschluß, eine Schule zu bauen, ein Schwimmbad oder eine Straße anzulegen".
[70] In „Grundfragen", S. 207 f.
[71] Vgl. dazu *H. Peters*, Lehrbuch der Verwaltung, S. 10; Die Verwaltung als eigenständige Staatsgewalt; *Rumpf*, VVDStRL 14 (1956), 136 (168 f.); *Less*, DÖV 57, 418 (422 f.); *Ehmke*, Ermessen und unbestimmter Rechtsbegriff im Verwaltungsrecht, S. 45 ff.; *Zeidler*, Der Staat, S. 321 (329); *Forsthoff*, Lehrbuch (9), S. 78 ff.; *Ossenbühl*, DÖV 68, 618 (627); *Hummel*, S. 45 (FN 4).
[72] Die Verwaltung ist nämlich nicht einseitig unter dem Aspekt der Willkür zu betrachten. Deshalb zu weitgehend BVerfGE 10, 264 (267) und BVerwG, MDR 64, 172 (174), wo Art. 19 Abs. 4 GG als Norm zur „Beseitigung der Selbstherrlichkeit der vollziehenden Gewalt" gepriesen wird. Vgl. auch *Waltner*, S. 241.
[73] In „Grundfragen", S. 212.
[74] Vgl. auch *Hüttl*, DVBl 65, 61 (66), der die den Prinzipien der Gewaltenteilung, der Gesetzmäßigkeit der Verwaltung und Art. 19 Abs. 4 GG entsprechenden Forderungen nach einer schlagkräftigen Verwaltung, der absoluten

tung wäre gegenüber dem Bürger zum Vollzugsautomaten der Gesetzgebung herabgewürdigt[75]. Die Ansicht von Rupp, der auch für den Fall ausdrücklicher Ermessenseinräumung durch das Gesetz die obige Konsequenz ziehen dürfte, müßte letztlich zu einer Aushöhlung der Gesetzmäßigkeit der Verwaltung führen. Die Gefahr der Denaturierung des gerichtlichen Rechtsschutzes durch allzu häufige Einräumung von Verwaltungsermessen durch den Gesetzgeber besteht jedenfalls nicht[76]. Die gerichtliche Überprüfung kann sich ja am Ermessensrahmen, einschließlich der Überprüfung an höherrangigem Recht, orientieren. Zudem darf das Gesetz — wie auch sonst bei Eingriffsnormen — keine völlig unbestimmten Maßstäbe für die Ausübung des Ermessens zum Erlaß belastender Anordnungen enthalten[77, 78]. Der Richter, der der Verwaltung diesen Ermessensspielraum beläßt, handelt deshalb selbst gesetzes- und verfassungsgemäß. Rupp, der eine richterliche Korrektur „zur Vermeidung richterlicher Besserwisserei" nur „in der Formung des Persönlichkeitsbildes des Richters" sieht und das Problem des Ermessens nicht rechtsdogmatisch, sondern nur durch „Erziehungsmethoden, von denen allein eine Bewältigung des Problems einer taktvollen und behutsamen Rechtskontrolle" gelöst wissen will[79], begibt sich hierbei gerade aus dem Rechtsraum, den er andererseits so gewahrt wissen möchte. Anstatt also das Ermessen auf eine gesetzliche und rechtsstaatliche Grundlage zu stellen, versucht Rupp dem Richter eine Macht an die Hand zu geben, die weder Art. 20 Abs. 3 GG noch seiner demokratischen Legitimation entsprechen würde.

Dem in Art. 19 Abs. 4 GG zum Ausdruck gekommenen Schutz des Einzelnen gegen rechtswidrige staatliche Akte wird durch das Verwaltungsermessen keine unangemessene Einschränkung zuteil. Letztlich

---

rechtssatzmäßigen Bindung der Verwaltung mit dem Ziele der Berechenbarkeit der Entscheidung für ein Dreieck von widersprüchlichen Thesen hält.

[75] Vgl. BVerwG 11, 96 (97).

[76] Umgekehrt kann der Gesetzgeber ja auch ausdrücklich den Gerichtsschutz auf Ermessensentscheidungen ausdehnen. Vgl. BVerwGE 4, 191 (193); *Eyermann-Fröhler*, VwGO, § 114, RN 5; *Schunck-de-Clerck*, VwGO, § 42 Anm. 2 c, ee, S. 221 (§ 190 Abs. 1 Nr. 4 Flurbereinigungsgesetz); *Stein*, Die Wirtschaftsaufsicht, S. 107 (FN 96) m. w. N. (Vgl. etwa § 70 Abs. 4 GWB und § 146 Nr. 2 Flurbereinigungsgesetz).

[77] So *Maunz-Dürig-Herzog*, Grundgesetz, Art. 20, RN 91; *Menger*, Verw. Arch. 51 (1960), 69; *Obermayer*, NJW 63, 1180; *Stern*, Ermessen und unzulässige Ermessensausübung, S. 23 f.; *Wolff*, Verwaltungsrecht I, § 31 II 9, S. 170; *Seuffert*, S. 493; BVerfGE 8, 71; vgl. im übrigen allgemein zum Bestimmungserfordernis gesetzlicher Regelungen: BVerfGE 9, 137 (147 f.); 14, 13 (16); 17, 67 (82); 17, 306 (314); 21, 74 (79); BVerwGE 2, 12 (175 f.); 17, 322 (325) sowie *Raether*, S. 24 ff.

[78] In Zweifelsfällen ist deshalb gegen eine Ermessensermächtigung zu entscheiden; vgl. *Bachof*, JZ 55, 97 (100); *Jesch*, AÖR 82 (1957), 163 (249) und „Gesetz und Verwaltung", S. 225; *Bettermann*, Grundrechte, S. 778, 798. A. A. *H. Peters*, Lehrbuch der Verwaltung, S. 10; *Schmidt-Salzer*, S. 26 sieht in einer solchen Vermutung nur eine Gedankenstütze.

[79] So in „Grundfragen", S. 212.

§ 2 Zulässigkeit von Ermessens- und Beurteilungsspielräumen 125

bleibt das Verwaltungshandeln rechtsgebunden. Darüber hinaus hat auch die Gesamtheit ein Interesse an einer funktionsfähigen Verwaltung, die eigenverantwortlich, sachgerecht und bürgernah mit der notwendigen Flexibilität Entscheidungen treffen können soll.

B. Die Überprüfbarkeit von Beurteilungsspielräumen

I. Unbestimmter Rechtsbegriff und Beurteilungsspielraum

Beurteilungspielräume der Verwaltung werden heute von Rechtsprechung und Rechtswissenschaft bei gewissen unbestimmten Rechtbegriffen[80] angenommen[81]. Im Gegensatz zum Ermessen handelt es sich dabei nicht um eine Wahlmöglichkeit auf der Rechtsfolgeseite, sondern um die richtige Subsumtion auf der Tatbestands- aber auch auf der Rechtsfolgeseite[82]. Um die tatsächlichen Erscheinungen unseres gesellschaftlichen Zusammenlebens rechtlich zu erfassen und in bestimmte Bahnen zu lenken, ist der Gesetzgeber gezwungen, sich der Alltagssprache zu bedienen und dazu allgemeine und abstrakte Begriffe zu verwenden. Eine kasuistische Regelung ist zumeist bei der Vielgestaltigkeit des Lebens und der Fülle der zu regelnden Materien, sowie wegen der fortschreitenden Entwicklung, die auch die Bedürfnisse verändert, nicht möglich aber auch nicht zweckmäßig[83]. Die „Relativität der Rechtsbegriffe"[84] ist damit wesentlicher Inhalt gesetzgeberischen Handelns. Eindeutig bestimmbare Rechtsbegriffe gibt es nur in den wenigsten Fällen, eigentlich nur bei den mit Maß-, Zeit- und Geldeinheiten verwendeten Zahlbegriffen[85]. Für

---

[80] Zur Verfassungsmäßigkeit unbestimmter Rechtsbegriffe vgl.: *Maunz-Dürig-Herzog*, Grundgesetz, Art. 20, RN 90; *Leibholz-Rinck*, Grundgesetz, Art. 92, RN 3 und Nachtrag S. 90; *Wolff*, Verwaltungsrecht I, § 31 I c 3, S. 165; BVerfGE 8, 275 (326); 9, 223 (229); 13, 153 (164); 21, 73 (79).
[81] Vgl. *Bachof*, JZ 55, 97 (100 ff.); *Becker*, VVDStRL 14 (1956), 96 (127, 136); *Ule*, Gedächtnisschrift für Walter Jellinek, S. 309 ff.; VVDStRL 15 (1957), 133 ff.; VwGO, § 114 Anm. II, 1, S. 388; Verwaltungsprozeßrecht, S. 7 f., 14 f.; DVBl 66, 574; *Jesch*, AÖR 82 (1957), 163 (212, 218); *Schick*, DStR 62/63, 671 (673); *Wolff*, Verwaltungsrecht I, § 31 I c, S. 164 ff.; BVerwGE 5, 153 (162); 6, 177 ff.; 8, 192 (195); 8, 272 (274 f.); 11, 139 ff.; 15, 39 (41 f.); 12, 29 (34) (ohne unbestimmten Rechtsbegriff); 17, 267 (272); 21, 127 (131) (ohne unbestimmten Rechtsbegriff); DVBl 65, 914 (916); DÖV 66, 722 f.; OVG Münster, OVGE 14, 38; OVG Lüneburg, OVGE 12, 327 ff.; MDR 66, 445 f. Vgl. zur Kritik an der herrschenden Lehre *Rupp*, Grundfragen, S. 212 ff.
[82] Vgl. *Loening*, DVBl 52, 197 (198); *Steindorff*, DVBl 54, 110 (111); *Bachof*, JZ 55, 97 ff.; *Jesch*, AÖR 82 (1957), 163 ff.; *Ule*, Verwaltungsprozeßrecht, S. 7; *Wolff*, Verwaltungsrecht I, § 31 II a, S. 169; BVerwGE 5, 79 (84); 15, 207 (212); OVG Münster, OVGE 5, 165 (166 f.); VGH Bremen, DÖV 56, 109 f.; OVG Koblenz, AS 6, 268 (269); vgl. auch *Schmidt-Salzer*, S. 18.
[83] Vgl. dazu *Waltner*, S. 9 f. m. w. N.
[84] So *Müller-Erzbach*, Die Relativität der Begriffe, S. 343 ff.
[85] Vgl. *Waltner*, S. 16; zwischen bestimmten und unbestimmten Gesetzesbegriffen gibt es nach h. M. nur einen quantitativen nicht aber einen qualitativen Unterschied; vgl. *Heck*, AcP 112 (1914), 1 (173); *Menger*, System des verwaltungsgerichtlichen Rechtsschutzes, S. 126 f.; *Redding*, DÖV 54, 365 (366);

die herrschende Meinung, nach der es nur in Ausnahmefällen einen gerichtlich nicht überprüfbaren Beurteilungsspielraum bei unbestimmten Rechtsbegriffen gibt[86], ist eine scharfe Grenzlinie zum Ermessen erforderlich[87]. Bei den unbestimmten Rechtsbegriffen läßt der Gesetzgeber eben keinen Spielraum in der Anwendung der Norm zu, sondern es ist immer nur *eine* Lösung richtig[88]. Wenn auch die Konkretisierung des unbestimmten Rechtsbegriffs nur im Einzelfall erfolgen kann, so bleibt doch der Normbefehl eindeutig fixiert[89]. Allerdings soll es von dieser Eindeutigkeit aus dem Gesetzessinn zu entnehmende Ausnahmen geben[90]. Das Gesetz soll in diesem Fall einen echten, vom Gesetzgeber eingeräumten Subsumtionsspielraum enthalten[91]. Ob diese Begründung für die Annahme von Beurteilungspielräumen angesichts des Art. 19 Abs. 4 GG haltbar ist, bleibt noch darzulegen. Jedenfalls stellt diese vor allem von *Bachof*[92] vertretene Ansicht den Übergang von der früher vertretenen Annahme eines einheitlichen Ermessensbegriffs dar, zu dem auch der Spielraum der Verwaltung bei der Anwendung unbestimmter Rechtsbegriffe gehörte[93], zu der heute überwiegenden Auffassung vom verkürzten Gerichtsschutz bei gewissen unbestimmten Rechtsbegriffen.

Bachof, DVBl 57, 788 (789); *Ehmke*, Ermessen und unbestimmter Rechtsbegriff, S. 29; *Larenz*, JZ 62, 105 (106); *Dahm*, Deutsches Recht, S. 64; *Wolff*, Verwaltungsrecht I, § 31 I b, S. 163 f.; vgl. aber auch bereits O. *Bähr*, Der Rechtsstaat, S. 10 und *Müller-Erzbach*, S. 344.

[86] Vgl. dazu unten II.
[87] Vgl. *Krönig*, MDR 48, 130 ff.; H. *Peters*, Lehrbuch der Verwaltung, S. 10 f., 92; *Fecker*, DV 49, 57 ff.; *Fachinger*, NJW 49, 244 ff.; *Geiger*, BVGG, § 1 Anm. 11; *van Husen*, DVBl 53, 70 (72); *Reuß*, DVBl 53, 585 ff.; DVBl 53, 649 ff.; DÖV 54, 55 ff.; DÖV 54, 535 ff.; DÖV 54, 557 ff.; DÖV 57, 653 (655); DVBl 59, 265 (268); DVBl 59, 533; *Schindler*, MDR 54, 331; *Redding*, DÖV 54, 365 ff.; *Bachof*, JZ 55, 97 (101); *Becker*, VVDStRL 14 (1956), 127 (130); *Hilger*, BB 56, 10 (11) spricht allerdings auch von „Beurteilungsermessen"; *Jesch*, AÖR 82 (1957), 163 (212, 218); *Schwinge*, Grundlagen des Revisionsrechts, S. 121; *von Turegg*, Gefährliche und gefährdete Generalklausel, S. 60; *Warda*, Dogmatische Grundlagen des richterlichen Ermessens im Strafrecht, S. 29 (31); *Galperin-Siebert*, Betriebsverfassungsgesetz, S. 440; *Ule*, VVDStRL 15 (1957), 133 ff.; DVBl 66, 574; *Schwankhardt*, Bay VBl 64, 133 (135); *Korbmacher*, DÖV 65, 696 (697); *Wolff*, Verwaltungsrecht I, § 31 II a, S. 169 f.; BVerwGE 3, 332 (334 f.); 26, 65 (75 f.); BAGE 1, 254 (256 f.); BSGE, NJW 64, 689; vgl. auch die Zusammenstellung der Rechtsprechung der Oberverwaltungsgerichte bei *Waltner*, S. 131 (FN 194).
[88] Vgl. die Hinweise FN 90.
[89] Vgl. *Schmidt-Salzer*, S. 59.
[90] Vgl. insbesondere *Jesch*, AÖR 82 (1957), 163 (164 ff.); BVerwGE 5, 153 (162); OVG Münster, OVGE 14, 38 (41).
[91] Vgl. dazu II, sowie insbesondere *Bachof*, JZ 55, 97 ff.; *Ule* (Literatur FN 84); BVerwGE 11, 139 (140 f.); 15, 39 (41 f.); DVBl 64, 825 f.
[92] JZ 55, 97 ff.
[93] Vgl. *Bernatzik*, Rechtsprechung und mat. Rechtskraft, S. 36 ff.; *von Lemayer*, Apologetische Studien zur Verwaltungsgerichtsbarkeit, S. 98 ff.; *Fleiner*, Institutionen des deutschen Verwaltungsrechts, S. 142 ff., 258 ff.; W. *Jellinek*, Gesetz, Gesetzesanwendung und Zweckmäßigkeitserwägung, S. 38 f.; Verwaltungsrecht, S. 29 ff.; *Bender*, Verwaltungsrecht, S. 120 f.; *Pietzonka*, NJW 54, 1865 ff.; *Engisch*, Einführung in das juristische Denken, S. 109 ff.; R. *Klein*,

§ 2 Zulässigkeit von Ermessens- und Beurteilungsspielräumen   127

Dem Problemkreis „Art. 19 Abs. 4 GG und Beurteilungsspielraum" wird hier die Auffassung der herrschenden Meinung über die Wesensverschiedenheit der Anwendung unbestimmter Rechtsbegriffe und von Ermessensnormen zugrunde gelegt. Die v. a. früher vertretenen Auffassung von der Einheitlichkeit des Ermessens — abgesehen von ihren verschiedenen Varianten — kann heute, bis auf wenige Stimmen in der Rechtswissenschaft, als überwunden gelten[94]. Es bleibt damit nur auf die wesentlichen Gründe hinzuweisen, die gerade im Rechtsstaat des Grundgesetzes zur Ablehnung dieser Ansicht führen müssen[95].

Der im Lichte eines umfassenden Rechtsstaats zu verstehende Gerichtsschutz nach Art. 19 Abs. 4 GG ist nur dann von substantiellem Wert, wenn die Überprüfung sich auch auf die Anwendung unbestimmter Rechtsbegriffe erstreckt[96]. Gerade weil der Gesetzgeber gezwungen ist, überwiegend nicht eindeutig meßbare Begriffe zu verwenden, würde ein Rechtsschutz, der die Überprüfung solcher Begriffe völlig ausschließt, in seiner Kontrollfunktion nahezu bedeutungslos. Der Schutz der persönlichen Freiheit und Würde sowie die Eindämmung staatlichen Machtmißbrauchs als rechtsstaatliche Leitideen des Art. 19 Abs. 4 GG wären dann weitgehend dem Zufall überlassen. Gerade bei nicht eindeutig meßbaren Gesetzesbegriffen läuft die Verwaltung Gefahr, diese nicht richtig anzuwenden[97]. Vor allem würde der Spielraum der Verwaltung bei unbestimmten Rechtsbegriffen zur häufigen Ungleichbehandlung der Bürger führen. Weder die Gewaltenteilung noch die Gesetzmäßigkeit der Verwaltung erfordern diesen Ermessensspielraum[98]. Gerade die Gesetzesbindung der Verwaltung verlangt, daß nur dort, wo der Gesetzgeber der Verwaltung einen Spielraum bei Anwendung des Gesetzes einräumt, auch tatsächlich ein solcher besteht[99]. Bei unbestimmten Rechtsbegriffen

---

AÖR 82 (1957), 75 (101 ff.); vgl. auch *Eyermann-Fröhler*, VwGO, § 114 RN 9 d; *Schunck-de Clerck*, VwGO, § 42, Anm. 2 c dd 5, S. 219. *Ehmke*, Ermessen und unbestimmter Rechtsbegriff, S. 22, 45 ff. stimmt zwar i. E. der alten einheitlichen Rechtslehre zu, er weicht aber in der Begründung seiner Ansicht insoweit von dieser ab, als er nicht auf die Formulierung des Gesetzes abstellt, sondern aus dem der Verwaltung in der Gewaltenteilung anhaftenden Wesenszug des Ermessens seine Lösung ableitet. Vgl. zur Kritik an Ehmke: *Jesch*, AÖR 86 (1961), 491 (494 ff.).

[94] Hervorzuheben sind dabei *R. Klein*, AÖR 82 (1957), 75 ff., und *Ehmke*, Ermessen und unbestimmter Rechtsbegriff im Verwaltungsrecht; die Rechtsprechung des BVerwG war lange Zeit schwankend; vgl. BVerwGE 8, 272 (274 f.); DVBl 57, 496 (497); DÖV 60, 150 f.; OVG Berlin, DVBl 54, 586; OVG Münster, DVBl 54, 584 f.; OVG Koblenz, JZ 58, 289; Bay VGH ES NF 11, 115 (117); vgl. *Waltner*, S. 200 ff. m. w. N.
[95] Vgl. dazu v. a. auch *Waltner*, S. 117 ff.
[96] Vgl. *Bachof*, JZ 55, 97 (101); *Waltner*, S. 164.
[97] Vgl. *Waltner*, S. 120.
[98] Vgl. *Reuß*, DÖV 54, 55 (56 f.); *Waltner*, S. 154, 161; vgl. auch *Becker*, VVDStRL 14 (1956), 96 (125); *Menger*, System des verwaltungsgerichtlichen Rechtsschutzes, S. 33; *Wolff*, Verwaltungsrecht I, § 31 II a, S. 169 f.
[99] Vgl. *Jaeger*, DÖV 66, 779 (780), nimmt deshalb einen Beurteilungsspielraum dort an, wo er vom Gesetzgeber ausdrücklich eingeräumt wurde.

ist die Möglichkeit der Wahl zwischen mehreren Entscheidungen nicht gegeben[100]. Die wesensmäßige Verschiedenheit des Ermessens auf der Rechtsfolgeseite und der Subsumtion bei der Anwendung unbestimmter Rechtsbegriffe kennzeichnen damit unterschiedliche Intensitäten bei der gesetzlichen Bindung[101]. Die eigentliche Kernfrage bei der Anwendung unbestimmter Rechtsbegriffe bleibt dabei die gerichtliche Überprüfbarkeit, das Problem der Zulässigkeit einer Beurteilungsermächtigung in den den gesetzlichen Regelungen angemessenen Ausnahmefällen.

II. Der Standort des Problems innerhalb des Art. 19 Abs. 4 GG

Der Standort des Problems der Zulässigkeit eines Beurteilungsspielraums im Rahmen des Rechtsstaats und des Art. 19 Abs. 4 GG könnte im einzelnen im Bereich der verletzbaren „Rechte", im „Offenstehen des Rechtswegs", in der grundgesetzlichen Gewaltenteilung, sowie in dem Grundsatz der „Gesetzmäßigkeit der Verwaltung und der Rechtsprechung" gefunden werden. Dies sind auch die Elemente, auf die die verschiedenen Ansichten in der dogmatischen Begründung der Zulässigkeit eines Beurteilungsspielraums zurückgeführt werden können. Je nachdem welcher Inhalt diesen Elementen gegeben wird, fällt auch das Ergebnis zum Problem des Beurteilungsspielraums aus. Soweit die Zulässigkeit von Beurteilungsspielräumen bejaht wird, sind bei einer Grobeinteilung materiellrechtliche und verfahrensrechtliche Lösungen zu unterscheiden.

Die folgende Skizzierung der vertretenen Ansichten soll die Gesamtproblematik erhellen und die Argumente für eine Lösung nach den oben genannten rechtsstaatlichen Erfordernissen sichtbar machen.

1. Die Ansicht von Bachof

Eine materiellrechtliche Lösung vertritt v. a. *Bachof*[102], mit *Ule* zusammen der Erfinder des Beurteilungsspielraums. Er geht davon aus, daß bei gewissen unbestimmten Rechtsbegriffen ein gerichtlich nicht überprüfbarer Beurteilungsspielraum bei der Subsumtion besteht[103]. Im

---

[100] Daß es bei der Tatsachenfeststellung keinen Beurteilungsspielraum geben kann, ist einhellige Meinung. Vgl. *Bachof*, JZ 55, 99; *Jesch*, AÖR 82 (1957), 163, 232; *Ule*, Gedächtnisschrift für Walter Jellinek, S. 317; *Menger*, Grundrechte, S. 717 (751); *Stern*, Ermessen und unzulässige Ermessensausübung, S. 21; *Wolff*, Verwaltungsrecht I, § 31 II, a, S. 169; BVerwG, Bay VBl 65, 250 f.; vgl. auch *Waltner*, S. 163 f.
[101] Die Subsumtion ist in Wahrheit ja nur die abschließende Feststellung, daß zwischen Sachverhalt und Gesetzesbegriff Kongruenz besteht. Daß dabei eine Wahl zwischen mehreren rechtlich richtigen Lösungen zu treffen sein soll, läßt sich nicht begründen; vgl. *Waltner*, S. 165; vgl. auch oben die Hinweise in FN 90.
[102] Vgl. v. a. JZ 55, 97 ff.
[103] Gerade die Subsumtion ist aber nach überwiegender Ansicht Aufgabe des Gerichts; vgl. *Reuß*, DVBl 53, 649 (650); *Ule*, DVBl 53, 491 (497); *Jesch*,

Einzelfall ergebe sich die Notwendigkeit eines solchen Beurteilungsspielraums aus dem Sinn der Norm, v. a. bei Wertbegriffen, aber auch bei Erfahrungsbegriffen. Verwende nämlich der Gesetzgeber einen so sehr auf subjektive Wertvorstellungen gegründeten Begriff, so wolle er der gesetzesanwendenden Behörde einen Spielraum eigener Beurteilung einräumen. Diese ganz gesetzesorientierte Begründung eines Beurteilungsspielraums hätte für den Rechtsschutz nach Art. 19 Abs. 4 GG zur Konsequenz, daß sich insoweit mögliche Rechtsverletzungen nur noch auf die Nichteinhaltung des Beurteilungsspielraums beschränken müßten. Da aber die „Rechte" nach herrschender Meinung außerhalb des Art. 19 Abs. 4 GG zu begründen sind, läge also überhaupt kein Problem des Art. 19 Abs. 4 GG vor. In einer späteren Äußerung begründet Bachof[104] seine Ansicht noch mit einem verfahrensrechtlichen Argument: Wegen der Komplexität der dabei anzustellenden Erwägungen und wegen der Vielzahl nicht mitteilbarer Imponderabilien sei die Subsumtion unter Wertbegriffe nicht nachvollziehbar. Es handelt sich dabei um ein Argument, das seine kritische Würdigung beim „Offenstehen des Rechtswegs" finden muß.

2. Die Ansicht von Ule

Einen bezüglich der materiellrechtlichen Seite ähnlichen Standpunkt wie *Bachof* vertritt *Ule*[105]. Nach ihm besteht nur bei allgemeinen normativen Begriffen[106], die vom Richter eine Beurteilung nach allgemeiner Lebenserfahrung oder eine außerjuristische bzw. weltanschauliche Wertung erfordern, ein Beurteilungsspielraum als relative Freiheit bei der Subsumtion. Ein Beurteilungsspielraum bestehe jedoch nicht bei faktischen und deskriptiven Begriffen. Neben dieser materiellrechtlichen Begründung greift Ule auch auf die Gewaltenteilung zurück, indem er die Verwaltungsgerichtsbarkeit auf die „Rechtskontrolle" beschränkt, soweit „in Grenzfällen, in denen verschiedene Würdigungen eines Sachverhalts durch einen unbestimmten Rechtsbegriff gedeckt seien, eine Rechtskontrolle der Verwaltung nicht mehr möglich sei". Das Verwaltungsgericht solle „im Zweifel der Auffassung der Verwaltungsbehörden folgen", „wenn diese Auffassung aufgrund des festgestellten Sachverhalts vertretbar sei"[107]. Die sich aus dem Grundsatz der Gewalten-

---

AÖR 82 (1957), 163 (221 f.); *Czermak,* DÖV 62, 921 (923); *Kamm,* Bay VBl 64, 384 (387); *Korbmacher,* DÖV 65, 696 (698); *Kopp,* DÖV 66, 317 (319); BVerfGE 11, 168 (192).
[104] Vgl. DVBl 57, 788 f. (Anm. zu BVerwGE 4, 89 ff.) und in JZ 62, 701 (704).
[105] In Gedächtnisschrift für Walter Jellinek, S. 309 ff.; VVDStRL 15 (1957), 133 ff., 166 ff.; DVBl 66, 574.
[106] So auch *Hamel,* DVBl 58, 37 (44); *Menger,* Grundrechte, S. 717 (751); *Bettermann,* Grundrechte, 779 (798); *Schwankhart,* Bay VBl 64, 133 (136); *Jaeger,* DÖV 66, 779 (780); *Kellner,* NJW 66, 857 ff.
[107] Vgl. auch *Obermayer,* NJW 63, 1177 (1178); *Bachof,* JZ 66, 436 (442); *Schunck-de Clerck,* VwGO, § 42, Anm. 6 und § 114, Anm. 3; *Pötter,* Gedächtnis-

teilung ergebende Zurückhaltung der Verwaltungsgerichte entspreche der Gewährleistung der Verteilung der staatlichen Funktionen auf verschiedene Funktionsträger.

3. Die Ansicht von Jesch

Besonderes Gewicht für die Frage der Zulässigkeit eines Beurteilungsspielraums der Verwaltungsbehörden hat auch die Ansicht von *Jesch*[108] erlangt. Jesch lehnt die Trennung von Auslegung und Subsumtion, wie sie *Bachof* gemacht hat, als praktisch undurchführbar ab. Auch macht Jesch, entgegen *Ule*, keinen Unterschied zwischen faktischen und normativen Begriffen, da die Auslegungsschwierigkeiten bei beiden dieselben seien. Ein Beurteilungsspielraum könne nur bei Wertbegriffen dort vorliegen, wo auf der Sachverhaltsseite ein Restbestand nicht mitteilbarer Imponderabilien bestehe. Das Recht könne vom Richter nichts Unmögliches verlangen. Dieser Schluß von den begrenzten Mitteln auf die begrenzte Aufgabe sei verfassungsmäßig. Im einzelnen setze die Einräumung eines Beurteilungsspielraums voraus, daß die Verwaltungsbehörde den unbestimmten Rechtsbegriff weitgehend in beschreibende Fakten- und Erfahrungsbegriffe aufgelöst hat und die Subsumtion in Anbetracht der nicht mehr mitteilbaren Gründe richtig erfolgt ist[109].

Diese Auffassung von Jesch kann als gemischt materiell-verfahrensrechtliche bezeichnet werden. Es wird nämlich bei gewissen gesetzlichen Begriffen (unbestimmten Rechtsbegriffen) von einer eingeschränkten gerichtlichen Aufklärbarkeit des Sachverhalts ausgegangen. Der unbestimmte Rechtsbegriff trage diese „nicht mitteilbaren Imponderabilien" bereits in sich.

4. Die Ansicht von Kellner

Von *Kellner*[110] wird ein Beurteilungsspielraum aufgrund der Annahme einer „höchstpersönlichen Beurteilungsermächtigung" bejaht. Generell sei allerdings ein Beurteilungsspielraum zu verneinen, da bei Nichtaufklärbarkeit des Sachverhalts die Regel über die materielle Beweislast eingreife. Nur in Bereichen, in denen Beurteilungen unter dem still-

---

schrift für H. Peters, S. 906, 912 f.; OVG Lüneburg, DVBl 58, 837 ff.; AS 20, 379 (381); Hess. VGH, Verw. Rspr. 14, 420 (428).

[108] Vgl. in AÖR 82 (1957), 163 ff.; AÖR 86 (1961), 491 ff.; vgl. auch JZ 61, 624 ff. und *Menger*, Verw. Arch. 50 (1959), 271 (280); *Schmitt*, Bay. VBl. 64, 86 (87).

[109] *Jesch* schlägt vor, die zur Revisibilität der unbestimmten Gesetzesbegriffe entwickelten Grundsätze auf das Verfahren vor den Verwaltungsgerichten entsprechend anzuwenden, vgl. AÖR 82 (1957), 197 ff. (230); so auch *Wolff*, Verwaltungsrecht I, § 31, I c, S. 167; überwiegend wird diese Ansicht abgelehnt; vgl.: *Ehmke*, Ermessen und unbestimmter Rechtsbegriff im Verwaltungsrecht, S. 33 f.; *Rupp*, Grundfragen, S. 214 (FN 30); *Korbmacher*, DÖV 65, 696 (703, FN 38); *Czermak*, Bay. VBl. 66, 196 (197); *Waltner*, S. 281 f.; vgl. auch *Ule*, Gedächtnisschrift für Walter Jellinek, S. 327.

[110] Vgl. in NJW 66, 857 ff.; vgl. ähnlich *Korbmacher*, DÖV 65, 696 (703).

schweigenden Vorbehalt beschränkter menschlicher Erkenntnisfähigkeit stünden, was gerade bei der Beurteilung durch Menschen der Fall sei, bestehe eine Beurteilungsermächtigung. Dazu gehöre aber noch, daß Prüfer und Methoden optimal ausgewählt seien. Unter Ablehnung der weitergehenderen Ansichten von *Bachof* und *Ule* läßt Kellner die heute in der Verwaltungsrechtsprechung herrschende Ansicht[111] erkennen. Solche „höchstpersönlichen Beurteilungsermächtigungen" werden nämlich heute nur bei Eignungsbewertungen von Beamten, im Prüfungswesen, sowie bei vergleichbaren Leistungsbewertungen im Schulwesen von der Rechtsprechung des Bundesverfassungsgerichts zugelassen. Es wird dabei von der „Unvertretbarkeit" solcher Entscheidungen[112] ausgegangen.

Diese Ansicht von Kellner kann als materiell-rechtliche qualifiziert werden, da sie die „Höchstpersönlichkeit" auf den Inhalt der gesetzlichen Bevollmächtigung zurückführt.

5. Die Ansicht von Fellner

Eine gewisse Vertiefung der Konzeption von *Bachof* stellt der Weg von *Fellner*[113] dar. Auslegung und Subsumtion sind bei ihm genauso wie bei Bachof, und im Gegensatz zu *Jesch*, streng zu trennende Merkmale der Rechtsfindung. Im Gegensatz zu der vom Einzelfall unabhängigen Auslegung stehe die Anwendung des unbestimmten Rechtsbegriffs, die eine Beurteilung von Fall zu Fall verlange, wobei ein Wert- und Erfahrungsurteil einzusetzen sei. Dabei handelten die Verwaltungsbehörden dann nicht unrecht, wenn das von ihnen gewonnene Beurteilungsergebnis vertretbar sei, nämlich dann, wenn es (noch) mit der Streuung korrespondiere, die dem unbestimmten Begriff seiner Natur nach eigen und dabei in den Vollzug notwendig einbezogen sei. Es bestehe damit eine gesetzgeberische Toleranzgrenze für die Beurteilungen der Verwaltung ähnlich der Gewichtsgrenze im Münzwesen. Dagegen müssen die gesetzlichen Voraussetzungen eines Rechts oder einer Pflicht unbeschränkt überprüfbar sein[114]. Auch Fellner gibt damit eine rein materiellrechtliche Begründung für die Zulässigkeit eines Beurteilungsspielraums.

6. Die Ansicht von Hummel

Eine besondere Konzeption zum Beurteilungsspielraum bei Prüfungsentscheidungen hat *Hummel*[115] entwickelt. Ohne zum Problem der Zulässigkeit eines Beurteilungsspiels im allgemeinen endgültig Stellung zu

---
[111] Vgl. unten Ziff. 10.
[112] Vgl. zur Kritik *Menger*, Verw.Arch. 55 (1964), 275 (276) gegen BVerwGE 17, 5 ff., wobei die beiden Begriffe „unvertretbares Urteil" und „Beurteilungsspielraum" verquickt werden.
[113] Vgl. in DVBl. 66, 161 (164 ff.).
[114] Nach *Jesch*, AÖR 82 (1957), 245, und *Maunz-Dürig-Herzog*, Grundgesetz, Art. 19 Abs. 4 GG, RN 32, gilt dies nur für die Eingriffsverwaltung.
[115] In „Gerichtsschutz gegen Prüfungsbewertungen".

beziehen, entnimmt Hummel aus der besonderen Sachverhaltstypik bei Prüfungsentscheidungen[116], sowie aus der Notwendigkeit eines funktionierenden Schul- und Hochschulsystems, daß den Lehrern und Prüfern ein gerichtsfreier Bereich primär eigenverantwortlicher Beurteilung und Bewertung überlassen bleiben muß[117]. Nur die willkürliche Entscheidung sei justitiabel[118], wobei der Kläger die objektive Beweislast für die geltend gemachte Willkür habe[119]. Sachverständigenbeweisanträge seien bezüglich ihrer Geeignetheit strengen Maßstäben zu unterwerfen. Die Notwendigkeit eines solchen Antrags müsse sich dem Gericht aufdrängen[120]. Nach Hummel stimmt diese Konzeption auch mit der Verfassung überein. Art. 19 Abs. 4 GG enthalte nur die Möglichkeit, Gerichtsschutz in Anspruch zu nehmen, sage aber nichts über die Rechtsschutzintensität aus[121]. Zwar gebe es im Prüfungsbereich durchaus Rechtsverletzungen, vor allem bezüglich Art. 3 Abs. 1 GG[122], die Auslegung des Begriffs „Rechtsweg" im Lichte eines für das Gemeinwesen funktionsfähigen Prüfungs- und Bildungswesens[123] führe aber in jedem Falle zu einem gerichtsfreien Bewertungsraum. Auch über die Gewaltenteilung[124] und Art. 103 Abs. 1 GG[125] ergebe sich kein anderes Ergebnis, wenn auch gerade das rechtliche Gehör den eigentlichen verfassungsrechtlichen Standort des Rechtsschutzinhalts — so Hummel — darstelle.

7. Die Ansicht von Czermak, Kopp, Rupp und Waltner

Nach *Czermak*[126], *Kopp*[127], *Rupp*[128] und *Waltner*[129] besteht das Problem des Beurteilungsspielraums — soweit man diesen Begriff überhaupt ver-

---

[116] So ebenda, S. 32; ähnlich *Lerche*, Übermaß und Verfassungsrecht, S. 331, 352: „Gerichtliche Nachprüfungsweite ist nur durch Erfassung und Typik der einzelnen Sachverhaltsgruppen zu bestimmen"; und Hess. VGH, Verw. Rspr. 18, 822 f.
[117] Vgl. *Hummel*, S. 31 ff.
[118] Vgl. *Hummel*, S. 32.
[119] Vgl. *Hummel*, S. 42, sowie *Dahlinger*, NJW 57, 7 (8); *Bettermann*, Verh. des 46. Dt. Juristentages Bd. II, Teil E, S. 45; *Eyermann-Fröhler*, VwGO, § 86 RN 3; *Redeker*, NJW 66, 1780; *Czermak*, JuS 68, 399 (403). A. A. OVG Bremen, NJW 63, 1076.
[120] Vgl. *Hummel*, S. 39 (41); a. A. *Czermak*, JuS 68, 403, der offenbar stets einen Sachverständigenantrag zulassen will.
[121] Vgl. *Hummel*, S. 49 f., 55 f.
[122] Vgl. *Hummel*, S. 36, 54.
[123] Vgl. *Hummel*, S. 57.
[124] Vgl. *Hummel*, S. 70 ff.
[125] Vgl. *Hummel*, S. 62 ff.
[126] Vgl. in NJW 61, 1905 ff.; JZ 63, 276 ff., DÖV 62, 921 (923); NJW 64, 122 und 939; DVBl. 66, 366, DÖV 67, 673.
[127] In DÖV 66, 317 ff.
[128] In „Grundfragen", S. 212 ff.; er stellt insbesondere auf ein richterliches „Letztentscheidungsrecht" nach Art. 19 Abs. 4 GG ab, vgl. v. a. S. 218.
[129] In „Gerichtliche Überprüfbarkeit von Beurteilungsspielräumen", S. 325 ff.; vgl. auch *Reuß*, DVBl. 53, 585 ff. und 649 ff.; *Gruson*, Die Bedürfniskompetenz, S. 103 f.; *Schweiger*, DVBl. 68, 481 (484, FN 33).

§ 2 Zulässigkeit von Ermessens- und Beurteilungsspielräumen 133

wenden will — nur prozessual. Die bisher vertretenen Meinungen, die einen Beurteilungsspielraum der Verwaltungsbehörden annehmen, seien nicht in der Lage, eine in bezug auf Art. 19 Abs. 4 GG zufriedenstellende Begründung zu geben. Von den genannten vier Autoren, teilweise auch von *Kellner*[130], wird die Beweiswürdigung und die Beweislast als gangbarer Lösungsweg[131] hinsichtlich des Gesamtproblems angesehen. Gerade die besondere Sachkunde der Verwaltung, wie auch die „nichtmitteilbaren Imponderabilien", könnten in die Beweiswürdigung einfließen und letztlich in der Beweislast ihren Niederschlag finden.

Anknüpfend an die Erkenntnisse von Czermak und Rupp stellt insbesondere Waltner in einer eingehenden Arbeit zum Problem des Beurteilungsspielraums das verfassungsrechtlich eingeräumte Letztentscheidungsrecht der Gerichte[132] und die totale gesetzliche Bindung der Verwaltung gegenüber dem einzelnen Bürger[133] in den Mittelpunkt seiner Erörterungen. Ein Beurteilungsspielraum könne nach alldem nur prozessual erklärt werden.

8. Die Ansicht von Schmidt-Salzer

Auch nach *Schmidt-Salzer*[134] läßt sich ein verwaltungsbehördlicher Beurteilungsspielraum nur prozessual rechtfertigen[135]. Die Notwendigkeit der rationalen Begründbarkeit von Verwaltungsentscheidungen und die Schwierigkeiten bei dem faktischen Nachvollziehen können das Problem nicht in das materielle Recht verlagern. Solange gerade rational mitteilbare Gegebenheiten bestünden, können Sachnähe, Erfahrung usw. nicht die gerichtliche Überprüfbarkeit ausschließen[136]. Die Eindeutigkeit des Normbefehls[137] und die Gesetzmäßigkeit der Verwaltung lassen nur bei höherrangigem Recht, wie dem Selbstverwaltungsrecht der Gemeinden, einen Beurteilungsspielraum zu[138]. Schmidt-Salzers Position ist damit ebenfalls prozessual orientiert.

9. Übrige Ansätze in der Literatur

Andere Literaturbestimmungen, die sich weniger um die geschlossene Einordnung des Beurteilungsspielraums bemühen, verweisen insbeson-

---

[130] So in NJW 66, 857 ff.
[131] Vgl. dazu *Waltner*, S. 325 ff.
[132] So v. a. *Rupp*, Grundfragen, S. 218 f.
[133] Von der Unzulässigkeit eines Beurteilungsspielraums bei verfassungsmäßigen Rechten, wie Eigentum und Freiheit, geht auch *Jesch*, AöR 82 (1957), 245 ff., aus, da der Gesetzgeber insofern keine Freiheit besitze. So auch BVerwGE 16, 116 (129) beim Eigentum (§ 9 Abs. 3 BFernStrG) und BVerwGE 23, 194 (201) bei der Meinungsfreiheit.
[134] Vgl. in „Der Beurteilungsspielraum der Verwaltungsbehörden".
[135] So S. 29, 76 ff.
[136] Vgl. *Schmidt-Salzer*, S. 63.
[137] Vgl. *Schmidt-Salzer*, S. 59.
[138] Vgl. *Schmidt-Salzer*, S. 57 f., 59.

dere auf die Bewahrung der Funktionsfähigkeit der Verwaltung, den der Verwaltung zustehenden Eigenraum als Forderung des Gewaltenteilungsgrundsatzes[139].

10. Die Rechtsprechung des Bundesverwaltungsgerichts

Die verwaltungsgerichtliche Rechtsprechung, insbesondere die des Bundesverwaltungsgerichts, ist von der anfänglichen Annahme eines Ermessensspielraums bei unbestimmten Rechtsbegriffen[140] über die grundsätzliche Lehre vom Beurteilungsspielraum[141] nunmehr zu der in vielen Entscheidungen vertretenen Ansicht gelangt, daß es eine Beurteilungsermächtigung nur bei Prüfungs- und prüfungsähnlichen Entscheidungen, sowie bei der Bewertung von Beamten („Eignung") gebe[142].

Darüber hinaus sei ein Beurteilungsspielraum nicht anzuerkennen, es gelte durchgängig das verfassungsmäßige Gebot der uneingeschränkten tatsächlichen und rechtlichen Überprüfbarkeit durch die Gerichte[143]. Dogmatisch gründet das Bundesverwaltungsgericht seine Ansicht auf die

---

[139] Vgl. W. Weber, DÖV 61, 509 (510); Guggumos, NJW 53, 1539 (1540); Redding, DÖV 54, 365 ff.; v. Turegg, Gefährliche und gefährdete Generalklausel, S. 64; Ehmke, Ermessen und unbestimmter Rechtsbegriff im Verwaltungsrecht, S. 32; Schwankhart, Bay. VBl. 64, 133; Ossenbühl, DÖV 68, 618 ff.

[140] Vgl. BVerwGE 8, 272 (274); DÖV 60, 150 f.; DVBl 57, 496 (497); OVG Berlin, DVBl 54, 586; OVG Münster, DVBl 54, 584 (585); OVG Koblenz JZ 58, 289; Bay. VGH ES NF 11, 115 (117 f.).

[141] Vgl. BVerwGE 3, 130 (134); 4, 89 (91), wo zwar noch von „Ermessen" die Rede ist, aber die sachliche Übereinstimmung mit der Lehre von Bachof und Ule festgestellt wird. Vgl. weiter BVerwGE 6, 177 (179, 182) zu § 10 Abs. 2 Wohnraumbewirtschaftungsgesetz i. d. F. vom 23. 6. 1960 (BGBl I, S. 418), wo aus den Worten „unter Berücksichtigung" ein Beurteilungsspielraum eingeräumt wurde; BVerwGE 8, 192 ff., zur „Befähigung" im Beamtenrecht; BVerwGE 9, 284 ff., die Entscheidung in BVerwGE 4, 89 ff., bestätigend. Erst seit BVerwGE 12, 359 (363) unterscheidet das BVerwG einheitlich zwischen Ermessen und Beurteilungsspielraum, nachdem auch der 7. Senat des Gerichts dahingehend einschwenkte (vgl. noch BVerwGE 11, 165 [167]). Vgl. bezüglich der Gerichte der Länder: Hess. VGH, DÖV 57, 222 f.; OVG Lüneburg, DVBl. 58, 105 f.; VGH Stuttgart, NJW 58, 1250 f.; OVG Münster, DVBl. 59, 72 ff.; Hamb. OVG, DÖV 59, 546 (549); Bay. VGH, ES NF 11, 115 ff.; VG Berlin, NJW 64, 939 ff.; OVG Lüneburg, ZBR 63 19 f.: Beurteilungsspielraum bei „dienstlichem Bedürfnis" nach § 26 Abs. 1 BBG; Hamb. OVG, MDR 65, 417 ff., und Hess. VGH, DVBl 62, 105 f., nahmen einen Beurteilungsspielraum bei ästhetischen und künstlerischen Werturteilen an; demgegenüber BVerwGE 23, 194 ff. Vgl. auch BSGE 10, 51 (52 f.); 11, 102 (118); 14, 104 (109).

[142] Vgl. BVerwGE 11, 165 (169); 12, 20 ff.; 12, 29 ff.; 15, 3 (8); 15, 39 ff.; DÖV 61, 547 f.; DVBl 64, 825 f.; BVerwGE 17, 267 ff.; DVBl 65, 914 (916); DÖV 66, 722, ablehnend deshalb bei ästhetischen und künstlerischen Urteilen, BVerwGE 23, 112 ff.; 23, 194 (200); 24, 60 ff.; JR 68, 232; bei „dienstlichem Bedürfnis", BVerwGE 26, 65 (74 ff); ZBR 67, 146 f.; beim Begriff der „besonderen rechtlichen Vergleichbarkeit", BVerwGE 29, 279 (280); bei der „Tauglichkeit" nach § 8 a WPflG, BVerwGE 31, 149 ff.; insbesondere soweit die verfassungsmäßige Garantie des Eigentums betroffen ist; BVerwGE 16, 116 (129), und OVG Münster, NJW 67, 1774 (1776).

[143] Vgl. die Hinweise FN 145.

§ 2 Zulässigkeit von Ermessens- und Beurteilungsspielräumen 135

„Natur der Sache"[144], die „Grenze menschlicher Erkenntnisfähigkeit"[145] (die mangelnde objektive Nachvollziehbarkeit) als Hindernis für die gerichtliche Überprüfbarkeit und letztlich auf den Gesetzessinn[146]. Das Gesetz selbst fordere bei der Subsumtion des Sachverhalts unter einen ausfüllungsbedürftigen Begriff eine höchstpersönliche Entscheidung, die der richterlichen Nachprüfung nicht voll zugänglich sei[147] und beträfe damit nicht den Umfang des Rechtsschutzes, sondern nur die Intensität, für die aber Art. 19 Abs. 4 GG nichts enthalte.

III. Der mögliche Ansatzpunkt zur Problemlösung

Aus dieser Darstellung des Meinungsspektrums der Begründungen und Ablehnungen eines gerichtlich nicht überprüfbaren Beurteilungsspielraums wird gerade auch ersichtlich, wie stark die Ansichten über den Inhalt des Art. 19 Abs. 4 GG und des grundgesetzlichen Rechtsstaats auseinandergehen. Die tieferen, im Rechtsstaat eingelagerten Beziehungen zwischen Art. 19 Abs. 4 GG und der Gewaltenteilung einerseits, sowie der Gesetzmäßigkeit der Verwaltung und Art. 19 Abs. 4 GG andererseits, sind dabei weitgehend im Dunkeln geblieben[148]. Der Vorwurf von *Rupp*, die herrschende Meinung unterliege einem methodischen Fehler, da sie nicht erklären könne, inwieweit aus der Sachkennerschaft die Letztkompetenz folge, hat hier seine Berechtigung[149]. Vor allem die Rechtsprechung, die einerseits eine vollkommene tatsächliche und rechtliche Überprüfbarkeit fordert[150], bleibt widersprüchlich, wenn sie punktuelle Ausnahmen aus faktischen Schwierigkeiten[151] bei Prüfungsentscheidungen und Beamtenbewertungen macht.

---

[144] Vgl. BVerwGE 15, 39 (41); 14, 251 (254); DVBl. 64, 825 ff.; ähnlich BVerwGE 5, 153 (163).
[145] Vgl. BVerwGE 5, 153 (162).
[146] Vgl. BVerwG 15, 39 (41); 31, 149 (153).
[147] Damit wird genauso wie bei *Kellner*, NJW 66, 857 ff., und *Hummel*, S. 31 ff., der Beurteilungsspielraum vom unbestimmten Rechtsbegriff im eigentlichen gelöst. Es wird ein höchstpersönliches Urteil aus dem Wesen der Prüfungs- und Beamtenbewertungsentscheidungen entnommen. Vgl. dazu BVerwGE 11, 165 (167); 12, 20 ff.; 12, 29 (34); 15, 3 (8); 21, 127 (131).
[148] Vgl. dazu v. a. BVerwGE 5, 153 (162); 8, 272 (274); 29, 70 (71).
[149] In „Grundfragen", S. 212 ff.
[150] Vgl. dazu auch BVerfGE 15, 275 (282); 18, 203 (212); NJW 67, 923; NJW 68, 243. BVerwGE 15, 275 (282); NJW 55, 967; BVerwGE 29, 279 (281), bei der Wertung des „konkreten Inhalts eines gemeindlichen Amtes nach Wert und Bedeutung" bezeichnet das BVerwG die Einräumung einer Beurteilungsermächtigung durch das Berufungsgericht als „tatrichterliche Resignation vor typischen tatrichterlichen Aufgaben". Vgl. auch BGH, Verw. Rspr. 8, 486 ff., sowie *Maunz-Dürig-Herzog*, Grundgesetz, Art. 19 Abs. 4, RN 47.
[151] Vgl. zur Hervorhebung der mangelnden Nachvollziehbarkeit durch entsprechende Beweismittel BVerwGE 23, 194 (200); 26, 65 ff.; DVBl 66, 35 (37); OVG Münster, OVGE 18, 252 (257); 18, 273 (278, 280); Verw. Rspr. 16, 700 f.

Es soll im weiteren keine ins Detail gehende Einzelkritik an den dargestellten Ansichten erfolgen. Die Aufgabe im Rahmen dieser Arbeit wird nur noch in der Entwicklung der eigenen Konzeption anhand der bereits aufgefundenen Einzelergebnisse zu Art. 19 Abs. 4 GG gesehen.

IV. Die eigene Lösung

Ausgangspunkt für alle Überlegungen muß die Trennung von subjektiven öffentlichen Rechten und dem Rechtsschutz als solchem sein[152]. Art. 19 Abs. 4 GG setzt das „Recht" voraus, begründet es aber nicht. Soweit also die Zulässigkeit von Beurteilungsspielräumen auf der Ebene der „Rechte" und damit der materiellen Gesetze ihre Begründung findet, muß der Rechtsschutz selbst davon unberührt bleiben[153].

Die Frage in diesem Zusammenhang muß deshalb lauten: Läßt sich die Annahme eines subjektiven öffentlichen Rechts durch einen der Verwaltung zustehenden Beurteilungsspielraum bei unbestimmten Rechtsbegriffen einschränken oder gar ausschließen? Nach *Bachof, Ule, Jesch, Kellner, Fellner* und der Rechtsprechung ist diese Frage, wenn auch mit unterschiedlicher Reichweite, zu bejahen. Die Begründung dafür wird aus der durch das Gesetz geregelten Materie und dem Charakter des unbestimmten Rechtsbegriffs[154] — z. B. Wert- oder Erfahrungsbegriff — entnommen. Der eigentliche Grund, der auch immer wieder in der Literatur durchklingt, ist aber die faktische Schwierigkeit bei der Objektivierbarkeit des zu bewertenden Vorgangs, ja überhaupt der Nachvollziehbarkeit der zu beurteilenden Situationen durch die Gerichte[155]. Die gerichtliche Beurteilung könne damit nicht richtiger, sondern nur gleich oder anders sein[156].

Alle diese Erwägungen und Folgerungen hindern jedoch nicht daran, auch die unbestimmten Rechtsbegriffe der Rechtskontrolle durch die Gerichte zu unterwerfen. Aus dem Grundsatz der Gesetzmäßigkeit von

---

[152] Vgl. dazu oben IV. Kapitel, § 1, wie hier *Schmidt-Salzer*, S. 50.
[153] So im Ansatz v. a. *Jesch*, AÖR 82 (1957), 244 ff., der allerdings dann auch davon ausgeht, daß die „Rechte" durch Beurteilungsspielräume bei Vorliegen unbestimmter Rechtsbegriffe eingeschränkt werden. Auf Jesch berufend OVG Münster, OVGE 14, 38; vgl. aber auch Jesch in „Gesetz und Verwaltung", S. 205, wo Jesch einen totalen Gesetzesvorbehalt vertritt. Die Frage des Vorliegens von „Rechten" und das Problem der Rechtsschutzintensität vermengen BVerwGE 15, 39 (41); DVBl 64, 825 ff.; *Ule*, VVDStRL 15 (1957), 133 (172); *Arentz*, S. 176; *Holland*, DVBl. 68, 245 (247).
[154] Vgl. v. a. *Bachof*, JZ 55, 97 ff.; *Ule*, Gedächtnisschrift für Walter Jellinek, S. 309 ff.; VVDStRL 15 (1957), 133 (166 ff.); DVBl 66, 574.
[155] Vgl. *Jesch*, AÖR 82 (1957), 163, 241 f.; *Schick*, ZBR 67, 297 (302); BVerwGE 31, 149 ff. (153); vgl. auch *Schmidt-Salzer*, S. 30 m. w. N.
[156] Vgl. *Menger*, Grundrechte, S. 717 (751); *Bettermann*, Grundrechte, S. 797 f.; *Krüger*, Allgemeine Staatslehre, S. 291; *Eyermann-Fröhler*, VwGO, § 114, RN 9a; *Ule*, DVBl 66, 574 (575); *Pötter*, Gedächtnisschrift für H. Peters, S. 906, 912; *Menger-Erichsen*, Verw.Arch. 58 (1967), 70 f.

§ 2 Zulässigkeit von Ermessens- und Beurteilungsspielräumen   137

Verwaltung und Rechtsprechung nach Art. 20 Abs. 3 GG ergibt sich, daß diese Bindung nur übereinstimmend gesetzes- und rechtskonform sein kann, sich also bei Verwaltung und Gerichten entsprechen muß[157]. Nur dort, wo das Gesetz selbst die Differenzierung ausdrücklich oder mit klarem Sinn trifft, wie z. B. beim Ermessen, fällt die verwaltungsmäßige und gerichtliche Bindung auseinander, und haben die Gerichte nicht den gleichen gesetzlichen Spielraum wie die Verwaltung. Darüber hinaus würde ein weiteres Auseinanderfallen der gesetzlichen Bindungsintensität von Verwaltung und Rechtsprechung, vor allem in Anbetracht der Häufigkeit unbestimmter Rechtsbegriffe, eine innere Lösung dieser gesetzlichen Bindung und damit auch die Aushöhlung der gerichtlichen Überprüfbarkeit nach Art. 19 Abs. 4 GG bedeuten[158]. Insbesondere aus der Sicht des Einzelnen, der sein Individualrecht nur auf das Gesetz gründen kann, bleibt die Bewertungsfreiheit nicht zu rechtfertigen. Die Unsicherheit mit der — ohne absolute Kriterien — ein Beurteilungsspielraum in einen unbestimmten Rechtsbegriff hineingelesen werden könnte, läßt sich nicht ausräumen[159]. Wann z. B. ein Akt der Verwaltung eine höchstpersönliche Beurteilung erfordert und wann nicht, ist eine Frage, die nicht durch das Gesetz, sondern nur durch die faktische Nachvollziehbarkeit, die Möglichkeit der nicht mitteilbaren Imponderabilien, beantwortet werden kann. Es fehlt nicht, wie Bachof[160] und Jesch[161] meinen, an einem praktikablen Kontrollmaßstab für Art. 19 Abs. 4 GG, sondern es wird überhaupt die mögliche Prüfungsgrundlage der gerichtlichen Beurteilung entzogen und dem Gericht der Weg zur Kontrolle abgeschnitten. Wenn die Gesetze mit unbestimmten Rechtsbegriffen bereits für die Anwendung und Subsumtion durch die Verwaltung als rechtsstaatlich tauglich erscheinen, so kann ihnen bei der Anwendung durch die Rechtsprechung diese Fähigkeit nicht abgesprochen werden.

Weil also der Inhalt der „Rechte" nach Art. 19 Abs. 4 GG nur aus den materiellen Gesetzen zu beziehen ist und die Auslegung der damit verbundenen unbestimmten Rechtsbegriffe nicht einem Verwaltungsvorbehalt unterliegt, ist das Problem der Zulässigkeit eines Beurteilungs-

---

[157] So *Reuß*, DVBl 59, 533 (535); *Schmidt-Salzer*, S. 53, 59; *Waltner*, S. 241, 257; *Häberle*, JZ 71, 145 ff.; vgl. aber auch *Ule*, Über das Verhältnis von Verwaltungsstaat und Rechtsstaat, S. 127 (165); BVerfG 6, 32 (42 f.); 8, 274 (325); 13, 153 (161); 20, 150 (157 f.); 21, 73 (79 f.).

[158] Vgl. *van Husen*, DVBl 53, 70 (72), der bezüglich der Anwendung unbestimmter Rechtsbegriffe vom „täglichen Brot der Verwaltungsgerichte" spricht.

[159] Vgl. *Waltner*, S. 237; im übrigen besteht ja eine rechtsstaatliche Vermutung zugunsten eines Rechtsanspruchs, vgl. BVerfGE 15, 275 (282); sowie *Bachof*, Gedächtnisschrift für Walter Jellinek, S. 302.

[160] In „Verfassungsrecht, Verwaltungsrecht, Verfahrensrecht", Bd. I, S. 231, 233.

[161] In AÖR 82 (1957), 241.

spielraums der Verwaltungsbehörden nur noch verfahrensrechtlich zu lösen[162].

Zum Teil wird ausgeführt, Art. 19 Abs. 4 GG eröffne nur den Rechtsweg, sage aber nichts über die Rechtsschutzintensität aus. Es werden dabei sogar Rechtsschutzintensität und das Vorliegen verletzbarer subjektiver öffentlicher Rechte soweit miteinander vermengt, daß bereits die Verneinung von letzterem als mangelnde Rechtsschutzintensität betrachtet wird[163]. Oben wurde deutlich die dogmatische Notwendigkeit einer klaren Unterscheidung zwischen beiden Bereichen aufgezeigt. Nur unter dem gemeinsamen Dach des Rechtsstaats kann eine Beziehung zueinander geschaffen werden. Rechtsschutzintensität kann innerhalb des Art. 19 Abs. 4 GG nur prozessuale Verwirklichung bereits bestehender materieller Rechte heißen[164]. So mußte auch die Ansicht von *Hummel* abgelehnt werden, weil sie die Rechtsschutzintensität nur aus Art. 103 Abs. 1 GG erklärt und Art. 19 Abs. 4 GG damit zu einer rein formalen Hülle reduziert[165]. Rechtsschutz nach Art. 19 Abs. 4 GG kann nicht nur die Möglichkeit bedeuten, Gerichte überhaupt anrufen zu können, sondern enthält die Gewährleistung einer rechtsstaatlichen prozessualen Substanz[166].

Das durchaus richtige Postulat der vollkommenen tatsächlichen und rechtlichen Überprüfbarkeit von Verwaltungsentscheidungen durch die Gerichte macht nicht die inneren Schranken prozessualer Verwirklichung deutlich, wie die Rechtssicherheit, die begrenzte richterliche Aufklärungsmöglichkeit als faktische Beschränkung, sowie in einem weiteren Kreise auch die Gewaltenteilung[167]. Die oben dargestellten Mindestbestandteile der Rechtsschutzverwirklichung bedürfen dabei keiner Modifikation, sondern stellen den absoluten unabdingbaren Kern prozessualer Gestaltung

---

[162] So v. a. *Czermak*, NJW 61, 1905 ff.; JZ 63, 276 ff.; DÖV 62, 921 (923), NJW 64, 122; NJW 64, 939; DVBl 66, 366; DÖV 67, 673; *Kopp*, DÖV 66, 317 ff.; *Rupp*, Grundfragen, S. 212 ff.; *Schmidt-Salzer*, S. 76 ff.; *Waltner*, S. 325 ff.; VG Frankfurt, JZ 61, 65; JZ 62, 504, das die Zensuren schriftlicher Arbeiten aufgrund eigener Sachkunde und mit Hilfe von Sachverständigen überprüfte. Vgl. auch LVG Hamburg, MDR 53, 189 und Hamb. OVG, Verw. Rspr. 8, 547 ff., zur Überprüfung schulischer Beurteilungen: OVG Münster, OVGE 13, 269 (272 ff.); Hess. VGH, Verw. Rspr. 9, 12 (16); OVG Lüneburg, MDR 66, 445 (446), zur „Hilfsschulfähigkeit"; Hamb. OVG, DVBl 60, 652 f.; DVBl 60, 742 (744); Verw. Rspr. 16, 568 (572 f.), zur Eignung für den Besuch eines Gymnasiums.
[163] Vgl. oben FN 156.
[164] Vgl. oben IV. Kapitel, § 3, C.
[165] Vgl. *Hummel*, S. 62 ff., mißverständlich S. 63 (zu Art. 19 Abs. 4 und Art. 103 Abs. 1 GG: „Beide Prozeßgrundrechte haben gemeinsam, daß sie auf effektiven Rechtsschutz abzielen); vgl. im übrigen oben IV. Kapitel, § 3, C, VI.
[166] Vgl. oben IV. Kapitel, § 3, C.
[167] Zu den darüberhinausgehenden aus den apriorischen Einschränkungen des gerichtlichen Nachprüfungsrechts entstehenden nachteiligen gesellschaftlichen Ausstrahlungen vgl. *Schmidt-Salzer*, S. 96 ff. („Der Rechtsstaat als sozialpsychologisches Faktum wäre gefährdet", S. 96).

§ 2 Zulässigkeit von Ermessens- und Beurteilungsspielräumen

dar, der allenfalls im Einzelfalle einer Präzisierung bedarf. Im Zusammenhang mit der Behandlung der Frage eines zulässigen Beurteilungsspielraums stehen der Amtsermittlungsgrundsatz und die sich aus diesem ergebenden Konsequenzen für die Durchführung des Beweises, der Beweiswürdigung und der Beweislast. Nur in diesem Rahmen kann die Nichtaufklärbarkeit der zu beurteilenden Tatsachen, wie z. B. die nicht mögliche Objektivierbarkeit der Prüfungssituationen, diskutiert werden und können Folgerungen für die Schranken des Rechtsschutzes gezogen werden[168]. Daß der Kläger die Beweislast für die Rechtswidrigkeit eines ihn betreffenden Prüfungsakts oder einer beamtenrechtlichen Eignungsbeurteilung trägt[169], ist Voraussetzung eines funktionierenden Rechtsschutzsystems auch im öffentlichen Recht. Ohne eine solche Beweislastzuteilung würde der Rechtsschutzsuchende die Möglichkeit haben, durch das Gericht tatsächlich eine unberechtigte Leistungsbewertung zu erhalten[170]. Die Prüfungen und die Leistungsnachweise selbst wären damit nach Erhebung einer Klage nur noch von sekundärer Bedeutung. Aber auch die zu Ungunsten des Klägers bestehende Beweislast kann nicht verhindern, daß das Gericht die Möglichkeit haben muß, alle für die Bewertung des Einzelfalls erforderlichen Beweismittel heranzuziehen, um sich dann von der zu beurteilenden Situation selbst ein Bild machen zu können, möglicherweise auch durch die Anhörung von Sachverständigen[171]. Daß das Gericht dabei immer nachprüfen kann, ob bei Prüfungsentscheidungen der Prüfer von dem richtigen Sachverhalt ausgegangen ist und ob er die allgemeinen Bewertungsgrundsätze eingehalten und keine sachfremden Erwägungen angestellt hat, erkennen auch das Bundesverwaltungsgericht[172] und die herrschende Lehre[173] an.

---

[168] Diese Frage steht in Zusammenhang mit dem Recht auf rechtliches Gehör; vgl. dazu oben IV. Kapitel, § 3, C, VI., insbesondere zum Recht auf Akteneinsicht und zu den Grenzen der gerichtlichen Beweisaufnahme.
[169] So *Dahlinger*, NJW 57, 7 (8); *Eyermann-Fröhler*, VwGO, § 86 RN 3; *Redeker*, NJW 66, 1780; *Bettermann*, Verh. des 46. Dt. Juristentages, Bd. II, Teil E, S. 45; *Waltner*, S. 336 ff., *Czermak*, JuS 68, 399 (403); *Hummel*, S. 46; richtig auch OVG Bremen, NJW 63, 1076, das fordert, daß die Behörde die „Ungeeignetheit" i. S. des § 2 Abs. 1 Satz 2 StVG beweisen muß.
[170] Vgl. *Waltner*, S. 341, und VG Frankfurt, DÖV 62, 150 f.
[171] Vgl. *Kellner*, NJW 66, 857 (858); *Kopp*, DÖV 66, 317 (322); *Liebermann*, DVBl 66, 171 (172); *Waltner*, S. 328 ff.; vgl. auch BVerwG, DVBl 65, 914 (915), und BVerwGE 31, 149 (156 f.), zur Aufklärung durch ärztliche Sachverständige bei der „Tauglichkeit" nach § 8a Abs. 1 Satz 2 WPflG.
Auch die Stellungnahme der Behörde kann als Sachverstand „par excellence" wie eine solche eines Sachverständigen innerhalb der freien Beweiswürdigung (§ 108 Abs. 1 VwGO) gewertet werden (vgl. *Waltner*). Vgl. demgegenüber die ablehnende Haltung von *Hummel*, S. 61.
[172] Vgl. BVerwGE 8, 272 (274); 14, 31 (35); DVBl 66, 35 (36), BVerwGE 29, 70 (71) — Prüfling kann Voreingenommenheit eines Prüfers geltend machen. Vgl. auch die übrige verwaltungsgerichtliche Rspr.: OVG Münster DVBl 59, 72; VG Hannover, DVBl 68, 227; und insbesondere Hess. VGH, Verw. Rspr. 21, 783 (784 f.): „Die einzelne Leistung muß nach objektiven Kriterien beurteilt werden und verbietet es, jede einzelne Prüfungsleistung mit anderen besseren

Diese dreiteiligen Schranken richterlicher Aufklärungs- und Beurteilungstätigkeit reichen jedoch nicht aus, um einen effektiven Rechtsschutz im Einzelfall zu sichern. Der Umfang der gerichtlichen Aufklärung und Nachprüfung wird im Regelfall über diese allgemeinen Schranken hinweggehen müssen. Prüfungs- und sonstige Bewertungssituationen lassen sich nicht immer in gleichem Maße aufklären[174]. Form und Inhalt der Prüfungen unterscheiden sich oft stark, so daß die gerichtliche Nachprüfung nur die jeweils entsprechende Reichweite haben kann[175]. Es macht z. B. einen Unterschied, ob die Beurteilung auf einer mündlichen oder einer schriftlichen Prüfung beruht oder ob sie durch eine oder mehrere Personen abgenommen wird. Bei dieser Verschiedenartigkeit in den Voraussetzungen ist dem rechtsstaatlichen Grundsatz der Verhältnismäßigkeit nur mit der Abwägung im Einzelfall gerecht zu werden[176]. Dieses Ergebnis entspricht — entgegen der herrschenden Meinung — allein dem Inhalt des Art. 19 Abs. 4 GG.

§ 3 Der sogenannte „gerichtsfreie Hoheitsakt"

A. Grundsätzliches

Die Problematik, die mit dem Begriff des „gerichtsfreien Hoheitsakts"[177] zusammenhängt, läßt sich im wesentlichen auf zwei Ebenen aufzeigen. Die erste ist die des „rechtsfreien" Hoheitsaktes, d. h. die der rechtlich nicht faßbaren Handlungen von Hoheitsträgern tatsächlicher

---

oder schlechteren Leistungen anderer Prüflinge zu vergleichen und danach die Note zu geben. Nicht das Leistungsniveau einer Klasse oder einer Prüfungsgruppe bestimmt den allgemein gültigen und anzuwendenden Beurteilungsmaßstab, sondern der allgemein gültige Beurteilungsmaßstab ergibt sich aus dem Zweck und dem Ziel der Prüfung, der sich der Prüfling unterzieht."
[173] Vgl. *Ule,* Verwaltungsprozeßrecht, S. 15; *Schmidt-Salzer,* S. 27 f., 42 f. m. w. N., und *Hummel,* S. 61. (Allgem. Bewertungsgrundsatz verletzt, wenn Prüfer eine nicht herrschende oder ihm nicht genehme Richtung abqualifiziere.)
[174] *Hummel,* S, 31, der einen Beurteilungsspielraum aus der Notwendigkeit der Funktionsfähigkeit unseres Schul- und Prüfungswesens herleitet, sieht eine Schranke nur in „offenkundiger Willkür".
[175] Vgl. neuerdings Hess. VGH, Verw. Rspr. 21, 783 (786). Der VGH verlangt für eine fehlerfreie Prüfung zumindest eine stichwortartige Aufzeichnung des Gangs der mündlichen Prüfung.
[176] Vgl. auch *Schweiger,* DVBl 68, 481 (484, FN 33).
[177] Dieser Begriff wird hier unter dem Aspekt des Individualrechtsschutzes in einem weiten Sinne gebraucht, um die gesamte Problematik im Verhältnis zu Art. 19 Abs. 4 GG aufzeigen zu können. Insofern nützt auch die Definition von *Seuffert* (vgl. unten). Soweit in der Literatur bei politischen Entscheidungen von „justizlosen Hoheitsakten" die Rede ist, wird damit zumeist weniger der Gesichtspunkt des Individualrechtsschutzes als vielmehr die Gewaltentrennung zwischen Justiz und Exekutive im Bereich der Politik angesprochen, vgl. *van Husen,* DVBl 53, 70 ff.; *Lenz,* Umfang der gerichtlichen Prüfungsbefugnis, S. 25 (FN 35), S. 34 (FN 102); *Forsthoff,* Lehrbuch (8), S. 467 f.; *Wolff,* Verwaltungsrecht I, § 46 III 2, S. 300.

§ 3 Der sogenannte „gerichtsfreie Hoheitsakt"

Art, wie z. B. der Neujahrsempfang des Bundespräsidenten, das Abhalten einer Pressekonferenz, die Erteilung eines Interviews usw.[178]. Die zweite ist die des rechtlichen aber gerichtlich nicht überprüfbaren Hoheitsakts[179]. Es handelt sich bei letzerer um in rechtliche Formen einfaßbare hoheitliche Handlungen — dazu gehören auch Unterlassungen — die zwar von objektivrechtlicher Relevanz sind, denen aber der Individualbezug und damit die Grundvoraussetzung für den Rechtsschutz nach Art. 19 Abs. 4 GG fehlt[180]. Auch nach der Entscheidung des Bundesverfassungsgerichts[181] zur gerichtlichen Überprüfbarkeit von Gnadenentscheidungen und der dadurch entfachten Diskussion über die Problematik des „gerichtsfreien Hoheitsakts" erscheint es notwendig, die klare Trennung zwischen der Begründung von Individualrechten als allgemeiner rechtsstaatlicher Aufgabe und der Bestimmung der Rechtsschutzintensität nach Art. 19 Abs. 4 GG besonders zu betonen[182]. Darüber hinaus muß der gesamte verfassungsrechtliche Einfluß, sei er direkter oder rechtsstaatlich-immanenter Art, eine angemessene dogmatische Einstufung finden.

Hinsichtlich des Gnadenrechts des Bundespräsidenten nach Art. 60 GG würde die Annahme eines gerichtsfreien Hoheitsakts etwa bedeuten, daß die Annahme eines Individualrechts i. S. des Art. 19 Abs. 4 GG entweder überhaupt nicht in Betracht kommt oder aber nur zwischen dem Bereich des „Rechts" und der gerichtlichen Überprüfbarkeit eine Barriere errichtet würde. Letzteres hieße mit anderen Worten, daß ein Gerichtsschutz trotz einer Rechtsverletzung nicht bestünde.

Auf diesem Hintergrund wird die Definition von *Seuffert*[183] zum „gerichtsfreien Hoheitsakt" verständlich. Nach Seuffert handelt es sich dabei um einen Hoheitsakt, „der nicht der Überprüfung auf Willkür unterliegt, weil er nach seinem Sinn und seiner Qualifikation einer solchen Überprüfung nicht zugänglich ist, nicht überprüfbar ist, oder weil es aus denselben Gründen Rechte zu deren Schutz der Rechtsweg aus Art. 19 Abs. 4 GG eröffnet ist, nicht berühren kann".

Die hier gestellte Aufgabe kann es nicht sein, die Vielfalt der in Frage kommenden hoheitlichen Akte einer genaueren Prüfung ob ihrer ge-

---

[178] Vgl. *Wolff*, Verwaltungsrecht I, § 46 2, S. 300.
[179] Vgl. *Lenz*, S. 25 (FN 35), S. 34 (FN 102). Wie H. *Schneider*, Gerichtsfreie Hoheitsakte, S. 52, gehen auch andere Autoren (vgl. die Nachweise bei *Lenz*) nur von der Jurisdiktionsfreiheit nicht aber von der Rechtsfreiheit aus. Vgl. dazu *Lenz*, S. 27: „Ein als rechtswidrig erkannter Staatsakt darf nicht als rechtswidrig festgestellt werden."
[180] Wie sich später zeigt, ist der Ausschluß des Gerichtsschutzes trotz Verletzung eines „Rechts" i. S. von Art. 19 Abs. 4 GG nicht der regelmäßige Standort der Problematik beim sog. „gerichtsfreien Hoheitsakt"; vgl. aber auch zu Art. 46 Abs. 1 GG unten.
[181] Vgl. BVerfGE 25, 352 ff.
[182] Vgl. dazu oben IV. Kapitel, § 2.
[183] S. 494.

richtlichen Überprüfbarkeit zu unterziehen. Es soll hier nur eine Antwort auf die grundlegende Frage gefunden werden, ob es staatliche Akte mit Individualbezug geben kann, die verfassungsrechtlich begründbar der gerichtlichen Überprüfung entzogen sind. Nur soweit der einzelne Bürger überhaupt von den staatlichen Akten direkt betroffen ist, besteht eine solche Problematik innerhalb des Individualrechtsschutzes nach Art. 19 Abs. 4 GG.

Der engere Bereich der folgenden Untersuchung wird gekennzeichnet durch die beiden Begriffe des Regierungsakts[184] und des Gnadenakts[185]. Zwar dürfte auch der Gnadenakt zumeist einen Regierungsakt darstellen[186], jedoch ist eine systematisch getrennte Untersuchung angezeigt, weil beim Gnadenakt die besondere — neuerdings stark bestrittene — Antinomie von Gnade und Recht eine Rolle spielt.

Da Art. 19 Abs. 4 GG nur den Individualrechtsschutz enthält, kommen für die gerichtliche Überprüfbarkeit nur solche staatlichen Akte in Betracht, die den einzelnen in seinen „Rechten" verletzen können. Rein tatsächliche Handlungen, wie sie oben beschrieben wurden, scheiden damit von vornherein aus dem Rechtsschutz aus. Die insoweit bestehende dogmatische Klarheit wird durch die Annahme „gerichtsfreier Hoheitsakte" in Frage gestellt. Der Begriff des „gerichtsfreien Hoheitsakts" bekommt jedoch nur dann eine Daseinsberechtigung, wenn er in das obige Schema nicht eingeordnet werden kann, also echte, verfassungsrechtlich sanktionierte Ausnahmen im Rahmen der verletzbaren „Rechte" oder der Gewährleistung von Rechtsschutz kennzeichnet.

---

[184] Der „Regierungsakt" soll hier das Tätigkeitsfeld der Regierung im materiellen, organisatorischen und funktionalen Sinn charakterisieren. *Wolff*, Verwaltungsrecht I, § 46 III b 1, S. 299 f., spricht dabei von „Regierungshandlungen". Die „Regierungsakte" stellen nach *Wolff* nur den Ausschnitt der gerichtlich nicht überprüfbaren Rechtsakte der Regierung im mat. und funkt. Sinne dar (Vgl. auch Verwaltungsrecht I, § 18 I, S. 72 ff.). Die Einteilung von *Wolff* erscheint jedoch nur sinnvoll, wenn es Regierungshandlungen mit Individualbezug ohne Rechtscharakter gebe, wie möglicherweise die Gnadenakte. Wegen der Verschiedenheit der Ergebnisse der vorliegenden Arbeit im Vergleich zu *Wolff* kann dessen Einteilung nicht gefolgt werden.

[185] Die Gerichtsfreiheit beim Ermessen und beim Beurteilungsspielraum (nach der h. M.) erklärt sich im wesentlichen aus dem Ausmaß der gesetzlichen Bindung. Demgegenüber kennzeichnen Regierungsakt und Gnadenakt eine Gerichtsfreiheit auf außerrechtlicher Ebene bzw. auf der Ebene politischen Handelns. Es wird aber auch bei dieser Art von „Gerichtsfreiheit" deutlich werden, daß es auch dabei nur um die Begründung verletzbarer Individualrechte gehen kann, als Voraussetzung des Art. 19 Abs. 4 GG.

[186] Vgl. etwa nach Art. 60 Abs. 2 GG, Art. 52 bad.-württ. LV; Art. 47 bay. Verf.; Art. 121 brem. Verf.; Art. 44 hamb. Verf.; Art. 109 hess. Verf.; Art. 27 nieders. Verf.; Art. 59 nrh.-westf. Verf.; Art. 103 rhld.-pfälz. Verf.; Art. 95 saarl. Verf. i. V. mit VO vom 2. 3. 1948 und Gesetz vom 5. 8. 1948; Art. 37 schl.-holst. Verf.; vgl. auch *Wolff*, Verwaltungsrecht I, § 46 III b 2, 3, S. 300 f., nach dem der Regierungsakt zwar ein Rechtsakt ist, der nicht der gerichtlichen Überprüfung unterliegt, der Gnadenakt dagegen, auch als Regierungshandlung im funktionalen Sinne, inhaltlich keinen Rechtsakt darstellt.

§ 3 Der sogenannte „gerichtsfreie Hoheitsakt"

Die zentrale Frage ist also, ob trotz einer rechtlichen Betroffenheit des Einzelnen aus verfassungsrechtlichen Gründen die Annahme eines subjektiven öffentlichen Rechts ausgeschlossen ist. Dies wird heute noch bei den „Regierungsakten" und den „Gnadenakten" angenommen[187]. Begründet wird dies damit, daß es auf staatspolitischem Gebiete, sowie bezüglich bestimmter staatlicher Akte, eine durch das Verfassungsrecht eingeräumte Entscheidungsfreiheit gäbe, was zur Folge habe, daß der Einzelne allenfalls im Rahmen eines Reflexes, nicht aber in seinen Individualrechten betroffen sein könne[188].

Methodisch unrichtig ist es, das Problem des „gerichtsfreien Hoheitsakts" auf einer schmalen prozessualen Grundlage lösen zu wollen. In keinem Falle ist es mit der Feststellung getan, daß individuelle Rechtshandlungen der Regierung nicht als Verwaltungsakte zu qualifizieren seien[189]. Ganz abgesehen davon, daß nicht nur Anfechtungs- und Verpflichtungsklagen gemäß § 42 VvGO den Rechtsschutz nach Art. 19 Abs. 4 GG ausfüllen, sondern auch die allgemeine Leistungs- und Feststellungsklage der Garantie des Art. 19 Abs. 4 GG entsprechen, kann das Problem des Individualrechtsschutzes gegen Regierungshandlungen letztlich nur aus Art. 19 Abs. 4 GG und der Verfassung insgesamt gelöst werden. Die Einstufung bestimmter staatlicher Akte als Verwaltungsakte kann nur den Zweck haben, den Gerichtsschutz in prozessual sinnvolle Bahnen zu lenken, der Verwaltungsakt selbst bekommt dadurch aber keine eigenständige Bedeutung innerhalb des Art. 19 Abs. 4 GG[190]. Soweit in der Rechtswissenschaft früher versucht wurde, Art. 19 Abs. 4 GG auf sog. „Anfechtungsstreitigkeiten" einzuengen und damit aus dem weiten Fragenkreis um den „gerichtsfreien Hoheitsakt" auszuschließen, ist dies im Anschluß an die hier vertretene umfassende Bedeutung des Art. 19 Abs. 4 GG bei Rechtsverletzungen durch die „öffentliche Gewalt" für die weitere Untersuchung unbedeutend[191].

---

[187] Dies entspricht auch der genauen Einstufung bei *Wolff*, Verwaltungsrecht I, § 46 III b 2 3, S. 300 f.
[188] So *Seuffert*, S. 498, zum Gnadenakt. J. E. auch *H. Schneider*, Gerichtsfreie Hoheitsakte, S. 45 f., der unter Bejahung der Rechtsqualität aller Regierungsakte nicht den Versuch der tatbestandlichen Einordnung des Einzelfalls unter Art. 19 Abs. 4 GG macht; vgl. auch VG Köln, DVBl 65, 882 (885).
[189] So aber *Lenz*, S. 34, 46 ff.; vgl. demgegenüber *Schwerin v. Krosigh*, DÖV 56, 690 (691).
[190] So auch *Hamann-Lenz*, Grundgesetz, Art. 19, Anm. B 14, S. 331; die Ansicht von *Maunz-Dürig-Herzog*, Grundgesetz, Art. 19 Abs. 4, RN 24, daß jeder sog. „gerichtsfreie Hoheitsakt", der den einzelnen berührt, ohne die von der h. M. verlangten Merkmale zu besitzen, ein VA sei, kann nicht zwingend aus Art. 19 Abs. 4 GG entnommen werden. Zwar erfordert Art. 19 Abs. 4 GG einen umfassenden Rechtsschutz, jedoch bleibt es dem Gesetzgeber überlassen, welche prozessualen Mittel er im einzelnen dazu zur Verfügung stellt.
[191] Vgl. dazu oben IV. Kapitel, § 3, B. III.

B. Der sogenannte „Regierungsakt"

Die Gerichtsfreiheit von „Regierungsakten" kann nach den vorausgehenden Ausführungen nur auf bestimmte verfassungsrechtliche Aussagen zurückgeführt werden. Inwieweit es sich beim „Regierungsakt" um einen „Pappkameraden" handelt, wie *Seuffert* meint, „den jedenfalls in Deutschland weder Gesetzgebung noch Gerichtspraxis in Anspruch genommen haben"[192], kann erst die weitere Überprüfung anhand der Gesamtverfassung, insbesondere des Art. 19 Abs. 4 GG zeigen.

Geht man von der Verfassungslage nach Inkrafttreten des Grundgesetzes aus, so kann das Bemühen, aus dem Begriff der „Regierung"[193] oder durch Rechtsvergleich[194] die Gerichtsfreiheit von Regierungsakten zu begründen, v. a. in Anbetracht des Art. 19 Abs. 4 GG, zu keiner verfassungsmäßigen Lösung führen[195]. Die Maßstäbe dafür, wann Handlungen der Regierung gerichtlich überprüft werden können — hier geht es nur um Art. 19 Art. 4 GG — sind nicht aus verfassungstheoretischen, außergrundgesetzlichen Standorten zu beziehen[196]. Auch eine Qualifizierung der Regierungshandlungen[197] in solche materieller Art — als Ausübung materieller Regierungstätigkeit — oder solche funktioneller Art — als die Handlungen der Regierungsorgane — hilft zunächst nicht weiter. Jegliche pauschale Abwägung von „Regierungsakten" findet bezüglich des Rechtsschutzes nach Art. 19 Abs. 4 GG keine unmittelbare verfassungsrechtliche Rechtfertigung. Auch die Reduzierung des Art. 19 Abs. 4 GG auf Verwaltungshandlungen[198] und damit der Ausschluß von Regierungshandlungen aus dem Gerichtsschutz entspringt eher einem staatstheoretischen Wunschbild, das seinen geistigen Ursprung in der dezisionisti-

---
[192] Vgl. *Seuffert*, S. 493 (FN 1).
[193] Vgl. *F. Meyer*, Der Begriff der Regierung im Rechtsstaat, S. 108 ff.; *Scheuner*, Der Bereich der Regierung, S. 268 ff.; *Rumpf*, Regierungsakte im Rechtsstaat, S. 18.
[194] So *H. Schneider*, Gerichtsfreie Hoheitsakte.
[195] Vgl. *Rumpf*, Regierungsakte im Rechtsstaat, S. 18.
[196] So wenn aus einem induktiv festgestellten Regierungsaktskatalog der Schluß der Gerichtsfreiheit gezogen wird, vgl. *F. Meyer* und *Rumpf*, a.a.O. (FN 196); vgl. auch *Kaufmann*, Zur Problematik des Volkswillens, S. 10 ff., und in VVDStRL 9 (1951), 6 (7), der die Verfassung nur als bloße oberste Blankettnorm bewertet, die der politischen Gestaltungsbefugnis der Regierung einen nicht normierten und unnormierten Entscheidungsraum freigibt; ähnlich *Engisch*, Z. ges. St. W. Bd. 108, 424 ff., der die Regierungsakte im rechtsfreien Raum aussiedelt; vgl. demgegenüber *Doehring*, S. 43, 103.
[197] Vgl. *Wolff*, Verwaltungsrecht I, § 18, S. 72 ff.; § 46 III, b 2, 3, S. 300, 301.
[198] So *van Husen*, DVBl 53, 70 ff.; *Scheuner*, Festgabe für Rudolf Smend, S. 294; *Obermayer*, Verwaltungsakt und innerdienstlicher Rechtsakt, S. 37, 91 (er sieht eine verfassungsrechtliche Regierungsfunktion dann als gegeben an, wenn die Regierungshandlung *materiell* durch die Verf. bestimmt wird; eine Verwaltungsmaßnahme der Regierung liege dann vor, wenn die verfassungsrechtliche Verankerung nur *formell* erfolgt ist); vgl. demgegenüber *Lenz*, Umfang der gerichtlichen Prüfungsbefugnis, S. 50 f., 71, und *Maunz*, Verw. Rspr. 5, 859.

§ 3 Der sogenannte „gerichtsfreie Hoheitsakt"

schen Lehre von Carl *Schmitt*[199] hat, als einem am Grundgesetz orientierten Lösungsversuch. Eine „immanente politische Justizgrenze" ist in dieser generellen Aussage aus dem Normgefüge des Grundgesetzes nicht zu entnehmen[200]. Zwar setzt auch das Grundgesetz dem Individualinteresse mehrfach Schranken in Form des Gemeinwohls, es handelt sich dabei aber immer um Schranken des Rechts, nämlich der rechtsstaatlichen Ordnung[201]. Auch die Sicherung der rechtsstaatlichen Existenz findet ihre absolute Schranke in Art. 79 Abs. 3, 20, 1 GG[202]. Es fragt sich deshalb, ob es in diesem Staat des Rechts, bei Berücksichtigung v. a. der Art. 1 Abs. 3, Art. 19 Abs. 4, Art. 20 Abs. 3, Art. 79 Abs. 3 GG, überhaupt eine Regierungstätigkeit geben kann, die außerhalb des Bereichs der verletzbaren Individualrechte anzusiedeln wäre. Kann es also Handlungsräume für die Ausbildung staatlicher Gewalt geben, die in willkürlicher Weise ausgefüllt werden könnten? Bejaht wurde dies in neuerer Zeit vom Bundesverfassungsgericht[203] und von Seuffert[204]. Insbesondere Seuffert, der die Entscheidung des Bundesverfassungsgerichts mittrug, geht dabei aber von Überlegungen aus, die sich nicht auf die rechtliche Betroffenheit durch staatliche Akte beziehen. Gerade die von Seuffert herangezogenen Wahlen[205], sei es zu den Parlamenten auf Bundes- und Landesebene oder zu Gemeindevertretungen, schaffen nur einen Freiraum der Willkür auf Seiten des wählenden Bürgers, nicht aber auf der Seite der staatlichen Macht. Auch die Heranziehung des Art. 2 Abs. 1 GG, um Räume der Willkür innerhalb des Grundgesetzes aufzuzeigen[206], zeigt, daß Seuffert das eigentliche rechtsstaatliche Anliegen, nämlich den

---
[199] Vgl. *C. Schmitt*, Verfassungslehre, S. 204 ff.; Politische Theologie, S. 11, 19 f.; Über die drei Arten des rechtswissenschaftlichen Denkens, S. 13, 23, 28; Positionen und Begriffe im Kampf mit Weimar, S. 71, 124 (199). Vgl. zur Kritik *Kägi*, Festgabe für Giacometti, S. 111, der von einer „radikalen Normfeindlichkeit des Denkens von C. Schmitt" spricht.
[200] Vgl. zu den Versuchen, den Ausschluß der gerichtlichen Kontrolle aus dem „Wesen der Justiz" zu begründen die Kritik bei *Lenz*, S. 29 (FN 68), 32 m. w. N.
[201] Demgegenüber wird das Recht als Integrationsfaktor des Staats ausgeschieden bei *Smend*, Verfassung und Verfassungsrecht, S. 207 ff., und bei *Scheuner*, Festgabe für Rudolf Smend, S. 272, 274, der den Regierungsbereich mit dem „Politischen" und diesen mit dem Machtstreben verbindet („Politik ist auf Macht gerichtet"); vgl. dazu die Kritik an der „Irrationalität dieser Machtästhetik"; *Kelsen*, Der Staat als Integration, S. 47, 62; VVDStRL 5 (19), 118; vgl. auch *Leibholz*, Die Auflösung der liberalen Demokratie und das autoritäre Staatsbild, S. 31, und „Der Parteienstaat des Bonner Grundgesetzes" (Recht — Staat — Wirtschaft, Bd. 3), S. 123, FN 27.
[202] A. A. *Jahrreiß*, Recht — Staat — Wirtschaft, Bd. 4, S. 216; *Engisch*, Z. ges. St. W. Bd. 108, 424 f., die aus dem Vorrang der staatlichen Existenzsicherung vor der Rechtsstaatlichkeit die Nichtjustitiabilität von Regierungsakten herleiten.
[203] Vgl. BVerfGE 25, 352 ff.
[204] Vgl. S. 491 ff.
[205] Vgl. *Seuffert*, S. 495 f.
[206] Vgl. *Seuffert*, S. 495.

Schutz der persönlichen Freiheit und Würde und zugleich die Verhinderung staatlichen Machtmißbrauchs, nicht richtig in seine Überlegungen einbezogen hat. Auch der Hinweis von *Seuffert*[207] auf den Rechtsschutzausschluß bei Verletzung des Art. 17 GG, in Anlehnung an eine Entscheidung des Bundesverfassungsgerichts[208], hilft hier nicht weiter. Das Bundesverfassungsgericht, das eine Verfassungsbeschwerde wegen Verstoßes gegen Art. 17 GG nur für unbegründet, nicht aber für unzulässig hielt, hat durchaus richtig unterstellt, daß ein Rechtsweg (§ 93 Abs. 2 BVGG) gegen eine Verletzung des Art. 17 GG nicht gegeben ist[209]. Seiner Natur nach steht Art. 17 GG neben Art. 19 Abs. 4 GG. Das Petitionsrecht verstärkt die formelle Position des Einzelnen und steht gleichberechtigt neben Art. 19 Abs. 4 GG. Es handelt sich bei Art. 17 GG nicht um ein „Recht" i. S. des Art. 19 Abs. 4 GG, sondern es geht hierbei um die über Art. 19 Abs. 4 GG hinausgehende formale Stärkung des einzelnen Bürgers im Verhältnis zu den die politische Wirklichkeit beherrschenden Organen und Institutionen. Genauso sinnwidrig wie ein Rechtsschutz gegen Gerichtsakte nach Art. 19 Abs. 4 GG erschiene, ist dies auch bei gerichtlichen Überprüfungen von Petitionsentscheidungen.

Die von *Seuffert*[210] insgesamt vorgebrachten Argumente rechtfertigen es also nicht, Räume der Willkür auf staatlicher Seite verfassungsrechtlich zu begründen.

Auf der anderen Seite gibt es aber auch beim einzelnen Bürger nur rechtlich eingegrenzte Freiheiten; dies ergibt sich nicht zuletzt aus Art. 2 Abs. 1 GG. Im übrigen ist es ein Trugschluß von *Seuffert*, anzunehmen, die Verneinung eines subjektiven öffentlichen Rechts im konkreten Falle, bzw. der Ausschluß des Rechtswegs nach Art. 19 Abs. 4 GG, führe zu der Einräumung von Willkür des Handelnden. Gerade die mannigfaltigen Kontrollmechanismen auf verfassungsrechtlicher Ebene wie Art. 93 Abs. 1, Art. 21 Abs. 2, Art. 34, Art. 37, Art. 41, Art. 61 GG zeigen, daß der Verfassungsgeber nicht Willkür zum Inhalt verfassungsrechtlicher Handlungsräume machte, sondern daß rechtliche Grenzen durchgängig auf der Verfassungsebene bestehen. Kompetenznormen, sowie in materieller Hinsicht die Vielzahl der verfassungsgestaltenden Grundentscheidungen[211], wie der Grundrechtskatalog, die Strukturprinzipien der Demo-

---

[207] Vgl. *Seuffert*, S. 497 f.
[208] Vgl. BVerfGE 2, 225 ff.
[209] Vgl. auch BVerfGE 1, 337 (344 f.), und *Maunz-Dürig-Herzog*, Grundgesetz, Art. 17, RN 9, 19, 20. Bejaht wird Gerichtsschutz bei Verletzung des Art. 17 GG (als „Recht auf informatorische Entscheidung") von *Tschira-Schmitt-Glaeser*, Grundriß des Verwaltungsprozeßrechts, S. 21. Wie hier wohl *Obermayer*, NJW 56, 262 f., und OVG Hamburg, DVBl 67, 86. Vgl. auch *Maunz-Dürig-Herzog*, Grundgesetz, Art. 17, RN 80.
[210] S. 494 ff.
[211] Vgl. *Wolff*, Gedächtnisschrift für Walter Jellinek, S. 48 ff.; *Lenz*, S. 78; vgl. demgegenüber *Kaufmann*, VVDStRL 9 (1951), 7.

§ 3 Der sogenannte „gerichtsfreie Hoheitsakt"   147

kratie, die Sozialstaatlichkeit, die Rechtsstaatlichkeit, die Bindungen gemäß Art. 1 Abs. 3 und Art. 19 Abs. 1 GG, die Präambel und die Art. 24 Abs. 2, Art. 25, Art. 26, Art. 146 GG sind Ausdruck dafür.

Geht man von dieser Rechtsgebundenheit bei allem staatlichen Handeln aus, so schließt dies doch keineswegs aus, daß die Verfassung selbst Freiräume für politische Einschätzungen aus Opportunitätsgründen schafft, also die Schranken für das handelnde Staatsorgan mehr oder weniger weit zieht[212]. So sind z. B. die Bundesminister an die Richtlinienkompetenz des Bundeskanzlers (Art. 65 Abs. 2 GG), der Bundespräsident an seinen Amtseid (Art. 56 GG) und die Verfassung (Art. 61 GG), sowie das Parlament an die Grenzen der Art. 70 ff. GG gebunden. Auch die völkerrechtliche Vertretungsmacht nach Art. 58 GG hat ihre kompetentiellen als auch ihre inhaltlichen Schranken, wie die Präambel und die Art 24 bis 26 GG zeigen. Daß staatspolitische Entscheidungen aus ihrem Sinngehalt Individualpositionen nur in einem weiten mittelbaren Rahmen betreffen können, hindert dabei zumeist die Annahme eines subjektiven öffentlichen Rechts. Auch die Möglichkeit einer Ermessensüberprüfung ist dann von vornherein ausgeschlossen, da ein Individualbezug fehlen würde[213]. Soweit es also an einem Individualbezug eines staatlichen Akts überhaupt mangelt, bedeutet der oft gebrauchte Begriff des „politischen Ermessens" nur die objektiv-rechtliche Abgrenzung zu den Handlungsräumen der anderen Staatsorgane.

Problematisch hinsichtlich des Gerichtsschutzes bleiben damit diejenigen Entscheidungen der Regierung im materiellen und funktionellen Sinne, die den einzelnen Bürger direkt betreffen. Einfach zu entscheiden i. S. der individuellen Rechtsbetroffenheit sind Akte von Bundesministern, die einen eindeutigen Außenbezug gegenüber einzelnen Bürgern haben, wie z. B. die Akte im Rahmen der Art. 86 ff. GG, aufsichtsbehördliche Genehmigungen[214], Beamtenernennungen oder aber konsularische Einzelregelungen der Auslandsvertretungen der Bundesrepublik, wie die Verweigerung eines Passes[215] oder gar verwaltungsrechtliche Einzelregelungen überstaatlicher Gemeinschaftsorgane, deren Rechtsgrundlagen in Bundes- oder Landesrecht transformiert worden sind[216]. Im mili-

---

[212] Vgl. *Lenz*, S. 83; *Doehring*, S. 101 ff.
[213] Deshalb ist es unrichtig, in jedem Falle von einem „Regierungsermessen" auszugehen, weil dadurch nicht der einzelne Akt i. V. mit dem konkreten Verfassungs- und Normenbezug berücksichtigt wird; vgl. *Lenz*, S. 73; *Doehring*, S. 103.
[214] Vgl. etwa die Verbindlichkeitserklärung des Bundesministers für Arbeit und Soziales nach § 5 Abs. 1 TVG. Vgl. auch die Zusammenstellung bei *Lenz*, S. 53.
[215] Früher wurde dazu der erst- und letztinstanzliche Weg vor das BVerwG nach § 9 Abs. 1a BVerwGG eröffnet, da diesen Akten eine gewisse politische Brisanz beigemessen wurde.
[216] Für die grundsätzliche Anwendung des Art. 19 Abs. 4 GG auch im Bereich der auswärtigen Gewalt Cl. *Arndt*, DVBl 59, 270 ff.; *Hamann-Lenz*, Grund-

tärischen Bereich können Akte nach dem Wehrpflichtgesetz den Einzelnen ebenfalls unmittelbar in seinen Rechten betreffen. Einen der näheren Untersuchung für den militärischen Bereich werten Fall hatte das Bundesverwaltungsgericht[217] zu § 6 Abs. 7 WPflG zu entscheiden. Dabei ging es um die Feststellung der Rechtswidrigkeit eines Beschlusses der Bundesregierung zur Ableistung von Wehrübungen im Bereitschaftsdienst. Das Bundesverwaltungsgericht hat eine gerichtliche Überprüfung mit der Begründung abgelehnt, „unter der Verletzung von ‚Rechten' des Einzelnen i. S. der Rechtsweggarantie des Art. 19 Abs. 4 GG" seien „allein Verstöße gegen die Rechtsordnung zu verstehen, die Entscheidung hierüber müsse nach Maßgabe des Rechts möglich sein". Daran fehle es aber, „wenn die Regierungsgewalt ein gesetzlich vorgesehenes Mittel lediglich nach ihrem politischen Gutdünken handhaben darf"[218]. Mit anderen Worten heißt dies, daß es ein Individualrecht im Bereich der militärischen Verantwortung nach § 6 Abs. 7 WPflG aus übergeordneten Gründen nicht geben kann. An diesem Beispiel zeigt sich das immanente rechtsstaatliche Spannungsverhältnis zwischen dem Einzelnen und der Gemeinschaft beim Rechtsschutz nach Art. 19 Abs. 4 GG bzw. bei der Begründung der Voraussetzungen eines verletzbaren Individualrechts. Das Bundesverwaltungsgericht erkennt richtigerweise die Natur der Entscheidung nach § 6 Abs. 7 WPflG als Rechtsakt an, wenn es auch den individualrechtlichen Bezug verneint. Das Individualinteresse, das hier auf Aufhebung der Entscheidung nach § 6 Abs. 7 WPflG geht, hat seine Grenze in dem übergeordneten politischen Regelungszweck des Gesetzes. Ein Beschluß wie der nach § 6 Abs. 7 WPflG, an den die Wehrersatzämter gebunden sind, wird allein aus der politischen Verantwortung gegenüber der Gesamtbevölkerung erlassen und kann weder ein „rechtlich geschütztes Interesse" i. S. der herrschenden Meinung betreffen[219] noch einen in einer Norm zustande gebrachten Ausgleich zwischen den Angelegenheiten des Einzelnen und der Öffentlichkeit — i. S. von *Henke*[220] — auflösen.

Damit ist der Standort des Problems wie es mit dem Begriff des „gerichtsfreien Hoheitsakts" umschrieben wird, verdeutlicht worden. Es ist dies die Begründung des Individualrechts.

Kein gangbarer Weg bietet sich dagegen hinsichtlich des Ausschlusses des Rechtsschutzes an. Da die Gewaltenteilung nach dem Grundgesetz

---

gesetz, Art. 19, Anm. B 14, S. 331; nach *Maunz-Dürig-Herzog*, Grundgesetz, Art. 19 Abs. 4 GG, RN 24 dürfte es allerdings auch dabei zumeist an Rechtsverletzungen fehlen; vgl. auch *Ule*, VwGO, § 42 Anm. II, 6a, S. 167; *Loening*, DVBl 51, 223 (234).

[217] Vgl. BVerwGE 15, 63 ff. (zu § 6 Abs. 7 WPflG i. d. F. vom 28. 11. 1960).
[218] BVerwGE 15, 63.
[219] Vgl. zur Kommandogewalt *v. d. Heuydte*, Gedächtnisschrift für H. Peters, S. 526 ff.
[220] Vgl. *Henke*, S. 60 f. (FN 47).

§ 3 Der sogenannte „gerichtsfreie Hoheitsakt" 149

nur im Kernbereich garantiert wird, zumindest also keine starre Abgrenzung der Gewalten enthält, bietet sich von diesem Verfassungsgrundsatz aus keine Möglichkeit an, die Gerichtszuständigkeit gegenüber Regierungshandlungen einzuschränken.

Auch der Weg über das Rechtsschutzbedürfnis, wie er oben beim Vorgehen gegen Gesetze angezeigt erschien[221], bringt hier keine Lösung. Unüberprüfbare Regierungsakte, wie der Beschluß nach § 6 Abs. 7 WPflG werden eben dann nicht überprüfbar, wenn weitere Ausführungsakte ergangen sind und diese angefochten werden.

Zur Sichtbarmachung der hier gewonnenen Ergebnisse soll noch auf einen vom Verwaltungsgericht Köln[222] entschiedenen Fall näher eingegangen werden. In dem betreffenden Rechtsstreit ging es darum, ob ein von einem beamteten Staatssekretär, als Vertreter des Ministers, im Parlament beleidigter Bürger erfolgreich Klage auf Widerruf im Wege eines Folgenbeseitigungsanspruchs vor dem Verwaltungsgericht erheben kann. Das Verwaltungsgericht wies die Klage wegen mangelndem Rechtsschutzbedürfnis mit der Begründung ab, „das Gewaltenteilungsprinzip und die parlamentarische Verantwortlichkeit der Bundesregierung und damit des Staatssekretärs" rechtfertige nicht die „Annahme einer schutzwerten Rechtsposition eines Außenstehenden", und außerdem könne das Parlament nicht zur Entgegennahme eines Widerrufs verpflichtet werden. Art. 19 Abs. 4 GG stehe dem nicht entgegen, da die Auswirkungen der Verhandlungen im Bundestag für einen Außenstehenden nur als „Reflexe" des zwischen den parlamentarischen Akteuren sich abspielenden politischen Verfahrens zu werten seien. Außerdem sei Art. 19 Abs. 4 GG deshalb ausgeschlossen, weil das Merkmal der „öffentlichen Gewalt" nur die „vollziehende Gewalt" umfasse. „Vollziehende Gewalt" bedeute hier aber nur „gesetzesausführende Gewalt" und erfasse daher nicht die „aus dem Parlamentarismus erwachsene Regierungstätigkeit besonderer Art", wie sie hier vorliegen soll[223].

In den beiden zu dieser Entscheidung ergangenen Besprechungen von *Bettermann*[224] und *Arndt*[225] wird diese übereinstimmend in den wesentlichen Punkten ihrer Begründung abgelehnt, wobei allerdings Arndt das Ergebnis für richtig hält.

Der Kritik von Bettermann, die auch Arndt übernommen hat, ist, was die verwaltungsgerichtlichen Ausführungen zur Auslegung des Begriffs der „öffentlichen Gewalt" und zur Gewaltenteilung anbetrifft, voll zuzustimmen. Im einzelnen kann dazu auf bereits hier gemachte Ausfüh-

---
[221] Vgl. oben V. Kapitel, § 1, C.
[222] Vgl. DVBl 65, 882 ff.
[223] Vgl. DVBl 65, 882 (885).
[224] In DVBl 65, 886 ff.
[225] In DVBl 65, 954 f.

rungen verwiesen werden[226]. Nur wenig Zustimmung verdient Bettermann mit seiner Folgerung, auch die Äußerung eines Regierungsmitglieds sei nicht nur in seiner parlamentarischen Auswirkung zu sehen, so daß eine Verletzung der Ehre durch den Staatssekretär in Betracht käme. Bettermann berücksichtigt in seinen Ausführungen nicht genügend die durch die Verfassung und die einfach-gesetzlichen Regelungen abgesicherte Funktionsfähigkeit parlamentarischer Arbeit. Sichtbarster Ausdruck dieses Schutzes ist Art. 46 GG. Für Äußerungen im Bundestag gilt der Grundsatz der Indemnität nach Art. 46 Abs. 1 GG. Einzige Ausnahme ist dabei die im Parlament ausgesprochene verleumderische Beleidigung. Bringt man insoweit das in Art. 43 Abs. 2 GG verbürgte Rederecht der Mitglieder der Bundesregierung in Beziehung zu Art. 46 Abs. 1 GG, so läßt sich ein unverletzbarer verfassungsrechtlicher Kern des Schutzes der parlamentarischen Auseinandersetzung annehmen. Geschützt wird damit auch der Staatssekretär als Stellvertreter des Ministers. Je nach Fallsituation kann bei verleumderischer Beleidigung die Klage auf Widerruf — nicht unbedingt vor dem Parlament — Erfolg haben. Allein mit dem Rederecht eines Regierungsmitglieds vor dem Parlament nach Art. 43 Abs. 2 GG läßt sich nicht — wie Arndt meint — eine Nichtverantwortlichkeit begründen. Dogmatisch bedeutet das hier vertretene Ergebnis, daß zwar ein subjektives öffentliches Recht auf Widerruf besteht, daß aber der Gerichtsschutz, mit Ausnahme der verleumderischen Beleidigung, ausgeschlossen wird. Dieser Ausschluß des Gerichtsschutzes innerhalb des parlamentarischen Bereichs stellt eine grundgesetzliche Ausnahme von Art. 19 Abs. 4 GG dar und kann nicht auf Regierungsakte generell Anwendung finden. Der eigentliche Zugang zu dem Problem des „gerichtsfreien Hoheitsakts" — hier des „Regierungsakts" — bleibt das verletzbare subjektive öffentliche Recht.

C. Die Gnadenentscheidung

Als Sonderfall der „gerichtsfreien Hoheitsakte" stellt sich die Gnadenentscheidung dar. Speziell um einen Regierungsakt im materiellen und funktionellen Sinne wird es sich dabei dann nicht handeln, wenn die Gnadenentscheidung von Stellen unterhalb der Regierung getroffen worden ist[227].

---

[226] Vgl. oben V. Kapitel, § 1, A, I.

[227] Etwa durch die Strafvollzugsbehörden (Generalstaatsanwälte) oder die Regierungspräsidien (vgl. z. B. bei Bußgeldsachen bad.-württ. AO vom 22. 7. 1970 — GABl, S. 486). Dazu, daß gerade bezüglich der Gnadenentscheidungen Unklarheiten über den Begriff des „Regierungsakts" bestehen vgl. *Eyermann-Fröhler*, VwGO, § 42, RN 37, der unter Hinweis auf *Bachof* (Die verwaltungsgerichtliche Klage, S. 25 f.) meint, daß es richtig wäre, nur alle unüberprüfbaren Hoheitsakte als „Regierungsakte" zu bezeichnen und nicht wie *Bachof* dies tut, die „Regierungsakte" einerseits unter Art. 19 Abs. 4 GG zu stellen und die Gnadenentscheidungen von Art. 19 **Abs. 4 GG** auszunehmen.

Im weiteren kann es jedoch für die Frage der gerichtlichen Überprüfbarkeit von Gnadenentscheidungen nicht generell auf die erlassenden Behörden oder Organe ankommen. Wie bei den übrigen Staatsakten ist auch bei den Gnadenentscheidungen jeder einzelne Akt auf das Vorliegen eines subjektiven öffentlichen Rechts und des Rechtsschutzes zu überprüfen. Dabei dürften mögliche Unterschiede in der Bewertung der Gnadenentscheidungen nur unter dem Gesichtspunkt des speziellen gesetzlichen Rahmens, etwa des Regelungsumfangs einer Gnadenordnung, zu machen sein. Allein eine materiell-rechtliche Verschiedenheit dürfte dabei bei den Gnadenentscheidungen nicht bestehen. Im wesentlichen werden durch die Gnadenordnung nur die Gnadenverfahren geregelt[228].

Als Gnadenerweise und damit begünstigende Staatsakte stellen Gnadenentscheidungen kein Rechtsschutzproblem dar, da in jedem Falle ein Rechtsschutzbedürfnis fehlen würde[229]. Anders ist dies bei den ablehnenden Gnadenentscheidungen. Bei solchen Akten wird teilweise geleugnet, daß es sich um solche des Rechts handle, weil sich eben „Recht" und „Gnade" gegenseitig ausschlössen[230]. Demgegenüber wird angenommen, daß der Gnadenakt einen Rechtsakt darstelle[231]. Die gerichtliche Überprüfbarkeit wird in der Rechtswissenschaft dann auf das in der Gnadenordnung geregelte Verfahren beschränkt[232] oder auf ein pflichtgemäßes Ermessen ausgedehnt[233]. Auch die dissentierenden Richter des Bundes-

---

Auch *Wolff*, Verwaltungsrecht I, § 46 I b 2, S. 300 f., unterscheidet zwischen den „Regierungsakten" als gerichtlich nicht überprüfbaren „Rechtsakten" und den Gnadenentscheidungen, die außerhalb des Rechts stünden.
[228] Vgl. etwa die „AO des Bundespräsidenten über die Ausübung des Begnadigungsrechts des Bundes" vom 5. 10. 1965 (BGBl I, S. 1573), geändert durch ÄnderungsAO vom 3. 11. 1970 (BGBl, S. 1513).
[229] Vgl. *Bettermann*, Grundrechte, S. 793.
[230] So *W. Jellinek*, VVDStRL 8 (1950), 160; *Bachof*, Die verwaltungsgerichtliche Klage, S. 26; *van Husen*, DVBl 53, 70 (72); *Guggumos*, NJW 53, 1539 (1540); *Leise*, NJW 53, 1088 (1089), und NJW 55, 1668 f.; *Mattern*, JZ 53, 400 (404), und JZ 54, 435; *Obermayer*, Verwaltungsakt und innerdienstlicher Rechtsakt, S. 91; *Tietgen*, NJW 56, 1129 (1132); *Schultz*, MDR 57, 77; *Klinger*, VwGO, § 42, Anm. II 2 e, S. 187. VGH Bad.-Württ., Verw. Rspr. 2, 502 ff.; OVG Münster, OVGE 7, 146 (147); Hamb. OVG, DÖV 61, 63; JZ 69, 739; OLG Oldenburg, MDR 65, 221.
[231] So *Bettermann*, Grundrechte, S. 792 ff.; *Maunz-Dürig-Herzog*, Grundgesetz, Art. 19 Abs. 4, RN 27; *Müller*, DVBl 63, 18; *Maurer*, JZ 63, 27 ff., und JZ 69, 739; *Summser*, ZBR 65, 106 ff.; *Monz*, NJW 66, 137 ff.; *Mörtel*, Bay. VBl 68, 125; *Schunck-de Clerck*, VwGO, § 42 Anm. 29 ff., S. 208; *Hamann-Lenz*, Grundgesetz, Art. 19, Anm. 14 B, S. 332; *Knemeyer*, DÖV 70, 70 ff., und 121 ff. (zu BVerfGE 25, 352 ff.); BVerfGE 25, 352 ff. (362 ff., v. a. Mindermeinung); BFH, JZ 55, 712; Bay. VerfGH, NJW 66, 443; NJW 68, 587; Verw. Rspr. 22, 1 ff.; zweifelhaft BVerwGE 14, 73.
[232] So *Maunz-Dürig-Herzog*, Grundgesetz, Art. 19 Abs. 4, RN 27; *Dürig*, JZ 61, 166 („Verrechtlichung zu kleiner Münze"); wohl auch *Eyermann-Fröhler*, VwGO, § 42, RN 37; *Schunck-de Clerck*, VwGO, Anm. 2a ff., S. 208.
[233] So *Felix*, BB 55, 107 f.; *Bettermann*, Grundrechte, S. 792; *Maunz-Dürig-Herzog*, Grundgesetz, Art. 19 Abs. 4, RN 27; *Schunck-de Clerck*, VwGO, Anm. 2 a ff., S. 208; *Hamann-Lenz*, Grundgesetz, Art. 19, Anm. B 14, S. 332; Kne-

verfassungsgerichts in der jüngsten Entscheidung zum Gnadenakt räumen allgemein bei ablehnenden Gnadenentscheidungen die gerichtliche Überprüfbarkeit des „pflichtgemäßen Ermessens" ein[234].

Die Diskussion um die gerichtliche Überprüfbarkeit von Gnadenentscheidungen kann, genauso wie dies bei den „gerichtlichen Hoheitsakten" allgemein der Fall ist, nur auf der Ebene des Grundgesetzes geführt werden[235]. „Entwicklungsgeschichtliche und allgemeine Überlegungen zum Wesen der Gnade und ihrer Stellung in oder zum Rechtssystem verdecken nur den Blick auf die eigentlichen konkreten verfassungsrechtlichen Grundfragen zur Gnadenentscheidung, insbesondere deren gerichtliche Überprüfbarkeit nach Art. 19 Abs. 4 GG[236]." Die Beantwortung der Frage, ob der Gnadenakt ein Rechtsakt ist, kann in Anbetracht der zum Regierungsakt gemachten grundlegenden Ausführungen nur positiv ausfallen[237]. Diese erste wichtige Erkenntnis lag auch der Entscheidung des Bundesverfassungsgerichts (Mehrheitsmeinung) zugrunde. Abgesehen von der konkreten rechtlichen Erfassung, sei es durch Kompetenz- oder Verfahrensnormen, sei es auf verfassungsrechtlicher, einfachgesetzlicher oder untergesetzlicher Grundlage, und damit der inhaltlichen Verschiedenheit, kann das Wesen der Gnadenentscheidung als Rechtsakt niemals in Frage gestellt werden. In der grundgesetzlichen rechtsstaatlichen Ordnung kann die Gnadenentscheidung überhaupt nur rechtliche Verbindlichkeit als hoheitlicher Akt erlangen, wenn sie auch zum Bestandteil der Rechtsordnung geworden ist[238]. Als selbständiges Korrektiv prozessualer

---

meyer, DÖV 70, 121 (123); BFH, JZ 55, 712; *Mörtel*, Bay. VBl 68, 126 f., nimmt eine überprüfbare Ermessensentscheidung nur im Verfahren vor den Verfassungsgerichten an; so auch Bay. VerfGH, Verw. Rspr. 22, 1 (2 f.) m. w. N.

[234] Vgl. BVerfGE 25, 352 (365): „Gnadenentscheidungen als in ihrer Motivation der normativen Erfassung entzogene, nach *freiem* Ermessen zu treffende Entscheidungen (der Exekutive) ..." Nach diesem Ermessen könne der Gnadenerweis aus jedem von der Wertordnung des Grundgesetzes nicht mißbilligten Grunde abgelehnt werden, ohne daß damit Rechte des Petenten verletzt werden."

[235] So auch *Seuffert*, S. 494.

[236] So *Knemeyer*, DÖV 70, 121 (122), mit der Kritik an BVerfGE 25, 352 ff.; vgl. dazu auch *Maurer*, JZ 69, 739 (741 f.).

[237] Vgl. oben B.

[238] Vgl. BVerfGE 25, 352 (364) — Mindermeinung — zum Gnadenrecht: „Die Inhaber des Grundrechts dürfen dieses daher nur im Rahmen der verfassungsmäßigen Ordnung und der durch diese, insbesondere durch Art. 1 Abs. 3 und Art. 20 Abs. 3 GG gezogenen Grenze ausüben"; genauso *Knemeyer*, DÖV 70, 121 (123), vgl. auch *Rupp*, Grundfragen, S. 182 f. (FN 254). Im Gegensatz dazu *Seuffert*, S. 499: „freier Akt, den unsere Rechtsordnung vorsieht" (in Anlehnung an *Radbruch*, Rechtsphilosophie, S. 277 f.), und S. 502: „Hier ist also nur die Gnade, und zwar die rechtsfreie Gnade, als Notwendigkeit des Rechts selbst zu seiner Ergänzung und Sicherung gesehen, als Folge aus der Erkenntnis der Antinomien des Rechts"; ähnlich auch H. *Peters*, Entwicklung und Grundfragen, S. 282 (FN 184), der den Gnadenakt als „freien **Präsidialakt**" den justizfreien Regierungsakten hinzuzählt.

§ 3 Der sogenannte „gerichtsfreie Hoheitsakt"

Ergebnisse ist die Gnadenentscheidung auch Bestandteil der materiellen Gerechtigkeit[239].

Dieser Ausgangspunkt von der Gnadenentscheidung als Rechtsakt trifft nun aber auf den Kern des Problems, nämlich die Frage, ob bei Gnadenentscheidungen ein subjektives öffentliches Recht verneint werden muß oder der Rechtsschutz als solcher auszuschließen ist.

Bejaht man die Rechtsqualität der Gnadenentscheidung, dann läßt sich kein verfassungsrechtlich gangbarer Weg finden, nach dem die individuelle Rechtsbetroffenheit geleugnet werden könnte. Wie jeder andere hoheitliche Akt kann auch die Gnadenentscheidung verfahrens- aber auch sachliches Recht — hier gerade Art. 3 Abs. 1 GG — verletzen[240]. Daß es dabei kein eigentliches „Recht auf Gnade" geben kann, sondern nur ein Recht auf angemessene Ausübung des Gnadenrechts im Einzelfall, ergibt sich schon aus der fehlenden Grundlage eines Anspruchs auf Gnade[241]. Damit wird jedoch noch nicht die Überprüfung hinsichtlich eines ordnungsgemäßen Ermessens ausgeschlossen. Wenn nämlich schon eine rechtlich gebundene Entscheidung zu ergehen hat, so ist auch der Entscheidungsspielraum allgemeinrechtlich eingegrenzt, also zumindest an Art. 3 Abs. 1 GG gebunden. Nur wenn sich aus der Verfassung das Gegenteil begründen ließe, könnte die Gnadenentscheidung auch auf Willkür beruhen.

Es besteht verfassungsrechtlich kein Grund, die negative Gnadenentscheidung von der Überprüfung an Art. 3 Abs. 1 GG auszunehmen. Zwar ist die Entscheidung über die Gnade „eine ganz besondere Rechtsentscheidung"[242], es hat jedoch nichts mit „unzulässigem Formalismus" zu tun, wenn um der verfassungsmäßigen Bindung willen, auch der Gnadenakt der Überprüfung an Art. 3 Abs. 1 GG unterworfen wird[243]. Das Argument, daß bei einer gerichtlichen Überprüfung der Gnadenentscheidung das Begnadigungsrecht leerlaufen würde[244], da eine erneute gerichtliche

---
[239] Vgl. *Monz*, NJW 66, 139; BVerfGE 25, 352 (364): „Jede positive und negative Gnadenentscheidung muß von Motiven getragen sein, die sich an der *Gerechtigkeitsidee* orientieren, wie sie vom Grundgesetz im einzelnen konkretisiert worden ist."
[240] So *Knemeyer*, DÖV 70, 121 (123); widersprüchlich bleibt *Seuffert*, S. 498: „Es mag weitere Grenzfälle dort geben, wo ein ausdrücklich „von der Wertordnung des Grundgesetzes mißbilligter Grund" (BVerfGE 25, 352, 363) feststellbar wäre, wenn also etwa feststellbarerweise Rassendiskriminierung vorgekommen wäre."
[241] Auch die „Mindermeinung" in BVerfGE 25, 352 ff. (364) grenzt insofern das Ermessen ein: „Eine willkürliche und leichtfertige Kassation gerichtlicher Urteile im Gnadenwege wäre hiernach mit der verfassungsmäßigen Ordnung (Art. 20 Abs. 2, 92 GG) unvereinbar." Vgl. auch *Seuffert*, S. 498.
[242] So *Seuffert*, S. 499.
[243] So entgegen *Seuffert*, S. 499.
[244] So i. E. *Rupp*, Grundfragen, S. 182 (FN 254): „Es bestehen keine Kontrollmaßstäbe für Art. 19 Abs. 4 GG"; vgl. auch *Seuffert*, S. 499.

Überprüfung der rechtskräftig entschiedenen Sache stattfinden müßte, ist ebenfalls nicht einschlägig. Das Gnadengericht kann nämlich nur die Motivationen, die für den Gnadenakt maßgebend waren, in seine Prüfung einbeziehen, etwa die Härte des Gesetzes, die veränderten gesellschaftlichen Anschauungen und die Unbilligkeiten bei nachträglich veränderten allgemeinen oder persönlichen Verhältnissen[245]. Eine Abänderung des rechtskräftigen Urteils bleibt ihm damit aber verschlossen. Darum darf das Gnadengericht auch nicht etwaige Irrtümer der Urteilsfindung korrigieren, da die Rechtssicherheit, die sich mit einem rechtskräftigen Urteil verbindet, nicht durch ein erneutes Urteil aufgelöst werden darf[246]. Soweit also der Gnadenakt auf einer falschen Würdigung der Urteilsfindung beruht, kann er nicht als sachwidrig durch das Gnadengericht aufgehoben werden[247].

Das grundlegende Ergebnis wird durch solche Überlegungen jedoch nicht in Frage gestellt. Es bleibt ein Recht auf eine sachgerechte Ermessensentscheidung als formelles subjektives öffentliches Recht bestehen, gegen dessen Verletzung Gerichtsschutz gewährt werden muß[248]. Auch das Gnadenrecht des Bundespräsidenten nach Art. 60 Abs. 2 GG stellt davon keine Ausnahme dar. Irgendwelche verfassungsrechtliche Hinweise auf den Ausschluß des Rechtsschutzes gegen Gnadenentscheidungen — also nicht schon das Verneinen eines subjektiven öffentlichen Rechts — gibt es nicht, so daß sich an dem hier gewonnenen Ergebnis nichts ändert.

---

[245] Vgl. BVerfGE 25, 352 (364 — Mindermeinung). Das BVerfG bringt hierbei auch den Grundgedanken des grundgesetzlichen Rechtsstaats, nämlich den Ausgleich zwischen Einzel- und Gesamtinteresse zum Ausdruck: „Dagegen ist es legitim, wenn in der Gnadenentscheidung das Schicksal, das der Täter und seine Familie durch eine gesetzeskonforme Strafverurteilung erleiden, sowie die Wirkungen der Vollstreckung der Strafe auf das Gesamtinteresse (BVerfGE 10, 234 [246]) und die Persönlichkeit des Verurteilten berücksichtigt werden." Vgl. auch *Knemeyer*, DÖV 70, 121 (123). Demgegenüber meint *Seuffert*, S. 494 ff., daß es an Maßstäben für eine Ermessensüberprüfung fehle und deshalb die Entscheidung willkürlich ergehen könne.

[246] Vgl. zur allgemeinen Einordnung der Gnadenentscheidungen in das Gewaltenteilungssystem des GG: *Geerds*, Gnade, Recht und Kriminalpolitik, S. 25 ff., 31 ff. (leitet aus Art. 20 Abs. 2 GG her, daß auch die Gnade rational begründbar sein muß); *Blaser*, Rechtsakt und Gnadenakt im modernen Rechtsstaat, S. 61 ff. (65); *Kakies*, Sind Gnadenentscheidungen gerichtlich nachprüfbar?, S. 27 ff., 31 ff. (bindet die Ausübung der Gnadengewalt an die Zustimmung der Gerichte, S. 37); *Knemeyer*, DÖV 70, 121 (123).

[247] A. A. *Knemeyer*, DÖV 70, 121 (123); vgl. aber auch BVerfGE 25, 352 ff.

[248] Das BVerfG ist in einer späteren Entscheidung zum Widerruf eines Gnadenerweises seiner Rechtsprechung (BVerfGE 25, 352 ff.) nicht treu geblieben. Damit wird der Standpunkt des BVerfG zum Gnadenrecht von der hier bezogenen Position aus noch unverständlicher. Nach dem BVerfG soll der Gnadenerweis dem Betroffenen eine gesicherte Rechtsposition verliehen haben, deren Beeinträchtigung den Rechtsschutz freigibt. Dazu BVerfG, NJW 71, 795.

ZWEITER TEIL

Die verfassungsrechtliche Bestandskraft des Art. 19 Abs. 4 GG

Erstes Kapitel

Art. 19 Abs. 4 GG und Art. 79 Abs. 3 GG

§ 1 Die Zulässigkeit von Verfassungsänderungen im allgemeinen

Besondere Aktualität hat das Problem der verfassungsgemäßen Änderung bzw. Einschränkung des Art. 19 Abs. 4 GG a. F. durch die Beschränkungen des Post- und Fernmeldegeheimnisses innerhalb des Art. 10 Abs. 2 GG und die Einfügung des Satzes 3 in Art. 19 Abs. 4 GG durch das 17. Gesetz zur Änderung des Grundgesetzes vom 24. 6. 1968 (BGBl I, 709 ff.) im Zusammenhang mit der Notstandsgesetzgebung erlangt[1]. Auch nachdem — oder gerade deshalb weil — die Entscheidung des Bundesverfassungsgerichts zur Verfassungsmäßigkeit der genannten Grundgesetzänderungen und der in Ausführung derselben ergangenen einfachen Gesetze verkündet wurde, ist die Diskussion nicht verstummt, sondern von neuem entfacht worden. Wie *Rupp*[2] in seiner Urteilsanmerkung zutreffend ausgeführt hat, ist es vor allem die Methode mit der von der die Entscheidung tragenden Mehrheit der Richter Verfassungsexegese betrieben wurde. Das Bundesverfassungsgericht geht nämlich nicht vom Inhalt des Art. 79 Abs. 3 GG i. V. mit den Art. 20 und 1 GG als Schranke jeglicher Verfassungs-

---

[1] Vgl. v. a. BVerfG, NJW 71, 275 mit Anm. *Rupp*; vgl. im übrigen: *Hall*, JZ 68, 159 (162 ff.); *Sterzel*, Kritik der Notstandsgesetze, S. 24 ff. (32 ff.); *Dürig*, ZRP 68, 11 („Ein Orwellsches Experiment"); ZRP 69, 179; Gutachten; *Hesse*, Grundzüge, S. 154, 275 f.; *Glückert*, ZRP 69, 176 ff.; *Evers*, Gutachten; *Hamann-Lenz*, Grundgesetz, Art. 10, Anm. B 6, S. 247, Art. 19 A, S. 321; *Hall*, ZRP 70, 145 ff.; *Häberle*, JZ 71, 145 ff.
[2] Vgl. Urteilsanmerkung in NJW 71, 275 (277).

änderung aus, sondern legt zunächst die neuen Verfassungsvorschriften im Lichte der Verfassungskonformität aus[3], um dann später konstatieren zu können, daß Art. 79 Abs. 3 GG i. V. mit Art. 20 und 1 GG nicht verletzt seien[4]. Richtig kann nur der umgekehrte Weg sein, den auch die „abweichende Meinung" des Bundesverfassungsgerichts eingeschlagen hat. Nur wenn von vornherein Klarheit darüber besteht, inwieweit Verfassungsänderungen überhaupt ausgeschlossen sind, kann überprüft werden, ob und in welchem Umfang die spezielle Verfassungsänderung zulässig ist[5]. Ausgangspunkt kann hier also nur Art. 79 Abs. 3 GG sein[6].

In der Rechtswissenschaft wird angenommen, daß neben der positivierten Ewigkeitsgarantie des Art. 79 Abs. 3 GG noch weitere Prinzipien, seien sie naturrechtlicher Art[7] oder „real aus der Existenz der Bundesrepublik als rechtsstaatlich-demokratischer Staat"[8] zu gewinnen, als Prüfungsgrundlagen für Verfassungsänderungen in Betracht kommen. Diese, außerhalb des Art. 79 Abs. 3 GG stehenden Schranken werden wiederum in solche verfassungstranszendenter, als dem Grundgesetz vorgegeben, und solche verfassungsimmanenter Art, als dem Grundgesetz innewohnend, eingeteilt[9]. Zum anderen wird die Meinung geäußert, Art. 79 Abs. 3 GG sei überhaupt überflüssig, da jegliches positive Verfassungsrecht der Wirkkraft der Geschichte nicht widerstehen könne[10], oder aber Art. 79

---

[3] Gegen diese Auslegung „von unten her" wendet sich insbesondere *Häberle*, JZ 71, 145 (146, 148 f.).
[4] Vgl. BVerfG, NJW 71, 275 ff. und die Kritik bei *Häberle*, JZ 71, 145 (146).
[5] Vgl. die Begründung der „abweichenden Meinung" und *Rupp*, NJW 71, 275 (276).
[6] Unter „Änderung" i. S. des Art. 79 Abs. 3 GG ist die Ergänzung, Streichung (Aufhebung) und Ersetzung (Substitution) zu verstehen. Vgl. dazu *Curtius*, Die Schranken der Änderung des Grundgesetzes, S. 5 m. w. N. und *v. Mangoldt-Klein*, Das Bonner Grundgesetz, Art. 79, Anm. III, 4, S. 1870 ff.
[7] Vgl. *Ehmke*, Grenzen der Verfassungsänderung, S. 98 f.; *Curtius*, AÖR 79 (1954), 544, 517 (Rezension des Buchs von *Ehmke*); *Bachof*, Verfassungswidrige Verfassungsnormen, S. 28 f.; Festschrift für H. Huber, S. 35 f.; *H. Peters*, Festgabe für Giacometti, S. 229 ff. (233 f.); *Jäckel*, Grundrechtsgeltung und Grundrechtssicherung, S. 123 (Jäckel beruft sich jedoch zu Unrecht auf BVerfGE 4, 157 ff.); *Hesse*, Grundzüge, S. 254 f.; vgl. auch BGHZ (GS) 11, Anhang S. 34 ff. und BFH (Gutachten), JZ 54, 152 (153).
[8] So v. a. *Roelleke*, Der Begriff des positiven Gesetzes, S. 300 (wobei allerdings nicht klar wird, ob Art. 79 Abs. 3 GG der Zugang dazu ist); wohl auch *Curtius*, Die Schranken der Änderung des Grundgesetzes, S. 114 ff.; vgl. auch *Häberle*, JZ 71, 145 (150). Das BVerfG, NJW 71, 275 ff., ist mißverständlich: „... durch verfassungsänderndes Gesetz auch elementare Verfassungsgrundsätze systemimmanent zu modifizieren."
[9] Vgl. *Ehmke*, Grenzen der Verfassungsänderung, S. 100; vgl. auch *W. Jellinek*, Grenzen der Verfassungsgesetzgebung, S. 4; *Curtius*, Die Schranken der Änderung des Grundgesetzes, S. 8; *Wolff*, Gedächtnisschrift für Walter Jellinek, S. 33 (50). Nach *W. Jellinek* und *Curtius* gibt es „autonome" (von der Verfassung selbst gewollte) „heteronome" (verfassungsexterne) und „absolute" (im Recht als solche begründete) Schranken.
[10] So *Loewenstein*, Über Wesen, Technik und Grenzen der Verfassungsänderung, S. 45 ff.; ähnlich *Herrfahrdt*, BK, Art. 79 Anm. II, 3; *Hans Hugo*

§ 1 Die Zulässigkeit von Verfassungsänderungen im allgemeinen 157

Abs. 3 GG drücke zum größten Teil nur das aus, was ohnehin rechtens wäre[11]. Die dazu gegensätzlich vertretenen Standpunkte berufen sich größtenteils auf die konstitutive Wirkung des Art. 79 Abs. 3 GG[12], was jedoch nicht hindert, daß angenommen wird, Art. 79 Abs. 3 GG könne selbst nicht von einer Verfassungsänderung ausgenommen werden[13].

Zwar kann im Rahmen dieser Arbeit keine umfassende Auseinandersetzung mit den aufgezeigten Ansichten zur Verfassungsänderung stattfinden, jedoch muß auch zu dieser Frage Klarheit gewonnen werden, damit die notwendigen Grundlagen für die späteren Überlegungen geschaffen werden. Zunächst sind die extremen Auffassungen auszuscheiden. Man wird der normativen, für den verfassungsändernden Gesetzgeber („pouvoir constitué") bewußtseinsprägenden Bedeutung des Art. 79 Abs. 3 GG nicht gerecht, wenn man die Verfassungsänderung bereits vollkommen nach anderen Gesichtspunkten ausschließt[14], oder aber nach dem gegensätzlichen Standpunkt überhaupt ohne Einschränkung zuläßt[15].

Wie *Roelleke*[16] treffend formuliert hat, „nimmt sich die Bundesrepublik als konkreter Staat in Art. 79 Abs. 3 GG ernst". Deshalb müsse „sie als konkreter Staat die Prinzipien des Art. 79 Abs. 3 GG für unantastbar erklären". Ganz abgesehen davon, daß die hier abgelehnten extremen Ansichten durchaus einer verfassungstheoretischen Begründung zugäng-

---

Weber, „Die mat. Schranken für die Änderung des Bonner Grundgesetzes nach Art. 79 III GG", S. 48 ff., 61; *v. Mangoldt-Klein*, Das Bonner Grundgesetz, Art. 79, Anm. VI 2a, S. 1881; vgl. auch die Äußerungen des Abgeordneten *Katz* (SPD) im Parlamentarischen Rat in JÖR, NF Bd. 1, 584 ff.; *H. Peters*, Entwicklung und Grundfragen, S. 154 (FN 5) sowie bereits vor 1945: *W. Jellinek*, Grenzen der Verfassungsgesetzgebung, S. 23.
[11] Vgl. *Ehmke*, Grenzen der Verfassungsänderung, S. 99; *Hesse*, Grundzüge, S. 273; *Häberle*, JZ 71, 145 (151).
[12] So *Maunz-Dürig-Herzog*, Grundgesetz, Art. 79, RN 31; *Dürig*, AÖR 81 (1956), 117 (122); *Hans Hugo Weber*, Die mat. Schranken für die Änderung des Bonner Grundgesetzes nach Art. 79 III GG, S. 52 ff. (bezeichnete diese Meinung als herrschend); *v. Mangoldt-Klein*, Das Bonner Grundgesetz, Art. 79, Anm. VI 2, S. 1880; *Hamann-Lenz*, Grundgesetz, Art. 79, Anm. B 7, S. 540; vgl. auch *Curtius*, Die Schranken der Änderung des Grundgesetzes, S. 66, 128; *Maunz*, Staatsrecht, S. 96.
[13] So *H. Haug*, Die Schranken der Verfassungsrevision, S. 150, 157, 165, 169 ff., 173, 177, der grundsätzlich die Zulässigkeit einer Verfassungsbestimmung, die Verfassungsänderungen ausschließt, verneint. Es handle sich bei letzterem eben nur um eine nicht legale Verfassungsänderung; so auch *Jerusalem*, NJW 52, 1007; vgl. die Kritik bei *Curtius*, Die Schranken der Änderung des Grundgesetzes; S. 45 ff.; *H. Peters*, Entwicklung und Grundfragen, S. 155.
[14] So ist auch *Loewenstein*, S. 47, zu verstehen, wenn er von „immanenten Grenzen der Verfassungsänderung, die sich aus der Immunität gewisser einer Verfassung implizierter, immanenter oder inhärenter ideologischer Grundwerte" spricht.
[15] So *H. Haug*, Die Schranken der Verfassungsrevision (vgl. FN 13).
[16] Vgl. *Roelleke*, S. 300; vgl. auch *Curtius*, Die Schranken der Änderung des Grundgesetzes, S. 66, 128. *Dürig*, JZ 53, 193 nimmt an, daß auch der „pouvoir constituant" als gesamtdeutscher Verfassungsgeber an die Ewigkeitsgarantie des Art. 79 Abs. 3 GG gebunden wäre.

lich sein können[17], sind diese doch nicht geeignet, der verbindlichen und eindeutigen Aussage der verfassungsgebenden Gewalt („pouvoir constituant") gerecht zu werden. Gerade in der verfassungsrechtlichen Normallage muß sich die Verfassungsänderung an den Normen des Grundgesetzes orientieren[18]. Da das Grundgesetz darüber hinaus auch Normen, die im überpositiven Recht begründet sind, positiven Ausdruck verliehen hat[19] — vgl. etwa Art. 1 Abs. 1, Art. 2, Art. 3, Art. 19 Abs. 2 GG — kann das Problem der zulässigen Verfassungsänderung lediglich grundgesetzimmanent diskutiert werden.

In der Frage des Umfangs der nach Art. 79 Abs. 3 GG zulässigen Verfassungsänderungen stehen sich wiederum zwei verschiedene Konzeptionen gegenüber: Die eine verlangt, Art. 79 Abs. 3 „als Ausnahmevorschrift" eng auszulegen[20], da diese — wie das Bundesverfassungsgericht meint — „nicht dazu führen darf, daß der Gesetzgeber gehindert wird, durch verfassungsänderndes Gesetz auch elementare Verfassungsgrundsätze systemimmanent zu modifizieren"[21]. Wie weit diese einengende Auslegung als Ausdruck der Sorge um die Beschneidung der demokratisch-legitimierten parlamentarischen Tätigkeitsräume gehen soll, bleibt im einzelnen zu klären. Die andere grundlegende Ansicht geht davon aus, daß die Unantastbarkeiten des Grundgesetzes über den engen Wortlaut des Art 79 Abs. 3 GG hinaus aus dem „materialen Zusammenhang des gesamten Grundgesetzes zu entnehmen sind"[22].

Wenn auch zwei gegenteilige theoretische Ansatzpunkte zur Auslegung des Art. 79 Abs. 3 GG bestehen, so bedeutet das nicht, daß auch die daraus

---

[17] Vgl. die zum Gesamtkomplex grundlegenden Arbeiten von *Ehmke*, Grenzen der Verfassungsänderung; *Curtius*, Die Schranken der Änderung des Grundgesetzes; *Hans Hugo Weber*, Die mat. Schranken für die Änderung des Bonner Grundgesetzes nach Art. 79 III GG; *Laux*, Bedeutung und Inhalt der Grenzen der Grundgesetzänderung nach Art. 79 III GG; *Mayer-Arndt-Lüder*, AÖR 82 (1957), 275 ff.
[18] Das erkennt auch *Loewenstein*, S. 47, an.
[19] Vgl. *Bachof*, Verfassungswidrige Verfassungsnormen, S. 19 f.; *Dürig*, AÖR 81 (1956), 117 (122).
[20] So BVerfG, NJW 71, 275 ff. (tragende Meinung); *Curtius*, Die Schranken der Änderung des Grundgesetzes, S. 86 ff.; *Hans Hugo Weber*, Die mat. Schranken für die Änderung des Bonner Grundgesetzes nach Art. 79 III GG, S. 178; *Maunz-Dürig-Herzog*, Grundgesetz, Art. 79, RN 31; *H. Schneider*, Die Liquidation deutschen Auslandsvermögens, S. 76 (83 f.); *H. Peters*, Entwicklung und Grundfragen, S. 154 f.
[21] Vgl. BVerfG, NJW 71, 275 (278 — tragende Meinung).
[22] So *Ehmke*, Grenzen der Verfassungsänderung, S. 89, 135 f.; *Evers*, Gutachten, S. 46 ff.; *Häberle*, JZ 71, 145 (150); vgl. auch *Bachof*, Verfassungswidrige Verfassungsnormen, S. 19 f.; *Maunz*, Festschrift für Laforet, S. 151 f. (mißverständlich S. 145); *v. Mangoldt-Klein*, Das Bonner Grundgesetz, Art. 79, Anm. VI 3, S. 1885 (da Art. 79 Abs. 3 GG die materiellen Unantastbarkeiten nicht erschöpfend aufgezählt habe, sei auch Art. 25 GG als autonome Schranke anzusehen). *Jäckel*, Grundrechtsgeltung und Grundrechtssicherung, S. 123.

§ 1 Die Zulässigkeit von Verfassungsänderungen im allgemeinen 159

resultierenden Einzelergebnisse verschieden[23] oder innerhalb der gleichen Ansatzpunkte ebenfalls gleich sein müssen[24]. Für letzteres ist gerade die „abweichende Meinung" zum oben genannten Urteil des Bundesverfassungsgerichts ein treffendes Beispiel. Beide innerhalb des Bundesverfassungsgerichts zum Ausdruck gekommenen Ansichten gehen von keiner „weiten" Auslegung des Art. 79 Abs. 3 GG aus, sie unterscheiden sich dann aber in der Interpretation des Inhalts der Norm i. V. mit Art. 1 und Art. 20 GG.

Da hier bei der Untersuchung der Beziehungen zwischen Art. 19 Abs. 4 GG und Art. 79 Abs. 3 GG die Konsequenzen für Art. 1 und 20 GG eine Rolle spielen, bedarf es der Klärung, inwieweit Art. 79 Abs. 3 GG selbst auf die für die Verfassungsänderung entscheidenden Inhalte der Art. 1 und 20 GG einwirkt.

Unanbhängig von der Frage, was sich aus den Art. 1 und 20 GG direkt für die Einbeziehung von Art. 19 Abs. 4 GG ergibt, haben sich die beiden verschiedenen Meinungen des Bundesverfassungsgerichts zum Inhalt des Art. 79 Abs. 3 GG gebildet. Die Mehrheitsmeinung entnimmt aus dem Wortlaut des Art. 79 Abs. 3 GG, daß „die Grundsätze der Art. 1 und 20 GG dann nicht berührt werden, wenn ihnen im allgemeinen Rechnung getragen wird und sie nur für eine Sonderlage entsprechend deren Eigenart aus evident sachgerechten Gründen modifiziert werden"[25]. Es wird dann vom Bundesverfassungsgericht ergänzend die Wesensgehaltsgarantie nach Art. 19 Abs. 2 GG herangezogen, die in ihrer strikten Bedeutung nicht weniger ausdrücken soll als die Formel des Art. 79 Abs. 3 GG, „jene Grundsätze dürfen nicht berührt werden"[26]. Im Gegensatz dazu steht die „abweichende Meinung" des Bundesverfassungsgerichts, die davon ausgeht, daß „nach Wortlaut und Sinn die Vorschrift des Art. 79

---

[23] So nimmt etwa *Dürig* als Vertreter einer engen Auffassung an, daß Art. 19 Abs. 2 GG unter Art. 1 Abs. 1 GG falle und damit von einer Verfassungsänderung ausgenommen sei. Vertreter mit der entgegengesetzten Grundposition zu Art. 79 Abs. 3 GG halten unabhängig von Art. 79 Abs. 3, Art. 1 und Art. 20 GG Fundamentalnormen wie Art. 19 Abs. 2GG usw. sowieso nicht für abänderbar. Vgl. einerseits *Dürig*, AÖR 81 (1956), 117 (122) und andererseits *Bachof*, Verfassungswidrige Verfassungsnormen, S. 42; *Ehmke*, Grenzen der Verfassungsänderung, S. 105; *Jäckel*, S. 123.
[24] Vgl. gerade die „tragende Meinung" und die „Mindermeinung" des BVerfG in NJW 71, 275 ff.
[25] Vgl. BVerfG, NJW 71, 275 (278) und die Kritik bei *Häberle*, JZ 71, 145 (148). Mit der Konsequenz, daß über den engen Wortlaut der Art. 1 und 20 GG keine Grundgesetznormen über Art. 79 Abs. 3 GG geschützt werden: *Abendroth*, VVDStRL 8 (1950), 161; *Friesenhahn*, DV 49, 478 (481); *Curtius*, Die Schranken der Änderung des Grundgesetzes, S. 86; *Lerche*, Ordentlicher Rechtsweg und Verwaltungsrechtsweg, S. 28; *H. H. Klein*, JZ 63, 591 (593); *H. Peters*, Entwicklung und Grundfragen, S. 154 f. (bezeichnet diese Auffassung als herrschend), S. 278; *Dütz*, Rechtsstaatlicher Gerichtsschutz, S. 150. Nicht eindeutig: *Herrfahrdt*, BK, Art. 79, Anm. II 3; *Nawiasky*, Grundgedanken, S. 20 f.; *Fellner*, DVBl 63, 482; *H. Schäfer*, AÖR 93 (1968), 37 (68 f.).
[26] Vgl. BVerfG, NJW 71, 275 (278).

Abs. 3 GG es nicht erfordert, daß die oder einer der Grundsätze vollständig aufgehoben oder prinzipiell preisgegeben werden". Nach dieser Meinung besagt das Wort „berührt" weniger. Es soll schon genügen, „wenn in einem Teilbereich der Freiheitssphäre des Einzelnen die sich aus Art. 1 und 20 GG ergebenden Grundsätze ganz oder zum Teil außer acht gelassen werden"[27].

Daß der Ansicht der „abweichenden Meinung" der Vorzug gegeben werden muß, ergibt sich aus formalen aber auch aus eminent materialen Erwägungen. Was das formale Bedenken anbelangt, so ist der Mehrheitsmeinung der Vorwurf zu machen, daß sie die Geltung von „Grundsätzen" mit der „grundsätzlichen" Verbindlichkeit einer Norm, wie z. B. bei Art. 34 GG, verwechselt hat. Denn ein Grundsatz, der gelten soll, kann dies entweder voll und ganz oder überhaupt nicht tun[28]. Aber auch materiale Erwägungen rechtfertigen dieses Ergebnis. Art. 79 Abs. 3 GG hat eine zentrale Aufgabe innerhalb der Verfassungsnormen. Damit die Norm ihrem Schutzzweck gerecht werden kann, soll bereits den Anfängen gewährt und deshalb die in Art. 1 und 20 GG enthaltenen konstituierenden Elemente uneingeschränkt geschützt werden. Wegen des Unterschieds in der Formulierung besteht auch keine Vergleichsbasis zwischen Art. 19 Abs. 2 GG und Art. 79 Abs. 3 GG. Art. 19 Abs. 2 GG schützt eben nur das „Wesen" der Grundrechte, während Art. 79 Abs. 3 GG gerade die „Grundsätze" als solche schützt[29].

Nachdem nun geklärt ist, daß Art. 79 Abs. 3 GG die „Grundsätze" in den Art. 1 und 20 GG uneingeschränkt vor Verfassungsänderungen bewahrt, ist eine mögliche restriktive Auslegung der nichtzulässigen Verfassungsänderung nur noch über die Art. 1 und 20 GG zu gewinnen. Die mit Art. 79 Abs. 3 GG erfaßten Art. 1 und 20 GG enhalten ihrerseits weit angelegte Begriffe wie „Menschenwürde", „Menschenrechte", „Sozialstaat", „Demokratie" usw., die einer wertenden Ausfüllung bedürfen[30]. Der Weg zum Ausfüllen solcher Begriffe kann aber nur unter Zuhilfenahme der realen Verfassungsordnung, nämlich dem Zusammenhang der grundgesetzlichen Normen, beschritten werden[31]. Insofern macht es keinen Unterschied, wie weit oder wie eng auch immer man den Bereich der in Art. 1 und 20 GG niedergeleg-

---

[27] Vgl. BVerfG, NJW 71, 275 (283).
[28] Vgl. dazu die Urteilsanmerkungen von *Rupp*, NJW 71, 275 (276), und *Häberle*, JZ 71, 145 (149).
[29] Vgl. die „abweichende Meinung" des BVerfG (NJW 71, 282) und *Rupp*, NJW 71, 275 (276).
[30] Vgl. *Schnorr*, AÖR 85 (1960), 121 ff. (128): „... Art. 20, der sich auf die Aufstellung der deutschen Staatszielbestimmung beschränkt, ohne aber die damit verbundenen Begriffe qualitativ zu klären ..."
[31] Vgl. *Roelleke*, S. 299 ff.; *Curtius*, Die Schranken der Änderung des Grundgesetzes, S. 25, spricht von der Notwendigkeit einer „informalistischen Gesamtschau"; vgl. auch *Schnorr*, AÖR 85 (1960), 121 (128 f.).

§ 1 Die Zulässigkeit von Verfassungsänderungen im allgemeinen

ten Grundsätze ziehen mag", denn aus der Notwendigkeit zur Auslegung folgt zwingend, daß jedenfalls diejenigen Grundsätze zur Auslegung beitragen müssen, „die dem Grundgesetz das ihm eigene Gepräge geben"[32]. Zu letzteren gehört insbesondere die Rechtsstaatlichkeit, die den Vorschriften der Art. 1 und 20 GG überhaupt einen systemgerechten Inhalt geben kann. Es wird also über die Eingangspforte des Art. 79 Abs. 3 GG ein umfassenderer Wall gegen Verfassungsänderungen aufgebaut, als dies auf den ersten Blick scheinen mag.

Soweit überhaupt Verfassungsänderungen nur über Art. 79 Abs. 3 GG — ob mit enger oder weiter Auslegung — für zulässig gehalten werden, wird damit dem demokratisch legitimierten Spielraum der gesetzgebenden Körperschaften Rechnung getragen. Auch der verfassungsändernde Gesetzgeber („pouvoir constitué") behält dann noch ein weites Tätigkeitsfeld inne[33].

Nach der zweiten Konzeption zum Problem der Verfassungsänderung hat Art. 79 Abs. 3 GG, soweit er auf Art. 1 und 20 GG Bezug nimmt, nur deklaratorische Bedeutung, wobei darüber hinaus noch andere grundlegende Verfassungsvorschriften der Verfassungsänderung entzogen werden[34]. Konstitutive Wirkung soll Art. 79 Abs. 3 GG nur für die Sicherung der Bundesstaatlichkeit haben[35]. Diese Konzeption gibt damit dem Bestand der ursprünglichen Verfassungsordnung und somit dem Willen des „pouvoir constituant" den Vorrang vor dem Wirksamwerden des „pouvoir constitué".

Wenn auch, was einer Einzeluntersuchung überlassen bleiben müßte, beide Konzeptionen zu den gleichen Ergebnissen führen können, so soll doch der ersteren, an Art. 79 Abs. 3 GG orientierten, der Vorzug gegeben werden. Der Wortlaut des Art. 79 Abs. 3 GG mit der klaren Nennung der Schranken der Art. 1 und 20 GG, aber auch die Sicherheit im Umgang mit der Verfassung erfordern dies. Gerade über die Zulässigkeit von Verfassungsänderungen muß Klarheit herrschen, soweit dies anhand

---

[32] So die „abweichende Meinung" des BVerfG, NJW 71, 282.
[33] Vgl. *Schnorr*, AöR 85 (1960), 121 (144): „Unter der Gesamtsituation des Grundgesetzes kann ... unter Demokratie nur eine rechtsstaatliche, eine der Rechtsidee unterworfene Demokratie verstanden werden." Vgl. auch *Kägi*, Festgabe für Giacometti, S. 107 ff., und *Schulz-Schaeffer*, Die Staatsform der Bundesrepublik Deutschland, S. 168 f.
[34] Vgl. *Ehmke*, Grenzen der Verfassungsänderung, S. 99; *Hesse*, Grundzüge, S. 273, *Häberle*, JZ 71, 145 (151).
[35] Vgl. die Hinweise oben FN 7 und FN 34. *Dütz*, Rechtsstaatlicher Gerichtsschutz, S. 146 ff., entnimmt aus der Nennung der Art. 1 und 20 GG in Art. 79 Abs. 3 GG, daß damit die Unantastbarkeit der freiheitlich-demokratischen Grundordnung begründet ist, gleichgültig ob man Art. 79 Abs. 3 GG als konstitutive oder deklaratorische Norm ansieht. Aus der Definition der „freiheitlich demokratischen Grundordnung" des BVerfGs (BVerfGE 2, 1 [12 f.]; 5, 85 [140 f.]), mit den Bestandteilen der „Gewaltenteilung" und der „Unabhängigkeit der Gerichte" soll das Problem der Aufhebung des Gerichtsschutzes beantwortet werden.

der positiven Verfassungsnormen möglich ist. Wenn der Verfassungsgeber ausdrücklich zwei Fundamentalvorschriften wie Art. 1 und 20 GG nennt, so kann dies nur heißen, daß diese einen Vorrang gegenüber anderen Normen des Grundgesetzes genießen sollen. Eine über den Bereich des Art. 79 Abs. 3 GG gehende Unzulässigkeit von Verfassungsänderungen würde auch die Möglichkeit der demokratisch legitimierten Veränderbarkeit auf verfassungsrechtlicher Ebene stark beschneiden, wenn nicht gar unmöglich machen[36].

Für die nachfolgenden Erörterungen soll es deshalb unter Einbeziehung der vorgetragenen Überlegungen nur darauf ankommen, inwieweit die Art. 1 und 20 GG unter genügender Berücksichtigung ihres Wortlauts und ihres systematischen Zusammenhangs, ohne daß dabei die Bedeutung der beiden Normen als selbständige Einheiten zu sehr ausgehöhlt wird, Art. 19 Abs. 4 GG mitumfassen, und welche Konsequenzen daraus für die Aufhebung oder Einschränkung des Art. 19 Abs. 4 GG entstehen.

§ 2 Art. 19 Abs. 4 GG und Art. 20 GG

A. Die Rechtsstaatlichkeit als gemeinsame Grundlage

Die Absätze 2 und 3 des Art. 20 GG enthalten nach allgemeiner Ansicht einen „wesentlichen Ausschnitt aus dem Ideenkreis Rechtsstaat"[37]. Diese so verankerten Grundsätze der Gewaltenteilung und der Bindung des Gesetzgebers an die Verfassung sowie der Exekutive und der Judikative an „Gesetz und Recht" können nur aus dem Gesamtrahmen der Verfassung, den dort aufgefundenen Leitgedanken und somit der Rechtsstaatlichkeit im besonderen interpretiert werden. An anderer Stelle dieser Arbeit wurde in diesem Sinne auch versucht, aus dem konkreten Rechtsstaatsverständnis des Grundgesetzes Folgerungen für die Auslegung des Art. 19 Abs. 4 GG zu ziehen. Dabei wurde festgestellt, daß der Rechtsschutz nach Art. 19 Abs. 4 GG rechtsstaatlich extensiv zu erfassen ist, was nicht immer heißen muß, daß das Individualinteresse Vorrang vor dem Gesamtinteresse genießt. Der im Grundgesetz zum Ausdruck gekommene umfassend materielle Rechtsstaat erfordert es, jeden Staatsakt im Lichte des Rechts zu betrachten[38]. Art. 19 Abs. 4 GG, wie auch Art. 20 Abs. 2 und 3 GG, stellen Konkretisierungen dieser allgemeinen Rechtsstaatlichkeit

---

[36] Vgl. *Maunz-Dürig-Herzog*, Grundgesetz, Art. 79, RN 31. Vgl. zum Konflikt zwischen demokratischem Prinzip und Rechtsstaatlichkeit (unter Einschluß einer Wertordnung) *Kägi*, Festgabe für Giacometti, S. 107 ff. (132 ff.). Nach *Kägi* ist die Rechtsstaatlichkeit das vorrangige Prinzip.
[37] Vgl. *Maunz*, Staatsrecht, S. 67.
[38] Vgl. oben Erster Teil, V. Kapitel, § 3, A, sowie BVerwGE 1, 159 (161); 19, 1 (9 f.).

§ 2 Art. 19 Abs. 4 GG und Art. 20 GG

dar[39]. Um einen direkten Zusammenhang zwischen dem allgemeinen (grundgesetzlichen) Rechtsstaatsprinzip, Art. 20 Abs. 2 und 3 GG sowie Art. 19 Abs. 4 GG herstellen zu können[40], bedarf es der Verdeutlichung der Ebenen, auf denen die drei genannten verfassungsrechtlichen Inhalte stehen. Um dabei ein verfassungsrechtliches Rangverhältnis ausmachen zu können, ist das Verhältnis von Allgemeinheit und Spezialität in drei Ebenen zu erfassen. Nur wenn es einen pyramidenhaften Aufbau innerhalb der allgemeinen Rechtsstaatlichkeit, Art. 20 Abs. 2 und 3 GG, sowie Art. 19 Abs. 4 GG gibt, also die Rechtsstaatlichkeit die allgemeinste Grundlage darstellt, Art. 20 Abs. 2 und 3 GG die von Art. 79 Abs. 3 GG erfaßte nächste Ebene verkörpert, und Art. 19 Abs. 4 GG nur dasjenige speziell ausdrückt, was bereits in Art. 20 Abs. 2 und 3 GG angelegt ist[41], läßt sich die Unzulässigkeit einer Verfassungsänderung über Art. 79 Abs. 3 GG i. V. mit Art. 20 GG überhaupt dogmatisch einwandfrei begründen. Der Ewigkeitsgarantie des Art. 79 Abs. 3 GG unterliegt also nur ein Kernbestand des grundgesetzlichen Rechtsstaats[42], nämlich alles das, was substanzmäßig auf Art. 20 Abs. 2 und 3 GG zurückgeführt werden kann[43].

---

[39] Vgl. *Klein*, VVDStRL 8 (1950), 92; *Curtius*, Die Schranken der Änderung des Grundgesetzes, S. 85 f.; *Ehmke*, Grenzen der Verfassungsänderung, S. 105; *v. Mangoldt-Klein*, Das Bonner Grundgesetz, Art. 20, Anm. VI, 2, VIII; *Hesse*, Festschrift für R. Smend, S. 71 ff.; *Maunz*, Staatsrecht, S. 69; *Stein*, Lehrbuch des Staatsrechts, S. 153, 237; *Sterzel*, Kritik der Notstandsgesetze, S. 32; *Häberle*, JZ 71, 145 (152).
[40] Die Beziehung zwischen Rechtsstaat, Art. 20 Abs. 2 und Abs. 3 sowie Art. 19 Abs. 4 GG verneinen: *Maunz-Dürig-Herzog*, Grundgesetz, Art. 19 Abs. 4, RN 4, Art. 20 RN 92 („Art. 19 Abs. 4 GG ist zwar eine Krönung des Rechtsstaats, gehört aber nicht zu seinen Essentialien"); ähnlich *Hummel*, S. 76. Nach *Dütz*, Rechtsstaatlicher Gerichtsschutz, S. 150 m. w. N. ist Art. 19 Abs. 4 GG wegen Rechtsstaatsprinzip nicht unabänderbar, aber unaufhebbar. Vgl. demgegenüber v. a. *Häberle*, JZ 71, 145 (152), der das Rechtsstaatsprinzip als solches in den Schutzbereich des Art. 79 Abs. 3 GG stellt.
[41] Ähnlich *Schnorr*, AÖR 85 (1960), 129, der zwischen den „potentiellen Inhalten, die dem Art. 20 Abs. 3 GG immanent sind" und „ihre Aktualisierung durch andere Vorschriften des Grundgesetzes" unterscheidet; vgl. auch *Sterzel*, Kritik der Notstandsgesetze, S. 32.
[42] Die Äußerungen zum Verhältnis zwischen Art. 79 Abs. 3, Art. 20 GG und dem Rechtsstaat sind immer vage geblieben. Vgl. etwa *Raether*, S. 123: „... kann wohl mancher einzelne Rechtsstaatspunkt abgewandelt und aufgehoben werden, ohne daß der Staat seinen rechtsstaatlichen Charakter verlöre..." und FN 3: „Im Schrifttum findet sich keine greifbare Differenzierung oder Erklärung über das Ausmaß der Unabänderlichkeit ..." und „... ist also der in den rechtsstaatlichen Grundkomponenten enthaltene Kern tragendes Gerüst des Rechtsstaatsprinzips, das in seiner Grundstruktur unabdingbar und unwandelbar bleiben muß..."
Nach *Klein*, Z. f. d. ges. St.W, Bd. 106 (1950), 390 (396); *Maunz-Dürig-Herzog*, Grundgesetz, Art. 20, RN 58 (FN 1); *Scheuner*, Entwicklung, S. 134 f.; *Fuß*, DÖV 64, 577 gibt es keinen unabänderlichen Begriff des Rechtsstaats; nach *v. Mangoldt-Klein*, Das Bonner Grundgesetz, Art. 79, Anm. VII, 3 d, dd, S. 1898, sind „nur einige rechtsstaatliche Grundsätze ... über Art. 79 Abs. 3, 20 GG von der Garantie abgedeckt". Vgl. auch *Curtius*, DÖV 54, 705 (706), und *W. O. Schmitt*, DÖV 65, 433 (438 f.), der die rechtsstaatliche Ordnung als Bestandteil der freiheitlich demokratischen Grundordnung ansieht, wobei letztere

B. Art. 19 Abs. 4 GG und Art. 20 Abs. 3 GG

Der Grundsatz der Gesetzmäßigkeit der Verwaltung nach Art. 20 Abs. 3 GG[44] könnte erst bei der völligen Aufhebung des Art. 19 Abs. 4 GG oder aber bereits bei einer Beschränkung „berührt" sein. Wie ist nun aber dieser rechtsstaatliche Ausschnitt des Art. 20 Abs. 3 GG zu Art. 19 Abs. 4 GG in Bezug zu setzen? Art. 20 Abs. 3 GG bindet alle staatliche Gewalt an „Gesetz und Recht" und die „verfassungsmäßige Ordnung"[45]. Da diese totale Gebundenheit, die vor allem der Freiheitssicherung des Einzelnen dient, effektiv sein soll, bedarf es eines Kontrollmechanismus innerhalb der staatlichen Gewalten[46]. Es handelt sich dabei im eigentlichen um die Verwirklichung der grundgesetzlichen Gerechtigkeitsordnung[47]. Die Bindung der staatlichen Gewalt an „Gesetz und Recht" erfordert einen Rechtsschutzanspruch zur Korrektur von „Gesetzen" oder zum Ausfüllen von Gesetzeslücken. Unabhängig von der Frage, wie man das „Recht" den „Gesetzen" und der „verfassungsmäßigen Ordnung" zuordnet — darüber besteht in der Rechtswissenschaft im einzelnen Uneinigkeit[48] — in jedem Falle werden auch die Gerichte als Rechtsverwirklichungsinstanzen gemäß Art. 20 Abs. 3 GG tätig. Art. 20 Abs. 3 GG besagt, daß der Richter als Kontrollinstanz bei einem „non licet" nicht den Rechtsschutz verweigern kann, sondern die gesetzlichen Lücken selbst aufgrund des „Rechts" schließen muß[49], gleichgültig, was man unter „Recht" i. S. des Art. 20 Abs. 3 GG verstehen muß. Wenn der Schutz des Bürgers wirksam sein soll, kann nicht einerseits die vollziehende Gewalt an „Gesetz und Recht" gebunden und andererseits die Rechtsprechung bei Anrufung durch den Einzelnen von einer Überprüfung ausgeschlossen sein. Die übereinstimmende Bindung der Staatsgewalten in ihren drei Funktionen an „Gesetz und Recht" kann in vollem Umfang nur dann gewährleistet sein, wenn durch ein Initiativrecht des Einzelnen eine Korrekturpflicht der Judikative gegenüber den Staatsakten anderer Funktionsträ-

---

in ihrem Kernbestand in Art. 79 Abs. 3 GG garantiert wird (ähnlich BVerfGE 2, 1 [2 ff.]; 5, 85 [140]).

[43] Demgegenüber meint *Evers*, Gutachten, S. 69, daß Art. 19 Abs. 4 GG „progressiv auf Rechtsverbesserung hindeutet", es verbiete sich, sein Prinzip an einem traditionellen Rechtssystem zu messen; vgl. auch *Dürig*, Gutachten, S. 26 f.

[44] Art. 20 Abs. 3 GG wird wegen seiner umfassenderen Bedeutung vor Art. 20 Abs. 2 GG in Beziehung zu Art. 19 Abs. 4 GG gesetzt.

[45] Vgl. dazu *Schnorr*, AÖR 85 (1960), 121 (129): „Art. 20 Abs. 3 GG ist durch andere Vorschriften des Grundgesetzes ergänzungsbedürftig."

[46] Vgl. *Evers*, Gutachten, S. 59.

[47] Vgl. *Maunz-Dürig-Herzog*, Grundgesetz, Art. 20, RN 59; *Hesse*, Festschrift für R. Smend, S. 79 f.; *H. Peters*, Entwicklung und Grundfragen, S. 197. Vgl. aber auch die kritische Einstellung zu einem so weitgehenden mat. Rechtsstaat: *Forsthoff*, DÖV 59, 41 ff., und *E. W. Böckenförde*, Festschrift für A. Arndt, S. 53 ff.

[48] Vgl. dazu *Schnorr*, AÖR 85 (1960), 121 f. (124 ff.).

[49] Vgl. *Schnorr*, S. 129 f.

ger besteht⁵⁰. Daß nur der Richter durch seine Unabhängigkeit und seine sachliche Qualifikation innerhalb der grundgesetzlichen Gesamtschau diese Kontrollaufgabe wahrnehmen kann, hindert nicht, anzunehmen, daß der Rechtsschutz auch Einrichtungen anvertraut werden könnte, „die sich von den derzeitigen Gerichten unterscheiden, wenn sie nur von der Sache effektiven Rechtsschutz gewähren können." Auch wenn diese Einrichtungen den Anforderungen der Art. 97 und 103 Abs. 1 GG im wesentlichen entsprechen müßten, so ergibt sich doch die Notwendigkeit des richterlichen Rechtsschutzes nach der heutigen verfassungsrechtlichen Gesamtsituation⁵¹ direkt schon aus Art. 20 Abs. 3 GG (und Art. 20 Abs. 2 GG). Die Gewährleistung der Bindung an „Gesetz und Recht" schließt also die Beantwortung der Frage nach der Kontrolle mit ein⁵². Eine wirksame Kontrolle zur Verhinderung von Mißbrauch und von Willkür staatlicher Macht kann im gewaltenteilenden Staat nur durch den Funktionsträger erfolgen, der von der staatlichen Gestaltung her seine alleinige Aufgabe darin hat, nämlich durch den unabhängigen Richter⁵³.

Die Frage der Zulässigkeit einer *Aufhebung* des Art. 19 Abs. 4 GG läßt sich deshalb nur dahingehend beantworten, daß die völlige Streichung des Art. 19 Abs. 4 GG, mit oder ohne Einräumung eines Ersatzrechtsschutzes durch Legislativ- und Exekutivorgane, mit Art. 79 Abs. 3 GG i. V. mit Art. 20 Abs. 3 GG nicht vereinbar wäre⁵⁴. Lediglich eine Überprüfung durch eine Legislativ- oder Administrativkontrolle garantiert nicht die Bindung nach Art. 20 Abs. 3 GG in einem dem gewaltenhemmenden Staat entsprechenden Ausmaß⁵⁵.

Die Grenze zwischen noch zulässiger Modifizierung und bereits unzulässiger Einschränkung muß allgemein dort gezogen werden, wo der Gerichtsschutz zugunsten des Einzelnen noch seiner funktionalen Aufgabe,

---

⁵⁰ Vgl. *Schnorr*, S. 129; *Hesse*, Grundzüge, S. 75; *Evers*, Gutachten, S. 59; *Häberle*, JZ 71, 145 (152). A. A. *Benda* im BRat 326. Sitzung vom 14. 6. 1968 (Telefonabhörgesetz).
⁵¹ So *Bachof*, Festschrift für H. Huber, S. 35; *Evers*, Gutachten, S. 59; *Häberle*, JZ 71, 145 (152 f.); vgl. dagegen *Forsthoff*, DÖV 59, 41 (44): „Richter könnte ja immer selbst entscheiden, wann er an das Gesetz gebunden ist"; zur Kritik an *Forsthoff* vgl. *Hollerbach*, AÖR 85 (1960), 241 ff. sowie *Bachof*, a.a.O., S. 29.
⁵² Vgl. *Bachof*, Grundgesetz und Richtermacht, S. 24 f.; *Schnorr*, AÖR 85 (1960), 121 (146), danach habe namentlich der Richter die Aufgabe „den Wesensbegriff des „Rechts" mit einem bestimmten Kulturinhalt zu füllen". Kritisch *Forsthoff*, DÖV 59, 41 ff.
⁵³ Vgl. *Evers*, Gutachten, S. 59; BVerfGE 8, 174 (181); 10, 264 (267).
⁵⁴ So i. E. *Ehmke*, Grenzen der Verfassungsänderung, S. 123, *Hesse*, Grundzüge, S. 274; *Dütz*, Rechtsstaatlicher Gerichtsschutz, S. 150; *Hamann-Lenz*, Grundgesetz, Art. 10, Anm. B 6, S. 247; vgl. demgegenüber die Hinweise oben FN 25.
⁵⁵ A. A. wohl *Maunz-Dürig-Herzog*, Grundgesetz, Art. 19 Abs. 4, RN 4. *Dürig* sagt dabei aber nicht, wie dieser Rechtsschutz im einzelnen aussehen müßte, vgl. auch *Dürig*, Gutachten, S. 15 (19 ff.); *Laforet*, Die Scheidung der Gewalten nach dem GG, S. 53 (63 f.).

wie sie aufgezeigt wurde, gerecht wird. Innerhalb dieses Zusammenhangs sind auch die Grundgesetzänderungen zu Art. 10 Abs. 2 GG und Art. 19 Abs. 4 GG im Jahre 1968 zu würdigen. Ausgehend von dem dargelegten grundsätzlichen Standpunkt zum Verhältnis von Art. 20 Abs. 3 GG zum Individualrechtsschutz nach Art. 19 Abs. 4 GG soll hier durch stufenweises Vorgehen die oben beschriebene Grenze der noch zulässigen Verfassungsänderung gefunden werden. Als Modifikation des Art. 19 Abs. 4 GG ist denkbar, daß nur ordentliche Gerichte über öffentlich-rechtliche Streitigkeiten entscheiden. Wenn auch teilweise angenommen wird, aus Art. 19 Abs. 4 GG ergebe sich für den einfachen Gesetzgeber die Verpflichtung, die ordentliche Gerichtsbarkeit aus Subsidiaritätsgründen hinter der Verwaltungsgerichtsbarkeit zurücktreten zu lassen[56], so muß doch bezüglich der Änderung des Art. 19 Abs. 4 GG insgesamt, in jedem Falle etwas anderes gelten. Wenn das ordentliche Gericht an Stelle des Verwaltungsgerichts entscheidet, so ist darin keine mit Art. 20 Abs. 3 GG rechtsstaatlich unvereinbare Einschränkung zu sehen. Eine absolute Grenze muß jedoch die Verfahrensordnung darstellen[57]. Der Rechtsschutz kann nämlich nur dann effektiv sein, wenn ein Verfahren zur Verfügung steht, das den Rechtsstreitigkeiten im öffentlichen Recht angemessen ist. Es bleibt somit festzuhalten, daß es wegen Art. 20 Abs. 3 GG nicht erforderlich ist, eine unabhängige Verwaltungsgerichtsbarkeit zur Verfügung zu stellen, es aber einer — an anderer Stelle beschriebenen — rechtsstaatlichen Erfordernissen gehorchenden Verfahrensordnung bedarf.

Eine weitere hier interessierende Stufe ist die Versagung von Gerichtsschutz in besonders genannten Fällen — innerhalb des Grundgesetzes — wozu auch die erwähnten Verfassungsänderungen (Art. 10 Abs. 2 Satz 2; Art. 19 Abs. 4 Satz 3 GG) gehören. Der Rechtsschutz würde dann eben nicht an einem fehlenden verletzbaren subjektiven öffentlichen Recht scheitern, sondern an dem Ausschluß des gerichtlichen Tätigwerdens. Eine solche Einschränkung des Gerichtsschutzes nach Art. 19 Abs. 4 GG gab es im Grundgesetz mit Ausnahme des Art. 46 GG nicht[58]. Erst die genannten Verfassungsänderungen brachten in dieser Hinsicht eine Neuerung. Wie alle Verfassungsänderungen sind auch die neu eingefügten Vorschriften denjenigen Maßstäben zu unterwerfen, die für die Zulässigkeit von Verfassungsänderungen (Art. 79 Abs. 3, 1, 20 GG) gelten.

Ohne zunächst zu dem besonderen Fall der Art. 10 Abs. 2, 19 Abs. 4 Satz 3 GG eine abschließende Stellungnahme abgeben zu müssen, soll der generelle Rahmen, in dem Gerichtsschutz zu gewähren ist, verdeutlicht werden.

---

[56] Vgl. dazu oben Erster Teil, IV. Kapitel, § 3, A.
[57] Ebenda und Erster Teil, IV. Kapitel, § 3, C, I.
[58] Vgl. dazu oben Erster Teil, V. Kapitel, § 3, C.

Das Gericht hat selbständig festzustellen, ob aus den Behauptungen des Klägers und der objektiven Rechtsordnung die Möglichkeit der Verletzung eines subjektiven öffentlichen Rechts gegeben ist. Damit die Gerichte ihrer Funktion gemäß Art. 20 Abs. 3 GG als Hüter des Rechts gegenüber Legislativ- und Exekutivorganen gerecht werden können, dürfen sie nicht von vornherein von jeglicher Prüfung — eben auch im Bereich von möglichen Rechtsverletzungen — ausgeschlossen werden[59]. Der Gerichtsschutz muß deshalb geschlossen sein. Sollten also durch die Einführung des Enumerationsprinzips in Art. 19 Abs. 4 GG nur einzelne öffentlich-rechtliche Streitigkeiten für einen Gerichtsschutz in Frage kommen, so wäre dies unter dem Gesichtspunkt des Art. 20 Abs. 3 GG eine unzulässige Einschränkung der durchgängigen Bindung und Kontrolle staatlicher Gewalt.

Angesichts dieser Maßstäbe scheinen auch Art. 10 Abs. 2 Satz 2, Art. 19 Abs. 4 Satz 3 GG nicht wirksam geworden zu sein. Die Gerichte würden von jeglicher Prüfungs- und Abwägungsbefugnis ausgenommen. Exekutiv- und Legislativorgane stellen dabei nicht dieselbe unabhängige Kontrolle dar, wie die durch den Richter. Die Intention der Verfassungsänderung vom 24. 6. 1968 (BGBl I, 709 ff.) ist es, dem Einzelnen jegliche Berührung mit den Gerichten vorzuenthalten. Eine solche Kontrolle ist nach Anlage und Zweck weder geeignet, dem objektiven Recht Geltung zu verschaffen, noch das Recht des Einzelnen gegenüber der Exekutive zu bewahren[60]. Jedoch wird die Verfassungsänderung, soweit sie einen Ausschluß des Art. 19 Abs. 4 GG gebracht hat, trotz der vorgenannten Bedenken, durch übergeordnete, rechtsstaatlich immanente Erfordernisse des Schutzes der Gesamtheit gerechtfertigt. Auch der auf Art. 20 Abs. 3 GG basierende grundsätzlich lückenlose Gerichtsschutz unterliegt den inneren rechtsstaatlichen Schranken zugunsten der Gesamtheit. Zur Abwehr staats- und verfassungsfeindlicher Umtriebe muß der Einzelne auf die Durchsetzung seines Individualinteresses verzichten, abgesehen davon, daß ihm der Staats- und Verfassungsschutz letztlich auch als Bürger dieses Staates zugute kommen soll. Die „streitbare Demokratie" des Grundgesetzes ist vor allem auch eine abwehrbereite[61]. Die wirksame

---

[59] Vgl. *Dütz*, Rechtsstaatlicher Gerichtsschutz, S. 130: „Die Eröffnung des Wegs zum Gericht ist nicht vom Bestehen eines mat. Rechts abhängig, da hierüber gerade das Gericht entscheiden soll." Vgl. auch *Hesse*, Der Rechtsschutz durch staatliche Gerichte im kirchlichen Bereich, S. 93.
[60] Vgl. *Evers*, Gutachten, S. 62, 73; *Dürig*, Gutachten, S. 17 ff., und ZRP 68, 11 (12 FN 2); *Häberle*, JZ 71, 145 (152 f.); vgl. auch *Rumpf*, VVDStRL 14 (1956), 136 (140); *Bachof*, Grundgesetz und Richtermacht, S. 24.
[61] Vgl. BVerfG, NJW 71, 275 (277) — Mehrheitsmeinung; BVerfGE 20, 162 (222) zum Schutz des Staates als verfassungsrechtlichem Gebot, dem der Grundrechtsschutz zu weichen hat. Zum Begriff der „streitbaren Demokratie" BVerfGE 5, 85 (139); 28, 36 (48 f.), 28, 51 (55); *Hesse*, Grundzüge, S. 278; a. A. *Häberle*, JZ 71, 145 (146); vgl. auch *Dürig*, Gutachten, S. 11.

Gewährleistung der Bindung an „Gesetz und Recht" durch die Gerichte setzt eben auch die Funktionsfähigkeit staatlichen Lebens im Rahmen des Grundgesetzes voraus. Insofern bedingt sich der Ausschluß von Gerichtsschutz in sachgerechten Ausnahmefällen und die generelle Gewährleistung von Rechtsschutz nach Art. 19 Abs. 4 GG. In diese Richtung deutet auch Art. 46 GG, der zur Funktionsfähigkeit des Parlaments einen Ausschluß des Gerichtsschutzes enthält.

Es braucht hier nicht weiter zu interessieren, inwieweit die Verfassungsänderungen und die Ausführungsgesetze gegen andere Elemente grundgesetzlicher Rechtsstaatlichkeit, sei es im Rahmen des Art. 1 oder 20 GG, verstoßen können[62]. Im Rahmen dieser Arbeit kommt es nur darauf an, ob bei den Voraussetzungen des Art. 10 Abs. 2 GG der Ausschluß des Rechtswegs noch mit Art. 20 Abs. 3 i. V. mit Art. 19 Abs. 4 GG a. F. vereinbar ist. Zutreffend hat das Bundesverfassungsgericht in der die Entscheidung tragenden Begründung ausgeführt, daß der Verfassungs- und Staatsschutz nur unter Ausschluß jeglichen gerichtlichen Verfahrens, also unter völliger Geheimhaltung der Überwachungsmaßnahmen, sei es vor oder nach deren Durchführung, effektiv sein kann[63]. Um eine solche Verfassungsänderung wie die der Art. 10 Abs. 2 Satz 2 i. V. mit Art. 19 Abs. 4 Satz 3 GG innerhalb der Gesamtverfassung, vor allem im Hinblick auf Art. 79 Abs. 3 GG, beurteilen zu können, kann nur die verfassungsrechtliche Normallage zugrunde gelegt werden. Wollte man bei der Beurteilung von Verfassungsänderungen von deren Mißbrauchsmöglichkeiten ausgehen, so wäre von vornherein jegliche Verfassungsänderung ausgeschlossen. Die „abweichende Meinung" des Bundesverfassungsgerichts[64], die insofern vom Gegenteiligen ausgeht, ist dabei einem methodischen Irrtum unterlegen. Sie übersieht, daß sich die Verfassungswirklichkeit insgesamt aus der Verfassungstreue der staatlichen Organe und der verantwortlichen Mitwirkung der Bürger am staatlichen Leben ergibt.

---

[62] Vgl. zur Gesamtproblematik um Art. 10 Abs. 2, Art. 19 Abs. 4 Satz 3 GG i. V. mit Art. I, §§ 5 Abs. 4, 9 Abs. 5 des Ausführungsgesetzes vom 13. 8. 1968 (BGBl. I, S. 949); *Badura*, BK (Zweitbearbeitung), Art. 10, RN 60; *Hall*, JZ 68, 159 (164); *Evers*, Gutachten, S. 72 ff., 75, 82 ff.; *Dürig*, Gutachten, S. 17 ff., und ZRP 68, 11 f.; *Benda*, BRat 326. Sitzung vom 14. 6. 1968, S. 146; *Glückert*, ZRP 69, 176 ff.; *Hamann-Lenz*, Grundgesetz, Art. 19, Anm. A, S. 321, Art. 10, Anm. B 6, S. 247; *Häberle*, JZ 71, 145 ff.; BVerfG, NJW 71, 245 ff. Zu den besonderen Fragen des Verfassungsschutzes: *Evers*, Privatsphäre und Ämter für Verfassungsschutz, *Salzwedel*, Gedächtnisschrift für H. Peters, S. 768, 771 (besonders zur Abwägung unter dem Grundsatz der Verhältnismäßigkeit); *Ziegler*, Bay VBl 68, 383.

[63] So BVerfG, NJW 71, 275 (277); a. A. *Evers*, Gutachten, S. 80 f.; *Häberle*, JZ 71, 145 (147).

[64] Vgl. BVerfGE, NJW 71, 283.

Art. 20 Abs. 3 GG i. V. mit Art. 19 Abs. 4 GG wird damit, rechtsstaatlich richtig verstanden, durch die Verfassungsänderung der Art. 10 Abs. 2 Satz 2 und Art. 19 Abs. 4 Satz 3 GG nicht verletzt[65].

C. Art. 19 Abs. 4 GG und Art. 20 Abs. 2 GG

Gewaltenteilung bedeutet nach dem Grundgesetz nicht absolute Trennung dreier selbständiger, voneinander unabhängiger Machtträger, sondern ist als Scheidung dreier Funktionen, die durch Organe der Legislative, Exekutive oder Judikative wahrgenommen werden, und als Gewaltenhemmung und -kontrolle zu verstehen[66]. Als Gestaltungsprinzip unseres Staatswesens ist eine solche Gewaltenteilung Bestandteil der rechtsstaatlichen Ordnung und innerhalb dieser ein Fundamentalelement, das über Art. 79 Abs. 3 GG einer besonderen Bestandsgarantie unterliegt.

Nach überwiegender und hier den weiteren Ausführungen zugrunde gelegten Ansicht unterliegt der Garantie des Art. 20 Abs. 2 GG nur ein Kernbestand an Gewaltenteilung[67]. Diese Ansicht kann sich auf die konkrete Verfassungsordnung des Grundgesetzes mit den zahlreichen Überschneidungen der Gewaltenbereiche und des weiteren auf die im gegenwärtigen pluralistischen Staat erfolgte Verlagerung weiter Machtssphären in den vorparlamentarischen Bereich — z. B. in politische Parteien Interessenverbände — berufen[68]. Der Schutz vor staatlichem Machtmißbrauch, der ja das eigentliche Anliegen des Grundsatzes der Gewaltenteilung ist, bedingt eben nicht eine starre Abgrenzung der Gewaltenbereiche, sondern wird gerade durch die allseitige funktionale Hemmung und Kontrolle am besten gewährleistet. Deshalb bedarf nur ein Kernbestand der Gewaltenteilung der Garantie über Art. 79 Abs. 3 i. V. mit Art. 20 Abs. 2 GG.

Der Gerichtsschutz nach Art. 19 Abs. 4 GG ist nun ein sehr wesentlicher Pfeiler der grundgesetzlichen Gewaltenteilung[69]. Nur durch unabhängige Gerichte können Exekutive und zum Teil auch Legislative in der derzei-

---

[65] BVerfG, NJW 71, 275 ff. (Mehrheitsmeinung). A. A. *Hall*, JZ 68, 159 (164); *Dürig*, Gutachten, S. 20, und ZRP 68, 11; *Evers*, Gutachten, S. 71 f.; *Hamann-Lenz*, Grundgesetz, Art. 10, Anm. B 6, S. 247; Art. 19, Anm. A, S. 321; *Häberle*, JZ 71, 145 (152 f.); keine endgültige Stellungnahme hat *Rupp*, NJW 71, 275 ff. dazu abgegeben.
[66] Vgl. dazu oben Erster Teil, III. Kapitel, § 2, A, IV.
[67] Ebenda, vgl. auch *Häberle*, JZ 71, 145 (153).
[68] Vgl. dazu die kritischen Bemerkungen bei *Werner Weber*, Festschrift für C. Schmitt, S. 253 ff. (264): „Heraushebung der dritten Gewalt hat den Verlust an hemmender Scheidung zwischen Exekutive und Legislative durch eine neue Schwerpunktbildung z. T. „wieder wettgemacht"; vgl. auch in Festgabe für Küchenhoff, S. 313 (317).
[69] Vgl. *Lenz*, S. 38; *Häberle*, JZ 71, 145 (153); BVerfGE 4, 331 (346); 9, 268 (279); 22, 106 (111).

tigen verfassungsrechtlichen Lage effektiv kontrolliert und gehemmt werden. Art. 19 Abs. 4 GG wäre insgesamt nur dann von Art. 20 Abs. 2 GG mitgarantiert, wenn Art. 19 Abs. 4 GG zum Kernbereich der Gewaltenteilung gehören würde. Entsprechend den an anderer Stelle gemachten Ausführungen kann davon ausgegangen werden, daß die Gewaltenteilung, und damit auch ihr Kernbestandteil, ihren Inhalt aus der Rechtsstaatlichkeit des gesamten Grundgesetzes erhält, also Freiheit und Persönlichkeit des Einzelnen zu schützen hat und in der Verwirklichung rechtmäßigen staatlichen Handelns Machtmißbrauch verhindern kann. Inwieweit Aufhebung oder Einschränkung des Art. 19 Abs. 4 GG den Kernbereich dieses Postulats verletzen kann, bleibt nun im einzelnen zu untersuchen.

Ganz gleichgültig, ob die Aufhebung des Art. 19 Abs. 4 GG unter Zurverfügungstellung eines Ersatzrechtsschutzes erfolgt oder nicht, kann das Ergebnis der Betrachtung nur ein Verstoß gegen Art. 20 Abs. 2 GG sein. Ein völliger Ausschluß der Judikative in öffentlich-rechtlichen Streitigkeiten würde den Gewaltenteilungsgrundsatz geradezu aufheben und die staatliche Machtausübung auf die Bereiche von Legislative und Exekutive beschränken. Legislative und Exekutive würden damit zum Wächter ihrer eigenen Entscheidungen gemacht, so daß von Gewaltenhemmung und -kontrolle nicht mehr gesprochen werden könnte. Eine Aufhebung des Art. 19 Abs. 4 GG wäre damit auch unter dem Gesichtspunkt der Gewaltenteilung nach Art. 20 Abs. 2 GG verfassungswidrig[70].

Ob auch eine fallweise Ausschließung des Gerichtsschutzes nach Art. 19 Abs. 4 GG mit Art. 20 Abs. 2 GG unvereinbar ist, erscheint wegen der entstehenden Lückenhaftigkeit des Gerichtsschutzes zunächst ebenfalls wahrscheinlich. Zwar wird bei einer begrenzten Einengung des Gerichtsschutzes nach Art. 19 Abs. 4 GG dieser nicht in seiner Existenz getroffen, jedoch bedeutet jeglicher Ausschluß des Gerichtsschutzes in öffentlichrechtlichen Streitigkeiten eine wägbare Verschiebung in der Balance der Gewalten. Wird nämlich eine Gerichtskontrolle gegenüber bestimmten staatlichen Akten nicht mehr gewährt, so besteht bei diesen auch kein Zwang zum gesetz- und rechtmäßigen Handeln. Damit steht auch dem einzelnen Bürger bei Rechtsverletzungen durch solche unkontrollierbaren Akte kein Individualrechtsschutz zur Verfügung. Das System der Gewaltenhemmung und -kontrolle wäre insoweit außer Kraft gesetzt und damit die grundgesetzliche Gewaltenteilung in ihrem Kern getroffen. Somit wäre auch ein enumerativ aufgeführter Gerichtsschutz an Stelle des Art. 19 Abs. 4 GG mit Art. 20 Abs. 2 GG unvereinbar.

An diesem aus Art. 20 Abs. 2 GG gewonnenen Ergebnis ändern auch die zurückversetzten Nachprüfungen durch Legislativ- und Exekutivorgane

---

[70] Vgl. die Hinweise oben FN 53 sowie noch die „abweichende Meinung" des BVerfG, NJW 71, 281 ff.

nichts, da nur die Gerichte kraft der Unabhängigkeit ihrer Mitglieder und der rechtlich verbindlichen Kraft ihrer Entscheidungen im gegenwärtigen Verfassungssystem zu einer effektiven, an Rechtswerten ausgerichteten Kontrolle, in der Lage sind. Während sich die richterliche Kontrolle allein an Rechtswerten zu orientieren hat, werden sich Legislativ- und Exekutivorgane naturgemäß auch von politischen Opportunitätszwängen leiten lassen[71]. Als Ergebnis bleibt deshalb festzuhalten, daß immer dann, wenn die Gerichte nicht selbst die mögliche Rechtsverletzung innerhalb der Zulässigkeitsprüfung aufgrund der objektiven Rechtslage feststellen können, sondern an die Entscheidung der Unzulässigkeit von vornherein gebunden sein sollen, Art. 20 Abs. 2 GG verletzt ist.

Von diesem grundsätzlichen Ergebnis werden die Verfassungsänderungen der Art. 10 Abs. 2 Satz 2 und Art. 19 Abs. 4 Satz 3 GG jedoch nicht berührt. Aus den allgemeinen rechtsstaatlichen Erwägungen, die bereits oben im Rahmen der Prüfung zu Art. 20 Abs. 3 GG zur Bejahung der Verfassungsmäßigkeit der Verfassungsänderungen führten, muß auch i. V. zu Art. 20 Abs. 2 GG die Verfassungsmäßigkeit angenommen werden[72].

§ 3 Art. 19 Abs. 4 GG und Art. 1 GG

A. Art. 19 Abs. 4 GG und Art. 1 Abs. 1 GG

Nach Art. 1 Abs. 1 GG ist „die Würde des Menschen unantastbar" und mit einem staatlichen Schutzanspruch versehen. Die Frage, die sich hier stellt, ist, ob auch der lückenlose Gerichtsschutz zu dieser Unantastbarkeitsgarantie gehört[73].

Zwei Möglichkeiten der Auslegung des Art. 1 Abs. 1 GG bieten sich hierzu an: So wird einerseits angenommen, daß bereits der Ausschluß des Rechtsweges die Menschenwürde verletzt[74], und andererseits besteht die Ansicht, die Menschenwürde sei nur material zu begreifen, was zur Folge hätte, daß der Rechtsschutz nach Art. 19 Abs. 4 GG nur der Wiederherstellung der Menschenwürde auf prozessualem Gebiet zu dienen bestimmt sei[75].

---

[71] Vgl. *Evers*, Gutachten, S. 75 f.
[72] Vgl. dazu oben B.; vgl. dagegen die abweichenden Ansichten von *Hall*, JZ 68, 159 (164); *Evers*, Gutachten, S. 104, 120; *Häberle*, JZ 71, 145 (153), und die „abweichende Meinung" des BVerfG, NJW 71, 282 f.
[73] So *Evers*, Gutachten, S. 53, *Hamann-Lenz*, Grundgesetz, Art. 19, Anm. A, S. 321; wohl auch *Roelleke*, S. 301, der die Menschenwürde in der „Chance" sieht, das was sich der Mensch unter seiner Würde vorstellt, in einem „offenen Verfahren" durchzusetzen.
[74] Vgl. FN 72.
[75] Vgl. zum materialen Gehalt der Menschenwürde *Dürig*, AÖR 81 (1956), 117 (151), und in *Maunz-Dürig-Herzog*, Grundgesetz, Art. 1, RN 17, 18, 28.

Das Bundesverfassungsgericht hat sich zunächst nur mit der Frage der Bedeutung des rechtlichen Gehörs für die „Würde der Person" beschäftigt und dabei die Nichtgewährung des rechtlichen Gehörs in einem gerichtlichen Verfahren als Verstoß gegen die Menschenwürde angesehen[76]. In der Entscheidung des Bundesverfassungsgerichts zu den Verfassungsänderungen durch die Art. 10 Abs. 2 Satz 2 und Art. 19 Abs. 4 Satz 3 GG wurde die Verletzung der Menschenwürde durch den Ausschluß des Rechtswegs von der Mehrheitsmeinung verneint und von der „abweichenden Meinung" bejaht[77].

Nach fast einhelliger Ansicht ist die Würde wesenhaft mit dem Menschsein verknüpft und erzeugt einen Achtungsanspruch gegenüber der Außenwelt[78]. Die Unantastbarkeit der Menschenwürde bildet einen letztlichen Schutzwall gegen Angriffe — seien sie staatlicher oder privater Natur — auf den Bereich des Menschseins[79]. Eine Verletzung der Menschenwürde ist somit nur dann möglich, wenn „der konkrete Mensch zum Objekt, zum bloßen Mittel, zur vertretbaren Größe herabgewürdigt wird"[80].

Wenn das Bundesverfassungsgericht das „rechtliche Gehör" im gerichtlichen und auch im förmlichen Verwaltungsverfahren[81] den Erfordernissen der Menschenwürde hinzurechnet, so geht es gerade davon aus, daß der Mensch, ohne daß er vor einer abschließenden Entscheidung innerhalb eines Verfahrens gehört wird, zum bloßen Objekt staatlichen Handelns gemacht wird. Voraussetzung für die Ansicht des Bundesverfassungsgerichts ist also, daß ein solches Verfahren bereits in Gang gekommen ist und dann ohne Anhörung des Betroffenen eine Entscheidung gefällt wurde. Bei einem völligen Ausschluß des Gerichtsschutzes kann es aber ein solches rechtsstaatswidriges Verfahren nicht geben. Die zur Frage des „rechtlichen Gehörs" ergangenen Entscheidungen des Bundesverfassungsgerichts sind damit nicht auf die hier interessierenden Konstellationen anwendbar.

Losgelöst von der in einem Rechtsstreit behaupteten Rechtsverletzung, hier verursacht durch staatliches Handeln, stellt sich der Rechtsweg nach Art. 19 Abs. 4 GG lediglich als Mittel der Verwirklichung der staatlichen

---

[76] Vgl. BVerfGE 7, 53 (57); 7, 275 (279); 9, 85 (95); zustimmend *Röhl*, NJW 58, 1268 ff.; *A. Arndt*, NJW 59, 6; *Maunz-Dürig-Herzog*, Grundgesetz, Art. 103, RN 5; *Hamann-Lenz*, Grundgesetz, Art. 103, Anm. A 3, S. 631, Anm. B 1 a, S. 632; dagegen *Ule*, DVBl 59, 537 (541), und *E. Schmidt*, JZ 65, 733.
[77] Vgl. in NJW 71, 275 ff., einerseits S. 279, andererseits S. 283.
[78] Vgl. *Brinkmann*, Grundrechtskommentar, Art. 1, Anm. 1 b β.
[79] Vgl. BVerfGE 1, 97 (104); 6, 32 (41); 6, 389 (433).
[80] Vgl. *Maunz-Dürig-Herzog*, Grundgesetz, Art. 1, RN 28; BVerfGE 7, 198 (205); 9, 83 (95); 23, 127 (134); 27, 1 (6); 28, 386 (391); sowie „abweichende Meinung" des BVerfGs in NJW 71, 282.
[81] So auch *Maunz-Dürig-Herzog*, Grundgesetz, Art. 103, RN 92; BVerwG, DVBl 58, 174.

Schutzpflicht nach Art. 1 Abs. 1 Satz 2 GG dar[82]. Entscheidend für das letztlich Werthafte der menschlichen Existenz sind nicht die formalen Schutzmöglichkeiten, sondern ist die inhaltliche Bewahrung der Menschenwürde. Der Rechtsweg, bestehend zur Korrektur staatlicher Akte, beantwortet nicht die Frage danach, *was* die Menschenwürde ausmacht, sondern die Frage danach, *wie* diese zu schützen ist. Daß dies so ist, zeigt gerade der hypothetische Fall des Ausschlusses des Rechtswegs bei Rechtsverletzungen, die weder Grundrechte noch die Menschenwürde betreffen. Ein solcher Rechtswegausschluß hat keineswegs eine so gravierende Bedeutung wie etwa der Rechtswegausschluß bei einer Verletzung der Menschenwürde. Mit der Art und Schwere der Rechtsverletzung gewinnt nämlich auch der Gerichtsschutz an Bedeutung, wenngleich er als formelles Mittel ein eigenständiges rechtsstaatliches Gewicht hat. Für die Unantastbarkeit der Menschenwürde hat der Ausschluß des „Rechtswegs" keine unmittelbare Bedeutung[83]. Damit wird Art. 1 Abs. 1 GG auch nicht verletzt.

B. Art. 19 Abs. 4 GG und Art. 1 Abs. 3 GG

In der Rechtswissenschaft wird zum Teil angenommen, Art. 19 Abs. 4 GG falle als „formelles Hauptgrundrecht" unter die „nachfolgenden Grundrechte" des Art. 1 Abs. 3 GG, und weiter, Art. 1 Abs. 3 GG stelle eine Bestandsgarantie aller „nachfolgenden Grundrechte" dar[84]. Damit wäre auch Art. 19 Abs. 4 GG von einer Verfassungsänderung ausgenommen. Die Unrichtigkeit dieser Ansicht beruht auf einem grundlegenden Mißverständnis des Art. 1 Abs. 3 GG. Nach der genannten Auffassung hätte diese Vorschrift einen fest umrissenen Grundrechtsinhalt, weil damit alle „nachfolgenden Grundrechte" bereits innerhalb des Art. 1 Abs. 3 GG garantiert wären. Die Grundrechtsvorschriften selbst hätten damit nur deklaratorische Bedeutung.

Wortlaut, historischer Zusammenhang und systematische Stellung des Art. 1 Abs. 3 GG sprechen gegen die aufgezeigte Ansicht. Art. 1 Abs. 3 GG spricht nur von der Bindung der staatlichen Gewalt an die „nachfolgenden Grundrechte" als unmittelbar geltendes Recht. Zweierlei wird damit ausgedrückt: Erstens, daß alle staatliche Gewalt nicht nur politisch sondern auch rechtlich gebunden ist, und zweitens, daß als Bindungsnor-

---

[82] Vgl. *Evers*, Gutachten, S. 52 f.
[83] Die Verletzung der Menschenwürde nehmen demgegenüber an: *Dürig*, Gutachten, S. 20 f.; *Evers*, Gutachten, S. 74 ff.; *Häberle*, JZ 71, 145 (152).
[84] So *Giese*, FAZ vom 13. 10. 1949 („Legalisierter Verfassungsbruch"); *Klein*, VVDStRL 8 (1950), 92 und DVBl 53, 679; *Nawiasky*, Grundgedanken, S. 21; *Wernicke*, BK, Art. 1, Anm. II, 5 b; *Friedländer*, StuW 54, 195 (214); *Lenz*, Umfang der gerichtlichen Prüfungsbefugnis, S. 79 (FN 468); *Brinkmann*, Grundrechtskommentar, Art. 19, Anm. III, b, c; vgl. auch *Häberle*, JZ 71, 145 (152, FN 101).

men keine bestimmten Grundrechtsvorschriften gemeint sind, sondern nur die „nachfolgenden", d. h. die *jeweils geltenden*. Nichts ist darüber ausgesagt, daß die Art. 2 bis 19 GG zum ewigen Bestand des Grundgesetzes gehören sollen. Es heißt eben auch nicht, daß die „nachfolgenden Grundrechte" als unabänderliches Recht binden, sondern nur, daß es sich bei den Grundrechten überhaupt um geltendes Recht handelt[85]. Eine Qualifikation des Grundrechtskatalogs — wobei natürlich fraglich ist, ob Art. 19 Abs. 4 GG überhaupt unter die „Grundrechte" i. S. des Art. 1 Abs. 3 GG fällt[86] — unter dem Gesichtspunkt des Rechtsranges hat innerhalb des Art. 1 Abs. 3 GG nicht stattgefunden. Art. 1 Abs. 3 GG spricht auch nur von der „Gesetzgebung", nicht aber von der verfassungsändernden Gesetzgebung[87]. Aus dem Wortlaut des Art. 1 Abs. 3 GG kann somit nicht entnommen werden, daß Art. 19 Abs. 4 GG von dieser Vorschrift mit garantiert wird.

Was den historischen Zusammenhang anbetrifft, so wollten die Väter des Grundgesetzes, im Gegensatz zur eingeschränkten Verbindlichkeit der Grundrechte in der Weimarer Reichsverfassung, mit der neuen Regelung des Art. 1 Abs. 3 GG den Rechtsstaat sichern. Die Grundrechte sollten nicht mehr teilweise als Programm für die Gesetzgebung dienen, sondern sie sollten in der täglichen Rechtsanwendung und -fortbildung aktualisiert werden. Das historische Anliegen des Art. 1 Abs. 3 GG war also nicht, den Grundrechtskatalog für geschlossen und unabänderlich zu erklären, vielmehr sollte nur eine rechtliche Bindungswirkung erzeugt werden[88].

Auch unter systematischen Gesichtspunkten ergibt sich kein anderes Ergebnis. Würde man nämlich die Art. 2 bis 19 GG in ihrem derzeitigen Bestand in Art. 1 Abs. 3 GG einbeziehen, so würde Art. 79 Abs. 3 GG weitgehend seiner Bedeutung enthoben. Gerade auch die Vertreter jener Ansicht, die die Verfassungsänderung über Art. 79 Abs. 3 GG hinaus von weiteren grundlegenden Verfassungsvorschriften (z. B. Art. 2, 3, 19 Abs. 2 GG) abhängig machen wollen[89], gehen nicht so weit, alle Grundrechte von Verfassungsänderungen auszunehmen. Insbesondere dann, wenn man die Zulässigkeit von Verfassungsänderungen an Art. 79 Abs. 3 GG bindet, geht es nicht an, die normative Sperrwirkung dieser Vorschrift völlig auszuhöhlen. Art. 79 Abs. 3 GG steht dabei einer allzu weiten Ausdehnung des Art. 1 Abs. 3 GG entgegen[90].

---

[85] Vgl. W. *Böckenförde*, Der allgemeine Gleichheitssatz, S. 17.
[86] Vgl. oben Erster Teil, IV. Kapitel, § 3, D.
[87] Vgl. *Thoma*, Recht — Staat — Wirtschaft, Bd. 3 (1951), S. 11 f.
[88] Vgl. *Maunz-Dürig-Herzog*, Grundgesetz, Art. 1, RN 92.
[89] Vgl. oben § 1, FN 7.
[90] Vgl. oben § 1, FN 12, und *Curtius*, Die Schranken der Änderung des Grundgesetzes, S. 115: „Durch Art. 79 Abs. 3 GG wird nur garantiert, daß die völlige Beseitigung der Grundrechte untersagt ist."

§ 3 Art. 19 Abs. 4 GG und Art. 1 GG 175

In Verbindung mit dem übrigen Inhalt des Art. 1 GG ergibt sich zudem, daß mit der „Unantastbarkeit der Menschenwürde" (Abs. 1) und dem Bekenntnis zu den „Menschenrechten" (Abs. 2) eine Überhöhung des Art. 1 GG im Verhältnis zu den übrigen Grundrechtsnormen stattgefunden hat. Es geht bei Art. 1 GG um fundamentale Aussagen für die grundgesetzliche Ordnung, die zwar auf die übrige Verfassungs- und Rechtsordnung ausstrahlen, die aber nicht schon automatisch die Garantie umfassender Teile des Grundgesetzes, wie gerade Art. 2 bis 19 GG, zum Inhalt haben. Art. 19 Abs. 4 GG kann deshalb nicht über Art. 1 Abs. 3 GG von einer Verfassungsänderung ausgenommen werden.

Zweites Kapitel

Art. 19 Abs. 4 GG und Art. 19 Abs. 2 GG

Ein Zusammenhang zwischen beiden Vorschriften könnte in zweierlei Hinsicht bestehen. Erstens könnte Art. 19 Abs. 4 GG den in Art. 19 Abs. 2 GG erwähnten „Grundrechten" hinzugerechnet werden[1], und zweitens könnte der prozessuale Schutz in Art. 19 Abs. 4 GG zum Wesensgehalt der materiellen Grundrechte gehören[2].

§ 1 Art. 19 Abs. 4 GG als mögliches „Grundrecht" i. S. des Art. 19 Abs. 2 GG

Geht man, richtigerweise, von Art. 19 Abs. 4 GG als „formellem Hauptgrundrecht" aus, so liegt die Konsequenz nahe, dieses zu den „Grundrechten" i. S. von Art. 19 Abs. 2 GG zu zählen[3]. Allerdings sind materielle Grundrechte und prozessualer Schutz naturgemäß von grundlegend verschiedenem Inhalt, so daß auch, was die jeweiligen verfassungsrechtlichen Bestandsgarantien anbetrifft, unterschiedliche Betrachtungsweisen geboten erscheinen.

Entscheidend für die Lösung des Problems ist das grundlegende Verständnis des Art. 19 Abs. 2 GG und dessen systematische Stellung, sei es zu Art. 19 Abs. 4 GG oder auch zu anderen Verfassungsnormen wie etwa Art. 1 Abs. 2 GG[4].

---

[1] Diese Position wird annähernd nur von *Bettermann*, Grundrechte, S. 811, vertreten, der die Wesensgehaltsgarantie *analog* auf Art. 19 Abs. 4 GG anwendet.

[2] So *Zivier*, Der Wesensgehalt der Grundrechte; *Roelleke*, S. 297; *Evers*, Gutachten, S. 74; vgl. auch *Häberle*, JZ 71, 145 (154); neuerdings auch BVerfGE 24, 367 (401): „Nach der grundgesetzlichen Konzeption ist hiernach ein effektiver — den Bestand des Eigentums sichernder — Rechtsschutz ein *wesentliches* Element des Grundrechts selbst" (zu Art. 14 GG).

[3] Diese Konsequenz läge dann nahe, wenn man Art. 19 Abs. 4 GG über Art. 1 Abs. 3 GG von einer Verfassungsänderung ausnimmt. Vgl. dazu oben FN 83 und neuerdings H. *Peters*, Entwicklung und Grundfragen, S. 278.

[4] Als Bestandteil der Menschenwürde nach Art. I Abs. 1 GG sieht den Art. 19 Abs. 2 GG *Dürig*, vgl. AÖR 81 (1956), 117 ff. und in *Maunz-Dürig-Herzog*, Grundgesetz, Art. 1, RN 45; vgl. auch *Häberle*, JZ 71, 145 (154): „Die Wesensgehaltsfrage stellt sich auch im Rahmen des Art. 79 Abs. 3 GG", sowie BVerfGE 7, 377 (411).

§ 1 Art. 19 Abs. 4 GG als „Grundrecht" i. S. des Art. 19 Abs. 2 GG

Die Anordnung der einzelnen Absätze des Art. 19 GG deutet darauf hin, daß Absatz 2 mit der Wesensgehaltsgarantie ebenso wie Absatz 1 eine Klammerwirkung mit den vorhergehenden Grundrechten 2 bis 18 GG schaffen, Absatz 4 aber einen über den Grundrechtsschutz hinausgehende allgemeine Rechtsschutzgarantie enthält[5]. Wenn auch zu der Frage, ob Art. 19 Abs. 4 GG als ein Grundrecht i. S. des Art. 19 Abs. 2 GG anzusehen ist, keine ausdrücklichen Stellungnahmen in Rechtswissenschaft und Rechtsprechung vorliegen, so kann doch aus der allgemeinen Diskussion zur Bedeutung und Auslegung des Art. 19 Abs. 2 GG entnommen werden, daß nur materielle Grundrechte unter diese Norm fallen[6].

Besonders pointierte Ansichten in der inhaltlichen Begründung des Art. 19 Abs. 2 GG vertreten *Dürig* und *Roelleke*. Dürig, der Art. 19 Abs. 2 GG als Ausdruck der Menschenwürde ansieht, klammert damit — von seinem Verständnis der Menschenwürde her gesehen, das den Gerichtsschutz nicht einschließt — Art. 19 Abs. 4 GG aus der Wesensgehaltsgarantie mittelbar aus[7]. Aber auch Roelleke, der Art. 19 Abs. 2 GG aus dem verfassungsrechtlichen Zwang zum „offenen Verfahren" und damit als formelle Komponente der materiellen Grundrechte sieht, betrachtet Art. 19 Abs. 4 GG nicht als Grundrecht i. S. des Art. 19 Abs. 2 GG, sondern zählt den Gerichtsschutz lediglich zum Wesensgehalt aller materieller Grundrechte[8], worauf noch zurückzukommen sein wird.

Die übrigen zu Art. 19 Abs. 2 GG vertretenen Meinungen, die von einem materiellen Inhalt der Norm ausgehen — der Wesensgehalt der „Grundrechte" bedeutet danach eine *absolute* Schranke, nur ist streitig, wo diese Schranke im einzelnen liegen muß — läßt sich in solche aufgliedern, die die Wesensgehaltssperre konkret — relativ[9] und solche, die sie abstrakt — absolut, d. h. vom Bedeutungsumfang des Grundrechts her[10], beurteilen. Diese Unterscheidung innerhalb der materiellen Auffassung hat

---

[5] Zweifelnd *H. Peters*, Entwicklung und Grundfragen, S. 278.
[6] Davon geht auch *Bettermann*, Grundrechte, S. 811, bei seinem Analogieschluß aus; so auch *Jahrreiß*, Recht — Staat — Wirtschaft, Bd. 2 (1950), S. 204; vgl. allgemein zum Inhalt des Art. 19 Abs. 2 GG: *H. Krüger*, DÖV 55, 597 ff.; *v. Mangoldt-Klein*, Das Bonner Grundgesetz, Art. 19, Anm. V 2, S. 554; *Zivier*, Der Wesensgehalt der Grundrechte; *Häberle*, Die Wesensgehaltsgarantie des Art. 19 Abs. 2 GG; *Jäckel*, Grundrechtsgeltung und Grundrechtssicherung; *Roelleke*, S. 294 ff.
[7] Vgl. *Dürig*, AÖR 81 (1956), 117 und in *Maunz-Dürig-Herzog*, Grundgesetz, Art. 1, RN 45.
[8] *Roelleke*, S. 297.
[9] So BGHZ 6, 270 (279); 23, 32; ;vgl. auch die Kritik bei BVerfGE 7, 377 (411).
[10] So *v. Mangoldt-Klein*, Das Bonner Grundgesetz, Art. 19, Anm. V 2 c, S. 555; *H. Peters*, Entwicklung und Grundfragen, S. 266 („Bedeutung des Grundrechts im gesellschaftlichen Leben"); BVerfGE 2, 266 (285); 7, 377 (411); 22, 180 (219).

jedoch keine verschiedenartigen Auswirkungen auf das Verhältnis des Art. 19 Abs. 2 GG zu Art. 19 Abs. 4 GG. Beide Teilansichten haben jeweils nur die materiellen Grundrechte im Auge, wenn auch unter verschiedenen Vorzeichen. Nur die materiellen Grundrechte bedürfen wegen der allgemeinen und speziellen Gesetzesvorbehalte, sowie der Abgrenzung zu den immanenten Schranken i. V. mit Art. 2 Abs. 1 GG, der Absicherung durch eine Wesensgehaltsgarantie. Wegen der Einschränkbarkeit der materiellen Grundrechte in weiteren verfassungsrechtlich sanktionierten Bereichen setzt Art. 19 Abs. 2 GG eine rechtsstaatlich sinnvolle absolute Schranke[11].

Keine Auswirkungen auf das Verhältnis des Art. 19 Abs. 4 GG zu Art. 19 Abs. 2 GG kann auch der Meinungsstreit zwischen deklaratorischer[12] und konstitutiver[13] Bedeutung des Art. 19 Abs. 2 GG haben. Wenn schon nach den bisherigen Ausführungen, denen Art. 19 Abs. 2 GG als konstitutive Norm zugrunde lag, der Rechtsschutzanspruch nach Art. 19 Abs. 4 GG nicht als „Grundrecht" i. S. des Art. 19 Abs. 2 GG anzusehen ist, so ist Art. 19 Abs. 2 GG für Art. 19 Abs. 4 GG dann umso bedeutungsloser, wenn bereits alle „Grundrechte", unabhängig von Art. 19 Abs. 2 GG, eine Wesensgehaltssperre in sich tragen.

Ohne hier eine grundlegende Entscheidung zum Inhalt des Art. 19 Abs. 2 GG treffen zu müssen, kann das Ergebnis, gerade unter Berücksichtigung der Vielfalt der zu Art. 19 Abs. 2 GG vertretenen Ansichten, für den Zusammenhang der Wesensgehaltsgarantie und Art. 19 Abs. 4 GG nur negativ sein.

§ 2 Der prozessuale Schutz nach Art. 19 Abs. 4 GG als Wesensbestandteil der materiellen Grundrechte

Eine weitere Möglichkeit, Art. 19 Abs. 4 GG in die Wesensgehaltsgarantie des Art. 19 Abs. 2 GG einzubeziehen, besteht dann, wenn man die Rechtsweggarantie als Bestandteil des Wesensgehalts aller materiellen

---

[11] So die h. M., die von einem materiellen Inhalt der Wesensgehaltsgarantie ausgeht. Vgl. *H. Krüger*, DÖV 55, 597 (601); *Dürig*, AÖR 81 (1956), 116 f.; *v. Mangoldt-Klein*, Das Bonner Grundgesetz, Art. 19, Anm. V 5, S. 560; *Eike von Hippel*, Grenzen und Wesensgehalt der Grundrechte, S. 50 ff. (nach Güterabwägung); sowie die Rechtsprechung oben unter FN 99. Vgl. demgegenüber *Zivier*, Der Wesensgehalt der Grundrechte, S. 4 - 30; *Roelleke*, S. 296 ff. *Denninger*, DÖV 60, 812 (814), sieht die Ansicht der Rechtsprechung (des BVerfGs) zu formal an, da der Gehalt des einzelnen Grundrechts stärker berücksichtigt werden müsse; dieser Forderung entspricht allerdings BVerfGE 22, 180 (219).

[12] So *Häberle*, Die Wesensgehaltsgarantie des Art. 19 Abs. 2 GG, S. 234 f.; vgl. auch *v. Mangoldt-Klein*, Das Bonner Grundgesetz, Art. 19 Anm. V 7 a, S. 564.

[13] So die h. M., vgl. FN 99, 100.

Grundrechte ansieht. Diese Ansicht wird in Rechtswissenschaft und Rechtsprechung zum Teil auch vertreten[14]. So werden zur Begründung dieser Ansicht materielle Gesichtspunkte herangezogen, wie die Wesenheit der Grundrechte, die ihren gerichtlichen Schutz bereits enthalten muß, wobei letzterer nur ein Bestandteil des Wesensgehalts unter deren vielen ist[15]. Der Gerichtsschutz wird aber auch als überhaupt einziger Wesensbestandteil der Grundrechte angesehen[16]. So erblickt *Roelleke*, der das Problem von der Entscheidungsbefugnis des Gesetzgebers zur Beschränkung der Grundrechte her sieht, in dem „offenen Verfahren" der Rechtsprechung die einzige Sicherheit vor unzulässigen Grundrechtseinschränkungen durch die Gesetzgebung und die Verwaltung.

Diese einzige Sicherung des Grundrechtsbestandes bildet für Roelleke den Wesensgehalt der Grundrechte. Wenn aber auch Art. 19 Abs. 4 GG hinsichtlich der materiellen Grundrechte ein rechtsstaatliches Anliegen verwirklicht, so ist doch begrifflich klar das Grundrecht auf der einen Seite und sein gerichtlicher Schutz auf der anderen Seite zu trennen. Art. 19 Abs. 4 GG stellt eine von Art. 19 Abs. 2 GG unabhängige Regelung dar. Gerichtsschutz und Wesensgehaltsgarantie stehen insofern nebeneinander. Der Verfassungsgesetzgeber nennt in Art. 19 Abs. 4 GG alle „Rechte" als schützenswert und geht damit über den Grundrechtsschutz hinaus. Wortlaut und Stellung des Art. 19 Abs. 4 GG deuten auf eine eigenständige Bedeutung dieser Norm hin.

Würde man Art. 19 Abs. 2 GG in dem hier abgelehnten Sinne verstehen, so würde dies einer unzulässigen Relativierung der Wesensgehaltssperre im Hinblick auf Art. 1 Abs. 3 GG gleichkommen. Nicht nur der Gerichtsschutz, sondern auch Gesetzgebung und Verwaltung sind zur Garantie des Wesensgehalts aller Grundrechte verpflichtet. Diese Erkenntnis soll noch illustriert werden: Die Verbindung von materiellem Grundrecht und staatlicher Gewähr desselben vollzieht sich in mehreren Etappen. Der erste Schritt beantwortet die Frage, *was* des Schutzes bedarf, wie etwa der Wesensgehalt eines bestimmten Grundrechts[17]. Der zweite Schritt zielt auf die Möglichkeiten der Gewährleistung und des Schutzes der Grundrechte, letztlich des Wesensgehalts derselben. Auch Legislativ- und Exekutivorgane wären in der Lage, den Schutz des Wesensgehalts der Grundrechte zu übernehmen. Die Wesensgehalte der einzelnen Grundrechte, die sich nur aus der Eigenart derselben be-

---

[14] Vgl. oben FN 91.
[15] Vgl. *Evers*, Gutachten, S. 74, BVerfGE 24, 367 (401); *Häberle*, JZ 71, 145 (154), bejaht die Verletzung des Wesensgehalts von Art. 10 GG durch den Rechtswegausschluß nach Art. 10 Abs. 2 Satz 2 GG.
[16] So *Roelleke*, S. 297.
[17] Der Wesensgehalt ist eben bei jedem einzelnen Grundrecht besonders zu bestimmen, vgl. BVerfGE 22, 180 (219).

stimmen lassen, sind damit nicht zwangsläufig mit dem Gerichtsschutz verbunden.

Gerade auch diejenigen Ansichten in der Rechtswissenschaft, die Art. 19 Abs. 2 GG — entgegen der herrschenden Meinung — nur deklaratorische Bedeutung beimessen[18], bestimmen den Wesensgehalt der Grundrechte bereits aus den konkreten Grundrechten heraus rein materiell. Ganz eindeutig wird das hier gewonnene Ergebnis von der herrschenden Meinung vertreten, die Art. 19 Abs. 2 GG konstitutive und materielle Bedeutung beimißt.

Wie in Art. 1 Abs. 3 GG ergänzt auch Art. 19 Abs. 4 GG die Wesensgehaltsgarantie des Art. 19 Abs. 2 GG, um den Grundrechten Gewicht und Durchsetzung zu verschaffen[19], nicht aber garantiert Art. 19 Abs. 2 GG den Individualrechtsschutz nach Art. 19 Abs. 4 GG, soweit dieser Grundrechte betrifft.

---

[18] Vgl. oben FN 101.
[19] *Roelleke*, S. 298, spricht von Art. 1 Abs. 1 GG und Art. 19 Abs. 2 GG als „komplementären Vorschriften".

Literaturverzeichnis

Anschütz, Gerhard: Kritische Studien zur Lehre vom Rechtssatz und formellen Gesetz. Dissertation Halle - Wittenberg 1891.

Antoniolli, Walter: Allgemeines Verwaltungsrecht.

Apelt, Willibalt: Diskussionsbeitrag, VVDStRL 12 (1954), 107 f.

Arentz, Günter: Der Rechtscharakter des Artikels 19 Abs. 4 des Grundgesetzes. Dissertation Köln 1963 (zit: Rechtscharakter).

Arndt, Adolf: Das rechtliche Gehör. In: NJW 59, S. 6 - 8.
— Die Verfassungsbeschwerde wegen Verletzung des rechtlichen Gehörs. In: NJW 59, S. 1297 - 1301.
— Rechtsprechende Gewalt und Strafkompetenz. In: Festgabe für Carlo Schmid, S. 5 - 32. Tübingen 1962.
— Anmerkung zu VG Köln, DVBl 65, 882 ff. In: DVBl 65, S. 954 f.

Arndt, Claus: Die Verwaltungsgerichte und das Recht auf diplomatischen Schutz bei Manövern alliierter Stationierungsstreitkräfte. DVBl 59, S. 269 - 272.

Bachof, Otto: Aussetzung der Vollziehung und einstweilige Verfügung im verwaltungsgerichtlichen Verfahren. In: NJW 49, S. 815.
— Verwaltungsgerichtsbarkeit und Justiz. In: SJZ 49, S. 377 - 395.
— Verwaltungsgerichtsbarkeit und Justiz unter besonderer Berücksichtigung des Bonner Grundgesetzes. In: SJZ 50, S. 162 - 170.
— Die verwaltungsgerichtliche Klage auf Vornahme einer Amtshandlung. (zit: Die verwaltungsgerichtliche Klage). Tübingen 1951.
— Verfassungswidrige Verfassungsnormen. In: Recht und Staat, Heft 163/164. Tübingen 1951.
— Verwaltungsakt und innerdienstlicher Rechtsakt. In: Festschrift für Wilhelm Laforet, S. 285 - 316. München 1952.
— Anmerkung zu OLG Frankfurt/Main, DVBl 53, 601. In: DVBl 53, S. 601 - 603.
— Begriff und Wesen des sozialen Rechtsstaats. In: VVDStRL 12 (1954), S. 37 - 84.
— Beurteilungsspielraum, Ermessen und unbestimmter Rechtsbegriff im Verwaltungsrecht. In: JZ 55, S. 97 - 102.
— Reflexwirkungen und subjektive Rechte im öffentlichen Recht. In: Gedächtnisschrift für Walter Jellinek, S. 287 - 307. München 1955.
— Diskussionsbeitrag, VVDStRL 14 (1956), S. 179.
— Die Rechtsprechung des Bundesverwaltungsgerichts (BVerwGE Band 1 - 3). In: JZ 57, 334 - 342.
— Anmerkung zu BVerwG, DVBl 57/786 ff. In: DVBl 57, 788 - 790.
— Nochmals: Verwaltungsverfahren und Verwaltungsgerichtsbarkeit. In: DVBl 58, 6 - 9.
— Grundgesetz und Richtermacht. Tübingen 1959.
— Diskussionsbeitrag, VVDStRL 18 (1960), S. 210.

Bachof, Otto: Die richterliche Kontrollfunktion im westdeutschen Verfassungsgefüge. In: Festschrift für Hans Huber S. 26 - 47. Bern 1961.
— Nachwort zu Bettermann, AÖR 86 (1961), S. 129 - 186. In: AÖR 86 (1961), S. 186 - 193.
— Anmerkung zu BVerwG, DVBl 61, 125 ff. In: DVBl 61, 128 - 132.
— Die Rechtsprechung des Bundesverwaltungsgerichts (BVerwGE Band 4 - 12). In: JZ 62, 701 - 708.
— Die Rechtsprechung des Bundesverwaltungsgerichts (BVerwGE Band 13 - 19). In: JZ 66, 58 - 66.
— Die Rechtsprechung des Bundesverwaltungsgerichts. In: JZ 66, 224 - 232.
Backmann, Horst: Die Grenzen der Verwaltungsgerichtsbarkeit. In: DÖV 56, 296 - 272.
Badura, Peter: In: Kommentar zum Bonner Grundgesetz. (Bonner Kommentar) Art. 10. (zit: BK) Hamburg 1950 ff., Stand 1970.
Bähr, Otto: Der Rechtsstaat. Cassel und Göttingen 1864.
Bäumlin, Richard: Die rechtsstaatliche Demokratie. Zürich 1954.
Baring, Martin: Das gehörige Verfahren. In: DRiZ 66, 366 - 368.
Bartesberger, Richard: Der Rechtsanspruch auf Beachtung von Vorschriften des Verwaltungsverfahrensrechts. In: DVBl 70, 30 - 34.
Baumbach, Adolf und Wolfgang Lauterbach: Zivilprozeßordnung, 30. Auflage. München 1970.
Baumgärtel, Gottfried: Das Verfahren der ordentlichen Gerichte in öffentlich-rechtlichen Streitsachen. In: ZZP 73 (1960), S. 387 - 413.
Baur, Fritz: Der Anspruch auf rechtliches Gehör. In: AcP 153 (1954), S. 393 - 412.
Becher, Erich: Verwaltung und Verwaltungsrechtsprechung. In: VVDStRL 14 (1956), S. 96 - 135.
Bender, Bernd: Allgemeines Verwaltungsrecht. 2. Auflage. Freiburg i. Br. 1956.
Benkendorff: Besteht eine Amtspflicht zur Rechtsmittelbelehrung bei Verwaltungsakten. In: DVBl 52, 13 ff.
Bergmann, Wolfgang: Zwischenbilanz zur verwaltungsgerichtlichen abstrakten Normenkontrolle. In: VerwArch. 51 (1960), S. 36 - 63.
Bernatzik, Edmund: Rechtsprechung und materielle Rechtskraft. Wien 1886.
Bernhardt, Rudolf: Zur Anfechtung von Verwaltungsakten durch Dritte. In: JZ 63, 302 - 308.
Bettermann, Karl August: Zivilgerichtliche Verurteilung der Verwaltungsbehörden zu Amtshandlungen? In: MDR 53, 644 - 647.
— Die freiwillige Gerichtsbarkeit im Spannungsfeld zwischen Verwaltung und Rechtsprechung. In: Festschrift für Friedrich Lent. München und Berlin 1957.
— Diskussionsbeitrag, VVDStRL 15 (1957), S. 214 - 216.
— Der Schutz der Grundrechte in der ordentlichen Gerichtsbarkeit. (zit: Grundrechte). In: Die Grundrechte, hrsg. von Bettermann-Nipperdey-Scheuner, Band III, 2. Halbband, S. 779 - 908. Berlin 1959.
— Zur Verfassungsbeschwerde gegen Gesetze und zum Rechtsschutz des Bürgers gegen Rechtssetzungsakte der öffentlichen Gewalt. Beiträge zu Art. 19 IV, 93, 100 des Grundgesetzes, §§ 90 - 95 des Bundesverfassungsgerichtsgesetzes und § 47 der Verwaltungsgerichtsordnung. In: AÖR 86 (1961), S. 129 - 186.

Bettermann, Karl August: Rechtsgleichheit und Ermessensfreiheit. In: Der Staat, 1. Band, Berlin 1962.
— Anmerkung zu VG Köln, DVBl 65, 882 ff. In: DVBl 65, 886 - 888.
— Die Beweislast im Verwaltungsprozeß. In: Verhandlungen des 46. Deutschen Juristentages, Band II, Teil E, S. 24 - 48, München und Berlin 1967.
Birke, Wolfgang: Richterliche Rechtsanwendung und gesellschaftliche Auffassungen. Köln 1968.
Blaser, Guntram: Rechtsakt und Gnadenakt im modernen Rechtsstaat. Diss. München 1962.
Bleutge, Rolf: Der Kommunalverfassungsstreit. Berlin 1969.
Bockelmann, Paul: Geschäftsverteilung und gesetzlicher Richter. In: JZ 52, 641 - 644.
Böckenforde, Ernst Wolfgang: Entstehung und Wandel des Rechtsstaatsbegriffs. In: Festschrift für Adolf Arndt, S. 53 - 76. Frankfurt a. M. 1969.
Böckenförde, Werner: Der allgemeine Gleichheitssatz und die Aufgabe des Richters. Berlin 1957.
Bötticher, Eduard: Besprechung von „Die Grundrechte", hrsg. von Bettermann-Nipperdey-Scheuner, Berlin 1959. In: ZZP 74 (1961), S. 314 - 320.
— Anmerkung zu BAG, AP § 242 BGB Nr. 1 Prozeßverwirkung. In: AP § 242 Nr. 1 Prozeßverwirkung.
Brändel, Claus: Zur Zulässigkeit einstweiliger richterlicher Anordnungen in Steuersachen. In: BB 65, 615 - 617.
Brinkmann, Ernst: Grundrechtskommentar zum Grundgesetz. (zit: Grundrechtskommentar). Bonn 1967.
Bühler, Ottmar: Die subjektiven öffentlichen Rechte und ihr Schutz in der deutschen Verwaltungsrechtsprechung. Berlin, Stuttgart, Leipzig 1914.
— Altes und Neues über Begriff und Bedeutung der subjektiven öffentlichen Rechte. In: Gedächtnisschrift für Walter Jellinek, S. 269 - 307. München 1955.
Busse, Andreas: § 401 Reichsabgabenordnung ist mit dem Rechtsstaatsprinzip unvereinbar. In: NJW 58, 1417 - 1420.

Clasen: Zur Frage der Verfassungsmäßigkeit des Verwaltungsvorverfahrens als Voraussetzung des Verwaltungsgerichtsprozesses. In: NJW 58, 861 f.
Curtius, Carl Friedrich: Die Schranken der Änderung des Grundgesetzes. Diss. Köln 1953.
— Besprechung des Buches von Ehmke, Grenzen der Verfassungsänderung, Berlin, München 1953. In: AÖR 79 (1953, 54), S. 514 - 517.
— Die Verfassungsnovelle vom 26. März 1954 und die Schranken der Verfassungsrevision. In: DÖV 54, 705 - 707.
Czermak, Fritz: Verwaltungsgerichtliche Nachprüfung der unbestimmten Rechtsbegriffe. In: NJW 61, 1905 - 1907.
— Anmerkung zu BVerwGE 14, 21 ff. In: DÖV 62, 504.
— Rechtsfolgen behördlicher Verfahrensfehler in gerichtlichen Vollziehungsverfahren. In: DÖV 62, 816 f.
— Schul- und Prüfungsentscheidungen von den Verwaltungsgerichten. In: DÖV 62, 921 - 925.
— Zum gerichtsfreien Beurteilungsspielraum im Verwaltungsrecht. In: JZ 63, 276 - 279.
— Anmerkung zu OVG Bremen, NJW 64, 122. In: NJW 64, 122.
— Anmerkung zu VG Wiesbaden, NJW 64, 939. In: NJW 64, 939.

Czermak, Fritz: Beurteilungsspielraum — Beurteilungszeitpunkt. In: Bay 66, 196 f.
— Unbestimmter Rechtsbegriff und Beurteilungsspielraum. In: DVBl 66, 366 f.
— Verwaltungsgerichtsbarkeit und Gewaltenteilung. In: DÖV 67, 673 - 674.
— Zur Lehre vom gerichtlichen Beurteilungsspielraum der Verwaltungsbehörden. In: JuS 68, 399 - 404.

Däubler, Wolfgang: Bürger ohne Rechtsschutz. In: BB 69, 545 - 551.
Dahlinger, Erich: Die Beweislast im Verwaltungsprozeß. In: NJW 57, 7 - 9.
Dahm, Georg: Deutsches Recht, 2. Auflage. Stuttgart 1963.
Dahs, Hans: Die Stellung des Richters im Bonner Grundgesetz. In: NJW 49, 688 - 692.
Dahs jun., Hans: Das rechtliche Gehör im Strafverfahren. München und Berlin 1965.
Dapprich, Gerhard: Die prozessualen Folgen des fehlenden Vorverfahrens. In: DVBl 60, 194 - 196.
Denninger, Erhard C.: Zum Begriff des „Wesengehaltes" in der Rechtsprechung (Art. 19 Abs. II GG). In: DÖV 60, 812 - 814.
Doehring, Karl: Die Pflicht des Staates zur Gewährung diplomatischen Schutzes. (zit: Die Pflicht des Staates). Köln, Berlin 1959.
Draht: Diskussionsbeitrag, VVDStRL 8 (1950), S. 152 - 154.
Dürig, Günter: Verfassung und Verwaltung im Wohlfahrtsstaat. In: JZ 53, 193 - 199.
— Der Grundrechtssatz von der Menschenwürde. In: AöR 81 (1956), S. 117 - 157.
— Anmerkung zu Hamb. OVG, JZ 61, 165 f. In: JZ 61, 166 f.
— Ein Orwellsches Experiment. In: ZRP 68, 11.
— Man hält es nicht für möglich. In: ZRP 69, 179.
— Zur verfassungsändernden Beschränkung des Post-, Telefon- und Fernmeldegeheimnisses. (zit: Gutachten) 2 Rechtsgutachten, S. 5 - 27. Bad Homburg v. d. H., Berlin, Zürich 1969.
Dütz, Wilhelm: Die gerichtliche Überprüfbarkeit der Sprüche von betriebsverfassungsrechtlichen Einigungs- und Vermittlungsstellen. Bielefeld 1966.
— Rechtsstaatlicher Gerichtsschutz im Privatrecht (Zum sachlichen Umfang der Zivilgerichtsbarkeit). Berlin, Zürich 1970.

Ebers, Godehard Jos.: Die Verwaltungs- und Verfassungsgerichtsbarkeit in Österreich. In: Festschrift für Wilhelm Laforet, S. 269 - 284, München 1952.
Ehmke, Horst: Grenzen der Verfassungsänderung. Berlin 1953.
— Ermessen und unbestimmter Rechtsbegriff im Verwaltungsrecht. In: Recht und Sprache, Heft 230/231. Tübingen 1960.
— Prinzipien der Verfassungsinterpretation. In: VVDStRL 20 (1963), S. 53 - 102.
Ehrig, H. G.: Die Krise der Verwaltungsgerichtsbarkeit. In: NJW 59, 217 - 222.
Engisch, Karl: Der rechtsfreie Raum. In: Z. f. d. gs. St. 108 (1952), S. 385 - 430.
— Einführung in das juristische Denken. 3. Auflage. Stuttgart 1956.
Enneccerus, Ludwig und Hans Carl Nipperdey: Allgemeiner Teil des Bürgerlichen Rechts. 1. Halbband, 15. Auflage. Tübingen 1959.
Erning, Adolf: Der Widerruf mangelhafter begünstigender Verwaltungsakte. In: DVBl 59, 795 - 798.

Erning, Adolf: Der Grundsatz der Rechtsstaatlichkeit und die Widerrufbarkeit des begünstigenden, mangelhaften Verwaltungsakts. In: DVBl 60, 188 - 194.

Eschenburg, Theodor: Staat und Gesellschaft in Deutschland. Stuttgart 1956.

Evers, Hans-Ulrich: Privatsphäre und Ämter für Verfassungsschutz. Berlin 1960.
— Anmerkung zu VGH München, DVBl 65, 445 ff. In: DVBl 65, 449 - 452.
— Zur verfassungsändernden Beschränkung des Post-, Telefon- und Fernmeldegeheimnisses. (zit: Gutachten) 2 Rechtsgutachten, S. 29 - 120. Bad Homburg v. d. H., Berlin, Zürich 1969.

Eyermann, Erich und Ludwig *Fröhler:* Verwaltungsgerichtsgesetz (zit: VGG). München, Berlin 1950.
— Verwaltungsprozeßordnung, 4. Auflage (zit: VwGO). München, Berlin 1965.

Fachinger, Josef: Überschreitung und Fehlgebrauch des Verwaltungsermessens. In: NJW 49, 244 - 248.

Fechner, Erich: Freiheit und Zwang im sozialen Rechtsstaat. In: Recht und Staat, Heft 174. Tübingen 1953.
— Kostenrisiko und Rechtswegsperre — steht der Rechtsweg offen? In: JZ 69, 349 - 354.

Fecker: Verwaltungsrechtsschutz und Gewaltentrennung im Rechtsstaat. In: DV 49, 57 - 60.

Federer, Julius: Die Rechtsprechung des Bundesverfassungsgerichts zum Grundgesetz für die Bundesrepublik Deutschland. In: JÖR NF 3 (1954), S. 15 - 66.

Felix, Günter: Anmerkung zum Bescheid des BFH vom 23. 3. 1955 und zum Urteil vom 6. 7. 1955. In: BB 55, 1047.

Fellner, Michael: Verwaltung und Gerichtsbarkeit. In: DVBl 63, 482 - 486.
— Der unbestimmte Rechtsbegriff aus der Sicht der Verwaltung. In: DVBl 66, 161 - 166.

Feneberg, Hermann: Zum Musterentwurf eines Verwaltungsverfahrensgesetzes. In: DVBl 65, 222 - 225.

Fleiner, Fritz: Institutionen des Deutschen Verwaltungsrechts, 8. Auflage. Tübingen 1928.

Fließbach, Wilhelm: Zur Rechtsmittelbelehrung über den Rechtsweg nach Art. 19 Abs. 4 GG in Abgabestreitigkeiten. In: StuW 55, Sp. 201 - 207.

Forsthoff, Ernst: Recht und Sprache. Halle 1940.
— Begriff und Wesen des sozialen Rechtsstaats. In: VVDStRL (1954), S. 8 - 36.
— Norm und Verwaltungsakt im geltenden und künftigen Baurecht. In: DVBl 57, 113 - 118.
— Die Umbildung des Verfassungsgesetzes. In: Festschrift für Carl Schmitt, S. 35 - 62. Berlin 1959.
— Die Bindung an Gesetz und Recht (Art. 20 Abs. 3 GG). In: DÖV 59, 41 - 44.
— Lehrbuch des Verwaltungsrechts (zit: Lehrbuch [8]). 1. Band, Allgemeiner Teil, 8. Auflage. München und Berlin 1961.
— Rechtsstaat im Wandel. Stuttgart 1964.
— Lehrbuch des Verwaltungsrechts (zit: Lehrbuch [9]). 1. Band, Allgemeiner Teil, 9. Auflage. München und Berlin 1966.

Friedländer, Kurt: Bundesverfassungsrechtliche Grundsätze im Bereich des Steuerrechts. In: StuW 54, Sp. 195 - 218.

Friesenhahn, Ernst: Der Rechtsschutz im öffentlichen Recht nach dem Bonner Grundgesetz. In: DV 49, 478 - 485.
— Die Rechtsstaatlichen Grundlagen des Verwaltungsrechts. In: Recht - Staat - Wirtschaft, Band 2, S. 239 - 281. Stuttgart, Köln 1950.
— Über Begriff und Arten der Rechtsprechung unter besonderer Berücksichtigung der Staatsgerichtsbarkeit nach dem Grundgesetz und den westdeutschen Landesverfassungen. In: Festschrift für Richard Thoma, S. 21 - 69, Tübingen 1950.
Fromm, Günter: Anmerkung zum Urteil des OVG Münster vom 27. 3. 1968 (DVBl 68, 660 ff.). In: DVBl 68, 662 f.
Fuß, Ernst Werner: Zur Rechtsstaatlichkeit der Europäischen Gemeinschaften. In: DÖV 64, 577 - 587.

Galperin, Hans und Wolfgang Siebert: Kommentar zum Betriebsverfassungsgesetz, 4. Auflage. Heidelberg 1963.
Geerds, Friedrich: Gnade, Recht und Kriminalpolitik. In: Recht und Staat, Heft 228, 229. Tübingen 1960.
Geiger, Willi: Gesetz über das Bundesverfassungsgericht vom 12. März 1951, Kommentar (zit: BVGG). Berlin und Frankfurt a. M. 1952.
Gelzer, Konrad: Die Nachbarklage. In: BBauBl 66, 254 - 269.
Gerber, Hans: Die Sozialstaatsklausel des Grundgesetzes. In: AÖR 81 (1956), S. 1 - 54.
Giese, Friedrich und Egon Schunck: Grundgensetz für die Bundesrepublik Deutschland, 8. Auflage (zit: Grundgesetz). Frankfurt/Main 1970.
Glückert, Jürgen: Orwell und die deutschen Staatsrechtslehrer. In: ZRP 69, 176 - 179.
Goeckel, Klaus: Die Grundsätze des Rechtsstaats in der höchstrichterlichen Rechtsprechung der Bundesrepublik Deutschland (zit: Rechtsstaat). Dissertation Tübingen 1965.
Göppinger, Horst: Das Ermessen des Richters. In: Juristen - Jahrbuch, 9. Band, 1968/69, S. 86 - 125. Köln - Marienburg 1968.
Graf, Schwerin von und Anton Krosigk: Nochmals: Die Grenzen der Verwaltungsgerichtsbarkeit. In: DÖV 56, 690 - 692.
Grewe, Wilhelm: Das Grundgesetz. In: DRZ 49, 313 - 317.
Gruson, Michael: Die Bedürfniskompetenz. Berlin 1967.
Guggumoos, M.: Die Befreiung vom Eheverbot wegen Ehebruchs. In: NJW 53, 1539 f.

Haas, Dieter: Ausschüsse in der Verwaltung. In: Verw. Arch. 49 (1958), S. 14 - 32.
Habscheid, Walter J.: Die Zivilrechtspflege im Spannungsfeld verfassungsrechtlicher Grundsätze. In: JR 58, 361 - 367.
— Zum Verfahren nach Art. 19 IV, 2 GG vor den ordentlichen Gerichten — eine prozeßrechtliche Skizze. In: Festschrift für Eduard Bötticher. S. 159 - 171. Berlin 1969.
Häberle, Peter: Die Wesensgehaltsgarantie des Art. 19 Abs. 2 Grundgesetz. Karlsruhe 1962.
— Berufsgerichte und „staatliche Gerichte". In: DÖV 65, 369 - 374.
— Die Abhörentscheidung des Bundesverfassungsgerichts vom 15. 12. 1970. In: JZ 71, 145 - 156.

Hall, Karl-Heinrich: Notstandsverfassung und Grundrechtseinschränkungen. In: JZ 68, 159 - 167.
— Fast vergessene Notstandsprobleme. In: ZRP 70, 145 - 147.

Hamann, Andreas: Anmerkung zum Urteil des OVG Rheinland-Pfalz vom 18. 12. 1953 (DVBl 54, 579 ff.). In: DVBl 54, 581 - 583.

Hamann, Andreas und Helmut Lenz: Das Grundgesetz für die Bundesrepublik Deutschland vom 23. Mai 1949, 3. Auflage (zit: Grundgesetz). Berlin 1970.

Hamel, Walter: Das Recht zur freien Berufswahl. In: DVBl 58, 37 - 44.

Hans: Die Vollstreckung von verpflichtenden verwaltungsgerichtlichen Urteilen im Bereich des früheren preußischen Rechts. In: DVBl 56, 856 - 858.

Haueisen, Fritz: Zur rechtlichen Qualifikation des Rentenbescheids. In: NJW 58, 441 - 444.
— Zur Rechtsfindung auf dem Gebiet des Verwaltungsrechts. In: DVBl 60, 350 - 353.
— Anmerkung zum Beschluß des BFH vom 9. 2. 1965 (NJW 65, 1682 ff.). In: NJW 65 65, 1682 f.

Haug, Hans: Die Schranken der Verfassungsrevision. Zürich 1947.

Haug, Winfried: Die neuere Entwicklung der vorbeugenden Unterlassungs- und der allgemeinen Beseitigungsklage. In: DÖV 67, 86 - 91.

Heck, Philipp: Gesetzesauslegung und Interessenjurisprudenz. In: A c P 112 (1914), S. 1 - 318.

Heckel, Hans: Anmerkung zum Urteil des BGH vom 29. 5. 1961 (DÖV 61, 787 f.). In: DÖV 61, 788 f.

Heidenhain, Martin: Amtshaftung und Entschädigung aus enteignungsgleichem Eingriff. Berlin 1965.

Heidenhain, Martin-Eberhard: Die Amtshaftung in der Bundesrepublik. In: NJW 49, 841 - 845.

Heller, Hermann: Staatslehre. Leiden 1934.

Henke, Wilhelm: Das subjektive öffentliche Recht. Tübingen 1968.

Henneka, Anton: Das verfassungsrechtliche Problem der Zulässigkeit rückwirkender Gesetze. In: FR 66, 156 - 159.

Herrfahrdt, Heinrich: Tragweite der Generalklausel im Art. 19 Abs. 4 des Bonner Grundgesetzes. In: VVDStRL 8 (1950), S. 126 - 148.
— In: Kommentar zum Bonner Grundgesetz (zit: BK). (Bonner Kommentar) Art. 79. Hamburg 1950 ff., Stand 1970.

Hesse, Konrad: Der Rechtsschutz durch staatliche Gerichte im kirchlichen Bereich. Göttingen 1956.
— Der Rechtsstaat im Verfassungssystem des Grundgesetzes. In: Festschrift für Rudolf Smend, S. 71 - 96. Tübingen 1962.
— Grundzüge des Verfassungsrechts der Bundesrepublik Deutschland, 4. Auflage. Karlsruhe 1970.

Frhr. von der Heydte, Friedrich August: Diskussionsbeitrag, VVDStRL (1950), S. 162.
— Zur Problematik der Befehls- und Kommandogewalt nach Art. 65 a GG. In: Gedächtnisschrift für Hans Peters, S. 526 - 532. Berlin, Heidelberg, New York 1967.

Hilger, M. L.: Mitbestimmungsrecht und Mitbeurteilungsrecht des Betriebsrates. In: BB 56, 10 - 15.

von Hippel, Eike: Grenzen und Wesengehalt der Grundrechte. Berlin 1965.
Hoffmann, Michael: Der Abwehranspruch gegen rechtswidrige hoheitliche Realakte. Berlin 1969.
Hoffmann Becking, Michael: Zum Stand der Lehre vom Recht auf fehlerfreie Ermessensentscheidung. In: DVBl 70, 850 - 857.
Holland, Ralf: Verwaltungsrechtsschutz im Schulverhältnis. In: DVBl 68, 245 - 248.
Hollerbach, Alexander: Auflösung der rechtsstaatlichen Verfassung? In: AÖR 85 (1960), S. 241 - 270.
Holtkotten, Joh.: Zur Zulässigkeit der Verfassungsbeschwerde gegen Gesetze. In NJW 52, 528 - 530.
Hoppe, Werner: Organstreitigkeiten vor den Verwaltungs- und Soziagerichten. Siegburg 1970.
— Organstreitigkeiten und organisationsrechtliche subjektiv-öffentliche Rechte. In: DVBl 1970, 845 - 850.
Huber, Ernst Rudolf: Wirtschaftsverwaltungsrecht, 2. Auflage, 1. Band. Tübingen 1953.
— Rechtsstaat und Sozialstaat in der modernen Industriegesellschaft. In: Schriftenreihe der Verwaltungs- und Wirtschaftsakademie Oldenburg, Heft 1, Oldenburg 1962.
Huber, Hans: Niedergang des Rechts und Krise des Rechtsstaats. In: Festgabe für Zaccaria Giacometti, S. 59 - 88. Zürich 1953.
Hubmann, Heinrich: Das Menschenbild unserer Rechtsordnung. In: Festschrift für Hans Carl Nipperdey, Band 1, S. 37 - 55. München und Berlin 1965.
Hüttl, Adolf: Zur Auslegung des Rechts, besonders des öffentlichen Rechts — Bahnt sich eine Wandlung des Rechtsstils an? In: DVBl 65, 61 - 68.
Hummel, Hermann: Gerichtsschutz gegen Prüfungsbewertungen. Berlin 1969.
van Husen, Paulus: Die Entfesselung der Dritten Gewalt. In: AÖR 78 (1952/53), S. 49 - 62.
— Gibt es in der Verwaltungsgerichtsbarkeit justizfreie Regierungsakte? In: DVBl 53, 70 - 73.

Idel, Walter: Zum unbestimmten Rechtsbegriff im öffentlichen Recht. In: NJW 55, 733 - 736.
— Anmerkung zum Urteil des VGH Freiburg vom 5. 12. 55. In: NJW 57, 36 f.
Ipsen, Hans Peter: Über das Grundgesetz. Hamburg 1950.
— Diskussionsbeitrag, VVDStRL 8 (1950), S. 157.

Jaeckel, Hartmut: Grundrechtsgeltung und Grundrechtssicherung. Berlin 1967.
Jaeger, Anton: Das Anfechtungsverfahren in Zoll- und Verbrauchssteuersachen und Art. 19 Abs. 4 Bonner Grundgesetz. In: StuW 52, Sp. 255 - 262.
Jaeger, Heinz: Zum Beurteilungsspielraum. In: DÖV 66, 779 - 782.
Jagusch, Heinrich: Über das rechtliche Gehör im Strafverfahren. In: NJW 59, 265 - 269.
Jahrreiß, Hermann: Die Rechtspflege im Bonner Grundgesetz. In: Verhandlungen des 37. Deutschen Juristentages. Tübingen 1950.
— Demokratischer Rechtsstaat und Rechtsprechung. In: Recht - Staat - Wirtschaft, Band 2, S. 203 - 219. Stuttgart, Köln 1950.

Jahrreiß, Hermann: Verfassungsrechtsprechung und Verfassungsrecht. In: Recht - Staat - Wirtschaft, Band 4, S. 203 - 226. Stuttgart, Köln 1951.
— Die Wesensverschiedenheit der Akte des Herrschens und das Problem der Gewaltenteilung. In: Strukturwandel der modernen Regierung, S. 210 - 233. Darmstadt 1967.
Jellinek, Georg: System der subjektiven öffentlichen Rechte. Freiburg i. B. 1892.
Jellinek, Walter: Gesetz und Gesetzesanwendung und Zweckmäßigkeitserwägung. Tübingen 1913.
— Der Schutz des öffentlichen Rechts durch ordentliche und durch Verwaltungsgerichte. In: VVDStRL 2 (1925), 8 - 80.
— Grenzen der Verfassungsgesetzgebung. Berlin 1931.
— Kabinettsfrage und Gesetzgebungsnotstand nach dem Bonner Grundgesetz. In: VVDStRL 8 (1950), S. 3 - 20, 160.
— Verwaltungsrecht, 3. Auflage. Berlin 1931. Nachtrag, Offenburg 1950.
Jerusalem, Franz W.: Die Grundrechte des Bonner Grundgesetzes und ihre Durchsetzung in der Rechtsprechung. In: SJZ 50, 1 -8.
— Besprechung von „Das Bonner Grundgesetz" von Hermann von Mangoldt, Berlin, Frankfurt 1950. In: NJW 52, 1007.
Jesch, Dietrich: Unbestimmter Rechtsbegriff und Ermessen in rechtstheoretischer und verfassungsrechtlicher Sicht. In: AÖR 82 (1957), S. 163 - 249.
— Besprechung von „Ermessen und unbestimmter Rechtsbegriff im Verwaltungsrecht" von Horst Ehmke, Tübingen 1960. In: AÖR 86 (1961), S. 491 - 496.
— Gesetz und Verwaltung. Tübingen 1961.
Joachim, Hans G.: Der gesetzliche Richter. In: DRiZ 65, 181 - 188.

Kaatz: Anmerkung zum Urteil des BFH vom 1. 12. 54 (FR 55, 279). In: FR 55, 379.
Kägi, Werner: Rechtsstaat und Demokratie. In Festgabe für Zaccaria Giacometti, S. 107 - 142. Zürich 1953.
Kakies, Dieter: Sind Gnadenentscheidungen gerichtlich nachprüfbar? Dissertation Hamburg 1963.
Kaufmann, Erich: Zur Problematik des Volkswillens. Berlin und Leipzig 1931.
— Die Grenzen der Verfassungsgerichtsbarkeit. In: VVDStRL 9 (1952), S. 1 - 16.
Kellner, Hugo: Zum gerichtlichen Rechtsschutz im besonderen Gewaltverhältnis. In: DÖV 63, 418 - 429.
— Der sogenannte Beurteilungsspielraum in der verwaltungsgerichtlichen Prozeßpraxis. In: NJW 66, 857 - 863.
— Einiges zum behördlichen Ermessen. In: DÖV 69, 309 - 313.
Kelsen, Hans: Diskussionsbeitrag, VVDStRL 5 (1929), S. 117 - 123.
— Der Staat als Integration. Wien 1930.
Kemnade, Gerhard: Der Rechtsschutz des Nachbarn im Baurecht. Göttingen 1965.
Kisker, Gunter: Insichprozeß und Einheit der Verwaltung. Baden-Baden 1969.
Klein, Friedrich: Tragweite der Generalklausel in Art. 19 Abs. 4 des Bonner Grundgesetzes. In: VVDStRL 8 (1950), S. 67 - 125.
— Bonner Grundgesetz und Rechtsstaat. In: Z. f. d. ges. St. Bd. 106 (1950), S. 390 - 411.
Klein, H. H.: Rechtsweg und Justizverweigerung. In: JZ 63, 591 - 593.

Klein, Rüdiger: Die Kongruenz des verwaltungsrechtlichen Ermessensbereichs und des Bereichs rechtlicher Mehrdeutigkeit. In: AÖR 82 (1957), S. 75 - 122.

Klinger, Hans: Verwaltungsgerichtsordnung, 2. Auflage (zit: VwGO). Göttingen 1964.

Knemeyer, Franz Ludwig: Auf dem Wege der Justitiabilität von Gnadenakten. In: DÖV 70, 121 - 123.

Kniesch: Zur Verfassungsmäßigkeit des Vorverfahrens der Verwaltung als Voraussetzung des Verwaltungsgerichtsprozesses. In: NJW 58, 576 - 578.

Koehler, Alexander: Verwaltungsgerichtsordnung (zit: VwGO). Berlin und Frankfurt a. M. 1960.

Kollmann, Ottmar: Verwaltung und Verwaltungsgerichtsbarkeit. In: DÖV 55, 45 - 47.

Kopp, Ferdinand O.:Die Grenzen der richterlichen Nachprüfung wertender Entscheidungen der Verwaltung. In: DÖV 66, 317 - 322.

Korbmacher, Günther: Ermessen — unbestimmter Rechtsbegriff — Beurteilungsspielraum. In: DÖV 65, 696 - 704.

Kramm, Dietrich: Polizeiliches Beschagnahmerecht bei „Gefahr im Verzug" (§ 98 StPO). In: Bay VBl 64, 384 - 387.

Kratzer, Jakob: Sind Normenkontrollbeschlüsse revisionsfähig? In: DÖV 54, 44 - 47.

— Die Gewaltentrennung in Bayern. In: Bay VBl 62, 293 - 302.

Kriele, Martin: Theorie der Rechtsgewinnung entwickelt am Problem der Verfassungsinterpretation (zit: Theorie der Rechtsgewinnung). Berlin 1967.

Krönig, Ernst: Verwaltungsgerichtliche Nachprüfung von Ermessensentscheidungen. In: MDR 48, 130 - 132.

Krüger, Herbert: Der Regierungsakt vor den Gerichten. In: DÖV 50, 536 - 541.

— Der Wesensgehalt der Grundrechte i. S. des Art. 19 GG. In: DÖV 55, 597 - 602.

— Allgemeine Staatslehre, 2. Auflage. Stuttgart, Berlin, Köln, Mainz 1966.

Küster, Otto: Das Gewaltenproblem im modernen Staat. In: AÖR 75 (1949), 397 ff.

Laband, Paul: Das Staatsrecht des Deutschen Reiches, 5. Auflage, zweiter Band. Tübingen 1911.

Laforet, Wilhelm: Die Scheidung der Gewalten und das Bonner Grundgesetz. In: Gegenwartsprobleme des Rechts, NF, Heft II, S. 53 - 68. Paderborn 1950.

— Diskussionsbeitrag, VVDStRL 8 (1950), 150 f.

Larenz, Karl: Entwicklungstendenzen der heutigen Zivilrechtsdogmatik. In: JZ 62, 102 - 110.

— Allgemeiner Teil des Deutschen Bürgerlichen Rechts. München 1967.

— Methodenlehre der Rechtswissenschaft, 2. Auflage (zit: Methodenlehre). Berlin, Heidelberg, New York 1969.

Laux, Joachim: Bedeutung und Inhalt der Grenzen der Grundgesetzänderung nach Art. 79 III Grundgesetz. Dissertation Köln 1956.

Lechner, Hans: Bundesverfassungsgerichtsgesetz, 2. Auflage (zit: BVGG). München 1967.

Leibholz, Gerhard: Der Parteienstaat des Bonner Grundgesetzes. In: Recht - Staat - Wirtschaft, Band 3 (1951), S. 99 - 125.

Leibholz, Gerhard und H. J. Rinck: Grundgesetz. Köln 1966.
Leise, Horst: Steuergerichtliche Nachprüfung von Gnadensachen. In: NJW 53, 1088 - 1090.
— Sind Entscheidungen der Finanzbehörden in Gnadensachen finanzgerichtlich anfechtbar? In: NJW 55, 1668 - 1669.
Leisner, Werner: Die schutzwürdigen Rechte im Besonderen Gewaltverhältnis. In: DVBl 60, 617 - 626.
Lenz, Helmut: Der Umfang der gerichtlichen Prüfungsbefugnis gegenüber Rechtshandlungen des Regierungsbereichs in der Verfassungsordnung des Grundgesetzes (zit: Der Umfang der gerichtlichen Prüfungsbefugnis). Dissertation Marburg 1957.
Lerche, Peter: Ordentlicher Rechtsweg und Verwaltungsrechtsweg. In: Prozeßrechtliche Abhandlungen, Heft 21. Berlin - Köln 1953.
— Übermaß und Verfassungsrecht. Köln, Berlin, München, Bonn 1961.
— Die verwaltungsgerichtliche Klage aus öffentlich-rechtlichen Verträgen. In: Staatsbürger und Staatsgewalt, Band 2, S. 19 - 60. Karlsruhe 1963.
— Zum Anspruch auf rechtliches Gehör. In: ZZP 78 (1965), S. 1 - 31.
Less, Erwin: Begriffsherrschaft und Verwaltungstätigkeit. In: DÖV 57, 418 - 424.
Freih. v. Leymayer, Karl: Apologetische Studien zur Verwaltungsgerichtsbarkeit. Wien 1896.
Liebermann, Eduard: Die Jahrestagung 1965 der Vereinigung der Verwaltungsgerichtspräsidenten für das Bundesgebiet. In: DVBl 66, 171 - 174.
Loening, Hellmuth: Die Verordnung Nr. 165 und der Rechtsstaat. In: DV 49, 85 - 90.
— Regierungsakt und Verwaltungsgerichtsbarkeit. In: DVBl 51, 233 - 238.
— Die gesetzliche Koppelung von unbestimmtem Rechtsbegriff und Ermessenstatbestand bei Versagung und Entziehung von Begünstigungen. In: DVBl 52, 197 - 201.
Loewenstein, Karl: Über Wesen, Technik und Grenzen der Verfassungsänderung. Berlin 1961.
Löwer, Kurt: Haben Rechtsbehelfe gegen Vollstreckungshandlungen in den Fällen des § 80 Abs. 2 Nr. 1 und 4 VwGO aufschiebende Wirkung? In: DVBl 61, 909 - 911.
— Probleme des Aussetzungsverfahrens. In: DVBl 62, 853 - 856.
— Haben unzulässige Rechtsbehelfe aufschiebende Wirkung (§ 80 I VwGO)? In: DVBl 63, 343 - 349.
Löwe-Rosenberg: Die Strafprozeßordnung und das Gerichtsverfassungsgesetz, 21. Auflage, Band 2. Berlin 1965.
Lorenz, Dieter: Problematik des verwaltungsgerichtlichen Insichprozesses. In: AÖR 93 (1968), 308 - 340.

Maetzel, Wolf Bogumil: Zur Auslegung des § 316 a StPO. In: NJW 71, 872 - 874.
Mampe, Günter: Rechtsprobleme im Schulwesen. Berlin 1965.
v. Mangoldt, Hermann und Friedrich Klein: Das Bonner Grundgesetz, 2. Auflage, Band I. Berlin, Frankfurt 1957. Band III, 6. Lieferung. Berlin, Frankfurt 1969.
Marcic, René: Vom Gesetzesstaat zum Richterstaat. Wien 1957.

Mattern, Gerhard: Die jüngste Rechtsprechung zum allgemeinen Steuerrecht und zum Steuerstraf- und -strafverfahrensrecht. In: JZ 53, 400 - 404.
— Die Rechtsprechung zum Steuerstraf- und -strafverfahrensrecht. In: JZ 54, 432 - 435.
Maunz, Theodor: Starke und schwache Normen in der Verfassung. In: Festschrift für Wilhelm Laforet, S. 141 - 153. München 1952.
— Anmerkung zum Urteil des VGH Freiburg vom 5. 11. 52 (Verw. Rspr. 5, 848 ff.). In: Verw. Rspr. 5, 858 f.
— Deutsches Staatsrecht, 17. Auflage (zit: Staatsrecht). München 1969.
Maunz, Theodor, Günther Dürig und Roman Herzog: Grundgesetz, Stand 1970. München 1970.
Maunz, Theodor, Heinrich Sigloch, Bruno Schmidt-Bleibtreu und Franz Klein: Bundesverfassungsgerichtsgesetz, Lieferungen 1 und 2 (zit: BVGG). München und Berlin 1967.
Maurer, Hartmut: Anmerkung zum Urteil des BVerwGs vom 8. 3. 62 (JZ 63, 26 f.). In: JZ 63, 27 - 29.
— Rechtsschutz gegen Rechtsnormen. In: Tübinger Festschrift für Eduard Kern, S. 275 - 312. Tübingen 1968.
— Anmerkung zum Beschluß des OLG Hamburg vom 5. 3. 69 (JZ 69, 739). In: JZ 69, 739 - 742.
Mayer, Franz: Allgemeines Verwaltungsrecht. Stuttgart, München, Hannover 1970.
Mayer, Otto: Deutsches Verwaltungsrecht, Erster Band, 3. Auflage. Berlin 1969.
Meder, Götz: Verhaltensermessen und Rechtssatzkontrolle. In: DVBl 70, 857 f.
Meiss, Wilhelm: Zum Verhältnis von Zivilprozeß und Verwaltungsprozeß. In: ZZP 67 (1954), S. 169 - 187.
Menger, Christian-Friedrich: Der Begriff des sozialen Rechtsstaats im Bonner Grundgesetz. In: Recht und Staat, Heft 173. Tübingen 1953.
— System des verwaltungsgerichtlichen Rechtsschutzes. Tübingen 1954.
— Das Gesetz als Norm und Maßnahme. In VVDStRL 15 (1957), S. 3 - 34.
— Höchstrichterliche Rechtsprechung zum Verwaltungsrecht. In: Verw. Arch. 49 (1958), S. 178 - 188, S. 272 - 283. In: Verw. Arch. 50 (1959), S. 271 - 285. In: Verw. Arch. 51 (1960), S. 64 - 78, S. 373 - 387.
— Zur Geschichte der Verwaltungsgerichtsbarkeit. In: DÖV 63, 726 - 729.
— Der Schutz der Grundrechte in der Verwaltungsgerichtsbarkeit. In: Die Grundrechte, hrsg. von Bettermann-Nipperdey-Scheuner, Band III, 2. Halbband, S. 717 - 778 (zit: Grundrechte). Berlin 1959.
— In: Verw. Arch. 55 (1964), S. 73 - 84, S. 275 - 287. In: Verw. Arch. 56 (1965), S. 117 - 193.
Menger, Christian-Friedrich und Hans-Uwe Erichsen: Anmerkung zum Beschluß des Hess. VGH vom 25. 2. 64. In: JZ 64, 765 - 767.
— Höchstrichterliche Rechtsprechung zum Verwaltungsrecht. In: Verw. Arch. 58 (1967), S. 70 - 83. In: Verw. Arch. 59 (1968), S. 167 - 183. In: Verw. Arch. 60 (1969), S. 376 - 390. In: Verw. Arch. 61 (1970), S. 274 - 289.
Merk, Wilhelm: In: Diskussionsbeitrag, VVDStRL 8 (1950), S. 154 - 157.
Meyer, Franz: Der Begriff der Regierung im Rechtsstaat. Zürich 1948.
Meyer-Arndt, Lüder: Rechtsfragen der Grundgesetzänderung. In: AöR 82 (1957), S. 275 - 300.

Mörtel, Georg: Der Gnadenakt im Streit der Meinungen. In: BayVBl 68, 81 - 86, 124 - 128.
Monz, Heinz: Die Anfechtbarkeit von Gnadenentscheiduen. In: NJW 66, 137 - 141.
Müller, Friedrich: Normstruktur und Normativität. In: Schriften zur Rechtstheorie, Heft 8. Berlin 1966.
Müller, Klaus: Zur Anfechtbarkeit von Gnadenentscheidungen. In: DVBl 63, 18 - 23.
Müller-Erzbach, Rudolf: Die Relativität der Begriffe und ihre Begrenzung durch den Zweck des Gesetzes. In: Iherings Jahrbücher, 61. Band, S. 343 - 384 (zit: Die Relativität der Begriffe). Jena 1917.

Naumann, Richard: Zur verwaltungsgerichtlichen Feststellungsklage. In: DVBl 51, 140 f.
— Vom vorbeugenden Rechtsschutz im Verwaltungsprozeß. In: Gedächtnisschrift für Walter Jellinek. München 1955.
Nawiasky, Hans: Die Grundgedanken des Grundgesetzes für die Bundesrepublik Deutschland (zit: Grundgedanken). Stuttgart, Köln 1950.
— Allgemeine Staatslehre, Dritter Teil. Einsiedeln, Zürich, Köln 1956.
Nebinger, Robert: Verwaltungsrecht, Allgemeiner Teil. Stuttgart 1949.
Niese, Werner: Über den Streitgegenstand der Anfechtungs- und Vornahmeklage im Verwaltungsprozeß. In: JZ 52, 353 - 358.

Obermayer, Klaus: Verwaltungsakt und innerdienstlicher Rechtsakt. Stuttgart, München, Hannover 1956.
— Anmerkung zum Urteil des Ham. OVG vom 14. 7. 58. In: DÖV 59, 311 f.
— Das Verhaltensermessen der Verwaltungsbehörden. In: NJW 63, 1177 - 1185.
— Bemerkungen zur einstweiligen Anordnung im Verwaltungsprozeß. In: Gedächtnisschrift für Hans Peters, S. 875 - 890. Berlin, Heidelberg, New York 1967.
Ossenbühl, Fritz: Probleme und Wege der Verfassungsauslegung. In: DÖV 65, 649 - 661.
— Verwaltungsvorschriften und Grundgesetz. Bonn, Homburg v. d. H., Berlin, Zürich 1968.
— Tendenzen und Gefahren der neueren Ermessenslehre. In: DÖV 68, 618 - 627.

Pentz, A.: Verfassungskonforme Auslegung zivilprozessualer Vorschriften. In: JR 67, 85 - 87.
Peters, Hans: Lehrbuch der Verwaltung. Berlin, Göttingen, Heidelberg 1949.
— Rechtsstaat und Rechtssicherheit. In: Recht - Staat - Wirtschaft, Band 3, S. 66 - 77. Düsseldorf 1951.
— Entwicklungstendenzen der Demokratie in Deutschland seit 1949. In: Festgabe für Giacometti, S. 229 - 244. Zürich 1953.
— Die Gewaltenteilung in moderner Sicht. In: Heft 25 der Arbeitsgemeinschaft für Forschung des Landes Nordrhein-Westfalen. Köln, Opladen 1954.
— Der Dritte im Baurecht. In: DÖV 65, 744 - 753.

Peters, Hans: Geschichtliche Entwicklung und Grundfragen der Verfassung (bearbeitet von Jürgen Salzwedel und Günter Erbel) (zit: Entwicklung und Grundfragen). Berlin, Heidelberg, New York 1969.

Pietzonka: Der unbestimmte Rechtsbegriff im Verwaltungsrecht. In: NJW 54, 1865 - 1867.

Pötter, Wilhelm: Die Verwaltungsgerichtsbarkeit als Ergänzung der modernen Verwaltung. In: Gedächtnisschrift für Hans Peters, S. 907 - 914. Berlin, Heidelberg, New York 1967.

Radbruch, Gustav: Rechtsphilosophie, 6. Auflage. Stuttgart 1963.

Raether, Joachim: Das Prinzip des Rechtsstaats in der Rechtsprechung des Bundesverfassungsgerichts und der oberen Bundesgerichte. Dissertation Hamburg 1967 (zit: Rechtsstaat).

Redding, Günter: Unbestimmter Rechtsbegriff oder Ermessen. In: DÖV 54, 365 - 367.

Redeker, Konrad: Beweislast und Beweiswürdigung im Zivil- und Verwaltungsprozeß. In: NJW 66, 1777 - 1782.

Redeker, Konrad und Hans-Joachim v. Oertzen: Verwaltungsgerichtsordnung, 3. Auflage (zit: VwGO). Stuttgart, Berlin, Köln, Mainz 1969.

Reuscher, Fedor: Zur Frage der aufschiebenden Wirkung der Anfechtung von Verwaltungsakten. In: DVBl 53, 428 - 431.

Reuß, Hermann: Das Ermessen. In: DVBl 53, 585 - 589.

— Der unbestimmte Rechtsbegriff. In: DVBl 53, 649 - 655.

— Anmerkung zu den Urteilen des VGH Freiburg vom 30. 7. 53 und des VGH Stuttgart vom 16. 1. 53. In: DÖV 54, 55 - 57.

— Anmerkung zum Urteil des BVerwG vom 10. 3. 54. In: DÖV 54, 535 - 537.

— Der unbestimmte Rechtsbegriff. In: DÖV 54, 557 - 559.

— Die öffentlich-rechtliche Rechtsprechung des Bundesgerichtshofes unter besonderer Berücksichtigung des Enteignungsrechts und des Aufopferungsanspruchs. In: DÖV 57, 653 - 659.

— Das Prestige der Verwaltungsgerichtsbarkeit. In: DVBl 59, 265 - 269.

— Freiheit und Bindung der Verwaltung im Rechtsstaat. In: DVBl 59, 533 - 537.

Ringe, Karl: Zur Unterlassungs- und Beseitigungsklage bei Verwaltungsakten und einfachen Verwaltungshandlungen. In: DVBl 58, 378 - 381.

Röhl, Hellmut: Das rechtliche Gehör. In: NJW 58, 1268 - 1274.

Roelleke, Gerd: Der Begriff des positiven Gesetzes und das Grundgesetz (zit: Der Begriff des positiven Gesetzes). Mainz 1969.

Rösslein, Thomas: Der Folgenbeseitigungsanspruch. Berlin 1968.

Ruckdäschel, Oskar: Vorbeugender Rechtsschutz im Verwaltungsprozeß. In: DÖV 61, 675 - 686.

Rumpf, Helmut: Regierungsakte im Rechtsstaat. Bonn 1955.

— Verwaltung und Verwaltungsrechtsprechung. In: VVDStRL 14 (1956), S. 136 - 173.

Rupp, Hans Heinrich: Die Beseitigungs- und Unterlassungsklage gegen Träger hoheitlicher Gewalt. In: DVBl 58, 113 - 120.

— Anmerkung zum Urteil des OVG Münster vom 30. 9. 64 (JZ 65, 366 ff.). In: JZ 65, 370 f.

— Zur neuen Verwaltungsgerichtsordnung — gelöste und ungelöste Probleme. In: AÖR 85 (1960), 149 ff.

Rupp, Hans Heinrich: Grundfragen der heutigen Verwaltungsrechtslehre (zit: Grundfragen). Tübingen 1965.
— Ermessensspielraum und Rechtsstaatlichkeit. In: NJW 69, 1273 - 1278.
— Anmerkung zum Urteil des BVerfG v. 15. 12. 1970. In: NJW 71, 275 - 277.
Ruscheweyh, Herbert: Gedanken zum Rechtsweg in Justizverwaltungsangelegenheiten. In: DVBl 58, 686 - 691.

Salzwedel, Juergen: Möglichkeiten und Grenzen einer rechtsstaatlichen Kontrolle des Verfassungsschutzes. In: Gedächtnisschrift für Hans Peters, S. 756 - 796. Berlin, Heidelberg, New York 1967.
Schäfer, Adolf W.: Der Begründungszwang bei der Anordnung des sofortigen Vollzugs. In: DÖV 67, 477 - 483.
Schäfer, Hans: Verfassung- und Verwaltungsgerichtsbarkeit. In: Staatsbürger und Staatsgewalt, Band 1, S. 159 - 182. Karlsruhe 1963.
— Lebendige Verfassung. Rückblick und Ausblick nach eineinhalb Jahrzehnten Grundgesetz. In: Festschrift 150 Jahre Carl Heymanns Verlag, S. 3 - 52. Köln, Berlin, Bonn, München 1965.
— Die lückenhafte Notstandsverfassung. In: AÖR 93 (1968), S. 37 - 80.
Schenke, Wolf-Rüdiger: Vollstreckungsschutz gegen Verwaltungsakte. In: Verw. Arch. 61 (1970), S. 260 - 273.
Scheuner, Ulrich: Grundfragen des modernen Staates. In: Recht - Staat - Wirtschaft, Band 3 (1951), S. 126 - 165. Düsseldorf 1951.
— Der Bereich der Regierung. In: Festschrift für Rudolf Smend, S. 253 - 301. Göttingen 1952.
— Die neuere Entwicklung des Rechtsstaats in Deutschland. In: Hundert Jahre deutsches Rechtsleben, Band 2, S. 229 ff. Karlsruhe 1960 (zit: Entwicklung).
Schick, Walter: Zur Bedeutung der Verwaltungsübung im Steuerrecht. In: DStR 62, 671 - 675.
— Wichtige Entscheidungen Oberster Gerichte. In: ZBR 67, 297 - 302.
Schindler, Georg: Unbestimmter Rechtsbegriff oder Ermessen. In: MDR 54, 331 - 333.
Schleeh, Jörg: Zur Dogmatik der öffentlich-rechtlichen Folgenbeseitigung. In: AÖR 92 (1967), S. 58 - 98.
Schmidt, Eberhard: Besprechung von Hans Dahs jun., Das rechtliche Gehör im Strafprozeß, München und Berlin 1965. In: JZ 65, 733 - 735.
Schmidt, Reiner: Der Rechtsschutz des Konkurrenten im Verwaltungsprozeß. In: NJW 67, 1635 - 1641.
Schmidt-Bleibtreu, Bruno und Franz Klein: Kommentar zum Grundgesetz für die Bundesrepublik Deutschland, 2. Auflage (zit: Grundgesetz). Neuwied und Berlin 1969.
Schmidt-Salzer, Joachim: Der Beurteilungsspielraum der Verwaltungsbehörden. Berlin 1968.
Schmitt, Carl: Über die drei Arten des rechtswissenschaftlichen Denkens. Hamburg 1934.
— Politische Theologie, Zweite Ausgabe. München und Leipzig 1934.
— Positionen und Begriffe im Kampf mit Weimar - Genf - Versailles 1923 - 1939. Hamburg 1940.
— Verfassungslehre (Nachdruck). Berlin 1954.

Schmitt, Lothar: Ein Ende des Beurteilungsspielraums. In: Bay VBl 64, 86 f.

Schmitt, Walter Oskar: Der Begriff der freiheitlichen demokratischen Grundordnung und Art. 79 Abs. 3 des Grundgesetzes. In: DÖV 65, 433 - 443.

Schneider, Hans: Gerichtsfreie Hoheitsakte. Tübingen 1951.

— Die Liquidation deutschen Auslandsvermögens und ihre vertragliche Hinnahme durch die Bundesrepublik (zit: die Liquidation deutschen Auslandsvermögens). Heidelberg 1964.

Schnorr, Gerhard: Die Rechtsidee im Grundgesetz. In: AÖR 85 (1960), S. 121 - 148.

Schöne, Lothar: Öffentliche Gewalt und Eigentum. In: DÖV 54, 552 - 556.

Scholz, Franz: Die Rechtssicherheit. Berlin 1955.

Scholz, Georg: Suspensiveffekt nach § 80 Abs. 1 VwGO, bei „angemaßter Rechtsposition". In: DVBl 66, 259 - 260.

Schultz, Günther: Rundschau. In: MDR 57, 77 - 79.

Schulz-Schaeffer, Hellmut: Die Staatsform der Bundesrepublik Deutschland. Berlin 1966.

Schwankhart, Franz: Rechtsstaatlichkeit und unbestimmter Rechtsbegriff. In: Bay VBl 64, 133 - 136.

Schweiger, Karl: Der „gebildete Durchschnittsmensch" und der unbestimmte Rechtsbegriff. In: DVBl 68, 481 - 490.

Schwinge, Erich: Grundlagen des Revisionsrechts. Bonn 1935.

Seetzen, Uwe: Prozeßkosten und sozialer Rechtsstaat. In: ZRP 71, 35 - 38.

Sellmann, Martin: Der Weg zur neuzeitlichen Verwaltungsgerichtsbarkeit, ihre Vorstufen und dogmatische Grundlagen. In: Staatsbürger und Staatsgewalt, Band 1, S. 25 - 86 (zit: Der Weg zur neuzeitlichen Verwaltungsgerichtsbarkeit). Karlsruhe 1963.

Selmer, Peter: Der Verwaltungsrechtsschutz in den besonderen Gewaltverhältnissen. In: DÖV 68, 341 - 349.

Seuffert, Walter: Über gerichtsfreie Akte und die Grenzen des Rechts. In: Festschrift für Gebhard Müller, S. 491 - 502. Karlsruhe 1970.

Siegmund-Schulze, Gerhard: Zugleich fehlerhafte und richtige Begründung? In: DÖV 66, 703 f.

— Behördliches Ermessen zum Erlaß eines Zweitbescheids und Art. 19 Abs. 4 GG. In: DVBl 70, 256 - 260.

Sieveking, Friedrich: In: Verhandlungen zum 46. Deutschen Juristentag (Diskussionsbeitrag). München und Berlin 1967.

Smend, Rudolf: Staatsrechtliche Abhandlungen und andere Aufsätze. Berlin 1955.

Stein, Ekkehard: Die Wirtschaftsaufsicht. Tübingen 1967.

— Lehrbuch des Staatsrechts. Tübingen 1968.

Stein, Walter: Die aufschiebbare Wirkung von Widerspruch und Anfechtungsklage bei Vollstreckungshandlungen nach § 80 VwGO. In: DVBl 61, 714 - 719.

Stein, Friedrich, Walter Jones, Adolf Schönke und Rudolf Pohle: Kommentar zur Zivilprozeßordnung, 19. Auflage, 1. Band (zit: ZPO). Tübingen 1964.

Steindorff, Ernst: Der unbestimmte Rechtsbegriff im Lichte der französischen und amerikanischen Verwaltungsrechtsprechung. In: DVBl 54, 110 - 114.

Stephan, Bodo: Das Rechtsschutzbedürfnis. Berlin 1967.
Stern, Klaus: Ermessen und unzulässige Ermessensausübung. Berlin 1964.
Sterzel, Dieter: Beschränkung des Brief-, Post- und Fernmeldegeheimnisses; Ausschluß des Rechtsweges. In: Kritik der Notstandsgesetzgebung, S. 24 - 42.
Stich, Rudolf: Die Verwirkung prozessualer Befugnisse im Verwaltungsstreitverfahren. In: DVBl 56, 325 - 330.
Summer, Rudolf: Rechtsschutz in beamtenrechtlichen Gnadensachen. In: ZBR 65, 106 - 111.

Thieme, Werner: Umfang und Grenzen des verfassungsrechtlich gewährleisteten Bestandsschutzes der saarländischen Kriegsopferrenten. In: Zeitschrift für Sozialreform 1959, S. 243 - 259.
— Lebensmittelrecht im Rechtsstaat. In: NJW 66, 1436 - 1440.
Thoma, Richard: Die juristische Bedeutung der grundrechtlichen Sätze der deutschen Reichsverfassung im allgemeinen (zit: Grundrechte und Grundpflichten). In: Die Grundrechte und Grundpflichten der Reichsverfassung, herausgegeben von Carl Nipperdey, Erster Band. Berlin 1929.
— In: Handbuch des Deutschen Staatsrechts, herausgegeben von Gerhard Anschütz und Richard Thoma, 2. Band, S. 221 - 236. Tübingen 1932.
— Über die Grundrechte im Grundgesetz, für die Bundesrepublik Deutschland. In: Recht - Staat - Wirtschaft, Band 2, S. 9 - 19. Düsseldorf 1951.
Tietgen, Walter: Rechtsschutz gegen Justizverwaltungsakte. In: NJW 56, 1129 - 1134.
Tsatos, Dimitros, Th.: Der verwaltungsrechtliche Organstreit. Bad Homburg v. d. H., Berlin, Zürich 1969.
Tschira/Schmitt Glaeser: Grundriß des Verwaltungsprozeßrechts. Stuttgart, München, Hannover 1970.
v. Turegg, Kurt Egon: Lehrbuch des Verwaltungsrechts, 3. Auflage. Berlin 1956.
— Gefährliche und gefährdete Generalklausel. In: Prozeßrechtliche Abhandlungen, Heft 22. Berlin - Köln 1956.

Uber, Giesbert: Freiheit des Berufs. Hamburg 1952.
Ule, Carl-Hermann: Die neue Verwaltungsgerichtsbarkeit und das Verhältnis von Justiz und Verwaltung. In: 10. Beiheft zur DRZ 49.
— Das Bonner Grundgesetz und die Verwaltungsgerichtsbarkeit. In: Schriftenreihe der Hochschule Speyer, Heft 5. Tübingen 1950.
— Verwaltungsgerichte überstaatlicher und internationaler Organisationen. In: DVBl 53, 491 - 497.
— Zur Anwendung unbestimmter Rechtsbegriffe im Verwaltungsrecht. In: Gedächtnisschrift für Walter Jellinek, S. 309 - 330. München 1955.
— Das besondere Gewaltverhältnis. In: VVDStRL 15 (1957), S. 133 - 185.
— Revisibilität von Normenkontrollentscheidungen? In: AöR 82 (1957), S. 123 - 131.
— Verfassungsrecht und Verwaltungsprozeßrecht. In: DVBl 59, 537 - 545.
— Verwaltungsgerichtsbarkeit, 2. Auflage. Köln, Berlin, München, Bonn 1962.
— Zur Bedeutung des Rechtsstaatsbegriffs in der Rechtsprechung des Bundesverwaltungsgerichts. In: DVBl 63, 475 - 482.
— Verwaltungsprozeßrecht, 4. Auflage. München, Berlin 1966.

Ule, Carl-Hermann: Anmerkung zum Urteil des BVerwG vom 28. 1. 1966 (DVBl 66, 571 ff.). In: DVBl 66, 574 f.
— Zur Beschränkung des Brief-, Post- und Fernmeldegeheimnisses. In: DVBl 67, 681 - 683.

Vogel, Klaus: Gesetzgeber und Verwaltung. In: VVDStRL 24 (1966), S. 125 - 182.
Voigt, Alfred: Ungeschriebenes Verfassungsrecht. In: VVDStRL 10 (1952), S. 33 - 45.
Vollkommer, Max: Die lange Dauer der Zivilprozesse und ihre Ursachen. In: ZZP 81 (1968), S. 102 - 135.

Waltner, Georg: Die gerichtliche Überprüfbarkeit von Verwaltungsentscheidungen im Rahmen des sogenannten Beurteilungsspielraums (zit.: Die gerichtliche Überprüfbarkeit von Beurteilungsspielräumen). Dissertation München 1968.
Warda, Günter: Dogmatische Grundlagen des Richterlichen Ermessens im Strafrecht. Köln, Berlin, Bonn, München 1962.
Weber, Hans Hugo: Die mat. Schranken für die Änderung des Bonner Grundgesetzes nach Art. 79 III GG. Dissertation Köln 1954.
Weber, Werner: Spannungen und Kräfte im westdeutschen Verfassungssystem. Stuttgart 1951.
— Gegenwartsprobleme der Verwaltungsordnung. In: DÖV 51, 509 - 518.
— In: VVDStRL 14 (1956), 189.
— Gewaltenteilung als Gegenwartsproblem. In: Festschrift für Carl Schmitt, S. 253 - 272. Berlin 1959.
— Der deutsche Bürger und sein Staat. In: Staat und Gesellschaft, Festgabe für Günther Küchenhoff, S. 313 - 325. Göttingen 1967.
— Spannungen und Kräfte im westdeutschen Verfassungssystem, 3. Auflage. Berlin 1970.
Wehrhahn, Herbert: Systematische Vorfragen einer Auslegung des Art. 2 Abs. 1 des Grundgesetzes. In: AÖR 82 (1957), S. 250 - 274.
Wendt, Peter: Rechtsstaat, Rechtsmittelbelehrung und Finanzverwaltung. In: BB 55, 457 f.
Werner, Fritz: Anmerkung zum Urteil des BFH vom 1. 12. 1954. In: JZ 55, 349.
— Sozialstaatliche Tendenzen in der Rechtsprechung. In: AÖR 81 (1956), S. 84 - 103.
— Das Problem des Richterstaats. Berlin 1960.
Wernicke, Kurt Georg: In: Kommentar zum Bonner Grundgesetz (Bonner Kommentar), Art. 19 (zit: BK). Hamburg 1950 ff., Stand 1970.
Wertenbruch, Wilhelm: Der Grundrechtsbegriff und Art. 2 Abs. 1 GG. In: DVBl 58, 481 - 486.
— Erwägungen zur materialen Rechtsstaatlichkeit. In: Festschrift für Hermann Jahrreiß, S. 487 - 501. Köln, Berlin, Bonn, München 1964.
Weyreuther, Felix: Empfiehlt es sich, die Folgen rechtswidrigen hoheitlichen Verwaltungshandelns gesetzlich zu regeln. In: Verhandlungen des 47. Deutschen Juristentages, Band I, Teil B, München 1968.
Wiethaupt, Hans: Unmittelbare Verwaltungsgerichtsbarkeit. In: DÖV 52, 301.
Wintrich, Josef: Über Eigenart und Methode verfassungsgerichtlicher Rechtsprechung. In: Festschrift für Wilhelm Laforet. **München 1952.**

Witten, Egmont: Vorschußpflicht und Armenrecht im Verwaltungsstreitverfahren. In: DVBl 60, 928 f.
Wolff, Hans J.: Rechtsgrundsätze und verfassungsgestaltende Grundentscheidungen als Rechtsquellen. In: Gedächtnisschrift für Walter Jellinek, S. 33 bis 52. München 1955.
— Verwaltungsrecht I, 7. Auflage. München 1968.
— Verwaltungsrecht II, 3. Auflage. München 1970.
— Verwaltungsrecht III. München und Berlin 1966.

Zeidler, Karl: Zum Verwaltungsrecht und zur Verwaltung in der Bundesrepublik seit dem Grundgesetz. In: Der Staat, Band 1, S. 321 - 344. Berlin 1962.
Ziegler, Hans: Probleme der inneren Sicherheit des Staates. In: BayVBl 68, 382 - 386.
Zimmermann, H. W.: Probleme des Anwendungsbereichs der Anfechtungsklage. In: Verw.Arch. 62 (1971), S. 48 - 74.
Zivier, Ernst: Der Wesensgehalt der Grundrechte. Dissertation Mainz 1960.

Printed by Libri Plureos GmbH
in Hamburg, Germany